第 18 辑

Исследования по русскому языку и

U0635825

俄语教学与研究 论丛

黑龙江大学出版社
HEILONGJIANG UNIVERSITY PRESS

图书在版编目(CIP)数据

俄语教学与研究论丛.第18辑 / 王铭玉主编. -- 哈尔滨:黑龙江大学出版社,2010.7
ISBN 978-7-81129-301-2

Ⅰ.①俄… Ⅱ.①王… Ⅲ.①俄语-教学研究-高等学校-丛刊 Ⅳ.①H359.3-55

中国版本图书馆 CIP 数据核字(2010)第 115209 号

书　　　名	俄语教学与研究论丛·第18辑
著作责任者	王铭玉 主编
出 版 人	李小娟
责 任 编 辑	秦宇华
出 版 发 行	黑龙江大学出版社(哈尔滨市学府路74号　150080)
网　　　址	http://www.hljupress.com
电 子 信 箱	hljupress@163.com
电　　　话	(0451)86608666
经　　　销	新华书店
印　　　刷	哈尔滨市石桥印务有限公司
开　　　本	787×1092　1/16
印　　　张	25.625
字　　　数	405千
版　　　次	2010年9月第1版　2010年9月第1次印刷
书　　　号	ISBN 978-7-81129-301-2
定　　　价	49.80元

总　　序

随着 2010 年元旦钟声的响起,我们已经开始迈出了奔向 2011 年的步伐。

2011 年是一个重要的年份。70 年前,黑龙江大学的前身——中国人民抗日军政大学第三分校俄文大队创建于延安。为了迎接学校 70 华诞的到来,追溯俄语学科辉煌的历史,反映几代俄语人的科研成果,俄语学院决定将《俄语教学与研究论丛》(共 18 辑)正式交由黑龙江大学出版社结辑公开出版,与正在编辑出版的《当代中国俄语名家学术文库》(共 20 册)一并作为献礼,以表达俄语学科对学校生日之深深祝福,对全国俄语工作者之崇高敬意。

《俄语教学与研究论丛》筹备于 1981 年,创刊于 1983 年。当时,我们国家在经历了"文化大革命"十年浩劫之后,再次迎来了"科学的春天"。面临新的发展机遇,为了恢复、继承和发扬老外专(哈尔滨外国语专门学校)时期倡导的"学术建校"的传统,俄语学科决定创刊《俄语教学与研究论丛》。其主要功能体现如下:一是发表我校俄语教师的科研成果;二是为培养科研后备力量提供"练兵"场地;三是记录俄语教师的科研历程;四是集中和系统反映黑龙江大学俄语学科的科研水平;五是提供一个向国内外同行学习和相互交流的平台。

在老外专时期,曾经有一个学报,刊名就是《俄语教学与研究》。这个学报当时是根据老校长王季愚创议创办的,由赵洵副校长主管,语言学家伍铁平教授任主编,时任中国科学院院长的郭沫若亲笔为刊名题字。后来创办的《俄语教学与研究论丛》仍然沿用原来的刊名,意在继承老一辈教育家倡导的"学术建校"的思想;仍然保留郭沫若先生的亲笔题字,以示我们念念不忘前辈学者的鼓励,不断锐意进取。当然,为了区别于上世纪 50 年代的学报,80 年代创办的这个刊物在郭老的题字之后冠以"论丛"二字,表达这是学术论文集刊,而不是定期发行的学报。

《俄语教学与研究论丛》从创办至今,已经坚持不懈地完成了 18 辑丛书的编发工作,这在全国外语界,乃至整个学术界也不多见,着着实实形成了黑龙江大学俄语之品牌,在国内外具有重要的学术地位和影响。回顾 30 年的办刊之路,我们应首先感谢人民教育家、哈外专的老校长王季愚同志及其亲密战友、哈外专的副校长赵洵同志,二位老前辈以其睿智和执著的精神奠定了"学术建校"的基石;我们应该感谢俄语学科的三位教授——高静、陈楚祥、俞约法,正是他们的倡议和主导才诞生了《俄语教学与研究》这部论丛;我们还要感谢前俄语系的各位领导,如阎家业教授、张家骅教授和邓军教授,他们一如既往地对刊物给予了热情的支持,使得刊物的编辑和出版工作始终在一条可持续的良性发展轨道上展开;我们还不能忘记那些为出版工作付出辛勤劳动的"兼职编辑",如俞约法、李锡胤、金晔、陈叔琪、陈雪清、徐忠鑫、赵为等,他们不计个人报酬,用自己的义务劳动成就了一个个精品。当然,我们最应该感谢的还是那些前辈作者们,他们之中,有的已经逝去,如林宝煊、黄树南、俞约法、王鲁生、王乃仁等;有的仍然在岗工作,如李锡胤、华劭、张家骅、郑述谱、金亚娜等;而多数已经荣休在家,如张会森、钟国华、阎家业、潘国民、王育伦、李景琪、王士燮、鲁桓、钟鼎、王宪荣、龙翔、陈国亭等。正是他们努力耕耘,精益求精,献上了一篇篇力作,使得论丛始终处于一种高水平的层面上,受到了国内外同行的好评。

数着厚厚的 18 辑系列丛书,我们情不自禁流露出自豪和崇敬之情;翻阅着一篇篇文章,我们似乎看到了心血的结晶和精神的力量;望着摆在书架上显得陈旧的封面和略微泛黄的页册,我们心中又有一种难以言状的愧疚掠过,深感晚辈的责任重大。这就是我们重新编辑论丛的原因,这就是我们将其结辑正式出版发行的缘由。相信,此书一定会再次盛行!价值一定能再次显现!

王铭玉
2010 年元旦于哈尔滨

序

  《俄语教学与研究论丛》是黑龙江大学俄语学科自办的学术刊物,自1981筹备创刊至今,已经走过了近30年的历程。目前,它已成为黑龙江大学俄语学科的学术品牌之一,也被公认为全国俄语界的一个重要的学术平台与窗口。面临时代发展的新形势和国内外俄语读者的新要求,《俄语教学与研究论丛》迫切需要一个"出版之家"作为"安身立命"之所,把具有重要学术价值的论丛变为正式出版物,奉献给全国的俄语学习者和工作者。此时,黑龙江大学出版社担起了重任,在"弘扬传统、推出精典、扶持俄语、学术强校"的办社定位指导下,出版社不仅要把即将问世的第18辑论丛正式纳入公开出版计划,还要把第1—17辑论丛重新编辑,正式出版,这不能不说是黑龙江大学俄语学科的福音,也是全国俄语界的一个福音。在此,我们感谢黑龙江大学出版社的倾力支持!

  本辑(第18辑)共分四大栏目:语言学、文学、俄语教学与管理、俄罗斯学,收入黑龙江大学俄语学科老师和研究生的研究成果38篇,其中大部分论文都是首次发表。与以往相比,第18辑所收论文具有以下四个主要特点:一是语言学研究所涉及的面较为宽广,概念分析、逻辑语义分析、符号学、语用学、语义学、术语学等方向的研究都有所体现;二是文学研究形成气候,占到了三分之一篇幅,这足以证明近年来黑龙江大学文学方向的快速发展;三是俄语教学与管理研究再次兴起,这与当今高等教育由跨越式发展向内涵式发展的趋势是相互契合的;四是俄罗斯学研究更注重实证和对策性分析。

  最后,对在本辑出版过程中付出辛勤汗水的各位老师、研究生以及编辑人员表示最诚挚的感谢。

黑龙江大学俄语学院学术委员会

2010 年元旦

目　录

语言学

文　学

教学与管理

俄罗斯学

语言学

观念/概念？ 观念化/概念化？
观念分析/概念分析？

华 劭

在语义学研究过程中,常常碰到一些术语的困扰,其中有一些涉及对 концепт（concept）一词的理解和翻译。在俄语中对应于源自拉丁语 concept 的词有两个:понятие 和 концепт,但它们往往有不尽相同的内涵。汉语中一般把从西欧、北美文献中的 concept 都一律译成"概念",而对俄语中的 понятие 与 концепт 两个词,人们译成"概念"时居多,但又感到有些不妥,因为这会忽略俄语中所强调的两者间的区别,加上汉语辞书中对"概念"一词有比较明确的界定,很难完全包含 concept/концепт 的全部内容,这就造成了理解上的困惑。концепт 究竟表示"概念"、"意义"（含意义的组成部分）或者表示与两者密切相关,又与它们有区别的所谓"观念"？концепт 一词在不同的学派、不同时代中是否都有同一的内容？语言学文献中出现的汉语术语"概念意义"究竟指什么？концептуальный анализ 的对象、方法和任务是什么？它和语义分析是什么关系？什么是 концептуализация действительности？它是指对客观现实的反映吗？这里提出的问题不仅涉及不同学派的语义学,而且还和逻辑学、语言哲学、文化学、认知科学有关。澄清这些问题,也许有助于术语的翻译和选择。

限于学力,我很难对这些问题——给出明确的答案,也无意对现行汉语术语规范正名。只想通过阅读一些相关文献,分析讨论在各种场合下使用的 концепт 及其相关术语的内容,以免因名蔽实,受其误导。

一

在英语、法语辞书中,concept 都是一个外延宽泛的抽象名词,指头脑中孕育形成的各类思想,如科学概念（scientific concept）、意见（notion）、观念(idea)、思想(thought)①。

concept 对应于俄语中的两个词：понятие 是拉丁文仿造词(калька)，концепт 则是拉丁词的转写，但却常常赋予两者不尽相同的含义，大体上相当我们英汉词典对 concept 的解释：概念和观念。俄汉词典对 концепт 的译文却只有概念。其实观念比概念更接近该词的原义。在非术语意义上，concept/концепт 表示一切头脑中形成的思想，其中也包括"意义"②。早年，费·德·索绪尔(F. D. Saussure)在《普通语言学》一书中所使用的 concept(汉译为概念)，实质上指的就是意义。当他用图表展现概念和音响形象这两个紧密相连的要素构成语言符号这一两面的心理实体时，概念就等于意义(索绪尔 1983：101)。在另一处的行文明确指出意义就是音响形象的对立面——概念：原文是："这样规定的价值怎么会跟意义，即听觉对立面混同呢？"(索绪尔 1983：160)此外，作者经常把概念(concept)与观念(idea)当做同义词使用，他多次强调概念不是在系统形成之前预先规定的，在相距很近的篇幅之内先后用概念或观念。(索绪尔 1983：162—163)索绪尔采用与"能指"相对应的术语"所指"作为统一的名称，这一方面强调了两者的依存关系，另一方面也避免了同一内容的三种称谓：意义、概念和观念。然而，这三者不尽相同，又密切相关的内涵却分配在俄语的 понятие 和 концепт 两词中，给理解和翻译带来一些麻烦。现在我们对各种用法逐一分析。

1.1 概念(понятие)与作为准概念(квазипонятие)的意义

前面已经说过，понятие 是 concept 的仿造词，但俄语中它除了表示知道、理解之外，如 Я не имею никакого понятия(我一点也不明白)，通常都用来表示逻辑上的科学概念。有时，也用来表示同属于认知活动结果的"意义"，两者之间虽然有时界限不清，但毕竟有区别。因此，在表示"意义"的 понятие 之前，往往加上 наивное(质朴的)，донаучное(前科学的)，обывательное(世俗的)一类限定成分，有人还称意义是所谓准概念(квазипонятие)。Ю. Д. Апресян 就曾举例说明俄国人对几何图形的质朴概念。从几何学上讲，对任何平面或立体事物，其周边的不同走向的线，都应以长度来衡量。但俄国人认为，空心器皿，如抽屉、首饰匣子，其纵向为高度(высота)，而实心物件，如书本、金属铸件，则只有厚度(толщина)。一端立足于地的梯子有可计量的高度，而对绳梯(веревочная лестница)来说，则只能说有长度。长方形的窗户称之为窄而高(окно узкое и высокое），挂在墙上形状相同的东方条幅画却称之为窄而长（форма живописи узкая и длинная）。(Ю. Д. Апресян 1995：58）类似质朴的物理、天文、心理概念植根于许多词义之中,词义也因此内容不确定、外延模糊、受该词所在语言系统的制约等特点,从而使它们有别于逻辑意义上的概念,而不得不加上上述种种限定成分。学俄语的中国人容易理解这种区别,也可以接受相应的以概念表意义的汉语术语。

1.2 观念/概念(концепт)与作为词义组成部分的指称

语言哲学创始之一弗雷格(G. Frege)的论文《含义与指称》(《Uber Sinn und Bedeutung»)对语言学有很大的影响。他说:"符号,它的含义和它的指称之间的正常关系是这样的:与某个符号相对应的是特定的含义,与特定含义对应的是特定的指称,而与一个指称(对象)相对应的可能不是只有一个符号。"(徐友渔 1994：63）这段话虽然思想深刻,却由于对他用以表达术语的词及其内容理解不同,引发了不少争议,特别是转译为其他语言时,这一点显得更突出。这表现在:

（1）按徐友渔先生的话来说:"弗雷格用词,既有混乱之处,又颇奇特。"(徐友渔 1994：61）他用来表示意义组成部分的两个词 Sinn 与 Bedeutung,德语中分别表示"意思"和"意义"、"含义",因此在译成外语时,这两个词都成了"意义"。这就造成把意义的成分之一的"含义"或"指称"和作为整体的意义混为一谈了。这样,无论是俄语中用 значение 表含意,英语中的 meaning 表 Bedeutung 都有以部分代替整体的缺点。

（2）上述弗雷格的引文是针对专名的。他在另一处又说"专名的指称就是名称命名对象本身"(涂纪亮 1996：376）,在弗雷格看来,当涉及专名时,"对象"和"指称"是同义的。这大概也是денотат 兼表"指称"和"指称对象"的缘由。严格讲,物质性的命名对象不能作为观念性意义的组成部。于是就提出"指称"是一种指示关系或指示事物的能力,用денотат 表示,而所指"对象"用 референт 表示。汉语译文把它们都译为"指称"也引发一些争议。

（3）作为专名的符号,其指称能力体现为所指示的唯一事物上,当涉及普通名词时,上述指称的两重含义差别就更为明显了。弗雷格用下列图表来说明命题、专名、概念词(通名——引者)分别与"意义"[③]指称的关系。

命题　　　　　　专名　　　　　　概念词(普通名词)

↓　　　　　　　↓　　　　　　　↓

命题的意义　　　专名的意义　　　概念词的意义

(思想)　　　　　　↓　　　　　　　↓

↓　　　　　　　专名的指称　　　概念词的指称(概念)

命题的指称　　　　　　　　　　　　↓

真值　　　　　　　　　　　隶属于这个概念的对象

　　"在这里,概念词达到对象比专名要多走一步,即要通过概念而达到对象。……对象和概念具有同样的客观性。从概念到对象这最后一步也可能不存在,这就是说,这个概念可能是个空类。"(涂纪亮 1996:278)这里我们感兴趣的是:1)这多走的一步是意义(准概念)的外延,指单一事物的专名谈不到外延,故少走一步;2)它把相当意义的外延或指称的部分,叫做概念(concept);3)他认为概念是客观的;4)概念可能是空类。我们不想卷入意义是不是指称一类的问题,我们只关心 concept 这个术语的内容和译名。

　　(4)我们知道,弗雷格把含义和指称的对应关系移入命题(或语句),他提出不无争议的论点:命题的指称是真值。他针对语句说:"就'主词'和'谓词'的语法意义而言,我们可以简略地说,概念是谓词的指称,对象则是那样一种事物,它决不能是谓词的全部指称,而可能是主词的指称。"(涂纪亮 1996:376)这里,我们又看到了区别两类指称的必要④:作为主词指称的对象是 референт(实指),是言说时、使用时的所指,而谓词的指称则是 денотат(射指),是一种语义的、潜在的所指,用 concept 表示,它指向符合该含义规定范围内的一切事物。例如"金星是行星"这句话中,金星的所指只是谓词"行星"所概括(或所射指)的对象之一,而不是全部。这里附带澄清一个问题:常说,通名用作谓词时没有指称功能(денотация),它用于无实指的位置上(употребление в нереферентных позициях)(Н. Д. Арутюнова 1988:39),那指的是通名在语句中作谓词时的"心理性射指"没有变成物理性实指对象;而作主词时,如"早晚能看见的这颗行星耀眼明亮",则行星指特定的金星。用弗雷格的话来说,

"走出了由概念到对象那一步"。

Н. Д. Арутюнова 曾说过:"弗雷格所建议的名词语义模式,后来无论在术语上,还是内容上都产生了一些变异。在不同的体系中,采用 смысл(言语中词句的意思),значение(语言性单位的意义),сигнификат(与指称相对的含义),десигнат(与符号对应所指的内容),интенсионал(内涵)来表示意义内涉及'观念性'的层面;采用 денотат(概括指称、射指),референт(指称对象、实指),номинат(符号所称谓、所代替的事物),экстенсионал(外延)表示使用名词涉及事物性领域。"(Н. Д. Арутюнова 1976 а:99)上面括弧内的译文是按我的理解翻译的,以表明不同术语所强调的某些差异⑤。在上述本来就有些纷乱的术语中,又加上早年使用过的 concept,现在有趋势又重新盘活这一术语。

以上的扼要叙述表明:语言哲学用 concept 表示意义组成部分之一,即"指称",它作为意义的外延而与作为意义的"内涵"而对立,对"指称"的另一种解释,即出现于言语中的对象,不得称之为 concept。俄语中只用转译词 концепт 表示相同的内容,而不用 понятие。该内容在汉语中相沿成习地用概念表示,也被接受。这是由于早期语言哲学,强调"对象和概念"都是客观的,并反对主观性的语义观,反对语义的观念论⑥(观念指用于狭义的 idea,指从感觉得来图像)。(徐友渔 1994:64—67)但随着学术的发展,实证性的语义观日趋式微,把 concept 译为概念逐渐受到质疑。

1.3 观念/概念(концепт)作为句义的组成部分

大家知道,弗雷格把含义和指称的区分由词移到句子。Е. В. Падучева 曾用下图表示物质性符号与含义和指称的关系(Е. В. Падучева 2004:155)。

从这个图可以看出,从物质符号层面看,在与其他两要素的关系上语句和词是完全一样的。在表示相当于弗雷格的含义(Sinn)与指称(Bedeutung)的译名上，作者选用了俄语词 смысл 与 концепт，并且强调两者表示同一个实体（сущность），不过前者是针对物质形式而言，后者是针对现实中对象而言。注意这里用的术语是 денотат。前面讲过，许多人把 денотат 用于指称的两种意义，这里是用于指现实中的对象。Е. В. Падучева 指出，过去的语言学只注意一个语句可以对应几个 С（смысл 的缩写），而不注意一个片段现实可以对应几个 К（концепт 的缩写）。（注意：作者在下图用 ситуация как фрагмент действительности 代替前面的 денотат。）她通过下图中的符号表明所强调研究的重点。（Е. В. Падучева 2004：156）

высказывание（语句）

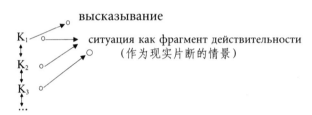

她举例说明（а）Иван полюбил Марию. 伊万爱上了玛丽娅。（б）Моя дочь связалась с негодяем. 我女儿和无赖厮混在一起了。

（а）和（б）针对的是同一情景。两者的不同，主要反映在评价态度和注意焦点上。（б）表现出对此情景的否定态度，（а）则是中立的。另外（б）的注意焦点是 моя дочь，（а）例则聚焦于 Иван。两者对比，显示出说话人选用 концепт 时，有很大的主观性。Н. Д. Арутюнова 指出，很典型的是，"如果逻辑分析学的代表强调像 Begriff（弗雷格），concept（罗素）一类概念的客观性，那么现在（指专注于研究日常语言的牛津学派——引者）甚至这一句义中最'客观的'要素都被赋予主观色采"，并引用 P. Geach 的话，作为佐证，"концепт 在我使用的意义上是主观的。这是属于个人的心智构造"（А. Д. Арутюнова 1976b：39）。值得注意的是 Е. В. Падучева 研究的正是上述图表中 K_1，K_2，K_3……之间主观思想之间的区别，并认为"К 与 Д（现实）之间的关系，实际上是无法研究的"（Е. В. Падучева 2004：156）。这里牵涉到一个基本问题：与语句对应的 Д 是什么？弗雷格认为是真值，В. Г. Гак 等人认为是情景（ситуация），而 Н. Д. Арутюнова（1998：490）则倾向"句子是无实指的表达式"（нереферентное выражение）。严格讲，三种意见涉及的是不同层次的问题：首先是有无一个片断的现实直接与句子相对应，其次是这个片断现实以什么方式呈现的，然后才能谈到对应性质——真假值。后一个问题后来演化为句子与情态的关系。它和本文直接关系较小，我们暂置于一边。Н. Д. Арутюнова 认为，体现命题的句子本质上不同于词，它由两个异质的部分相当于主词、谓词的主谓语组成：主词指向世界，在言语中涉及客观现实中的对象，而谓词指向主观世界，表示人对该对象的判断。用于谓词功能的形容词、动词，以及处于该谓词位置上的普通名词，都没有客观实指对象。而句子作为交流手段，所传递的思想主要体现于谓词，因此她倾向于认为句子作为整体，也是无实指的表达式。那怎样理解上图中的"当作现实片段的情景"呢？这就牵涉到所谓现实观念/概念化（концептуализация действительности）的问题。

当人们把研究重点转移到 концепт 与现实之间的关系后，"语言学内就经常使用'情景观念化'（концептуализация ситуации）这一概念以及术语'观念结构'（концептуальная структура），后者强调现实与其在语言中的反映之间有着某种任意性。看来，应该把这种任意性当做后乔姆斯基时代新语言学范式具有标志性的特点"。（Е. В. Падучева 2004：17）当代语言学者大多主张所谓观念与现实之间不是一个简单直接的反映关系。独立于任何语言之外的所谓原生态现实（сырая действительность）是一个外无边界、连续不断、内无结构、混沌不清的现象。Е. В. Падучева 说，"它（指 реальность 现实——引者）不是作为一个形式化的对象而存在的"（同上：157 页）。所谓形式化的对象，按我的理解，就是根据现实片断自身的特征，使其分离出来，作为离散的、有结构的、可对其作种类归属的对象。Е. В. Падучева 说："某个情景，在哪怕被一个语句将其观念化之前，它并不存在；做出某种观念化，在一定意义上就意味着创造情景本身（情景与现实并不是一回事）。"（同上）"语言不是表示真实世界的客体和情景，而在一定意义上是创造了它们。"作者以此作为撰写该书的原则指导思想，并为此感谢她的老师 В. В. Иванов（同上：20 页）。В. Л. Борухов 对此做出的解释是："从现实到人的意识对其理解，要通过重重的观念化、词语化的模型（модель），这些模型规定主体描写世界的范式。"（Концептуальный анализ 1990：15）这样，日常说的情景（ситуация）、事件（событие）、事实（факт）都是现实观念化后的产物，进一步说,当和词语一起呈现在我们面前的世界就是观念化了的世界。⑦这里附带谈一下语句中观念结构(концептуальная структура)和语义结构的关系:它们和词中指称和含义的关系一样,都是体现意义的部分,只是着眼点不同。前者同时把词语外的对象纳入视野,后者只考虑与物质符号的对应。Е. В. Падучева(2004:113)解释说:"语句将语义结构与真实世界的片段对照,就产生该世界片段的语言观念(языковой концепт)。"

通过以上分析,在翻译上应考虑以下几点:

1)语句中的 концепт 与观念化密切相关。在观念化过程中人以主观的、一定程度上随意的、片面的方式将某 концепт 和世界片段相对应,концепт 的上述内涵,难用汉语"概念"一词表示,除非加上说明,因为它与汉语辞书上对概念的定义相矛盾。

2)注意在语言哲学各个时期对 концепт 的不同理解。

3)当把 концепт 作为句义的组成部分时,似乎也不宜译作概念,因为概念只和词语(而非语句)所表示的事物、现象相对应;

4)许多俄语词组中的 концепт 译为汉语中的概念会造成困惑:如 языковой концепт,метафорический концепт,образный концепт мира…译成"语言性概念"、"隐喻性概念"、"世界的形象性概念",均费解。更不用说"概念本质上是主观的、片面的、一定程度上是任意的"一类汉语译文了。

5)汉语辞书和言语习惯中,"概念化"指文艺创作中用抽象概念代替具体人物个性的描写。

看来,концепт 译成"观念"比译成"概念"包容性更大,较可取,尽管也不十分理想。

二

观念化世界的看法,逐渐被越来越多的语言学者所接受,下述传统的观点受到批评:"语义只和语言外的世界有关而与外在世界特性无关的内容,诸如所谓附加意义、感情、评价等被认为是无关紧要的,甚至称其为非语义性的。"A. Wierzbicka 指出:"语言只是间接地反映世界,它反映的是我们转化世界所形成的观念(концептуализация мира)。"(Т. В. Булыгина 1982:10)后者应是语义学研究的对象,而观念中包含的种种主观因素对语义学来说,和真实外在世界特性同等重要(而且后者也在观念化过程中,经过取舍采取了新的形式)。1.3 中 E. В. Падучева 所对比的两个例子(a)、(6),其差异也是感情色彩,注意焦点一类观念化上的差异,因为它们对应的是同一现实片段。在词语的层次上语义学也从传统上偏重语义分析(主要是通过系统内经过对比、结构原则所得出的一束义子)扩展到观念分析(концептуальный анализ)。当词语反映人的内在世界、精神文化领域的现象时,由于在真实世界里找不到明确与之相对应的片断,语义分析已经和观念分析十分接近,难于分割了。

苏联科学院语言学百科词典中,在 понятие 词条下,有两个义项,第一个义项指的就是本文 1.1 中所说的逻辑上的科学概念。具体的行文是:"概念(понятие)是以概括的形式反映现实事物和现象的思想,途径则是摄取它们的性质和关系特征。这些特征是同类事物和现象共备而专有的。"我们关注的是第二个义项,在词条行文中,понятие 之后的括弧中有 концепт 一词,表示两者通用。认为它是"与词义同一层次的现象,但从略微不同的联系体系对其考察:意义在语言体系中考察,而 понятие(концепт)则在语言学、逻辑学共同研究的逻辑关系和形式中考察"。(Лингвистический энциклопедический словарь 1990)从内容上看,"它就是语法和语义范畴,不过通常不是最高概括的范畴。诸如双数、事件(событие),非现实的现在时(неактуальное настоящее)(或译为非具象的——本文作者),并且在这个意义上开始经常用 концепт"(同上)。最清楚体现这种研究理念的是 Н. Д. Арутюнова 的专著:《语义类型·评价·事件·事实》(Типы языковых значений. Оценка. Событие. Факт)。这本书所分析的都是所谓类型意义,即非最高、非极限的概括语义范畴(本书未涉及语法上的次范畴),并且通常都用 концепт 表示类型意义。下文中我们只用 концепт 不用 понятие(концепт),而且译为观念,以区别于上述词条的义项一,即概念。Н. Д. Арутюнова 这本书内容丰富,且有相当难度。下面只能介绍与本文有关的一些重要的观点,并选择一些例证说明这些观点。

(1)Н. Д. Арутюнова 把 оценка,событие,факт 等看做元语言分类词(метаязыковые классификаторы)。它们体现语义次范畴的观念(концепт),正是通过它们去概括、把握、解释具体词的意义。因此首先应对这些分类词所代表的观念进行分析。俄语中做这类观念分析时用

концептуальный анализ 表示,不说 понятийный анализ。

（2）观念分析的方法是从各类词语、构造（конструкция）的用法中分离出观念,这符合语言哲学后期代表维特根斯坦的主张。前面已经讲过,观念要联系语言学、逻辑学共同研究的逻辑关系和形式来考察。观念与其外在符号之间联系不是硬性僵化的（нежестокость связи）"这样,作为考察基础的有:句子,它们的称名形式,考虑使用上下文、意义具体的和概括的名词"。（Лингвистический энциклопедический словарь 1990：384）换句话说,某些情况下,同一性质的观念可由不同性质的语言单位表示。Н. Д. Арутюнова（1988：102）下面这段话可以作为证明:"发生变化着的现实通过根据语言材料构筑的观念体系被模拟出来。事实上,如果说事物类在语言中通过高度同质的名词和名词性词组范畴表示,那么事件流动的量子单位（кванты событийного потока）所对应的却是非常不同的,甚至在语言体系中对立的单位,诸如句子（命题）,它的称名形式,动词（其词汇意义）,谓词的时体形式与情态形式,概括事件和具体事件意义的名词。"在这本书中,作者通过大量上述的所谓异质材料（гетероген-ный материал）来分析评价、事件、事实这几个观念。

（3）观念分析的任务之一,就是使观念变得更为明确,将外在变化的生活材料或内在于人所发生的思想感情现象构拟为观念。形成观念过程经常是自发的,因而也是不清楚的,观念分析就是要找出构筑观念的原则,并提升其准确性。事实上,人们常常不自觉地使用评价、事件、事实这类观念,却并不十分清晰它们的内容。与此相关,弄清类型意义中的共有观念,有助于从语义上分析、掌握、划分词语,特别是像动词、形容词,因为它们通常用作谓词,没有明确的指称范围。因此"构建语义类型是观念分析的基本任务"（Арутюнова 1988：7）。当然,观念分析的目的还在于形成实现这种分析的明确方法。"如果说从生成的角度处理语言,重要的是转换规则,那对语言哲学来说具有头等重要意义的是构建观念体系的方法"。（Н. Д. Арутюнова 1988：103）

最后,很多心理学家、认知语言学者还企图通过观念分析窥测人类的意识状态及思维活动是如何运作的。当然,这是更为深远的目标了。以上是对观念作为类型意义（次范畴）的扼要介绍。

Н. Д. Арутюнова 在«Типы языковых значений»一书中指出,事件与事实分别属于不同的两种类型语义:事件性语义和命题性语义。第一类反映在下述一类词的概括意义中,如事件(狭义事件,表示从整体把握所发生的事件,不涉及其过程变化)、状态(состояние)、性能(свойство)、动作(действие)、举动(поступок)、变化(изменение)、过程(процесс)等,也反映在常用作谓词的形容词、动词和来源于这些谓词的动名词的具体意义中,如遇见(встреча)、告别(прощание)、离别(отъезд)、美丽(красота)、工作(работа)、行走(хождение)等。形象地说,这类意义囊括一切构成人沉浸于其中的世界领域。事件系列内部依据下述参数互相区别:静态/动态,有/无程度等级差别(如 краснеть до ушей,而 поступать,являться 等则无程度变化);有/无颠峰点(кульминативность,如 поджариться 炸好,是有颠峰点的动词,当说 картофель ещё плохо/уже хорошо поджарился 分别表示土豆尚未/已经炸到火候;而 поработать,погулять 动作进程则无高峰点);有/无结果,同质性/非同质性(前者如 спать,поспать,проспать час,而后者如 заснуть,проснуться 则表由一种状态移入另一种状态);可数性/不可数性(前者如 часто,много раз посещать театр,后者如 Лодка поместит только 6 человек)等等。以上参数对词语的搭配、运作的影响很明显,并往往用作谓词语义分类的依据。表示广义事件语句中的谓语可转而采用完全称名化(полная номинализация)的名词形式。它可以复指前面语句中的谓语。如① Розы хорошо пахнут → Приятный запах розы известен всем. ② Вчера дети весело гуляли в лесу → Вчерашняя прогулка детей в лесу была веселой. ②句中把原语句中状语之一 весело 变成转化后语句的谓语,也可以把其他状语作为谓语:如 Веселая прогулка детей состоялась вчера / имела место в лесу. 这样,②句可把原来平等共现的状语之一,改为谓语,以突显其作用。从实际切分的角度来看,它一般相当于述位,并与作主位的名词形式相对应。未被强调的原句中的副词,则转化为该名词的定语。这样,谓语完全称名化,除复指功能外,也是体现实际切分的手段。

完全称名化,受到许多限制:语句中的谓语,可能没有相应的派生名词;原来语句的否定形式谓语,无法完全称名化;替代谓语的名词无法保留谓词原有的体时和情态意义。

再看属于命题性的第二类型语义。按照 Н. Д. Арутюнова 的说法,这一类型包括外在世界渗入人的意识所产生的一切结果。它反映在下述诸词的概括意义的名词中：如假设（предположение）、信仰（вера）、判断（суждение）、意见（мнение）、断言（утверждение）、告知（сообщение）、事实（факт）。它也反映在与上述名词对应的，或由其引出的说明从句的具体意义中。如 Мнение（о том），что счастье в деньгах，неверно. 表命题意义或称形成事实意义（фактообразующее значение）类的词，以下述逻辑性特征相区别：真实性/假定性、可验证性/不可验证性（верифицируемость/неверифицируемость）、真/假值、肯定/否定，依据指称对主体的量化的不同类型等等。显然，假设是非真实的，信仰是无法验证的，判断是把关于现实的思想构拟为可验证的、有真假之分的；意见是倾向认为真的，而断言是被认为有根据的判断；告知是指把对已知的、以其为真的信息所做的报道。特别应该强调的是"事实"，它表示符合现实、验明其为真的断言。这里说的"事实"不是指原生态的先于判断的现实，它是在思想形成判断，做出断言之后，并经过现实验证为真的观念，观念化后的现实，即事实，是以观念形式呈现出的现实。正如维特根斯坦（1983：22）所说的，"在逻辑空间中的事实就是世界"。表示命题性语义的语句主要采用不完全称名化（неполная номинализация）形式，即在原语句前上 то，что…，它可能出现在主语位置上，复指并替代前面整个语句：如③ Розы приятно пахнут → То，что розы приятно пахнут，известно всем. 不完全称名保留原来语句的组成，由于它属于命题类型意义，当它用作主词时，其谓词只能是认知性的，"玫瑰散发芬芳香气，尽人皆知"。不必亲身经历，并非指所有人都闻过。相比而言，例①的完全称名是事件性的，谓词是感知性的，应译为"玫瑰花的香气大家都领略过。"意思是大家都闻过。

少数情况下，也可用完全称名表示命题性类型意义，代替前面整个语句，而不是代替谓词，但不完全称名不能表示事件性意义。如 ④ Преступник арестован → Арест преступника（= то，что преступник арестован）всех обрадовал. 表示命题意义的主词，属于思想意识范畴，其谓词受到限制，只能表示评价、情态、认知等逻辑关系。此句就指"逮捕罪犯"与"大家高兴"之间有因果性的使役关系⑧。它不能与描述性、感知性、时空性的谓词结合，因为表示思想的命题意义，不同于事件性意义，是看不见、摸不着的，无法感知，因而也无法描写，处于逻辑中的思想也不定位于时空之中，因此当说 Арест преступника вчера произошел при свидетелях.（昨天罪犯是当着证人的面被捕的。）主语位置上的名词只能表示事件的,它不等于,也不能换为非完全称名。

从上面极其简单的介绍,说明表事件性系列的词语描述在尘世间、生活中发生的变化,而表命题性系列的词语反映意识中、思想中的现象。Н. Д. Арутюнова 形象地说前者在地,后者在天,差距极大,处于距离一端的动作过程,如 С утра до вечера отец в поте лица трудился на поле 是一个发生在特定时空、且历历在目的事件过程;而各种表示命题性的词语,如断言,При коммунизме труд будет первой необходимостью народа 是完全无法感知的,只能通过理性去把握。掌握上述不同类型意义(或者说观念)对深入理解、正确使用词语的好处是十分清楚的。

至于更为复杂的评价观念(类型意义),下面只能将《Типы языковых значений》一书的相关内容归纳,摘其部分要点,加以介绍。

(1)探讨评价观念时,不受词类限制,其研究材料涉及形容词、副词、述谓词及它们的比较级形式(如 полезно читать, лучше поехать),少数动词如 любить, нравиться, предпочитать;甚至名词,如 добро, благо 及各类有评价意义的语句。

(2)评价分总体(全局)评价,如 хороший, плохой 和具体(局部)评价。后者包括:(能否满足)感官享受方面的评价,如 вкусный, душистый;精神和情感心理方面的评价,如 интересный, печальный;审美方面的评价,如 красивый, безобразный。以上各局部性的评价,相当程度上是个性化的,难言客观标准,所谓 На вкус и цвет товарища нет.(萝卜青菜,各有所爱)。以下各类局部评价则有不同程度被公认的标准:伦理方面的,如 моральный, добродетельный;规范性的,如 нормальный, стандартный;功利性的 полезный, вредный;与需求目的相关的,如 эффективный, целесообразный, неудачный 等等。

(3)评价词,特别是总体评价词,没有所谓语义核心,其内容常因评价者(主体)、对象(客体)及标准的不同,而产生相应的变化。在评价词,特别是总体评词之后,常有后续的成分,使其具体化,如"Хорошая попалась мне девка! Смирная, веселая, угодливая и умница, не мне чета." (М. Шолохов)(我遇见一个好女子!温顺、快活、善解人意,是个聪明人,我配不上)。句中笼统的正面评价,由后续语句具体化。有些评价词如形容词短尾形式,可能要求五格名词或从句,对其解释,如 Спектакль интересен своей оригинальностью. Чай хорош тем, что крепок.

（4）前面的例子表明各个评价词彼此协调,互相支撑。但分别从总体与局部来看,从不同视角出发,各类评价之间也可能有矛盾,因而广泛用于对别结构之中,如 Пьеса плохая, но весёлая.（戏不好,却轻松快活）;Он недурен, хотя, конечно, худощав.（他不难看,但显然瘦了一点）。连接词 но, хотя, зато, да 等,以及某些语气词,如 ведь, только, всё же 表示说话人在矛盾的评价中,权衡褒贬时,认为它们在主次关系、轻重比例、抑扬先后上有所不同。

5）总体评价词(也包括某些局部评价词)由于内容空泛,且带有主观性,一般不能用做主语(或者等同于逻辑主词的成分)的限定语,因为它无助于将交际中指称的对象分离出来。它只用于谓语部,如 Наш сосед — хороший（интересный, добрый）человек, 不能说 Хороший человек — наш сосед / посетил меня / читал лекцию（用主观词序时,提前述位中的评价词与此并不矛盾,如 Хороший человек — ваш дядя!）。

但用于全称判断时例外,Хороший почтальон всегда аккуратно разносит почту. 这里泛指一切好邮递员,хороший 只表评价,无限定功能。一般不说 Хороший почтальон принес нам письмо. 只有当 хороший почтальон 指已知特定的邮递员时才能这样用。

（6）由于副词在句中处于不稳定的边缘地位,副词修饰动词谓语时,可能针对动作的某个侧面,或指向其某个相关题元。如 Он одевался торопливо / небрежно / скромно / молча. 句中副词分别指向动作过程（匆忙穿着）,方式（穿着马虎）,对象（所穿的衣服朴素）,主体状况（默默地穿）。这种区别很大程度上与副词的意义有关。总体评价词 хорошо, плохо 也可有不同的评价取向,但由于其词义笼统空泛,因而只能结合所限定的动词和语境作具体分析。Он одевается хорошо（衣着得体）,指方式而非过程:Я хорошо пообедал（满意可口）,指主体感受;Он хорошо написал рассказ（写了一篇好故事）（客体）,但这不足以说明他有好的写作能力;而 Он хорошо пишет рассказ 则往往指主体的能力,虽然也不意味着他每篇作品都好。若评价主体对当下动作的亲身感受时,则用述谓词和不定式:Как хорошо нам сейчас купаться в теплом море, 而不用副词和变位动词,不说 Мы сейчас хорошо купаемся в море.

（7）评价语句中的内容尚未实现时,хорошо（бы）是表示愿望的标志,而 *лучше（бы）* 则是体现意志的信号。试比较 Хорошо бы / Лучше бы сейчас отдохнуть, 用 *хорошо бы* 一定有愿望意义,用 *лучше бы* 则不一定有,可能是缓和的敦促。再比较: Хорошо（бы）, если поезд не опоздает 与 Лучше будет, если мы поторопимся на вокзал. 前一述谓词 *хорошо(бы)* 表示希望事件发生,但无力左右事态。 Лучше（一般不加表愿望的 *бы*）则表示说话人竭力争取实现被正面评价的好事。

（8）副词 *хорошо* 评价的对象可能是动作,如 Мне хорошо выдернули зубы（我的牙拔得好）指过程顺利,无大痛苦等。述谓词则可评价整个语句所表示的事实。如 Хорошо, что мне выдернули зубы（好在我的牙拔了）。后句并不一定蕴含拔牙过程顺利,相反,过程虽顺利,但拔牙可能导致消化不良,即对事件过程的正面评价并不蕴含对事实的肯定评价。甚至可以说 Хорошо, что я плохо спал, иначе я не заметил бы, что загорелись провода. 不好的睡眠过程却被认定为好的事实:因为它使失眠者发现电线着火,从而避免了火灾。

（9）前面多次提到评价词的内容,即实际的评价观念,要在言语中、上下文里得到解释,如 Чай хорош тем, что крепок. "茶浓"可以作为"茶好"的解释,但却不是"好茶"规定性的内容。作为茶的描述性特征,可以验证其真伪,然而对评价本身却无法验证。于是除解释之外,还可以采取另一种语用性方式处理评价词,即从说话的用意交际目的来揭示其当下的语用意义,如说 Вино хорошее. Фильм хороший. 说话人意在"请你买（或者喝）这种酒"、"建议你看电影"。当回答:"За какое предложение вы проголосуете"时, 说:"Я считаю, что второе лучше." 它表示说话人的目的:赞成第二方案。由此可以得出 *лучше* 不仅表示静态的比较,而潜含动态的抉择。人们在实际生活中往往是从"举止有礼好"、"言行粗暴坏"一类褒贬评价中得出举止言行规范,并形成评价观念。这些观念往往不是直接从伦理学家、哲学家、语言学家那里获得的。这再次证明在揭示评价类型词语的意义或观念时,很难划分语义和语用界限。从所表示的事实来看,"不好的睡觉"过程却得到肯定的评价,因为它导致避免了一场电线着火的灾难。

以上是对该书评价类型意义研究的摘要介绍,远非全面。作者还涉及了评价与标准,评价与选择（выбор）,评价与说话人意向,*любить*, *нравиться* 表示好感倾向的意义与用法等等。但仅通过以上介绍,就不难看出,这种旨在揭示观念的观念分析和传统语言学的语义分析虽有密切联系,但并不等同。在一般词典中,对好、坏一类评价词,只限于翻译成另一语言的对应词,或者通过同义或近义词语做出解释。хорошо 一类词的词义中,既找不出语义核心,也无法分析出什么义子。不仅如此,有的语言学者认为好、坏本身已是不能再作分析的基本单位(неразложимый множитель, примитив)。显而易见,这类观念分析对理解和掌握评价词的语义和用法、词组搭配和句法功能,有深远重要的影响。

三

下面转入与语言学密切相关的文化领域。在文化学中怎样理解观念(концепт)呢? Ю. С. Степанов 在所编撰的《常恒词:俄罗斯文化词典》中的解释是:"观念和概念(понятие)是同一层面的现象",两者的内在形式相同,концепт 是拉丁语 concipere 的仿制词,而 понятие 来源于动词понять(> 古俄语 поять⑨)都表示夺取、使孕娠。他说:"在科学语言中,两者有时当做同义现象,互相替代,但只是偶尔如此使用。当前两者的区别相当清楚。"(这部分引用斯氏的话,均出该词典 концепт 词条)。作者认为,概念主要用于逻辑和哲学,而观念则用于数理逻辑和文化学。据我的理解,这里的数理逻辑指的是发端于弗雷格的语言哲学产生的学科。该词典认为:"简单说,词的'意义'(Bedeutung, значение, 事实上是所指,引者)是该词按规范正确使用时所指的事物,而观念(концепт)则是意思(Sinn, сигнификат)。如果抽去文化内容,只谈结构的话,在文化学中使用观念和数理逻辑是一样的,在现代语言学中对词的内容结构也如此理解。"除了把观念 концепт 等同于意思(Sinn),而不是所指(Bedeutung)外⑩,其他和本文第一部分讲的内容相同。下面引用的一段文字特别值得注意:"观念(k)——这似乎是文化在人意识中的荟萃,文化以观念的形式进入人的心智世界。另一方面,一个普通的人,凡人,非'文化价值创造者',则通过观念(k)进入文化,并且在某些情况下影响文化。"作者多处强调概念(п)与观念(k)的区别:"不同于用于术语本义的概念,诸如决议(постановление)、法律行为(юридический акт)、法律条文(текст закона)等等。对观念(к)不仅要思考,而且要体验感受。它们是情绪——好感与反感 ——有时甚至相互冲突情感关涉的对象。观念是人心智世界中的基本细胞。观念结构复杂,一方面一切属于概念构造内的东西都可以归属于它,另一方面观念中包含一切使其成为文化事实的内容——原始形式(词源),压缩为基本特征的历史,当代的联想、评价等等。"所有上述论点都力图表明文化领域内的观念(к)与科学观念(п)有不同的含义。

在语言哲学思潮影响下的语言学思想,经历过对语言的逻辑分析,逻辑 – 语用分析之后,进入到观念分析的第三阶段,特别是文化观念分析。这也反映了 Н. Д. Арутюнова 所领导的"语言逻辑分析小组"研究工作发展过程和趋势。1990 年该组织专门出版了一期汇集报告的论文集《观念分析》(«концептуальный анализ»),讨论文化观念。1994 年以后,几乎每年都就重要文化观念进行讨论,并将论文汇总出版。上述举措成了语言学、文化学、哲学、民俗学等各界共同关注的主要学术活动。现代各种哲学学派、现象学、语言哲学、铨释学、存在哲学都经常诉诸语言,并通过它进行的观念分析,这绝非偶然。

文化是人创造的,人生活在他自己所创造的所谓"第二现实"之中,而作为文化荟萃的观念进入人的心智世界,人在有了这些观念后,才能介入特定文化社会。可以说,在生活上、精神上人都置身于这些观念之中,人要把自身与沉浸于其中的观念分离出来,作为认知现象,并非易事。Н. Д. Арутюнова 认为,"在文化贮库中包含一组全人类共有的、涉及世界观的概念,诸如真理(истина)、真实(правда)、杜撰(ложь)、自由(свобода)、命运(судьба)、善(добро)、恶(зло)、规律(закон)、秩序(порядок)、无序(беспорядок)、义务(долг)、罪孽(грех)、过错(вина)、善行(добродетель)、美(красота)等等,它们左右着人的实际意识(практическое сознание)。与此同时,它们之中每一个都有民族特点。"[①]关于文化词汇的数量与范围,目前没有共识。在上述引文中有两点值得注意:一是这些观念构成人们的"实际意识",而不是哲学、伦理学、政治学体系中的概念,就像 Н. Д. Арутюнова 在界定命运时所说的那样:"生活是本体现象,命运是在人意识中自发积累形成的观念……它令人有一种感觉'生活的过程与结局取决于我们自身之外的某种东西,取决于某种不得不屈从的压倒一切的必然现象'。"(Н. Д. Арутюнова 1998:619)

另一点应注意的是,观念各有自身的民族特点。对语言学来说,怎样才能把握体现于词语之中有特性的文化观念呢?要知道,这些观念作为没有血肉之躯的实体(беспредметная сущность),很难像对公鸡、桌子一类事物那样,从它们身上分离出属性的、功能的客观特征。信奉实证主义的人们早就对哲学家们(也许还包括政治学者、伦理学者)所界定的上述一类文化观念提出怀疑。维特根斯坦在《哲学研究》中指出:"当哲学家使用一个词——'知识'、'存在'、'对象'、'我'、'命题'、'名称'并试图把握事物的本质时,人们必须经常地问自己:这个词在作为老家的游戏中真的的是以这种方式来使用的吗?"(维特根斯坦 1994:72)"哲学不应以任何方式干涉语言的实际使用;它最终只能是对语言的实际使用进行描述。"(同上 73 页)语言学对这些词所做的观念分析和语言哲学、文化学的研究有一定的差异。按照 Н. Д. Арутюнова(1988:11)的说法"……研究非事物客体使语义分析和观念分析互相接近",有些观念分析的成果就构成与语义密切相关的内容。因此,在上述这些词的具体使用中进行观念语义分析,是一条总的指导原则,体现这一原则的具体方法,则因研究者、研究对象不同而有所差异。下面仅就 Н. Д. Арутюнова 等人进行观念分析方法,做一概括介绍。

(1)观念词的典型搭配。例如,俄语中的 правда 表示社会性的真理、真实,人们经常反对掩盖、粉饰社会真实,故常与 бороться(за правду)连用,以表示"为真理(真实)而斗争";通常说:говорить о правде жизни(谈论生活的真实),Мы узнаем правду о войне(我们会了解战争的真相),стремиться к художественной правде(力图达到艺术的真实)。而同样译成汉语"真理"的 истина 却不得用于上述搭配中,后者更多是宗教意义上的真谛(Истина 有时大写)和认知意义上的真理。这也反映在其搭配中,如与宗教相关的形容词:божественная,святая Истина(神明的、神圣的真理)相关的动词:如 служить истине(为真理而奉献),поклоняться истине(崇祀真理),与科学认知相关的动词:如 искать истину(寻求真理),подтверждать истину(证实真理)。从上述搭配中不难看出,правда 和 истина 这两个观念的差别。再举一组对照的例子:долг 与 обязанность。在汉语中它们都译成"义务"、"职责",但在俄国人的意识中,долг 是一种受内在情感觉悟驱动、不求回报、无功利追求的义务,它表示对另一群体或神明应尽的、不言而喻的义务。如 христианский долг 表示基督徒在神面前应尽义务;而 родительский долг, долг гражданина, долг дружбы 则分别表示对子女、对社会、对朋友应尽的义务。долг 有两个价:一是应尽义务的人,另一个则是尽义务的对象。尽管后者(перед кем)因不言而喻而潜隐不露。在下述搭配中最能反映 долг 这一观念的本质:осознавать долг,чувствовать долг,прислушиваться к голосу долга(или:к тому,что повелевает долг),这种义务只能被意识,被感悟,或倾听它呼唤的声音。долг 不与 знать 搭配,因为它是勿须认知的,是人的本分。与之相对照,同样 在词典上译为"义务"、"责任"的 обязанность 则表示社会地位、工作职务所责成的、有强制性的责任,因而 обязанность 可和 знать 搭配。鞭辟入里的观念分析,常常是通过典型搭配实现的。由于篇幅的限制不能引用更多的例子。

(2)观念的特性有时也反映在语法方面。例如 долг 被认为是成为某种社会身份的人必备的前提,天然应尽的义务,就像自然的人不可缺少的器官一样。一般不能说:У него есть нос / лицо / голос. 因为它没有任何信息价值(用于转义的 У него есть голова 等不在此列。)同理,也不能说 У него есть долг. 但却可以说 У него есть обязанность. 又如 играть 的主体一般只能是人,受其支配五格名词表示的补语,不论它表示具体的人、物或抽象的实体(сущность)都是玩弄的对象,如 играть мускулами / людьми / своей жизнью/ любовью(炫耀肌肉;捉弄人;把生命当儿戏;玩弄爱情)。但 играть 和 судьба 连用时这种位置颠倒过来:命运做主,人受其左右。如 Судьба играет человеком. (命运捉弄人)。这表明在人的意识中,人,确切说是人的生活、经历和结局,受命运支配,而不是相反。持消极生活态度的人只能屈从命运(покориться судьбе),持积极生活态度的人,也不过是抗争命运(противиться судьбе)。又譬如无论表示宗教的真谛,还是科学追求的真理,истина 对大家来说只能有一个,而且是唯一的[12],因而只用单数。而与社会生活密切相关的真理、真实却因阶层,甚至因人而异:правда 则可不止一个,完全可以说 Бывают правды разные. У каждого Павла своя правда. Истина же у всех одна, но человек волен выбирать к ней путь.(每个帕维尔都有自己切身理解的真实,而大家却只有一个真理。每个人可以选择通向真理的道路)。真实是多样的,可以说贫农的、士兵的、军营内的、市民社会的真实(сермяжная,солдатская,лагерная,гражданская правды)。因此,Н. Д. Арутюнова(1998:552)说:"不同微观世界的'真实'互相比较,真实变成一个有级差的概念(«Правды разных микромиров сравниваются. Правда становится градуированным понятием»)。"用单数的 истина 和具有单、

复数形式的 правды 蕴含着俄国人特有的文化观念内容。

（3）隐喻是观念分析的重要手段，文化观念，进一步说，很多表示人内在思想、情感、意志的观念，都是看不见、摸不着的。Н. Д. Арутюнова (1998：362)说:"在形成二阶谓词领域中，隐喻的作用特别重要，用作二阶谓词的形容和动词，表示事物特征的特征，即从属于非物质性的实体（непредметная сущность）；这些实体的性能则在与人类知觉可感受的、物理性的特征类比中才得以分离彰显。"文化词所表示的显然是非物质性的实体，常通过下述喻隐性的二阶谓词对心灵作描述、解释，如 Душа больная／чуткая／усталая／заболит／оледенела／уязвленная страданием… 可以知道心灵如人，可能是病态的、敏感的、疲惫的、痛苦的、冻结僵化的、因不幸遭遇而被刺伤的。正是借助这些隐喻性二阶谓词，人们才能形成对"心灵"的观念。Н. Д. Арутюнова 早期著作对良知（совесть）一词有精湛的描述，通过 совесть 与 грызть（啮咬），кусать（啃咬），царапать（抓挠），впиваться когтями в душу（用尖爪攫取心灵）等动词的搭配，使人形成对"良知"的形象是一个尖爪利齿的动物，不断折磨人的心灵，迫使其放弃不当的图利之心、纵情之欲。与动词 говорить，спорить，призывать，дремать，пробуждаться，мучить，не дает покоя 连用，则把"良知"拟人化，它时而是"令人厌倦的交谈者"（докучный друг），时而是对人进行折磨、迫害的仇敌（враг）。通过这些隐喻也可以觉察出俄语的"良知"和汉语中的"良心"不同之处。Н. Д. Арутюнова 认为，这些用作二阶谓词的形容词和动词仅借助其直义、称名意义，并非总能揭示观念的本质，因为这里涉及的是要重新构建的世界，而非所看见的世界。"用于报道这一世界的谓词，既是对其描述，也是对其创建。"（Н. Д. Арутюнова 1976：95）在很大程度上，这些非物质实体的文化观念是借助所谓认知性隐喻构建起来的。应该指出，在这一领域，认知性隐喻不仅仅是增加生动性的手段，而是形成观念的方式，不同于 Собакевич — медведь 一类句子中的名词性隐喻，那里是通过'熊'去形象地描写真正的物质实体。

（4）与隐喻密切相关的所谓形象性联系[13]（образные ассоциации），指的是联想形成的、并未见诸于词语的形象。最常提到的是与时间相关的两种联想形象:线性发展和周期循环。表示作为整体的具体的时间段落，若它与个体性事件密切相关、与其一起线性发展、一去不返时，应用 时间，如只说 наполеоновское／сталинское／хрущевское время，而不用

同义词 пора。后者表示分阶段交替进行,且与群体活动相关的时段,它周而复始地演进。这种时间观显然受日夜轮流交替、四季反复循环的影响,如 Глухая пора листопада(Пастернак)(落叶的萧瑟时期),表示整体人生的发展阶段时,也用 пора,如 Когда же юности мятежной // Пришла Евгению пора(Пушкин)(当叶甫根尼到了逆反躁动的少年时期)。就整个人类而言,这种年龄期周而复始地出现在一代代人身上。很多时间词的用法区别却与不同的形象联系有关。再看对人来说,偶然任意的、有强制力、迫使人屈从的“命运”(судьба)。根据 Н. Д. Арутюнова 的概括,在俄国人意识中有下述几种形象联系:第一种联想是以古希腊、罗马官吏为原型的掌管配置大员。命运像他们一样,随便胡乱地分配给每个人一份生活,在这种模式中人的角色只是这种随意偶然分发物的消极接受者。第二种命运的联想形象是游戏者(原型为幸运神 фартун),在这种模式中,突显的是曲折、变化、意外出现、无法预见的情况,而有此命运的人像赌徒,他企图冒险成功,去赢得赌注,实际上得到的只是幸运之神抛予的东西,人只能做到不放过机会。第三种命运形象是导演,在世间大舞台上排演着巨型戏剧,他分配角色,选中的人被指定经历各种遭遇,未被命运眷顾的人只出现在群众场面。通过每个人预定的使命(предназначение)去诠释角色。使命必须实现,选中的人只能屈从命运,盲目执行。命运有目的安排偶然事件,并通过它们导向既定结局。第四种命运的形象是放贷人,他贷给人与生俱来的禀赋、才干、能力,但要求其付出代价作为利息。从命运获得的秉赋要求人做出牺牲,一生都为之奉献。在这种模式里,命运和个人奋斗目的应该一致——实现才干,发挥天赋,而偶然机遇可以促成这一点。若人违背命运安排,按自己的意志生活则将导致人生贬值,生活恶化。最后,作为拥有至高权力的命运可形成法官的形象,往往通过偶然的事件命运实施道德审判,惩恶扬善,在这种模式中承受命运的人以被告或当事人的身份出现。

除通过上述种种词语用法之外,文化观念分析还须凭借一些语言知识,主要是同类观念形成的语义场:如 судьба 及与其意义相近的 доля、часть、участь、удел、рок、фартум、фартун、жребий、предназначение 构成的语义场。汉语中这些词都译为命运,它们的文化内涵都不一样。类似的语义场很多,像 истина、истинность、правда、правота、ложь、вранье、кривда 的相互关系也多次成为讨论对象。其次是词的内部语义衍生和外部词汇派生关系。此外,词语的来源(этимология)也是观念分析的重要资源,这些知识对观念分析都起着重要作用。词源知识有助于恢复词汇的内在形式,从而有助于形成观念的最初依据:如 совесть(> соЬесть)与 весть, известно 同根,表示"知道"。人做任何事情,它都共同(前缀 съ 的意义)知道,它见证人内心中产生的罪恶意念。"知道"也为该词拟人化的广义隐喻用法提供支撑。看来汉语译文"良知"也比"良心"更接近原义。又如 судьба 就像 ходьба, учеба 一样,历史上曾是 судить 的动名词,后来 судьба 转而表示决定判断生活道路的主体——命运,进而转指受命运预先支配的人生经历,如 Мы не знаем ничего о судьбе поэта. 该词源可解释命运与审判者之间的形象联系。再如 обязанность 是 обязать 的派生词,从构词顺序来看,应为:обязать→обязанный→обязанность,而 обязать 源自 > обвязать,由于开音节规律音组 бв→б 若恢复消失的辅音"в",会使人们知道 обязанность 与 вязать(捆绑)有联系,从而使"职责"这个词表示受外在于人的地位、职务约束;而 долг 则是受内心信念驱动应尽的义务,这与 долг 一词原义"债务"有关。在俄国人的意识中作为一个家庭成员(семьянин)、公民(гражданин)、基督徒(христианин)分别在家庭、社会和神明面前应履行所承担的相应义务,有如借债还钱一样,是自然应守的本分。这样 долг 和 обязанность 的区别就比较清楚了,尽管有时都译成义务、责任。在前面引用 судьба 语义场中,часть, участь, удел 这几个词就其词根而言,都和"部分"、"划分"有关。这些词更多表示的是"量"的概念,它们被当做"命运"的同义词,但原本指的是有这种遭遇的人从命运所分得的部分福祉过少,灾难过多,未能占有总体中应得的公平份额,进而表示不好的命运。这也是形成命运与分配者形象联系的来由:像 рок, фартун, жребий 一类词往往表示人生中某个转折处,它们更像虚线中的点,只有 судьба 才代表贯彻人生的路线,正是线的形象使其可容纳生活中多变的事件,因而可把某人的生活与命运并列,如 Его жизнь и судьба такова. 其他的词不得与生活一词同等并用。然而人生路线有长短,命运之线却只有曲折。如 Жизнь поэта недолгая, но судьба превратная. 从上面的分析中各可看出在命运语义场中各种词语所代表的命运变化有着不尽相同的内涵。

上面简单地介绍了如何分析表示两类不同观念的词:作为体现次范畴观念(类型意义)的元语言分类词(метаязыковые классификаторы)的

观念词和文化观念词。对这两类词的分析和纯粹意义上的**понятие**分析大异其趣,后者是"通过摄取本质特征和关系的方式概括反映现实中事物和现象的思想",对它所进行的分析只能是客观的、科学的、准确的、相对稳定的。观念的内容则充满了民族性、地域性、复杂性、主观性。而认知语言学对观念(концепт)的解释则更进一步强调这一思想,《简明认知术语词典》认为,观念是"记忆,心智词汇(*ментальный лексикон*),观念体系内容方面的运作单位,是心智语言(它内在地表征心理中所反映的世界全部图景)的运作单位"。(Е. С. Кубрякова 1996:90)Е. С. Кубрякова 认为,"就内容而言可以分出不同类型的观念(концепт):表象(представление)、概念(понятие)、框架(фреймы)、分脚本(скрипт)、总脚本(сценарии)……"观念对它们而言是类名(родовое обозначение)。按认知语言学的理解,观念(концепт)甚至可以包括概念(понятие),这更迫使人们从内容上、译名上将两者分开。从本质上讲观念更接近的是意义,而不是概念。[14] Н. Д. Арутюнова 把评价、事件、事实一类观念叫做类型意义,而对文化观念词而言,它涉及非物质实体,此时,词义分析与观念分析已非常接近,不把握每个词所反映的独特观念,就谈不上了解它的词义。但 Е. С. Кубрякова 强调:"尽管对个别词的语义分析和观念分析有不少交汇点,它们的区别在于确定语言意义以及通过意义的指称、蕴含、附加诸要素特定组合所体现的形式,而观念分析则要寻求在一个符号下所包容的各种观念,或者说语言符号所摄取的认知结构。"(Концептуальный анализ 1991:46)按我的理解,这里的观念更接近 А. А. Потебня 所说的,通过近义(ближайшее значение)所企求达到的远义(дальнейшее значение)。实际上,人内在世界的思想内容远远多于词语表达的内容。В. Н. Волошинов 指出:"可以说,与其说表达形式适应我们的内在世界,不如说我们的内心世界去适应我们的表达能力,表达的各种途径和趋向。"(Н. Д. Арутюнова 1998:617)人们常常感叹,内在的感受、感悟、感情非言语所能表达,非笔墨所能形容,是一种有根据的经验之谈。Н. Д. Арутюнова (1998:731)就说过:"爱的种类差异很大,但语言却不能区别它们。"俄国历史上的斯拉夫学派(славянофилы)和西方学派(западники)曾经是亦敌亦友。赫尔岑曾写道:"我们像两面人扬努斯(Янус)。我们对俄罗斯的爱是同一的,但却不是一样的。"Н. А. Бердяев 对此的解释是:"对一些人来说俄罗斯首先是母亲,而对另一些人来说则是孩子。"(转引自 А. Д. Арутюнова 1998：306)斯拉夫主义者对母亲的爱,体现为尊重它的神圣传统,不准轻言变动,西方主义者的对孩子们的爱,表现在关注俄罗斯的长远未来,锐意致力革新。这种显然不同的情感,却同样用一个爱字(любовь)表示。观念分析的直接任务是剖析词语的用法,以使观念(也包括意义)变得更清楚,更易领悟,其长远目标则可能是揭示头脑暗箱中思想工作的秘密。

经过以上三个部分对 концепт 一词的剖析,可以归纳出几点认识。

(1)在语言哲学的发展过程中,concept(концепт)一词的内容有些变化,学者们的理解也不一致。但总的说,它和语义密切相关:它或者相当语义的一部分,或者相当于语义次范畴的类型意义,或者指词义密切相关,又有区别的文化观念,进一步说,它指一切非物质性实体(непредметная сущность)所体现的观念。语言哲学从逻辑分析、逻辑语用分析,到观念分析的演进,实际上意味着人们逐渐从初始的实证主义立场退却,逐渐认识到语言不仅仅是认知世界的手段,而更是形成、体现、交流思想手段。

(2)在西欧、北美的学术著作中,concept 泛指"头脑中一切孕育形成的思想",因而不仅可以概括地表示上述各种情况,还可以表示科学概念及认知语言学所主张的、它可能包含的种种内容(见第三部分)。这就需要我们要对 concept 做具体分析,弄清这一名词在不同学者笔下、不同场合下的实际所指。俄语用 понятие 与 концепт 两个词对应于 concept,一方面借此强调 концепт 的主观性,与意义密切联系;另一方面把客观的科学概念用 понятие 表示,并适当地以此将两者区别开。концепт 或与 понятие 对立,或者包括后者,但两者并不相等。很多学者强调两者的区别,但不幸的是在用词上又时而混淆。介绍英美著作的汉语著作大多把concept 及其派生词译成概念、概念分析、概念化,又未加任何说明,这种译法多少和汉语辞书的释义和习惯用法相背离。在翻译俄语著作时,把концепт 译成汉语的概念所产生的种种矛盾,前文已讲过了。因此有些人更倾向于译为观念,尽管译文也不很理想,因为汉语中的观念有时表示主张(концепция)。另外,那些认为意义等于感觉或精神意象(idea/идея)的主张,也被人称做观念论。

(3)国内对 концепт 一词的翻译展开争论,参与者往往只举个别有利于自己主张的例证,缺乏对实际材料的具体分析,不免以偏概全,各执

一词。看来对 концепт/concept 一词本身就应进行 концептуальный ана-
лиз，描写它在各种语境中的用法，以引申出其实际内容，并据此译名，才
是正道。

（4）随着认知语言学的发展，其关键术语，作为非词语思想单位的
концепт，产生了大量派生词和搭配，如 концептосферы，лингвистичес-
кая концептология，эндемичные（地域性的）концепты，лакунарность
（缺乏，空白）концептов，концептуальный смысл，индивидуальный ко-
нцепт…… 这使确定 концепт 的汉语对应术语显得更为迫切，把 концепт
一以贯之译成概念越发显得不妥。

附注

① 参看 The World Book Dictiondnary 1981，Longman Modern Enqlish Dictionay. 1976.
  对 concept 词条的解释。一些法语词典也有类似的解释。

② 认知语言学认为 concept 还包括一些其他的思想内容，它们与意义有着复杂关系。
  详见下文。

③ 其实，这里的译文，也有将作为整体的意义代替其组成部分——含义的毛病。

④ 徐友渔先生指出，把罗素的"On Denoting"与斯特劳森的论"On Referring"均译为
  "论指称"不妥。前者研究的是从逻辑语义出发的指示关系，后者指符号与提及事
  物的言说关系。

⑤ 近年来我国俄语学界常用"概念意义"这一术语表示与"指称"对立的"含义"，也
  引起一起困惑。既然把两者看做概念或意义的内涵和外延，用概念意义表示其组
  成部分之一，也引起以整体表部分的争议。在与语言哲学无关的语义学中，把
  conceptual meaning 译作概念意义（见王宗炎《英汉应用语言学词典》）或逻辑意
  义、理性意义（见 G. 利奇的《语义学》第 13 页），指通过对比、结构原则得出的反
  映对象逻辑特征的意义，它决定指示对象的外延，并认为它等于 denotation。而俄
  语界用的概念意义是包括对一个词正确使用重要的，但而非事物本质的特征，它
  常常是非理性的。这再次表明慎选汉语术语的必要性。

⑥ 广义的 idea（观念）和 concept 一样，泛指"想法"、"概念"、"见解"等。

⑦ 我认为正是应在这个意义上去理解维特根斯坦的名言——"一个人对于不能谈的
  事就应当沉默"。

⑧ 表示逻辑关系前置词后的名词与包含相应前置词复合连接词后的从句，都表示命
  题性意义。如 Благодаря их помощи / Благодаря тому что они оказали помо-
  щи，мы успешно выполнили задачу. 前置词后的 помощи 不表示事件，而替代命
  题。

⑨ понять 中之 н,来源于前缀末的辅音,如 снять,отнять。关于所谓博杜恩氏 н 的来源,可看杨隽《俄语历史语法概论》,华中师大出版社,1988 年,第 180 页。

⑩ 这再次证明对 концепт 的不同理解,试比较,С. С. Степанов 和本文 1.3 Е. В. Падучева 对 концепт 的解释。用弗雷格的话说,文化词像"飞马"一样,其现实对应所指为空类(参看 1.2),也就是说没有相当于词义外延的 concept。此时用它表示词义内涵,似乎没有矛盾。严格讲内涵即含义(Sinn,смысл)和外延即指称(Bedeu tung,концепт)是一个现象的两面。如果按照 К. И. 刘易斯的观点,文化词等在可能世界中,在思想中有其对应所指,它们可纳入所谓延扩(comprehension,протяженность),此时意义的内涵、延扩更难分清了。(可参见《语言学百科辞典》понятие 词条)。

⑪ 见 http:/www.krugsvet.ru/articles/92/1009218al.htm.

⑫ 当 истина 具体化,表示具体的观点、见解时可用复数。如 прописные истины(老生常谈),избитые истины(尽人皆知的道理)。

⑬ 这是 Н. Д. Арутюнова 的提法。

⑭ Ю. С. Степанов 在界定文化观念时,也持类似的观点,他说,"那些伴随法律(закон)一词的一束表象(пучок представлений)、概念(понятия)、意义(значения)、联想(ассоциации)、体验(переживания)就是法律观念(концепт)"。(见文化词典 43 页)注意:上述名词均为复数。

参考文献

[1] Апресян Ю. Д. Лексическая семантика. Избранные труды. том I [M]. М., 1995.

[2] Арутюнова Н. Д. Логические теории значения/Принципы и методы семантических исследований[M]. М., 1976.

[3] Арутюнова Н. Д. Предложение и его смысл[M]. М., 1976.

[4] Арутюнова Н. Д. Типы языкавых значений. Оценка. Событие. Факт [M]. М., 1988.

[5] Арутюнова Н. Д. Язык и мир человека[M]. М., 1998.

[6] Булыгина Т. В. Селиверстова О. Н. Семантические типы предикатов[M]. М., 1982.

[7] Кубрякова Е. С. и другие. Краткий словарь когнитивных терминов [M]. М., 1996.

[8] Кубрякова Е. С. Язык и знание[M]. М., 2004.

[9] Концептуальный анализ: Методы, результаты, перспективы. Тезисы докладов конференции // Логический анализ языка[C]. М., 1990.

[10]Лингвистический энциклопедилеский словарь[Z]. M., 1990.

[11]Падучева Е. В. Динамические модели в семантике и лексике[M]. M., 2004.

[12]Степанов Ю. С. Константы: Словарь русской культуры[Z]. M., 2001.

[13]费·德·索绪尔. 普通语言教程[M]. 北京:商务印书馆,1983.

[14]徐友渔. "哥白尼式"的革命——哲学中的语言转向[M]. 上海:上海三联书店,1994.

[15]涂纪亮. 现代西方语言哲学比较研究[M]. 北京:中国社科院出版社,1996.

[16]杰·利奇. 语义学[M]. 上海:上海外语教育出版社,1987.

[17]维特根斯坦. 逻辑哲学论[M]. 北京:商务印书馆,1983.

[18]维特根斯坦. 哲学研究[M]. 北京:商务印书馆,1994.

[19]王宗炎主编. 英汉应用语言学词典[Z]. 长沙:湖南教育出版社,1988.

ИССЛЕДОВАТЕЛЬСКИЕ ПРОФИЛИ У КИТАЙСКИХ ЛИНГВИСТОВ-РУСИСТОВ

（на примерах научных успехов по русской аспектологии）[*]

Чжан Цзяхуа

1. Основным профилем у китайских лингвистов-русистов является, прежде всего, поиски эффективной методики обучения русскому языку в китайской аудитории. По нашему мнению, данный профиль не должен быть единственным и исключительным.

Как иллюстрацию этого профиля коротко представляем общефактичность прошедшего НСВ сквозь призму китайского языка. В соответствии с принципом учета родного языка при обучении русскому виду считается полезным классифицировать семантические варианты общефактичности русского несовершенного прошедшего так, чтобы они были семантически соотнесены в отдельности со следующими 4 маркерами китайской общефактичности :1）过（guo），2）过了（guole），3）的（de），4）来着（laizhe）：

1）вариант（например：*Вы читали Евгения Онегина?*）с такими семантическими признаками, как：

а）полная отвлеченность от конкретных признаков протекания действия и нелокализованность во времени；

б）отдаленность осуществления действия во временном плане；

---

* Настоящая статья была прочитана на лингвистической кафедре, возглавляемой И. Б. Шатуновским, во время двухмесячного пребывания автора как приглашенного профессора в Международном университете природы, общества и человека «Дубна» для чтения спецкурса «Китайская и русская грамматика в сопоставительном плане».

в) безразличность к единичности / многократности, достижению/ недостижению внутреннего предела;

г) ретроспективная точка наблюдения.

2) вариант (например: *Спасибо, я уже обедал.*), обозначающий действие не отвлеченное от конкретных условий, а локализованное во времени, не неопределенно-кратное, а однократное в большинстве случаев, не безразличное к достижению / недостижению внутреннего предела, а достигшее результата. Высказывания с этим вариантом обычно используются в ситуациях, когда для решения, совершать или не совершать действие, говорящий спрашивает, имело оно место или нет, или в ситуации, когда говорящий сообщает, что действие имело уже место и поэтому нет необходимости совершать его.

3) вариант (*А вы художник настоящий… Вы что кончали?*), при котором в высказывании с имплицитной результативностью подчеркивается не самодействие (тема), а его место, цель, объект, способ, время и др. (тема). Здесь несовершенный вид не обязателен. Его во многих случаях можно заменить совершенным.

4) вариант (*Я была у Софьи Александровны. Помогала перенести вещи.*), в данном высказывании чувствуется явный оттенок процессного значения. Но точка наблюдения здесь остается ретроспективной, поэтому вариант не выходит за пределы общефактичности.

Предлагаемая, с учетом родного языка, классификация общефактического значения глаголов русского языка НСВ прошедшего времени получает очевидные учебные успехи в китайской аудитории.

2. Второй профиль — это обнаружение и систематизация типологических сходств и различий русского и китайского языков, не имеющих генетических отношений. Это сугубо теоретическое направление. Вряд ли все выводы отсюда могут быть непосредственно использованы в учебной практике, зато они лингвистически ценные.

(1) *В этой портерной я написал первое любовное письмо Вере. Писал карандашом.*

(2) *Девушка глянула на волка. Зверь с аппетитом принялся за еду.*

Использование в (1) глагола НСВ *писал* как анафора (его антецедент-*написал*) допускается в соответствии с такими же принципами, с какими анафор *зверь* во (2) вместо антецедента *волк*. Для подобной разновидности общефактичности в китайском языке грамматикализована специальная и обязательная аналитическая форма. Вместо нее ставить глагол в форме СВ недопустимо. Использование семантически более простого средства по сравнению с его антецедентом в высказываниях с имплицитной ограниченностью действия пределом как прагматической пресуппозицией наблюдается не только в русском и китайском языках, но и в английском: *He has gone to the town. — Did he go by himself*? Анафорическое употребление прошедшего основного разряда здесь обязательно (* *Has he gone to town by himself*?), чем английский язык отличается от русского, но эта форма не специализирована в данной функции, чем английский отличается от китайского. Все это можно графически представить следующим образом:

	русский язык	английсктй язык	китайский язык
Выделение общефактического значения	+	+	+
Обязательное грамматическое выражение	−	+	+
Специальное грамматическое средство	−	−	+

3. Овладение данным профилем возможно лишь при рассмотрении родного языка через призму иностранных языков и зарубежного языкознания. Данной точки зрения придерживаются китайские русисты-лингвисты. В последние десятилетия на страницах китайских научных изданий, посвященных исследованию нашего родного языка и об-

щего языкознания, господствует американская лингвистика. Это вызвано, прежде всего, масштабностью изучения особенностей китайского языка американскими учеными. Влияние же российских лингвистических школ практически не замечено. В последние годы в российском языкознании не было каких либо значимых научных открытий. При этом невозможно не выделить известнейшую московскую семантическую школу возглавляемую академиком Юрием Дерениковичем Апресяном.

Китайские глаголы в форме совершенного вида с маркером 了 (le), так же, как и русские глаголы СВ, обозначают ограниченное пределом целостное действие. Такой взгляд на инвариантное значение китайского глагола в форме СВ поможет разрешить ряд дискуссионных вопросов, но к сожалению, до сих пор на китайскую аспектологию как раздел языкознания оказывают свое доминирующее влияние только западные концепции по аспекту, построенные в большинстве случаев на материалах английского языка, не имеющего прототипической грамматической категории вида.

Признак целостности действия ярко представлен в длительно-результативных китайских глаголах (accomplishments) совершенного вида (с маркером 了). Их грамматическое значение не может быть полностью интерпретировано внутренним пределом:

(3) 他 2001 年读了这部长篇小说。(Он прочитал этот роман в 2001 году.)

(4) 他 2001 年 12 月 5 日读了这部长篇小说。(Он прочитал этот роман 5-ого декабря 2001 года.)

Почему предложение (1) приемлемо, а предложение (2) нет? Единственная причина в том, что "读了", как и русские глаголы СВ, выражает не только ограничение действия "读" внутренним пределом, то-есть конечной критической точкой, но его начало, середину и конец вместе взятые, как одно неделимое целостное. Именно по этой причине длительно- результативные глаголы совершенного вида (с маркером 了) не используются в сочетании с точечным временным обстоятельством. "2001 年" (в 2001 году) не точечное временное обстоятельство, его временная длительность достаточна для покрытия целостного действия, выраженного " 读 了", следовательно, предложение（1）приемлемо. А "2001 年 12 月 5 日" (5-ого декабря 2001 года) — точечное, его временная длительность не достаточна для покрытия целостного действия, выраженного " 读 了", поэтому предложение（2）не приемлемо. По целостности китайский СВ отличается от русского следующими моментами :

1）Выражение целостности обязательно. Ср. :

（5）Вы все еще читаете «Анну Каренину»? — Нет, я уже прочитал.

（6）你还在读《安娜·卡列尼娜》吗? —— 不，我已经读完了。

Глагол «прочитал» в примере（3）выделило не целостность, а внутренний предел из грамматического значения СВ. Противопоставление СВ «прочитал» и НСВ «читал» в данном контексте представлено не как противопоставление целостности нецелостности, а как результата процессу. Тогда как в переводе примера（3）на китайский язык（4）"读完了"не может быть заменено на"读了". В отличие от " 读 了", "读完了"（ кончил читать）как глагол результативного способа специализирован в выражении достижения действием результата, тогда как "读了"не может выразить результативного значения в отдельности от целостности даже с помощью контекста. Иначе говоря, русский «прочитал» обладает двумя вариантными значениями, а именно целостным и результативным, а у китайского " 读 了" имеется только целостное значение.

2）Часть денотативной зоны, обозначаемая русским НСВ, покрыта китайским СВ.

В предложениях с пост-обстоятельством количества времени маркер СВ " 了₁" при выражении целостности обозначает не только беспредельное состояние и деятельность, ограниченные двуконечными временными пределами（1, 2）, но и временно-ограниченное протекание предельного действия（3）:

（7）站了一个小时。（Простоял час.）

（8）说了半个小时的话。（Проговорил полчаса.）

（9）开罐头开了五分钟。（Он 5 минут *открывал* консервную банку.）

Тогда как в русском языке глаголы СВ ограниченно-длительных способов действия, образуются только от непредельных глаголов состояния и деятельности; временно — ограниченное протекание действия на этапе до достижения внутреннего предела обозначают только глаголы НСВ (9):

Даже то, что состояние, деятельность, ограниченные временными пределами, выражают глаголы СВ специальных способов, не обязательно. Замена их на синонимические глаголы НСВ во многих случаях допустима: *простоял час ≈ стоял час*.

3) В русском языке СВ и НСВ конативных видовых пар, как известно, противоположны друг другу как перлокутивные иллокутивным, в то время как в китайском соотносительные глагольные эквиваленты, образовав с помощью "了₁" форму СВ и приобретя целостность, остаются иллокутивными, в результате чего китайские "调查 / 调查了" семантически соотносятся не с русскими "выяснять / выяснил", а с "выяснять / выяснял". Перлокутивную функцию исполняют в китайском языке отдельные глаголы результативного способа действия.

Все это имеет большое значение для преподавания китайского языка в русской аудитории.

4. Внесение вклада в теоретические и практические исследования русского языка. Этот профиль, надо признаться, гораздо сложнее, чем предыдущий. Причина очевидна — русский язык для нас иностранный. Но, поскольку, мы лингвисты и русский является нашей профессией, исследование данных профилей, рассматриваемых нами, достаточно актуально.

В «Русской грамматике» 80-х годов относительно семантических отношений существительных, производных от СВ, образованных с помощью способов префиксации, с производными существительными от соответствующих глаголов НСВ, говорится следующее: «Нередки образования от соотносительных глаголов сов. и несов. Однако видовое значение мотивирующего глагола, как правило, не отражается на семантике существительного. Поэтому возможно употребление таких слов в тождественных контекстах. ... *завершено формирование правительства* и *завершено сформирование правительства*» (Грамматика 1980: 159—160). Такое небрежное употребление, с нашей точки зрения, возможно, но далеко не во всех контекстах. Сравните примеры:

(10) а. Я бы тоже мог покритиковать, но, к сожалению, во время *прочтения* (= во время *чтения*) оно («Бегство Земли») меня не впечатлило (lame. ru); / б. Продолжим обсуждение социалистического рынка, если вам и по *прочтении* этого ответа будет что-то не понятно (subscribe. ru) = ... *после того как вы прочитаете этот ответ...* * *по чтении*;

(11) а. Через пять лет вынуждены были остановить *постройку* (= остановить *стройку, строительство*) ... из-за осадки грунта (из газет); / б. В результате *постройки* оросительных систем, связанных с этим каналом, удалось значительно повысить сбор хлопка-сырца (eurasia. ru) = *в результате того, что построили оросительные системы,* * *в результате стройки*;

(12) а. На кузбасских полях начался *посев* (= *сев*) озимых (mediakuzbass. ru). / б. И хотя в 1999 году была предпринята *попытка посева* трав на тридцати гектарах, ситуацию это не спасло (newsweek. krd. ru) = *попытались посеять травы...,* * *попытка сева*.

замена существительного от СВ на существительное от НСВ возможна в примерах (10а) — (12а) и невозможна в примерах (10б) — (12б). Поэтому более точной будет следующая формулировка: существительные, производные от глаголов НСВ, во многих случаях имеют аспектуальное значение только НСВ (*комплектование, открывание, подавание, формирование* и т. д.), тогда как существительные, образованные от СВ (*выяснение, повышение, прочтение, постройка, сформирование, укомплектование* и т. п.), обычно являются двувидовыми, совмещают в себе аспектуальное значение сов. и несов. вида.

Что касается толковых словарей, то в них такие глаголы, как *израсходование*, *напечатание*, *посев*, *построение*, *постройка*, *прочтение*, *сформирование*, *укомплектование* и т. д., в большинстве случаев рассматриваются как соотносительные с мотивирующими глаголами СВ, вследствие чего теряется аспектуальный компонент их семантики, соответствующий глаголам НСВ. Сравните толкование «*посев*» и «*раскол*» в МАС:

Посев — действие по глаг. посеять. / Раскол — действие по знач. глаг. расколоть — раскалывать.

В целом, исследовательскими профилями у китайских русистов должны быть следующие:

1. поиски эффективной методики обучения русскому языку в китайской аудитории;

2. обнаружение и систематизация типологических сходств и различий русского и китайского языков, не имеющих генетических отношений;

3. рассматривание родного языка с точки зрения языков иностранных и языкознания зарубежного;

4. внесение вклада в теоретические и практические исследования русского языка.

参考文献

[1] Чжан Цзяхуа. Обобщенно-фактическое значение русского глагола несовершенного вида, прошедшего времени в сопоставлении с китайским [A]. Русское слово в мировой культуре [C]. СПб., 2003.

[2] Zhang, Jiahua. The context-independent perfective meaning of the Chinese "le" (了) [J]. *Contemporary Linguistics*, journal of the Institute of Linguistics, The Chinese Academe of Social Sciences. 2004(2).

[3] Шатуновский И. Семантика предложения и нереферентные слова. (Значение. Коммуникативная перспектива. Прагматика) [M]. М., 1996.

[4] Чжан Цзяхуа. Аспектуальные семантические компоненты в значении имен существительных в русском языке [J]. ВЯ, 2007(1).

从符号学的角度步入语言文化学研究*

王铭玉

近一二十年来,国学、文化学(культурология)以及文化研究(study of culture)的热潮分别在中、俄以及西方兴起,这既是对全球化进程的一种反弹式回应,亦是每一个民族、国家对传统与当代之间联系的探寻,更是民族、国家之间相互认知和对话的基础。外语人应该抓住这难得一见的历史机遇,在国际交往和文化对话中充分发挥自己的作用。

作为文化研究的切入点之一,语言文化学始终是学界关注的热点问题。汉语学者直接在语言文化学或文化语言学的框架下进行分析,以俄语为主的学者常常把它看做是语言国情学的一个延伸;以英语为主的学者往往把它与人类语言学、跨文化交际学、社会语言学、民族语言学等放在一起研究。总的说来,上述研究均富有成效,很多成果颇具价值,对推动语言文化学的研究起到了一定的作用。但同时我们也发现,在既往的研究中,仍存在某些缺憾,比如:微观研究大于宏观研究,描写研究大于阐释研究,经验研究大于客观研究等。究其症结所在,恐怕在很大程度上要归于方法论的制约。因此,本文尝试从符号学的角度探索语言文化学研究的可行之途,把符号学的相关理论(系统论和信息论)和基本思想(模式化体系、对话关系、符号域)作为方式方法,总体上对语言文化学的研究进行探索性考量。

1 系统论思想的启迪——语言文化学研究的核心是文本研究

系统论思想是现代符号学的重要源泉之一,它由美籍奥地利生物学

   * 基金项目:教育部人文社会科学重点研究基地 2006 年度重大项目"现代语言符号学"(06JJD740009)的子项目之一。

家冯·贝塔朗菲(L. von Bertalanffy)在 20 世纪 40 年代创立。系统论首先要求把事物当做一个整体或系统来研究,并用数学模型去描述和确定系统的结构和行为;同时认为,一切生命都处于积极运动状态,有机体作为一个系统能够保持动态稳定是系统向环境充分开放,获得物质、信息、能量的结果;另外,系统论指出复杂事物的功能远大于其组成要素之间的简单加合,强调整体与局部、局部与局部、系统本身与外部环境之间互为依存、相互影响和制约的关系。

系统论的核心学说之一是整体论,这是对传统的还原论方法的一种超越。美国学者菲立普(Philip D. C.)曾把整体论思想归结为三个彼此相联系的论断上:1)整体不等于部分之和,整体的各组成部分具有紧密的内在联系,任何分割都会损害这些联系;2)对一个整体,我们还能根据对部分的研究获得对整体的完全解释,因为分割已损害整体,分割后的整体已不再是原来的整体;3)对整体的研究应以整体为研究对象,使用整体的专门术语与理论。(刘劲杨 2007 年 7 月 11 日)

系统论对语言文化学研究具有重要的启示意义。纵观近 30 年中国语言文化研究的历程,不难发现,除去对文化语言学的性质及其研究范围进行探讨外,大部分研究主要是挖掘语言中反映的文化积淀,比如,语词中反映的文化内涵,人名、地名等特殊专名中的文化因素,数字文化、汉字文化、词汇结构与文化、句式与文化等。

从系统论角度来看,每一种民族文化都具整体性,因为它具有一套独特的民族语(如汉语、俄语、德语等)和思维定势,其中反映着该民族特殊的世界图景。除此之外,各种文化门类之间也存在着深刻的内在联系,如宗教与哲学、哲学与伦理、伦理与文学等之间的学理思想都是相互渗透、相互涵盖的。正因为民族文化具有整体性,达尼列夫斯基(〈俄〉Н. Я. Данилевский)、施宾格勒(〈德〉O. Spengler)、甄克斯(〈英〉E. Jenks)、汤因比(〈英〉A. Toynbee)、本尼迪克特(〈美〉R. Benedict)、斯塔夫里阿诺斯(〈美〉L. Stavrianos)等人才能够区分出不同的文化类型。文化是整体而又是系统的,如果只把视线聚焦在某个独立片段上,就容易与文化母体脱离关系,最终可能会导致各自树立门户,文化研究也会形成只见树木不见森林,甚至支离破碎的局面。因此,"整体"观念至关重要,"大处着眼,小处着手"不失为文化研究的至理名言。我国的文化语言学在精细化方面做了很多工作,但研究内容零散,大多语言单位脱离开具体语境以及历史文化背景的"大时段(большое время)"进行孤立分析,对囊括了所有语言单位的文本以及文本生成的文化背景却鲜有涉及。而从系统的整体说角度出发,我们认为,语言文化研究的核心应是以整体性为依托的文本研究。

我们通常所说的"文本"是一种语义-语用单位或交际单位,它既可以是独白,也可以是对话,还可以是三个或更多人之间的会话;既可以是口头的,也可以是书面的;既可以是正式的,也可以是非正式的。此时,不管文本以何种形态呈现,一定要在语义和语用上体现为一个连贯的整体。

文本研究对语言文化学的发展至关重要。首先,文本研究构成文化研究的第一要素。我们知道,作为整体的文本是具有文化特征的各种语言表达手段所形成的体系,是社会文化思想和民族风格的完整的物质体现者。那种孤立的、脱离开文本语境的分析方式,那种对文化采用选择性的、片断性的描写方法是难以揭示语言文化的真谛的。俄罗斯文化符号学家洛特曼(Ю. Лотман)意识到这一点,所以着重指出:"文本是完整意义和整体功能的载体……在该意义上,文本可被视为文化的第一要素。文本和整体文化、和其代码系统的关系表现在不同层面上。同一个信息可以是文本、文本的一部分或文本丛。因此,普希金的《别尔金小说集》可看做一个完整的文本,如同一个文本丛或'1830年俄罗斯小说'这一统一文本的一部分。"(Ю. М. Лотман 2000:507—508)

次之,文本研究的开放性和动态性符合语言文化学的要旨。洛特曼认为:"把某块现实转换为某种文化语言,把它变为一个文本,即变为以某种形式记录下来的信息,并把这一信息纳入群体的记忆中,这就是日复一日的文化活动。"(Ю. М. Лотман 2000:507—508,397)值得注意的是,作为一个符号学者,洛特曼把"文本"的含义从自然语的概念扩大到文化所使用的一切符号,因此"文本的概念也从文字作品扩大到一切文化事物。这样一来,一部电影、一幅绘画、一首歌曲、一场舞剧、一个故宫、一个春节、一场祭祀、一个事件,都意味传递特定的文化信息而成为文化文本"。(白春仁 2007:229)由此可见,符号学意义上的文本概念与我们通常所说的"文本"概念不尽相同。符号学的系统论强调世界的整体性,把每个系统又看成是某个更大系统的一部分,即整体是局域整体,部分总是限定中的部分,因此系统的性质和功能不能不受到环境的影响和制约,处于不断的运动和变化状态之中。所以,不仅要加强文本的研究,还要把文本置于一个更大的视野下去研究,既有对文本的语言方面的诠释,还要把文本还原到它所生成的整个历史语境中,即从构成性的实体实在论走向生成性的关系实在论,从语言学、文化学、社会学、历史学、民俗学等视角进行开放式探讨,从宏观整体的角度去解读、把握文本。

再则,文本研究契合系统论的整体观。俄罗斯文学理论家巴赫金认为:"文本只是在与其他文本(语境)的相互关联中才有生命。只有在诸文本这一接触点上,才能迸发出火花,它会烛照过去和未来,使该文本进入对话之中。"(巴赫金 1998:380)显然,"整体性"早已成为巴赫金文论的一个突出特征。在《文艺学中的形式主义方法》(1928 年)和《陀思妥耶夫斯基诗学问题》(1929 年初版,后修订再版)两部专著中,巴赫金分别通过对俄国形式语言、庸俗社会学的批判及对陀思妥耶夫斯基长篇小说"艺术形式独创性"的分析,构建了自己的整体性批评观。要而言之,这种整体性批评要求把文学作品的语言分析、内容分析以及文化母体有机地结合在一起,在对作品的批评中,形成的是这样的多重辩证统一:内部研究与外部研究的统一、共性与个性的统一、主观与客观的统一、微观与宏观的统一。(参见蒋述卓、李风亮 2000:131)

2 信息论思想的反映——语言文化研究的重点是存异,关注信息的缺损或者增生

信息论作为一门科学理论产生于上个世纪 40 年代,它是一门用数理统计方法来研究信息的度量、传递和变换规律的科学。信息论主要是研究通讯和控制系统中普遍存在着信息传递的共同规律以及研究最佳解决信息的获限、度量、变换、储存和传递等问题的基础理论。美国贝尔电话研究所的数学家申农(Shannon C. E.)被称为是"信息论之父",人们通常将他于 1948 年 10 月发表的论文《通讯的数学理论》(《A Mathematical Theory of Communication》)作为现代信息论研究的开端。

信息论一般分为三种不同类型:1)狭义信息论——应用数理统计方法来研究信息处理和信息传递的科学;2)一般信息论——主要研究通信问题;3)广义信息论——不仅包括狭义信息论和一般信息论的问题,而且还包括所有与信息有关的领域,如符号学、心理学、语言学、神经心理学、文化学等。

符号学学科是较早尝试运用信息理论来解决自身问题的学科,而语

言文化现象的阐释与信息论也密不可分。

2.1 语言文化研究的焦点是变化

首先,在信息论看来,"信息"是指人们在适应外部世界的过程中和外部世界进行交换的内容,这种交换之所以有价值,就是由于它本身具有不确定性,具有一定的变化。与此相适应,语言文化是由人创造的、是一个把熵转为信息的最完善的机制,其功能是储存和传递非遗传性信息。换言之,为了保存信息并且得到新信息,语言文化会不断编制出最有效、最紧凑的方法,对信息进行编码和解码,把它们从一个符号系统译到另一个符号系统中。这里的编码和解码的过程实际上与不同类型的文化文本之间的翻译过程相类似。比如,列宾的《伏尔加河上的纤夫》既可以"翻译"成自然语(用语言描述),也可以"翻译"成雕塑作品;《红楼梦》既可以"翻译"成电视连续剧,又可以"翻译"成连环画。于是,我们在对语言文化进行研究时,要注意观察其变化,应该把信息在传递前后的进程作为语言文化所关注的焦点。

2.2 语言文化研究的重点是存异

信息是客观事物状态和运动特征的一种普遍形式。按传统的说法,信息大量地存在于我们所生活的三维空间之中。但随着科学的发展,人们发现信息还有更深藏的本质,即信息大量存在于四维空间中,其本质是在四维空间中存在的一种信息子(informer,假设的存在于四维空间的组成信息的基本单位)的规则排布。在平常状态下,信息子杂乱无章地分布于四维空间中,当三维空间中的分子摩擦碰撞时,其中的能量逃逸到四维空间中,启动了信息子的规则排布,排布好的信息子又将能量释放出来,进入三维空间,引起其他分子的摩擦碰撞,如此循环下去。如果被引起摩擦碰撞的分子恰好是决子(decider,决定事件的因子),并且有一定物质的量的决子被引起摩擦碰撞时,事件发生。总之,对我们所生存的宇宙而言,虽然信息子的有序排列和能量的传递非常重要,但物质摩擦碰撞却是事件发生的直接原因。

在跨文化交际中,语言文化是一道最大的障碍。当不同的语言文化呈现出共同的一面时,利于交际的正常进行;而当不同的语言文化呈现出相异的一面时,摩擦碰撞不可避免,交际失误随之而来。因此,语言文化学,尤其是和跨文化交际相关的语言文化学应该把重点放在求异上,放在解决摩擦的问题上。比如,在俄罗斯人的理解中,"龙"的文化伴随意义并不美好,中国人称自己为"龙的传人",势必会引起误解,有碍交往。因此,有人建议音译是不无道理的。再如,在近来频繁举行的应对金融危机的各种国际会议上,俄罗斯国家领导人总是指名道姓地指出,美国是全球金融危机的罪魁祸首,而中国领导人采取的方式是不点名批评。分析两国领导人发言的文本内容就不难发现,中国在对外交往中展现了三分法的民族思维传统。不懂得中国智慧的人,可能会用"狡黠"等语汇进行错误的评价,因此我们有必要通过对文本信息的比较分析,对中国民族的思维传统进行客观的解释和宣传。

2.3 语言文化研究应关注新的文本

在信息传递过程中,数量是一个格外重要的参数。"任何一轮信息过程都是从已知向未知的延伸。这一过程的能量效应理据是:语用主体最大限度地减少对已知信息的能量付出,最大限度地增加对未知信息的能量投入,因为未知信息相对于已知信息能给信息主体带来更多的信息效应。"(吕公礼 2002:6—12)

俄罗斯符号学家洛特曼曾尝试运用信息理论来阐释语言文化现象。他对信息的传递过程进行了探讨,认为从信源到信宿,虽然可以用算法推演的方法得到一种结果:信息内容从头到尾既不发生质的,也不发生量的变化,即接收者对文本进行解码并得到初始信息。但这只是理想化的情况,并不是语言文化学所研究的重点。因为从外部观察者的角度看,"文化不是静止的均匀平衡机制,而是二分结构,即有序的结果对无序的结构的侵入,同样,无序的结构也在侵蚀有序的结构……文化域中来自外部的文本增加,有时是文化发展有力的刺激因素"。(Ю. М. Лотман 2000:506)"如果我们将文本 T_1 从语言 L_1 翻译到语言 L_2,出现的文本 T_2 在逆向翻译时,得到了初始文本 T_2,那么我们将不把文本 T_2 视作相对文本 T_1 而言的新文本。"(Ю. М. Лотман 1999:15)显然,这里出现了一个信息的完全可逆传递,无论是信源还是信宿,它们得到的是同一个原始文本。而在现实中,这种情况只有在自足的单通道系统中才有可能出现。比如,全世界通用的红绿灯交通信号,在"停"与"行"的信息传递过程中是完全可逆的,是没有任何歧义的符号系统。再如,逻辑学中用的形式语言,"对一切可能的解释而言,公式 $\forall x(S(x) \rightarrow P(x))$ 都表示:对于论域中的每一个体 X 来说,如果 X 是 S 类(集合)的分子,那么 X 是 P 类(集合)的分子,换言之,S 类包含于 P 类"。(程仲棠 1990:397)但我们面对的是一个复杂的人类文化系统,必然面临"一致性"和"背离性"的问题,前者源于主体能量的有限性,后者则着眼于信息效应的无限性。也就是说,对信息的传递者和接收者而言,初始文本和接收文本有可能相对一致,但更多的时候由于缺损和增生,"背离性"客观存在,而正是这种情况的出现,体现了文本的创新机制,也给我们带来了启示——语言文化研究应关注那些不能完全可逆的文本。首先我们来观察信息的发出者和接收者使用同一套代码时的情景。比如,我国古老《诗经》的白话文译文,荷马史诗《伊利亚特》、《奥德赛》的今译作品,古罗斯经典之作《伊戈尔远征记》的现代译文,虽说同语译作都能"达意",但与原文相比,总感觉到有一定的缺损或增生,完全是一种新的文本。接下来再来考究信息的发出者和接受者使用不同代码时的情景,我们会发现:信息的缺损和增生更加明显。Б. А. Успенский 从信息论角度指出,法国知识分子提出的"Liberte,Egalite,Fraternite"(自由、平等、兄弟情谊),1833 年被乌瓦罗夫(〈俄〉C. C. Уваров)"翻译"成著名的官方三位一体公式——"东正教、专制制度、人民性"(直至今日,仍有相当一部分学人在论证,这是当下俄罗斯应该走的道路)。这里,针对"自由"所提出的是"东正教"(东正教的确被视为一种真正的自由,但不是人的,而是神的自由);而"平等"换成了"专制制度",因为俄罗斯式的"平等"靠的是"专制制度";代替"兄弟情谊"的是"人民性",即民族思想。而针对这个官方理论,俄罗斯知识分子又创造了一套新的文本,即"精神、革命、世界主义"。正是通过分析语言信息在传递过程中的变化和增生,Б. А. Успенский 总结出了俄罗斯知识分子与西方知识分子的本质区别所在。

3 模式化体系的构筑——语言文化学研究的重心应向第二模式化体系倾斜

大千世界由三大要素构成,分别是人、客观世界和符号。符号学认为,人与客观世界的联系是通过符号建立起来的,即人通过符号认识世界。符号既是人类对客观世界认知的结果,也是认知世界的方式,同时也是人类文化发展所依赖的条件。符号体系是人类创造的现实世界的替代物,是再现我们周围世界的模式,以此来表达人们对周围世界的感受和认识,所以说,符号体系被称为模式化体系。

俄罗斯符号学家洛特曼是一位运用语言学方法研究文学艺术的符号

学家,他把"语言"分为三种:1)自然语言,如英语、俄语、汉语等语言;2)人工语言,如科学语言以及路标等常规信号语言;3)第二语言(第二模式系统)。(洛特曼、胡经之、张首映 1989:362)自然语言是对生活的第一次模式化,是第一模式化系统。它不仅是最早的,还是最强有力的人类交际的体系,它是人类描绘世界的语言图景,人类用语言提供的模式了解和表现世界。因此,在所有符号系统中,历史形成的各民族的语言被称为第一模式化系统,而在原生自然语言基础上形成的、模仿语言的结构(组合轴和聚合轴)建构起来的符号系统(风俗、仪式、神话、法令、道德规范、宗教信仰等,以及戏剧、电影、绘画、音乐等各种门类及各种科学,均有自己独特的语言)被称为第二模式化系统。

模式化体系的构筑为语言文化研究找到了一个重要的突破口,开辟了新天地,有利于更为科学系统的研究文化语言符号。我们知道,文化语言和自然语言均是符号体系,因此它们有相通的地方,即二者同源、同构。这样一来,我们可以用研究语言学的方法来研究文化语言,从一个全新的角度来深入探讨文化语言现象的结构及其内部的规律性。但与此同时,我们还需清醒地意识到,文化语言和自然语言分属不同的模式化体系,各自具有不同的特点,归为异质现象。首先,自然语言是第一性的,它是一种工具,是所有文化语言的基础;而文化语言是第二性的、派生的,是一种信息,是一种比自然语言更高级、结构更复杂的符号系统。再则,自然语言基本上是单语的,而文化语言是多语的,文化内部不同语言符号的互动成为研究文化的关键。

鉴于两个模式系统的区别,我们不能把二者混淆对待,否则就会把文化语言变成机械的符号,文化的意义就被阉割了。正确的做法是:一方面,可以把文化语言看做是服从于普遍结构规则的符号系统,那些在第一模式系统中,或者说在普通符号学中富有成效的科学范畴,例如语言和言语、组合和聚合、共时和历时、内部和外部、文本和结构等可以运用于文化的研究;另一方面,也是更重要的一面,文化研究的重心应向第二模式体系倾斜。主要原因有二:一是第二模式系统制约着文化信息的传递。文化语言现象具有自己独特的规则体系,区别于自然语言,主要归属第二模式体系,其功能是传递信息,传递一种对人与社会的存在具有价值的信息,传递一种体现人们价值判断、体现人生经验、原则、规范的信息(比如神话、宗教、音乐、绘画、文学、政治等)。在俄国历史上,彼得大帝曾强迫贵族观摩尸体解剖活动,这种活动本身便是具有深刻含义的文化文本符号。彼得大帝表达的信息是,不管人们是否喜欢欧洲的科技,都必须接受社会发展的成果。二是第二模式系统影响着对语言文化信息的接收。第二模式系统具有"先验性",无论是政治的、经济的、历史的、神话的、艺术的,它们都是依靠自身的模式使一种"现实"出现,比如,诗歌的韵律模式将自然的字、词、句纳入到统一的框架中去,并通过这种方式再现客观世界。

4 对话关系的产生——语言文化学研究的基点应是多元多向的

对话思想的提出是巴赫金的杰作。巴赫金一生把自己的学术目光投向语言同生活、个性和社会密不可分的联系,站在哲学的高度考察语言文化活动,他借助于对陀思妥耶夫斯基小说的分析,提出了他在诗学、美学和哲学之上的基本立场——对话主义,为学术界带来了诸多的启示。

对话主义作为巴赫金学说的哲学出发点与理论归宿,在其整个思想体系中占据着重要位置。(蒋述卓、李凤亮 2000:128)"对话主义"或称"对话性"(диалогизм, dialogism)滥觞于巴赫金的哲学人类学观点,是巴赫金在论述"复调小说"理论时提出的,是在研究俄罗斯作家陀思妥耶夫斯基(Ф. М. Достоевский)小说的基础上加以阐发的。巴赫金认为,陀氏小说从整体上可以说处处都渗透着对话性,体现着以下几个重要特征:

一是"平等性"。小说主人公之间、主人公与作者之间是平等的对话关系,都有着自己的"言说"权。"在地位平等、价值相当的不同意识之间,对话性是它们相互作用的一种特殊形式。"(巴赫金 1998:374)每个人物都处在运动变化之中,只有进行平等对话,才能使未完成的形象不断丰富、充实起来。小说中人物的"言说"权,也是"对话性"的一个重要问题,没有每一个人物对他人、对世界的言说权,小说的"对话性"就只能限于意识内部并有导致消弭的可能。(刘坤媛 2006:109)

二是"自主意识"。小说中并不存在着一个至高无上的作者的统一意识,小说中每个人物都具有独立的"自主意识",小说正是籍此展开情节、人物命运、形象性格,从而展现有相同价值的不同意识的世界。换言之,文学作品中的人物是有生命力的,有自己的思想、观念,而作家在复调小说里"描绘任何人",都"把自我意识作为主导因素",这种主导因素"本身就足以使统一的独白型艺术世界解体"。（巴赫金 1998:67）可以说，没有人物"对话化"自主意识，就不可能有人物心灵的"微型对话"，也不可能有小说布局上人物之间、作者与人物之间的"大型对话"。（刘坤媛 2006:109）

三是"积极性"。小说中主人公的主体性和不同意识世界的展现，并不意味着作家是消极的、没有自己的艺术构思和审美理想，而是指作家在创作过程中给自己的人物以极大的自由，在其想象的空间内让他们以对话的方式充分表现自己的见解，同时把各种矛盾对立的思想集中置于同一平面上描写，努力营造一种共时性的存在状态，而作者的意识则随时随地都存在于这一小说中，并且时时刻刻具有高度的积极性。以上这些特征是巴赫金对文学作品的一种创造性剖析与发扬，它让我们感受到了作品主人公的独立性和内在自由性，让我们感悟到了对话的未完成性和未盖棺论定性，让我们似乎聆听到了作品众声合唱的复调性。

巴赫金关于作品主人公对话关系的论述具体而丰富，令人耳目一新，尤其是他对对话关系由具体到抽象的提升，以及对话语所隐含着的哲学基础和对语言文化研究的喻示色彩的揭示更为人们所关注。下面择其主要思想予以阐释：

4.1 主体间性

我们知道，"主体间性"是一文化哲学概念，主体之间的对话与潜对话正是凭依于这种"间性"的存在。在巴赫金的研究中，与此密切相关的是"他性"的存在，没有他者就没有不同于"我性"的"他性"，对话是无法形成的。的确，不仅在理论构建上，在研究的实践中，巴赫金也始终延续着这种基于"间性"基础之上的"他性"思想。"就研究体裁而言，他在陀思妥耶夫斯基、拉伯雷及其他作家间寻求着对话；在研究观念上，他在俄罗斯与德国哲学及其他西方思想资源间寻求着对话；就研究目的而言，他在文学与哲学、语言学、人类学等不同学科间、文学因素与非文学因素间寻求着对话；他在研究小说中人物之间的对话、作者与主人公的对话，也在试图以此进行自己与作品人物、作者及其他研究者的对话。"（蒋述卓、李凤亮 2000:129）巴赫金具有开放性、相对性、包容性的对话立场以及对独语策略的消解应该引起语言文化学界对自身存在境况与发展路向的反思，我们的研究必须要谋求不同话语系统及文化体系的共存，注重"间性"和"他性"，并在此基础上寻求相互生发的基点，因为文化本身的主要任务一是教会你尊重他人的思想,领会他人的思想,二是教会你同时保留自己的思想,创新自己的思想。

4.2 差异

"差异"的存在是一个客观的问题,它被巴赫金看做是对话的另一个基本条件。我们知道,当今人文学者所面对的最大的、最复杂的"异质话题"分别源自东西方两个区别较大的文化谱系。如李大钊曾分析东西方文明的差异道:"一为自然的,一为人为的;一为安息的,一为战争的;一为消极的,一为积极的;一为依赖的,一为独立的;一为苟安的,一为突进的;一为因袭的,一为创造的;一为保守的,一为创造的;一为自然征服人间的,一为人间征服自然的……"(李大钊1918)尽管这种说法缺乏科学性,但毕竟点出了东西方文明的重要差别,后来陈独秀、胡适、梁漱溟、张荫龄甚至包括英国哲学家罗素(B. Rusell)等都曾撰文论述过中西两种文明的巨大差异。

遗憾的是,在处理"异质"的问题上,由于东方和西方学者所具有的不同文化背景、不同学术心态,他们所做出的选择是很不一样的,即使在同一个文化谱系内部,由于学者们各自不同的知识背景、思维习惯和学术理念决定,他们所采取的立场与对策也颇有区别。此时,巴赫金的研究具有重要的典范意义,因为他所提出的对话思想充满了对"差异"认同的预判。透过其"复调小说"理论与"狂欢化"理论所表现的宏观的和深层的观点立场对当前的语言文化学研究都具有重要的启发与取鉴的价值。

复调概念原本借自音乐创作中的"复调音乐",指多声部的同步进行。把它运用为小说形式原型的譬喻,是巴赫金的一个原创,是巴赫金对话小说理论在诗学中的应用性变体。巴赫金藉此来概括陀思妥耶夫斯基作品中新的话语类型,指出了此类小说的特点。"复调的实质恰恰在于:不同声音在这里仍保持各自的独立,作为独立的声音结合在一个统一体中,这已是比单声结构高出一层的统一体。如果非说个人意志不可,那么复调结构中恰恰是几个人的意志结合起来,从原则上便超出了某一个人意志范围。可以这么说,复调结构的艺术意志,在于把众多意志结合起来,在于形成事件。"(巴赫金著,白春仁、顾亚铃译1998:27)显然,复调概念远远超出了狭隘的小说叙事学的概念,因为巴赫金对陀思妥耶夫斯基小说的解读,有他自己的美学语境,他从小说语言入手,关注的却是小说语言的人文精神。联系到文化研究,同样如此。文化现象本身是一个

"交杂并置"、"多元共生"的领域,具有生活的多样性和人类情感的多层次性特点。在此,各种民族文化彼此"闭目塞听"、"不相往来"的情况已不复存在,因为那样只能抑制和毁灭人的生命。复调理论的说服力正在于:民族文化需要相互映照,要知道一种文化只有在另一种文化的比照下才能看清自己。(巴赫金 1998:514)

"狂欢化"概念源自古希腊罗马或更早时期的"狂欢节"型的庆典。巴赫金从发表处女作起直至最后,一直锲而不舍地关注"狂欢化"现象,几乎从未间断过对狂欢化诗学的研究。"狂欢化"概念不仅被巴赫金用作对拉伯雷小说的特征描述,其更重要的意义在于对社会转型期文化特征的概括。夏忠宪在对巴赫金狂欢化诗学理论研究之后指出,狂欢化有其独特的外在特点和意蕴深刻的内在特点。(夏忠宪 1994:74—82)比如,全民性、仪式性、距离感消失、插科打诨等是其外在特点,而狂欢式的世界感受、两重性、相对性等则是其内在特点。当然,对狂欢化的简章解读不是巴赫金的目的,而对狂欢精神的阐发与移植方是巴赫金的所图。巴赫金认为,狂欢精神使一切被等级世界观所禁锢的东西,重又活跃起来。神圣同粗俗、崇高与卑下、伟大同渺小、聪颖与愚钝等接近起来或融为一体,它们之间的界限被打破,鸿沟被填平。(夏忠宪 1994:78)由此来看,狂欢化是一种特殊的语言或符号,是一种特有的思维方式,同时,它还可被视做更广泛的精神文化现象,是一种文化渗透和文化交合的产物。狂欢化诗学是巴赫金多年来潜心研究、精心架构的理论体系,它倡导一种渗透着狂欢精神的新的观念、历史观,它对文化研究有着重要的指导意义。第一,文化的多元性。巴赫金视野中的"狂欢"是对社会、宗教、伦理、美学、文学的等级、规范的颠覆,打破了文学体裁的封闭性,动摇了单一文化的垄断地位,使各种亚文化、俗文化与官方主流文化的二元对立日益模糊含混,使众多难以相容的因素奇妙地结合在一起,使其在对立、碰撞、冲突间又相互渗透、交流与对话,达到同时共存、多元共生。(夏忠宪 1994:80)第二,文化的平等性。"在隐喻意义上,狂欢化实际隐喻着文化多元化时代不同话语在权威话语消解之际的平等对话"。(蒋述卓、李凤亮 2000:131)在以往的文化研究中,人们的主要目光停留在"中心文化"之上,而对"边缘文化"常常不屑一顾。狂欢化理论对此给予了警示:"在众声合唱、多极共生的时代,任何一种思想或话语所尝试的'独白'企图,最终都将以一种喧闹近乎喜剧的情境收场。"(蒋述卓、李凤亮 2000:131)

因此,中心与边缘不断的位置互换,将成为未来文化研究的可能景观,而传统文化研究中对中心话语的尊崇和对边缘话语的漠视,也将因着价值论的退场而被动摇。第三,文化的开放性。巴赫金指出:"在欧洲文学的发展中,狂欢化一直帮助人们摧毁不同体裁之间、各种封闭的思想体系之间、多种不同风格之间存在的一切壁垒。狂欢化消除了任何的封闭性,消除了相互轻蔑,把遥远的东西拉近,使分离的东西聚合。"(巴赫金1988:190)文化研究与此非常相似,单色调的描绘是苍白的,应该积极寻求多种因素不同寻常的综合,主张内容和形式的开放性,把各种文化类型、不同的思维体系(常规的体系和狂欢的体系)、多种手法等结合起来,展现纷繁万状的生活原生态和价值观念多向的世界。

5 符号域的呈现——语言文化研究应注重动态平衡

"符号域"(семиосфера)术语源自维尔纳茨基(В. И. Вернадский)的"生物域"(биосфера)概念,由洛特曼于1984年正式提出。在洛特曼的符号学思想中,"符号域"是一个非常重要的概念,它注重从符号学的角度来研究文化,构成了一种符号论的文化观。洛特曼认为,符号域与生物域具有共同的比拟性,二者都有空间的概念和它们所包含的内部各个系统的存在、发展条件。所谓符号域,指符号存在和运作的空间。就文化研究而言,符号域实际上是一种文化环境、文化背景。换言之,它是民族文化符号系统产生、活动、发展的空间,是文化的载体,是民族思想意识结构以及思维方式的表现形式和手段。

符号域思想的核心是空间概念,它来自于拓扑学(topology)。拓扑学术语由近代德国哲学家莱布尼茨(G. W. Leibniz)提出,该门学问属几何学范畴。它的基本思想是拓扑等价,即研究有形的物体在连续变换下保持不变的性质。换言之,拓扑学是一门只研究图形各部分位置的相对次序,而不考虑它们尺寸大小(由于变形引起的)的新的几何学。拓扑学也被人们称做橡皮膜上的几何学,变与不变的双重性质是其性质特征。所谓"变",是指随着橡皮膜的拉动,图形的长度、曲直、面积等外在特征都将发生变化;所谓不变,是指橡皮膜上图形的内在性质保持不变,例如点变化后仍然是点,线变化后依旧是线,相交的图形绝不因橡皮的拉伸和弯曲而变得不相交。

洛特曼之所以倚重拓扑学,"正是看到了拓扑学对解释文化表层各异的功能和空间中的深层同构作用,也就是文化文本中蕴含的恒量。我们认为,不同类型文化之间在思想精神上的相通点,就是整体文化的恒量,而文化语言及系统的特性,就是拓扑变形的结果"。(郑文东 2007:60)质而言之,符号域引用拓扑学的是"变换下的不变"概念,追求的是文化研究中的"动态平衡"目的。

首先来看"动态"。时间和空间是一切事物存在的两大坐标和参照系,洛特曼也正是运用拓扑学的原理,把空间和时间这两个普适性的概念作为符号域的重要坐标。用时间来衡量文化,会有过去、现在、将来之分,使得文化具有了历时继承性和动态变化的特点。比如,在对符号域的基本单位——文化文本的时间性考察中,洛特曼提出了两种认知思维模式——神话思维和历史思维。(郑文东 2007:152-156)这对我们可能会产生重要的指导意义。神话思维究其本质属于循环思维观。当时,由于缺乏对客观世界的科学认识,人们往往根据对自身的认识以及对自然界的体验去解释周围发生的一切,进行简单的联想和推理。人类可以经历从出生、成熟到衰亡过程,植物可以由发芽、成长到死亡,随着季节而变化。所以世界上有很多关于人的生命周而复始的神话,佛教中有轮回、转世的说法,相信和对自然的体悟是分不开的。这样一来,神话思维把时间看做是一个无头无尾的连环,是一个周期性的循环。神话思维可以帮助我们分析理解许多既有的文化现象,但其封闭、循环的思想又失去了对时间的区分功能。因此,洛特曼充分重视历史思维的重要作用,他知道,只有当把时间看做是线性的、非循环的,看做是不可倒转的这一概念在社会意识中起主导作用的时候,才能把过去、现在和未来完全明确地区分开来。所以,文化思维还必须有理性的一面,文化文本中的事件的发生更要按时间的顺序来考察,从思维的角度来认识。

与横向时间轴相交叉,符号域内还存在纵向空间轴,它包括内部空间、外部空间和符号域各个亚结构之间的边界。洛特曼把符号域视为文化存在的空间,文化文本的信息在此空间中传递和翻译,拓扑学中的区域、边界、位移等可以在文化研究中得到演绎。一是,文化是由文本符号构成的,但这些文化文本符号决不是杂乱无章堆积在一起,而是以有序的多层级性互动共存于符号域内。为了能够站在整体的角度全面地研究文化,应该找到一种对文化模式统一描写的元语言,用于揭示诸多表面各异的功能和空间形态下掩盖着的一致性和集合性。而适合这一主旨的元语言就是对图形和轨迹拓扑性质的描述结构和区域概念(符号域内的每一条道路在区域内部都是相"连通"的)。二是,符号域按照拓扑学理论可分为中心区域和边缘区域。中心区域就是一个互相连通的区域,它是最发达、结构最严谨的符号系统,是一个文化的核心,是符号域赖以存在的基础;边缘区域就是远离中心的区域,其划分依据是不可连通性。中心区域和边缘区域之间的界限就是边界。边界概念的意义在于它既是固定的,又是变迁的、不对称的。就文化而言,位于中心区域的是主流文化,是原型文化,但中心无法覆盖全部,我们还不能忽视边缘的区域,摒弃非主流文化,因为符号域是一个动态变化的领域,随着中心与边缘的互动,边缘文本的地位才日益凸显,最终被人们重新发现和认可。三是,众多文化文本、文化语言共同构成了文化符号系统,构成民族文化的整体,符号域就是这个文化符号错综交织的空间模式。在其中,文化文本不是静止不动的,而是不断地运动,产生位移,其直接的结果和价值在于:有序结构对无序结构的侵入和无序结构对有序结构的侵蚀。如果按洛特曼的观点,从外部观察者的角度看,"文化不是静止的均匀平衡机制,而是二分结构,即有序的结构对无序的结构的侵入,同样,无序的结构也在侵蚀有序的结构。在历史发展的不同时期,某一种趋势可能占据上风。文化域中来自外部的文本增加,有时是文化发展有力的刺激因素"。(Ю. М. Лотман 2000:506)

接下来再看"平衡"。洛特曼作为结构主义者在对文化的研究中非常重视对文化共相和恒量的分析,提出了文化的恒量文本模式,探讨文化符号在拓扑变形的情况下保持文化统一和文化平衡的问题,我们对此再做延展性探索。第一,从文化的生成来看,文化的平衡与生态的平衡相类似。《国语·郑语》里有过这样的论述:"和实生物,同则不继。以他平他谓之和,故能丰长而物归之。若以同裨同,尽乃弃矣。"显然,这里体现了中国古代文化的精髓,对我们的文化研究具有重要的启迪作用:只有和谐与多样的统一,才能造成万物的繁荣、文化的兴盛,而"以同裨同",千篇一律,只会造成事物的凋敝,窒息文化生机。和谐的生成,通过"以他平他"的相生相克、互相补充才能求得平衡,使得各种文化相互协调并进。第二,文化的平衡应关注域间平衡。贾载明在《人类文化的分类》一文里,重点讨论了"文化性质分类法",从文化反映的事物的性质出发,将人类创造的全部文化分为伦理道德文化、科学技术文化、管理文化、思想哲学文化、历史文化和文学艺术文化。就六大文化领域来论,各个国家和地区的情况是迥异的,这一点可能会深深地制约着文化的研究。比如,几千年来,中国的伦理道德文化、思想哲学文化、文学艺术文化、历史文化发展较好,而有些文化却不及西方文化先进和优秀,突出表现在科学技术文化和管理文化这两大类。因此,我们在研究文化的过程中,要注意文化领域间的协调研究。人类创造文化是存在时间上的先与后的,但人类创造的各种文明成果是可以相互借鉴的,不同国家、不同地区、不同民族的文明是可以相互促进的。第三,就语言文化而言,异质文化的平衡构成主线。文化的价值之一就是它使不同时间、不同空间、不同民族的人得以沟通,使异质文化相互和谐平衡。众所周知,我们所归属的中华民族,本来就是由中国境内的各民族混合而成的,我们所拥有的中华文化,同样也吸收了多民族异质文化的成果,比如,如果没有其他少数民族先进文化的充实以及佛教的传入,恐怕就难有唐代的舞蹈、诗歌、绘画和书法的辉煌。所以,提倡文化的复数主义对文化研究是大有裨益的,因为"文化是与环境、时代和种族相关联的,文化受其所处的环境的制约,要不断地和周围的环境相互调节而生存,还要受到外来文化的影响"。(桑郁 2002:47)第四,跨文化交际应是语言文化研究的热点。跨文化交际实际上是一种文化意识的相互渗透,在这一过程中,平衡问题不可忽视。一方面,要充分了解另一个文化,另一方面,不能忘记本土文化,因为,了解其他民族文化的最终目的是为了更好地保护和传播中华民族的灿烂文化。这是目前语言文化研究需要格外强调的一点。要知道,本土文化在多元性的语境和视域下,更能保存、凸显和张扬,要真正做到"跨文化生存",成为"跨文化的人",它要求学者拥有超乎自身文化之外的眼光,对本土文化再阐释或价值重估。(李成坚 2006)以物质文化交流和语言接触为例就可以充分印证这一思想。我们知道,中国文化对世界文化的贡献是巨大的,比如物质文化方面就有造纸、火药、指南针、印刷术、丝绸、瓷器、茶叶等一些令世界震惊的杰作,它们飘洋过海,丰富着世界文明,影响着世界民族文化的形成。语言接触更是如此,比如汉语的外借问题。越南语、日本语和朝鲜语在历史上,甚至直至今天都不同程度地采用了汉字的字形和读音,以至语言上把这三种语言中受汉语影响而产生的成分称做汉语的"域外方言"。当然,伴随近现代西方文化而来的外来词对汉语及中国文化的影响也是显而易见的,因为外来词所反映的文化内涵丰富多彩,既包括社会制度、意识形态、理论学术、哲学宗教,也包括科学技术、生活方式、文学艺术,一句话,几乎囊括了精神文化和物质文化的各个领域。

附注

① 汉语学者多称之为"文化语言学"。

② 从某种意义上讲,巴赫金提出的大时段理论本质上强调了"整体性"和"对话性"。在他看来,只分析文本生成的具体社会历史背景还远远不够,必须将文本置入历史文化长河以及多种文化对话的背景中分析,这样方可揭示文本的真正内涵(参见巴赫金:《在长远时间里》(钱中文译)以及《人文科学方法论》(晓河译),《文本、对话与人文》,石家庄:河北教育出版社,1998 年版,第372—392 页。

③ 信息论创制了一个著名的模型用来描述通讯过程:信源→编码→调制→信道→解调→译码→信宿。根据这一流程图式我们可以得出以下结论:信息是在事物的运动中生成。其起因主要有两种情况:一是存在的事物发生了相异,二是不同的事物发生了相似,它们共同构成了信源的主体。信息由信源产生并发出,经编码、调制变换成符号形式,通过信道传输,再经解调、译码转换送达信宿,又将符号还原成信息。见王铭玉:语言符号学,高等教育出版社,2004 年版,第 220 页。

④ 谢尔盖·乌瓦罗夫是俄国尼古拉一世沙皇的教育大臣,他在 1833 年宣布了沙皇俄国基本教育方针,并被几代沙皇遵奉为治国的基本政治理念。

⑤ 见《博客中国》,《谈各类文化的平衡协调发展》,2007 – 08 – 12。

参考文献

[1] Лотман Ю. М. Семиосфера[M]. СПб., 2000.

[2] Лотман Ю. М. Внутри мыслящих миров. Человек — текст — семиосфера — история[M]. М., 1999.

[3] 巴赫金. 陀思妥耶夫斯基诗学问题[M]. 北京:生活·读书·新知三联书店,1988.

[4] 巴赫金. 人文科学方法论. 晓河译. 载《巴赫金全集》第四卷,《文本、对话与人文》. 石家庄:河北教育出版社,1998a.

[5] 巴赫金. 陀思妥耶夫斯基诗学问题. 白春仁、顾亚铃译. 载《巴赫金全集》第五卷,《诗学与访谈》. 石家庄:河北教育出版社, 1998b.

[6] 巴赫金. 陀思妥耶夫斯基诗学问题. 白春仁、顾亚铃译. 载《巴赫金全集》第五卷,《诗学与访谈》[M]. 石家庄:河北教育出版社,1998c.

[7] 巴赫金. 小说理论[M]. 白春仁、晓河译. 石家庄:河北教育出版社,1998d.

[8] 白春仁. 符号论与文化[A]. 载《融通之旅——白春仁文集》[C]. 哈尔滨:黑龙江人民出版社, 2007.

[9]程仲棠. 现代逻辑与传统逻辑[M]. 广州:暨南大学出版社,1990.

[10]蒋述卓、李凤亮. 对话:理论精神与操作原则[J].文学评论,2000(1).

[11]李成坚. 本土意识关照下的多文化平衡策略.《中国国学网》,2006 - 04 - 11.

[12]李大钊. 东西文明之根本之异点[J].《言治》季刊第 3 册,1918 年 7 月 1 日.

[13]刘劲杨. 整体论误区及其局限[N].《光明日报》,2007 年 7 月 17 日第 11 版.

[14]刘坤媛. 巴赫金"对话"理论中国化的启示[J].社会科学战线,2006(4).

[15]洛特曼. 艺术文本的结构[A]. 胡经之、张首映主编. 西方二十世纪文论选(第二卷)[C].北京:中国社会科学出版社,1989.

[16]吕公礼. 语用信息论与语言信息传播文化[J].外国语,2002(4).

[17]桑 郁. 生态平衡与文化平衡[J].渝西学院学报(社会科学版),2002(3).

[18]夏忠宪. 巴赫金狂欢化诗学理论[J].北京师范大学学报,1994(5).

[19]郑文东. 文化符号域理论研究[M]. 武昌:武汉大学出版社,2007.

取效行为的概念及其本质[*]

孙淑芳

引言

英国哲学家奥斯汀提出的言语行为理论经过半个多世纪的发展和完善,目前已成为语用学的核心理论之一。他提出了经典的"言语行为三分说",即一个完整的言语行为可抽象出三个行为:言说行为(локутив-ный акт)、意向行为(иллокутивный акт)、取效行为(перлокутивный акт)。三者是同一个语句共时出现的三重行为。人们说任何一句话,都含有"说"和"做"的成分,即除了有所述,都通过语势而有所为,所说的话语还会对受话人的思想、行为、意志等产生某种效果。但当今的言语行为理论研究大多关注意向行为,作为完整言语行为的一个重要组成部分,取效行为长期被边缘化,得不到应有的重视。早有学者说过,"取效行为是一个完整言语行为不可缺少的部分,但从事这方面研究的人甚少。"(顾曰国 1994:15)S. Davis 认为,"取效行为应予以重视,因为它不仅可以丰富行为理论,而且有助于明晰交际中的复杂现象。"(S. Davis 1980:37)对取效行为的概念进行梳理,对其实质和内涵进行阐释和界定,并对意向行为与取效效果之间的对应关系进行分析,可以从新的视角考察取效行为的理论价值及实践意义。

1 取效行为的不同解释

语言学界对言说行为、意向行为概念没有太多的异议,对取效行为概

---

* 基金项目:国家社会科学基金项目"俄语言语行为理论与功能意向类型"(07BYY068)、黑龙江省普通高等院校青年学术骨干支持计划项目"言语行为的理论研究与类型分析"(1152G026)。

念则争议颇多。"言语行为理论中最属取效行为概念模糊不清"。(M. Я. Гловинская 1993:123)。目前国内外对取效行为概念的内涵众说纷纭,尚无统一界定,大体存在下述三种观点。

第一,"取效行为不是纯粹的言语行为"。(E. B. Падучева 1985:23; H. Д. Арутюнова 1990:413)"取效行为由于一些语用方面的因素,没有必要过多的关注,它不能算做语用学研究的组成部分"。(G. Leech 1983:203)取效行为理论是演说术所涉及的内容。

第二,以德国学者 G. Helbig、俄罗斯学者 C. B. Кодзасов 等为代表,认为取效行为在性质上与言说行为和意向行为不同,前者在言语行为三层次中居特殊地位。G. Helbig 提出了取效行为是否具有自主性问题。C. B. Кодзасов 甚至总结归纳了取效行为句(перлокутивное высказывание)的语法结构以及语调特点,并把取效行为定义为话语一经说出即刻产生效果的一种行为,如:С этого момента вы муж и жена(从现在起你们就是夫妻);Объявляю вас мужем и женой(我宣布你们结为夫妻);Назначаю пенальти(我判罚点球)。(C. B. Кодзасов 2003:131—132)Z. Vendler 列举了 convince(劝服),deter(阻止)等一类取效行为动词。

第三,以 Motsch 为代表,认为取效行为集取效意向(прелокутивное намерение)与取效效果于一身,是一种包含许多动作的超级结构。从本质上讲,作为取效行为这一结构的基本组成部分就是各种具体语境中的意向行为。这样,取效行为不仅是不同于言说行为和意向行为的独立行为,而且使后两者服从自己,并为实现最终的取效目的服务。Motsch 强调指出:"实施取效行为有 3 个必备要素:1)言说行为;2)意向行为;3)说话人与受话人之间的社会关系,在相应情况下的行为准则,即决定社会性相互影响的一切因素。"(转引 З. К. Кочкарова 1987:16)

对取效行为内涵的不同理解,使研究者们得出以下结论:1)取效行为涉及许多语言外因素,分析取效行为是在话语之外分析语句的意义,它不是语言学研究的对象;2)可以把取效行为看做一种有独特语言标志(词汇、语法、语调等)的独立言语行为来研究,因此,可以在话语句范围之内考虑这一意义,属语言学研究范畴;3)取效行为是一种包含许多动作的超级结构,而每个动作又可以看做是言说行为和意向行为的具体表现,因此,取效行为是建立在言说行为和意向行为基础上的,并使两者服从自己,为之服务的一种复杂行为。还有研究者概括了取效行为研究的几个误区:"1)轻视说话行为的结构在成功的取效行为中的作用;2)把取效行为仅仅看做是说话行为的结果;3)忽视取效行为中说话人的作用;4)忽视取效行为中听话人的作用;5)忽视对听话人的实际影响;6)将取效行为排除在话语意义之外。"(刘风光、张绍杰 2007:7)以上对取效行为理解上的分歧,很大程度上源于奥斯汀本人对取效行为概念的界定不清。

2 取效行为概念的厘清

奥斯汀虽然提供了取效行为的定义,并且通过例证加以阐释,但他对取效行为的研究远不如对施事行为(意向行为——笔者注)那样深入细致。尽管他这样做自有他的道理,结果却也使取效行为成为言语行为理论中的薄弱环节,难怪有的学者将话语取效行为的概念比做言语行为论中的"阿喀琉斯的脚踵(Achilles' heel)"①(刘龙根 2004:119—120),导致言语行为理论研究者对取效行为产生不同理解的原因应回溯到奥斯汀的取效行为概念上。

奥斯汀对话语的取效行为进行了哲学探讨,他认为,"取效行为指话语对受话人的思想、行为、意志、感情等产生的某种作用和影响。"(J. Austin 1980/1962:101)他把完成这种产生影响的行为称之为取效行为,使用的是"effects"一词,该词既有"影响",又有"效果"之意。许国璋将这种行为称之为"收言后之果"(许国璋 1991:302)。在奥斯汀看来,说话人实施言语行为时,同时也实施了取效行为,如语句"我的丈夫会帮助您的",对不同的受话人可能产生不同的影响,达到不同的效果。该话语有没有取效行为呢? 按奥斯汀对取效行为的界定,无法回答类似的问题。

讲话要注意效果,说话人期望以言取效,这一点无疑是正确的。然而,在我们看来,奥斯汀把行为混同于效果是不妥的。取效行为是说者所为,取效效果则发生在受话人一方。根据效果来定义行为,实质上是用受话人的反应来确定说话人的所为。这违背奥斯汀本人提出三重言语行为的初衷,因为他主张言说行为、意向行为和取效行为皆为说话人一人而为,三者在言语行为中是同步实现的。(孙淑芳 2001:202)事实上,多数研究者把奥斯汀提出的取效行为理解为取效效果。取效行为指语句对受话人施加的作用和影响。此时,"指的不是受话人对语句意义本身的理解,而是受话人的状态和行为所发生的变化,是对语句意义本身理解的结果"。(Т. В. Булыгина, А. Д. Шмелев 1997:247) 某个肯定、要求、提问、威胁等言语行为既会改变受话人的知识储备(如果他相信所述事实的真实性,接受所传递的信息),还可以令其气愤、担忧、害怕,或让其相信,迫使他完成或不完成某个行为,引发的上述效果不一定进入说话人的意图中,这就是通常意义上的取效行为。不同意向行为将导致不同的取效效果,如报道或陈述某事,旨在让对方相信。Е. В. Падучева 持类似观点,她认为:"任何一个言语行为可分出三个层面。换言之,说话人说出一个语句时,至少完成三个行为:1)言说行为,指说出语句本身;2)命题行为,含指称行为;3)意向行为,表达肯定、许诺、请求、发布命令、实施劝告、提出问题等语势,即实现说话人的交际意图。此外,语句还用来对受话人施加影响,如让其困惑、悲伤、恐惧等,收取效效果。但说话人意图的这一层面不是纯粹的言语行为。区分的标准是,任何一个意向行为都可伴有某个施为动词,而取效效果则没有这一特点。"(Е. В. Падучева 1985:25) 基于上述理解,"我的丈夫会帮助您的"这句话就谈不上有某种确切的取效行为,产生的取效效果则指受话人听到"许诺"后的一系列心理感受,可能是因相信而高兴,也可能是因怀疑而失望。

对说话人的意图能否在受话人身上引起效果,应该从两方面看。一方面,看说话人的表达是否正确、得体,表述是否恰当;另一方面,受话人能否正确理解说话人的意图,取决于受话人的素养、悟性、处境和其他语用因素。由于建立在统觉基础上的领会能力不同,必然会导致受话人产生不同的反应。从说话人和受话人应该具备的共同统觉基础看,Л. П. Якубинский 精辟地指出:"我们的统觉内容同谈话对方的统觉内容的共同部分越大,我们在与他谈话时就越容易理解和领悟他的话;而谈话双方的统觉内容差别越大,他们之间互相理解也就越困难。"(Л. П. Якубинский 1996:42) 交际双方的共同统觉基础就是双方拥有共同的前提信息和生活经验,可能是双方长久的生活经历,也可能是当前的、短暂的共同感知或经验。如果说话人和受话人基于各自的统觉对话语内容产生不同的理解,就会导致说话人的意图在受话人身上得出不同于预期效果的反应。因此,通常情况下,取效效果往往不确定,很难由说话人把握和控制。这就是一部分语言学家认为"取效"无法在语言层面上研究的原因。在这种情况下,人们不得不回避"取效行为"这一概念。然而,西方和俄罗斯的部分学者对"以言取效"则持不同观点。

Helbig 认为,与其说取效行为,毋宁说是某种意向行为的取效效果(转引 З. К. Кочкарова 1987:14)。В. В. Богданов 持类似观点,他认为,"以通过各种意向行为达到取效效果"(В. В. Богданов 1990:17)。Н. Д. Арутюнова 用"取效效果"取代"取效行为"这一术语(Н. Д. Арутюнова 1990:413)。Е. В. Падучева 同样没有使用取效行为概念,取而代之的是"取效层面"(перлокутивный аспект)(Е. В. Падучева 1996:226)。М. Я. Гловинская 的观点更加鲜明地表达了说话人的意向行为引发的受话人的相应反应。她认为,"不同的意向行为会对受话人的理智、情感、意志、生理反射等产生不同的效果,作用于受话人理智的意向行为有:陈述、告密、确认、承认、提醒、讲解等;作用于情感的有:表白、哀求等;作用于意志的有:劝说、阻止等;作用于生理反射的有:命令、口令等。"(М. Я. Гловинская 1993:214)关于以言取效,S. Davis 作了这样的论述:只有当取效动机与取效效果出现时,才能说 S(说话人)实施了取效行为,从而使 H(受话人)受到影响,达到与其交际的目的。

综上所述,我们认为,取效行为与取效效果是两个虽然有联系,但却彼此区别的概念。奥斯汀提出取效行为的概念无疑是正确的,遗憾的是,他未能给取效行为下一个明确的定义,造成一些混乱。后果之一是,导致一部分人把取效行为看做在话语之外研究语句的意义,它不像言说行为和意向行为那样构成交际行为的组成部分。根据我们的分析,奥斯汀设想的"以言取效"多数情况下指作用于受话人身上的取效效果,而并非说话人实施动作意义上的取效行为。实施言语行为时,对尚未取得的效果无法进行语言分析,但对取效行为本身却可以进行语言分析。后果之二是,很难硬性地、毫不含糊地把意向行为和取效效果分开,因为意向就其外显的动机而言,并不等同于为了实现取效效果所采取的体现意向的行为。换言之,意向行为与取效效果之间并不存在完全等同的一对一的关系。

3 意向行为与取效效果之间的对应关系

从以言取效的角度观察语句,不言而喻,说话人实施某种意向行为时,一定希望说出的话语能达到某种目的。同时希望该话语在受话人身人获取实际效果。要做到这一点,必须以受话人理解自己的意图为前提。我们反复强调过,说话人无法控制实际效果,只能为达到预期效果而施加某种影响或作用,在这一意义上,我们把这种影响看做是由说话人控制的取效行为(В. А. Звегинцев 2001:212)。明确地将这种行为称之为"施加影响的行为"(речевоздействующий акт)。意向行为和施加影响的取效行为,以及实际取效效果密切相关,但又不完全等同。具体说来,它们之间存在以下对应关系:

第一,意向行为与取效效果之间对应关系不明确。说话人虽有一定意图,但他没有明确地表现出要达到什么效果,或者不特别强调。受话人须借助语境等条件来判断说话人的意图。由于没有体现说话人意图的明显标志,对这类意向行为在受话人身上产生的效果容易有多种理解。

第二,意向行为与取效效果之间对应关系明确。这时,说话人意图以及期望在受话人身上取得的效果都比较清晰,如:开玩笑→ 引起乐趣;恐吓→ 使害怕;恭维讨好→ 赢得好感等。与第一种情况不同,理解说话人的意图不成问题,但为了使受话人能做出说话人期望的反应,达到实际效果,往往还须要采取相应策略,即在话语中加进一些语言或非语言的手段。以祈使言语行为为例,说话人对受话人晓之以理,动之以情,通过劝说、论证、打动、感动等办法使后者有信心、有兴趣完成行为。

无论意向行为与取效效果之间有无明显对应关系,由于交际双方统觉吻合程度上的差异造成对话语理解程度上的出入,由于受话人的感情、意志因素以及环境条件的限制,受话人的反应与说话人的预期效果可能有距离。要使预期的可能效果转化为必然的实际效果,说话人必须采取某种有针对性的交际策略,促使受话人真正晓意动情,愿意行动,以期出现实际效果。

第三,意向行为的实施就意味着实际效果的出现。在这种施为句中,只要说话人具有相应的地位、职务、身份,他说出的话语就可以达到实际效果。如对某人任命就意味着使其获得职务,命名则是获得名称,宣布撤职就意味着使其离开岗位。

如果认为语句内涵有不同层次,并把行为与功能等同看待,那么奥斯汀言语行为三层次是指对同一交际行为从三个不同角度观察的结果,或者说它们是同一个交际行为的三个组成部分。从话语内容角度看,它是言说行为,有意义,有所指;从说话人意向角度看,它是意向行为,表示语势;从以言取效角度看,它是说话人对受话人施加的影响。显然,说话人不是按先后顺序递次完成上述三重功能的,它们是三位一体的,即话语一经说出,说话人同时实施言说、意向、取效行为。

说话人在实施某个言语行为(交际行为)时,以说话人目的 G_2 为出发点,通过言说行为 X 实现命题 P;通过意向行为 Y 表达语势 F;通过 X 和 Y 相互作用使受话人理解了 P、F,从而产生某种作用或影响 Z,使后者做出说话人所预期的反应,达到实际效果 E。图示如下:

$$\text{说话人} \xrightarrow{\quad} G(\text{目的}) \xrightarrow{\quad} \begin{cases} X(P) \\ \rightarrow Z \rightarrow \text{受话人} \cdots\cdots \rightarrow E(\text{实际效果}) \\ Y(F) \end{cases}$$

实际效果 E 与言说行为 X、意向行为 Y 不处于同一平面上。E 指受话人受语句的作用后所做出的反应,这种反应效果可能与说话人的目的 G 吻合,也可能不吻合,它不受规则制约。当目的 G 与实际效果 E 吻合时,就是一个成功的交际,反之,就是交际失败。同一个语句可能对受话人产生不同作用或影响,导致不同的实际效果 E_1,E_2 ……等。而 Z 不等于 E,后者并不参与说话人的交际行为,前者也不以后者的存在为前提。无论实际效果 E 是什么(E_1,E_2 ……),它不能决定 Z 的性质。如果交际可以获得成功,那么 E 在未达到之前是 G,G 等于尚未取得的 E,E 又等于已达到的 G,而 Z 始终是联系 G 与 E 的纽带:说话人首先确立 G,通过实施 Z 从而达到 E。可见,目的 G、取效行为 Z、实际效果 E 是紧密相连的。但是正如上文所述,G 与 E 并非总能吻合,说话人无法控制实际效果 E,只能为达到预期目的 G 而施加某种影响或作用,正是在这种意义上,我们把这种影响或作用看成可受说话人控制的取效行为 Z。

传统语言学的弊端往往表现在只关注主观确立的目的,而忽视客观可能产生的效果,然而目的并不等同于效果。И. Б. Шатуновский 客观地比较了目的与效果之间的关系,他认为,"结果、后果、效果等于客观世界中的事态或事件,是可控命题的必备要素。也就是说,效果在未达到之前是目的,目的等于尚未取得的效果,效果又等于已达到的目的。"(И. Б. Шатуновский 1996:192)М. В. Никитин 同样认为,目的与效果并非总能一一对应。取效效果事实上就是言语行为的目的,它在很大程度上左右着达到此目的的语言手段——取效行为(М. В. Никитин 1997:728)。

结语

取效行为是言语行为理论中的一个重要概念,是言语行为整体不可分割的组成部分,是一种非常复杂的、具有交互性本质的言语行为,与言说行为、意向行为、说话人目的、实际效果密切相关,涉及许多超语言因素,必须从说话人、受话人各方,从心理、生理等各个层面进行考察。本文对取效行为的概念、本质进行了界定,对意向行为与取效效果之间的对应关系进行了尝试性的研究。我们认为,取效行为是以说话人目的为出发点,通过言说行为和意向行为,对受话人产生作用或影响,是一种有独特语言标志(词汇、语法、语调等)的独立言语行为,而取效效果事实上相当于言语行为的预期目的。

附注

① 阿喀琉斯(又译阿基里斯)是希腊神话中的人物,他出生后被其母亲握脚踵倒提着在冥河水中浸过,结果除未浸到水的脚踵外,浑身刀枪不入。因此,阿喀琉斯的脚踵常用以喻指"唯一的(致命)弱点"。

② G = 说话人目的,X = 言说行为,Y = 意向行为,Z = 取效行为,E = 取效效果,F = 语势,P = 命题。

参考文献

［1］Арутюнова Н. Д. Речевой акт［А］//Лингвистический энциклопедический словарь［Z］. М., 1990.

［2］Богданов В. В. Речевое общение: прагматические и семантические аспекты ［М］. Л., 1990.

［3］Булыгина Т. В., Шмелев А. Д. Языковая концептуализация мира (на материале русской грамматики) ［М］. М., 1997.

［4］Гловинская М. Я. Семантика глаголов речи с точки зрения теории речевых актов［А］//Русский язык в его функционировании: Коммуникативно-прагматический аспект［М］. М., 1993.

［5］Звегинцев В. А. Предложение и его отношение к языку и речи［М］. М., 2001.

［6］Кодзасов С. В. Виды перформативности и их показатели［А］//Логический анализ языка. Избранное 1988 – 1995［С］. М., Индрик, 2003.

［7］Кочкарова З. К. Средства выражения и диалогическая организация речевых актов убеждения — доказательства истинности и убеждения-побуждения к действию. Дис. канд. филол. наук. Пятигорск, 1987.

［8］Никитин М. В. Курс лингвистической семантики［М］. Санкт-Петербург, 1997.

［9］Падучева Е. В. Высказывание и его соотнесённость с дейсвительностью［М］.

М., 1985.

[10]Падучева Е. В. Семантические исследования[M]. M., 1996.

[11]Шатуновский И. Б. Семантика предложения и нереферентные слова[M]. M., 1996.

[12] Якубинский Л. П. Избранные труды. Язык и его функционирование [M]. M., 1996.

[13]Austin J. A. *How to Do Things with Words*[M]. Oxford: Oxford University Press, 1980/1962.

[14]Davis, S. Perlocution [A]. In Searle, J. Kiefer, F. & Bierwisch, M. (eds.) *Speech Act Theory and Pragmatics*[C]. Dordrecht: Reiidel, 1980.

[15]Leech G. N. *Principles of Pragmatics*[M]. London: Longman, 1983.

[16]顾曰国. J. Searle 的言语行为理论:评判与借鉴[J]. 国外语言学,1994 (3).

[17]刘风光、张绍杰. 取效行为与诗歌语篇[J].外语与外语教学, 2007 (10).

[18]刘龙根. 意义底蕴的哲学追问[M].长春:吉林大学出版社, 2004.

[19]孙淑芳. 俄语祈使言语行为研究[M].哈尔滨:黑龙江人民出版社, 2001.

[20]许国璋. 论语言[M].北京:外语教学与研究出版社, 1991.

文化词汇的翻译对策[*]

薛恩奎

1 文化是人类体验的积淀

语言是人类生存的世界观,人类总是按照语言的形式感知世界、体验世界、认识世界,同时,也是按照语言的形式来接受这个五彩斑斓、千姿百态的世界。一种语言是一个民族用来表达思想、交流对世界认识的工具。不同民族在思维方式上的差异必然影响该民族的相应语言体系,从形式(语法)到意义(词汇概念)各民族都有独特的思维反映现实要素的次序,都有专门的符号反映特有的概念体系。例如,在句法层,俄语有丰富的形态变化体系,表达相应的关系意义,造句时要求使用者严格遵守词的变化规则和句的组合规则。而汉语则没有那些变化规则,造句时只需将意义合适的词摆放在一起,必要时加入适当的虚词。"汉语是'意合'的语言。造句时要求词的语意搭配符合情理。……汉语编码机制'援物'、'取象'体现为语法理据是对客观世界的临摹性。"(鲁川 2001:18—19)俄语的语句组织是以动词为核心、以形态变化为手段构筑的复杂的关系网络。语句的关系脉络清晰,容易形成严格的、可计算的形式句法结构。但也正是这种清晰的网络关系使句法单位失去了弹性;在词汇层,不同民族的生活环境、生活经验不同,体现在语言中的指称体系也有所不同。一般来讲,越贴近民族生活环境的事物或现象,语言对它们的分割也就越精细,表达的词汇手段也就越丰富。一个民族也正是按照自己的语言形式接受他们周围的世界,他们周围的世界也正是按照民族语言的习惯建构起来的。因此,处于民族活动中心的指称体系更加详尽,这就形成了所谓的文化词

---

* 本研究是黑龙江省教育厅人文社科项目:"俄语动词语义范畴与句式构造的互动关系研究"(1154Z002)的阶段成果。

汇。文化词汇是外语教学和翻译实践中的难点,近年来受到广泛重视。

两种不同语言之间的信息转换(即翻译)发生偏差是常见的事。翻译作为一种教学手段,要探索这种偏差的根源,是教学内容的重要组成部分;翻译作为一种实践活动,要探索偏差的走向,寻找对策方法,是翻译内容的重要组成部分。信息转换发生偏差主要体现在两个层次,一是句法结构层,二是词汇结构层。母语者自幼接受的母语知识是潜意识的,形成了根深蒂固的结构网络和意义网络,而他所接受的外语知识则显得脆弱,很容易在两种语言的指称体系和关系体系的简繁差异中发生偏移。关系系统的差异主要体现在词与词的组合和句法结构模式上。在外语中两个词的组合往往产生一个新的概念,而母语中这两个词往往不具有这样的组合能力,不能构成相同的组合关系,或能构成同样的组合,但概念不同。指称体系的差异主要发生在词义结构上,即两种语言对等的词除了基本意义以外,还有一些因文化差异而引起的附加意义,一般称伴随意义,即所谓的文化词汇。学者们对文化词汇有不同的分类,有不同的研究视角。本文主要就下列三种类型的文化词汇从词汇语义的角度,讨论在翻译教学和翻译实践中的对策。

2 俄汉语各自特有的文化现象,没有相应的对等词汇

所谓特有的文化现象是指某一民族所固有的、带有这个民族特有文化特征的事物或现象。因不同学者的研究视角、研究方法、研究目的各不相同,对文化词汇的定义也有所不同,对文化词汇的范围界定也有很大差异。不同的观点主要集中在对伴随意义(коннотация)的理解上,归纳起来大概有这样几种:1)所谓伴随意义,是指词的指称意义(денотативное значение)以外的各种附加色彩意义;2)伴随意义是语言社团内部人们对语言符号的社会感知;3)伴随意义是词的个人情感联想(индивидуальные эмоциональные ассоциации);4)伴随意义是词的社会变体;5)伴随意义是能引起情感、伦理和审美联想的词;6)伴随意义是受民族文化制约(没有显性标记)的附属意义和受语言手段制约(有显性标记)的意义,前者一般称文化伴随意义,后者一般认为是修辞伴随意义(吴国华、杨喜昌 2000;彭文钊、赵亮 2006)。这些观点基本上反映了文化词汇的总体面貌和特点,对语言文化学的研究都具有很好的推动作用。但是,从现代理论语言学观点的角度看,对伴随意义应有更宽泛的理解。我们认为,所

谓伴随意义首先是指语言符号本体所指概念意义以外的附加意义,因为任何语言符号单位都有伴随意义,否则不成为语言符号单位。伴随意义中可分为民族情感联想和个体情感联想。个体情感联想应属修辞伴随意义,体现个体使用语言表达一定情感意义的语言手段。民族情感联想是全民族使用的语言表达一定情感意义的语言手段,这些语言表达手段更具有普遍意义。

特有文化现象是一个民族特有文化的积淀,通过这一民族专门的语言符号单位表示,仅属于这一民族语言中特有的语言符号,或普通词汇的组合表示特有的概念意义和特有的文化伴随意义。例如俄语中的 самовар(茶炊),сарафан(萨拉凡),Пасха(复活节),Масленица(谢肉节);матрёшка(套娃),русская печь(俄式炉子);汉语中的“火锅”(китайский самовар),“炕”(кан),“粽子”(испаренный вареник риса)等等。

对这类文化现象的翻译实际上是利用目的语中的语音、语义、语法规则,通过一定的符号单位造出新的词汇,而不是简单的翻译,翻译实际上是一种再创造过程。这类新造的词汇一般应满足以下三个条件:1)组合的音步节奏,汉字一般按 $1+1,2+1,2+2;2+2+1$ 的节律组合规则。“汉语的语言节奏对于语言结构具有强制性”(鲁川 2001:20);2)所指意义,某类事物、现象的概括意义;3)文化伴随意义,一般体现词汇的用途意义、形象意义或特征意义。例如俄语的 самовар 一般译为“茶炊”,基本满足上述条件。“炊”体现了“灶具”的概念类别意义,“茶”体现了炊具的用途类别意义;сарафан 汉语中有不同的译法:“长马甲”、“长背心”、“无袖长衫”,但它们都准确表达原词意义。像这类词不如用音译加注释的方法:“萨拉凡”(俄罗斯民间女式无袖长衣);Пасха ——“复活节”,Масленица——“谢肉节”基本表达原词意义,“节”表示范畴类别意义,“复活”、“谢肉”表示开展的一系列活动:纪念耶稣“复活”,迎接春天的到来;матрёшка 译作“套娃”体现了形象、类别、用途意义;русская печь——“俄式火炉”,加限定语“俄式”以区别普通的火炉(печь),也与汉语中的“炕”(кан)相区别,因为俄罗斯乡村的“俄式火炉”兼取暖、做饭、休息于一体;中国的“火锅”是以炊具命名并体现一种制作方式的菜肴,俄语译成“китайский самовар”与原义相差甚远,不仅没有体现“吃”的文化意义,基本的概念类别意义也没有体现。俄语的 самовар 是一种茶具,而中国的“火锅”指一种菜肴,译成“китайский самовар”容易误导,产生误解。像"火锅"、"炕"、"粽子"之类词汇文化元素特别浓厚,最好采用音译加注释的方法。

3 俄汉语中各自都有对应的词汇,但文化义素不对等

3.1 所指意义相同,文化意义相反

медведь(熊)是俄罗斯民族喜爱的动物,是一种强壮、善良的象征,是俄罗斯民族的图腾。Медведь —— хозяин. 熊是百兽之王,是力量的象征,俄罗斯汉子(русский мужик),相当于汉语中的"虎"。1980 年莫斯科正是利用"小熊"(Мишка)作 22 届奥运会的吉祥物。但是,медведь同时还具有"笨拙"、"懒惰"的喻义。汉语中的"熊"只表示负面的象征意义,一般表示笨拙、能力底下、懦弱、呆滞:"熊市"、"熊样"。

汉语中的"龙"是中国古代皇权的象征:"真龙天子";民族的象征:"龙的传人"。而俄语中的 драгон(龙)在俄罗斯民族中则是"邪恶"的象征。"亚洲四小龙"在俄语中一般译成"亚洲四小虎"(четыре тигра Восточной Азии),选用俄语中性词"тигр",替代汉语中的"龙"正是考虑要回避俄语中"драгон"的负面意义。喜鹊在汉语中是"吉祥"、"喜事"的象征,民间传说听见喜鹊叫将有喜事来临:"喜鹊叫,喜事到"。而俄语的 copoкa 则表示好搬弄是非、散布流言蜚语的人。

3.2 所指意义相同,文化意义不同

"鹤"在汉语中意味着长寿,常有"松鹤延年"的说法,而俄语的 журавль(鹤)则是春天的象征,相当于汉语的"大雁"。журавль 的喻义与"大雁"对应。俄语的 лощадь 常有拉车、耕田的说法,表示勤劳苦干:рабочая лошадь 中的 лошадь 与汉语中的"牛"相对应:"老黄牛",形容勤劳、肯干的人。

"грибы после дождя"译成"雨后春笋",грибы 被替换为"笋"。雨后的蘑菇,春天的竹笋体现两种不同的自然环境;其次是"笋"(竹),汉民族喜爱"竹"的精神——"百折不挠,欣欣向荣",与松——"坚韧不拔"、梅——"寒冬斗士"并列,誉称为"岁寒三友"。"грибы после дождя"以雨后的"грибы"和雨后的"春笋"作喻。

3.3 所指意义相同,文化意义相同

"狗"(coбака),俄罗斯民族和汉民族都把它视为朋友,是忠诚的象征:Coбака — верный друг человека(狗是人类忠实的朋友)"狗不嫌家

贫"。但是，俄语和汉语中对"狗"都有负面的喻义：Злой как собака. ——"狗仗人势"，"疯狗"。осёл（驴）在俄汉两种语言中都表示"倔强、脾气固执的人"：Упрямый как осёл. ——犟如驴。

4 特定组合凸显的文化元素

所谓特定组合凸显的文化元素，是指有些普通词汇的词义中包含有一定的民族文化元素，但只有与另一个（些）词在一定的组合中才能够凸显出某一方面的"语义份额"（семантические доли），从而构成新的概念，喻指某一事物。例如表示褒义形象的：лев（狮子）名人，орёл（鹰）杰出的人才，сокол（鹰）勇敢英俊的人，кит（鲸）台柱子；表示贬义形象的：баран（公羊）固执的人，волк（狼）阴险狠毒的人，гусь（鹅）骗子、坏蛋，заяц（兔子）胆小怕事的人，乘车不买票的人，петух（鸡）好斗、好打架的人，等等。它们只有在某一特定的语言环境中才凸显出形象意义。语言是文化的载体，不同民族在思维方式上的差异必然影响该民族的语言结构体系和语言概念体系。不仅有特定的语言单位表达特定的概念，特定的概念可能会通过特定的结构表达，反映现实要素的特有次序。从这个意义上说，一种语言中的特定结构也是一种文化现象。词汇的概念意义不对称现象往往要通过高一级的语言单位进行补偿或削减。例如：рубить（дрова，лес，избу）分别是三个不同的"рубить"（劈、采伐、建造）：рубить дрова（劈柴 = разделять на части），рубить лес（采伐树木 = валить на землю，отделять от основания），рубить избу（建造木屋 = рубить лес на избы，строить что из дерева）。высокий（человек，голос，мысли）也是三个不同的"высокий"；

汉语中的"开"（开店、开门、开矿、开车、开机）都是不同的"开"，俄语的открыть（открыть дверь，открыть тайну，открыть школу）也都是不同的открыть，翻译不能简单地以单个的词汇单位对应套用。词汇在组合过程中，由于伙伴词的词汇类别、词汇意义不同，自身的词汇意义、语义结构也会发生变化，"开"通过不同的组合形成不同的行为方式。应该说，语言单位层次越低，意义越抽象，层次越高意义越具体。词的结构要素是处于底层（深层），只有通过一定的结构关系才能凸显。

俄汉语表示"运动、位移动词"（глагол движения，перемещения）的语义结构有很大的差异：俄语表示"用体力负运某种物体"的位移作用

носить, нести — "взяв в руки или нагрузив на себя, перемещеть, доставлять куда-л.", 而汉语表示相同的位移动作有：挑着、抬着、提着、扛着、背着、抱着、挎着、拎着、举着等等。这些动词除了基本的范畴意义与 носить 对应以外，还有明显的负运方式、工具和严格区分所负运的物体：篮子一般用拎着、挎着；孩子一般是背着、抱着；箩筐一般是挑着、抬着；木头一般是扛着等。俄语 нести 的组合范畴几乎没有什么限制，而相应的负运方式、工具要用显性的词汇手段补偿。例如位移动词：抱——用手臂围住——нести на руках；拎、提——用手拿着——нести в руке；背——用脊背驮——нести на спине；抬——用手、肩、工具多人搬运——нести на носилках；端——用手、工具平举着——нести на подносе；顶——用头支撑着——нести на голове；扛——用肩膀承担物体——нести на плечах（汉语解释来自《现代汉语词典》）。这一位移行为汉语比俄语分割要精细得多，除基本行为意义外，还包含"方式、部位、工具"等意义，对客体的语义也有不同的要求；汉语中两个最基本的运动动词"来"和"去"只表示行为，不包含交通工具的意义元素。如果语句必须强调"交通工具"意义，需要添加动词"乘"，"乘"表示"用交通工具或牲畜代替步行"，包括"船、马、火车、飞机"等。但是"乘"本身并不包含"位移的运动动作"，语句中一般要加入相应的表示"位移的运动动作"的动词"来"或"去"。因为"乘"本身不表示位移，而是"乘坐、利用"的动作。汉语的"来"表示"从别的地方到说话人所在的地方"，"去"表示"从说话人所在地或主体所在地到别的地方"，都不包含交通工具意义，"交通工具"与"位移的运动"是分离的。而俄语的运动动词"运动、位移"与"交通工具"是捆绑在一起，既有工具，又有运动。所以，俄语这类动词不仅表示乘坐某种特定的交通工具，还可表示这种特定交通工具本身的运动。例如：

Идти：1) "двигаться, переступая ногами, шагая"；2) "двигаться, перемещаться" (о поезде или пароходе)；Ехать：1) "двигаться при помощи каких-л. средств передвижения"；2) "двигаться" (о средствах передвижения: автомобиле)；Плыть：1) "ехать на суде или каком-н. другом плавучем средстве"；2) "передвигаться по поверхности воды, в воде" (о лодке, человеке)；Лететь：1) "передвигаться по воздуху" (при помощи крыльев, о птицах)；2) "перемещаться по воздуху" (о летательных машинах: самолетах, ракетах) 等等 (Ю. Д. Апресян 1995：

211）。俄语这类动词的分割要比汉语精细,动词本身不仅包含"运动"意义,还包含"运动方式、工具"。如果需要完全对等的翻译文本,汉语必须通过词汇形式补偿动词词义中缺少的这一部分意义元素。从广义上讲,这些词汇都属于文化词汇的范畴,是翻译教学和翻译实践中的重要教学内容。

参考文献

[1] Апресян Ю. Д. Интегральное описание языка и системная лексикография [M]. М., 1995.

[2]吴国华、杨喜昌. 文化语义学[M]. 北京:军事谊文出版社,2000.

[3]彭文钊、赵亮. 语言文化学[M]. 上海:外语教育出版社,2006.

[4]鲁　川. 汉语语法的意合网络[M]. 北京:商务印书馆,2001.

[5]中国社会科学院语言研究所. 现代汉语词典. 北京:商务印书馆,2005.

汉语文本中外文词语引号标注的规范问题[*]

黄忠廉

1 问题的提出

据林穗芳(2000:267—269)和袁晖(2000:50—51)介绍,引号的作用有十余种:1)标明行文中的直接引语;2)标明行文中着重论述或强调的对象;3)标示具有特殊含意的词语;4)用于带讽刺或反语意味的词语;5)用于成语、格言和歇后语等熟语;6)用于简称;7)用于某些术语;8)用于某些专有名词;9)用于象声词;10)用于某种音译词;11)用于生僻的方言词语;12)用于节日、纪念日的数字部分和用数字标示的重大历史事件;13)用于绰号等。

现代人撰文著书,利用外文文献或者使用外文词语的机会越来越多,外文词句在汉语文本中的使用率一直攀升。如:

①"More than"的用法不难掌握,但如果将"more than"分开变为"more…than…",或是在其前面加上"not"或"no",用法及意思就较为复杂,要准确地翻译出来也比较难。(程华明 2006:43)

②有一家电脑城,英文名为"Buy Now",中文名则是"百脑汇"。众所周知,"百脑汇"与"百老汇""Broadway"的发音和形上颇为相似,仅一字之差……(田原 2006:56)

③在实际使用中,形而上意义上的"être/being"又常常被用来描述形而下意义上的实在物。在柏拉图的等级性诸世界的划分中,已经有了纯粹的"être/being",被关联的"êtres/beings"(即是说那些在混合界的参与到、趋向于纯粹的"être/beings"),和缺失"être"的"néant"。(张驰 2005:

---

* 教育部人文科学重点研究基础重大项目(2008JJD740057)和教育部新世纪优秀人才支持计划项目(NCET-07-0349)成果之一。

71)

例①只是在普通的英语短语上标注了引号;例②本来通过粗体已将英文词语突出,作者却又标注引号,似乎想再次强调,此外,文中"则"字多余,"形上"简略不当;例③给人感觉是在用外语思维写汉语文章,文中已有汉、英、法三种文字夹杂,加之引号不断涌现,括号中途插入,"和"字前面的逗号把文气也断掉了,导致整个句子读起来疙里疙瘩。

上述引号使用过多、混乱、失当,甚至是满天飞的现象,从作者笔下,编辑出版者的手下扑入读者的眼帘,而相关编辑要求和标点使用规范对汉语文本中外文词语如何标注引号,也无一定之规,因此有必要小议一下。

2 汉语文本中外文词语加引号的不规范表现

汉语文本中引用外文词语句加引号一般有两种情况:一是整段整句引用,单列成段;二是单词单语夹在段落中。前者不必加引号,后者加与不加引号,有一定的区别。汉语文本中外文词语加引号不规范,主要体现在后者。

2.1 在非"特殊词语"上滥加引号

引号用以标示具有特殊含义与作用的词语,以引起读者注意。有的词语并无特殊之处,也加上引号,属于滥用。这种现象不止于汉语,外语文本对汉语词语也有如此处理的。如:

如"田"字,它的音读为"den",并非读"tian"。它的训读却读"ta"。(田原 2006:53)

2.2 异语词句加上引号,有叠床架屋之感

引号加得过多,有碍观瞻,有的书文到了凡外文词句必加引号的地步,究其因,是对引号的功能不了解。如:

为了避免混淆,有些认真的法国学者将"être"留在它的超然绝对位置,用"être"的动名词形式"étant"(相当于英文"be"的动名词"being")来指称相对性的、与"être"有关联或趋向于"être"的实在(chose/thing),用这个动名词的复数形式"étants"(things)来指代"万物"。(张驰 2005:71)

2.3 外文词语标注引号,前后不统一

这种情况主要是作者自己没有准则,结果时用时不用,编辑也没有处

理得当,同一书文中使用不统一。如:

①从词源上讲,"translate"就是"carry over",意思是"将某些东西从A方带到B方"。(赵彦春 2005:121)

②就形式意义而言,"ai laissé"既表示完成又表示过去,而"'ve left"只表示完成,不表示过去……la 是阴性,而 the 却没有阴阳之分。就实质意义而言,无论实词 laisser/leave,lunettes/glasses,table/table,还是虚词 sur/on 在表达的概念方面都各有差别。(同上:170)

前一例,translate 与 carry over 并非特指,后者是前者的释义,问题是作者把二者当作本族语语词对待了,因为作者在紧随其后的汉语释义中并没有对"A"与"B"标注引号。后一例更是乱了自己的阵脚,文中有法英两种语符,时而加引号,时而不加。

2.4 括号内的外文词语仍加引号

这种括号多半位于句内,补充注释或说明书句中外文词语,但外文词语均加了引号,这种现象虽说不多,但也能见到。如:

① 在 1947 年,海德格尔发表了"关于人道主义的信"("Briefuber den Humanismus"),标题显然模仿前一年萨特著名的《存在主义是一种人道主义》("L´Existentialism est un humansisme")。(吴万伟 2006:184)

② 伏尔泰在他著名的小说《老实人》(*Candide*)中间接做出反应。(同上:14)

③ 卢梭在和贵族交往事之余集中精力拟定了《爱弥尔》(*Emile*:*ou de l´deducation*)和《社会契约论》(*Du contract social*)。(同上:18)

④ 雪莱在最后的伟大诗篇《人生的胜利》("The Triumph of Life")中把卢梭比作但丁(Dante)的《神曲》(*The Divine Comedy*)中诗人维吉尔(Virgil)的导师。(同上:27)

这是同一位译者在同一部作品中不同的处理例证。例①对括号内的外词语加了引号;例②和例③英文书名在括号内均用了斜体,可是例④的英文书名在括号中用斜体还是正体,是否加引号,三者相混,同时与另二处括号内的人名的标注更是混为一谈,没能统一。

3 汉语文本中外文词语引号标注的规范

外文词语在汉语文本中标注引号的对象有词和短语,词又包括字母词、单个的词和具有短语结构却起着词的功能的缩略语。短语包括各种短语,还包括具有单句、复句、句群的结构但因缺乏语气而未能成句的语言片断。一般而言,同语种文本中专门引指一个词语时,可以用引号,印欧语文本有时还用斜体。如:

① 1997 年 6 月 5 日焦点访谈中出现了"出港旅客"和"出港航班"。(黄忠廉 2000：69)

② The Italian government gave authors the right to "publish, reproduce, and translate" their texts …(Venuti 2004：165)

③ In *A Vindication of the Rights of Woman*(1792) ,Wollstonjecraft argues…(同上：167)

3.1 汉语文本中外文词语一般不用引号

汉字属于象形文字,印欧语系文字属于拼音文字,语种不同时,不同文字本身就是一种区分的标志,如果所引词语并无特殊意义,标注引号就纯属多余,此时一般不用引号。如:

① 22.9 Author 项的著录法

22.10 Title 项的著录法

22.11 Facts of publication 项的著录法(江建名 1988：Xi)

② 三个平面学说的语法概念不同于传统所说的语法,而是比较接近于乔姆斯基的 *Grammar*. （李宇明 2005：464)

③ 20 世纪 90 年代,美国翻译理论家 Lawrence Venuti 在其一书 *Translator's Invisibility* 中提出了"异化法"。(徐丽娜 2006：65)

例①是书的目录,所有英语词没有加引号,并且因为名词位于标题之首,所以首字母大写了(这个问题有待研究)。例②不必大写,因为"Grammar"指的"语法",而非作者的著作名称。例③正确地处理了外语词,Lawrence Venuti 是翻译理论家的姓名,未加引号,*Translator's Invisibility* 是书名,未加引号,而且用了斜体。

这方面《现代汉语规范词典》做出了表率,该词典中的外语词未加引号,如"阿司匹林"："英语 aspirin 音译。常用西药,有镇痛、解热、抑制血小板凝结等作用。"《现代汉语规范词典》共收入外来词 1700 多个,缩略语 300 个,使用外文词语时无一处使用引号。

3.2 外文词语置于括号内不加引号

外文词句位于括号内时,可以不加引号,因为括号此时多半具有注释功能,解说或翻译前面汉语词句的内容。括号早期称为"括弧、括标、夹注标、夹注号"等,可见其主要功能是用于注释(见袁晖 2000：216—217),如例①和②。而例③,括号内含有俄语和英语双语注释,如果打上引号,不仅多余,而且刺目。

① ⋯⋯包括源语文本产生时互文境(intertextuality)⋯⋯(赵彦春 2005：136)

② 根据普通法规定,有要约(offer)和承诺(acceptance),便是一个 agreement ⋯⋯(李湛意 2006：34)

③ 那么什么是语料库(корпус/corpus)？什么是语料库语言学呢(корпусная лингвистика/corpus linguistics)？(许汉城 2005：21)

3.3 分散式字母组合引号可标可不标

字母组合之后与其他字母或字母组合再次组合,各字母组合之间有不同的符号,但未组成独立的单词,而是一种结构时,这种结构所指的名称处松散状态,可加引号,也可不加引号。如：

VP + NPb 和 VP + NPc 的意义都符合它们在 NPa + VP + NPb + NPc 中的意义。(李宇明 2005：418)

"VP + NPb"和"VP + NPc"表示动宾结构,而"NPa + VP + NPb + NPc"表示双宾构造,均没有加引号,而我们讨论该例时,因专指这种结构,则加了引号。加引号,显得紧凑一些,表明它们都是一个整体,表示一种概念;不加引号,则显得松散一些,阅读时需要多集中一些注意力。

3.4 汉外词语混用时多半标注引号

如果汉外语词语混用,共指一个特有事物或一个事件,则多半用引号,表示特指。这种混用还包括外文置于括号内与括号前的汉语形成注释关系的情况。如：

① ⋯⋯我们将此种句式记为"NP 呢?"。(李宇明 2005：362)

② 现代汉语疑问标记可分为四类：⋯⋯D. 疑问句法结构(以"X 不/没 X"和"是 P 还是 Q"为典型代表)。(同上：390)

③ 脱离语境,如果 NP 是表示人或事物的,"NP 呢?"一般只理解为甲类意义。(同上：363)

④ 庞德将其译为"村子(village)"不确切,而另二位译为"里弄(lane)",也未免有太过望文生义之嫌。(王贵明 2005：23)

例①,"NP"与"呢?"构成一种特有名字,指一种句式,因其中有汉字"呢",叙述文字为汉语,所以连同 NP 一起,放在引号内。例②也是英文字母与汉字共同构成一种表达式,构成特有名字,也加上引号。例③则将两种现象并存于句中,其规范使用的对比十分明显。例④,"村子"与"里弄"用于同语文字之中,本来就要打引号,而 village 和 lane 均是对它们的注解,随后置于括号中,所以它们均应进入引号之中。

但是,如果外语字母或缩略语同汉语词语混用表达同一概念时,一般不加引号。如:

⑤ Levinson 则在数量准则、关系准则和方式准则的基础上提出了 Q-,I-和 M-原则。(高原 2003:11)

Q-,I-和 M-原则分别指 Quantity principle,Informativeness principle 和 Manner principle,其实完全可以用其汉译术语"数量原则"、"信息原则"和"方式原则",采用原文某个单词的首字母加上某个词的汉译构成的模式已成一种常见构词模,所以不再显得特别,如"H 股"的 H 来自 Hong Kong。

3.5 具有特殊意义的外文词语必用引号

一种语言中使用别一种语言的词语,如果表示特殊的含意,则应加上引号。如果所用的外文短语或句子含有外文标点符号,则表明它是一个整体,如果不加引号,则可能导致中外文标点符号的混乱,同时也破坏了所引外文短语的整体性。如:

① 全国排球联赛——脱下"M"换上"L"。(转引自林穗芳 2000:269)

② 例①,"奖勤罚懒"恰如其分地表达了"поощрять старательных, наказать нерадивых"的内涵。(刘丽芬、黄忠廉 2007:58)

例①,"M"和"L"不是英文字母本身的含义,而是特指"中号"和"大号"的服装。例②,因为 поощрять старательных 与 наказать нерадивых 之间用了俄语的逗号,如果用汉语的逗号,则表明讨论的是两个独立的短语,而所引的是一个比较复杂的俄语短语,所以必须加上引号才能符合讨论者的原意。

结束语

外文词语在汉语文本中标注引号的对象有词和短语,一般情况下不用引号。如果外文词语置于括号内,也不加引号。外文字母的组合可标引号,也可不标。如果汉外词语混用,多半标注引号,具有特殊意义的外文词语必须加引号。

参考文献

[1]Venuti，L., *The translator's Invisibility*：*A History of Translation*［M］. Shsanghai：
　　 Shanghai Foreign Language Education Press,2004.

[2]程华明. More than／less than 的用法与翻译[J]. 英语自学,2006（9）.

[3]高　原. 照应词的认知分析[M]. 北京:外语教学与研究出版社,2003.

[4]黄忠廉. 翻译本质论[M]. 武汉:华中师范大学出版社,2000.

[5]江建名. 著编译审校指南[M]. 合肥:中国科学技术大学出版社,1988.

[6]李宇明. 语法研究录[M]. 北京:商务印书馆,2005.

[7]李湛意. 法律英语讲座之四——美国合同法(上)[J]. 英语自学,2006（9）.

[8]林穗芳. 标点符号学习与应用[M]. 北京:人民出版社,2000.

[9]刘丽芬、黄忠廉. 采录言语的精华——评《最新常用俄语固定组合词典》[J]. 中
　　 国俄语教学,2007(2).

[10][英]尼格尔·罗杰斯、麦尔·汤普森著. 吴万伟译.《行为糟糕的哲学家》
　　 [M]. 北京:新星出版社,2006.

[11]袁　晖. 标点符号词典[Z]. 太原:书海出版社,2000.

[12]赵彦春. 翻译学归结论[M]. 上海:上海外语教育出版社,2005.

[13]田　原. 日本现代诗歌翻译论[J]. 中国翻译,2006（5）.

[14]王贵明. 论庞德的翻译观及其中国古典诗歌的创意英译[J]. 中国翻译,2005
　　 (6).

[15]徐丽娜. 理据、约定和翻译的关系[J]. 中国翻译,2006（5）.

[16]许汉成. 俄语语料库的新发展[J]. 中国俄语教学,2005（1）.

[17]张　驰. 穷究词义为了跨文化的沟通[J]. 中国翻译,2005（6）.

俄语术语的语义构成方式[*]

吴丽坤

俄语中绝大多数术语和通用词一样,以标准语和专业词汇的现有词和词根为基础构成。俄语术语的基本构成方式有语义、形态、句法、形态-句法、借用等,其中,语义方式是创造俄语术语称谓最早采用的构词方式之一。

大多数俄语简单固有术语是通过各种方法改变语言中已有词的意义而构成的。这些方法中包括从通用语中借用词语,将其术语化;扩大或缩小词的意义;通过隐喻(метафора)、转喻(метонимия)引申方式改变词的意义;从其他术语总汇中借用术语。

1 语义构成方式的种类

1.1 从通用语中借用词汇单位构成术语且其意义相似

简单术语中有一组特殊的术语,其用于专业词汇和通用语中的意义相似。这些术语主要源自共同斯拉夫语和古俄语,通常构成科技词汇中最古老的词层。如表示最为重要的材料的称谓:矿物材料(камень, глина, вода)、金属(железо, медь, серебро, золото, руда)、动物和家禽(бык, корова, овца, пес, кошка, петух, курица, галка)、植物(дуб, сосна, дерево, кустарник, трава, пшеница, просо, овес)、地理状况(ручей, озеро, болото, река, море, почва)、建筑物及其构件(баня, ворота, балка)等。

此类术语由于来源特殊,可以同时服务于通用词汇系统和相应的术语系统,因此,著名术语学家 В. П. Даниленко 提出了不应把此类术语看

* 本文为黑龙江省教育厅面上项目"科技术语的规范方法与原则"(项目号:11532139)的阶段性成果之一。

成是从通用语中借用而来的,因为这些术语"具有两种品质,其区别就如同词和术语在内容上的区别一样"。(В. П. Даниленко 1971:29)但是,内容上的差别应当能够证明词的意义发生了变化,而这种变化是与术语内容所反映的专业表象或专业概念的形成密不可分的。因此,Е. И. Чупилина 认为,具有同样意义的术语和日常生活用词,"其突出特点是上下文的语义和结构因素中存在差异,这说明术语性意义具有独立性"。(Е. И. Чупилина 1971:32)对比通用词的释义和术语的定义,不难发现这种差异。如:

полночь — середина ночи; время, соответствующее 24 часам;

полночь — момент времени, в который истинное солнце или среднее солнце пересекает под горизонтом меридиан (т. е. находится в нижней кульминации);

半夜,午夜——半夜;24 点整;

子夜,午夜——真太阳或平均太阳在地平线下通过子午线的时刻(也就是位于下中天的时刻);

ручей — небольшой естественный поток;

ручей — небольшой постоянный или временный водный поток, образованный стоком снеговых или дождевых вод или выходами на поверхность подземных вод.

小溪——不大的天然水流;

溪——由降水或地下水流溢而形成的不大的长久或临时性水流。

比较上面两对定义,可以看出非专业人员和专业人员在对同一语言单位的理解上存在明显差异。非专业人员看到的是词汇单位所表示的事物的纯粹的外部特征,而专业人士关注的则是术语所命名概念的最本质的特征,并通过指出所命名概念的最邻近属概念和相应的种差来下定义。

1.2 扩大词的最初意义构成术语

前一种术语的意义,其发展过程具有循序渐进的特点,是人们经验逐渐丰富、形成科学概念的必然结果,而该种术语的出现则是语义错位的结果,即词的旧义和词所要命名的新概念严重不符。此种术语是通过扩展已有词的最初意义而构成的。由于此类术语数量不大,因此对其构成方式的研究相对而言比较薄弱。此种方式构成的术语,如 битум,最初只表示"巴勒斯坦焦油的一个特殊种类",后来用于命名"任何一种矿物或液体燃料物质",其中包括石油、沥青、煤、硫磺、油页岩,甚至琥珀和玛瑙。俄语中具有物质意义的一些名词,其复数形式具有称谓一类物质的功能,如 масла(油),спирты(醇,酒精),соли(盐)等。

1.3 借助隐喻方式构成术语

对通用词意义的隐喻化,首先是以外形相似为基础实现的,晚些时候,出现了借用客体功能上的相似以及外形与功能相似并存而发生的隐喻化过程。

通过外形相似构成的术语,如 раковина(贝壳 —[洗手、洗碗的]水池〈卫生洁具〉),шея([人的]脖子,脖颈 —[物体的]狭窄部分,颈部),таз(盆 — 骨盆〈医学〉);根据功能相似构成的术语 перо(笔尖 — 鹅羽,其功能均为"书写"),дворник(雨刷 — 清道工人,其功能均为"清除,打扫");根据外形和功能相似两种特征构成的术语:(слезный)мешок(泪囊〈医学〉— 袋子),(плавательная)дорожка(泳道〈体育〉— 小路)等。

不同术语系统中,隐喻构词方式的使用频度不同。В. Н. Прохорова认为,这与该术语系统中表示具体意义和抽象意义的词汇的多少有关,自然学科的术语领域中存在大量表示研究客体的称谓,即具体词汇,如医学术语中表示人体部位、器官的术语,技术术语中表示机械、零部件和原材料种类等的术语,而人文科学中抽象词汇居多,主要表示过程、所研究客体的关系、联系等。因此,隐喻构词方式在自然学科的术语领域中具有较高的使用频率。当然,抽象词汇中也采用隐喻化作为构词方式,但使用频率相对较低。(В. Н. Прохорова 1996:4)

1.4 借助转喻方式构成术语

从出现的时间先后来看,运用转喻方式构成术语晚于隐喻化方式,想必这是由于隐喻方式相对而言更为形象、直接,而转喻方式较抽象、概括。这符合人类从易到难、从简到繁、从具体到抽象的认知发展规律。

转喻的种类多种多样,术语构词中较为常见的有:过程—实现过程需要的工具、材料,如:задвижка(挡上,堵住—阀门),смазка(涂抹,润滑—润滑油);过程—结果,如:сооружение(建筑,建造—建筑物),ушиб(碰伤,碰疼—伤痕)。

此外,人名、地名、矿物等术语也多是运用转喻方式构成的。如:альдины(阿尔丁版本),булева алгебра(布氏代数),каррара(卡拉拉大理石),байкалит(易碎钙铁辉石)等等。

1.5 缩小通用词的意义并使其专业化而构成术语

此类术语数量很大,几乎存在于所有的术语系统中。缩小通用词意义构成术语时,通用词和术语所表概念的基本区分特征相同,但专业概念还具有通用概念中不具备的一些对专业概念而言基本的关联特征。如养蜂业术语 вылет(вылет роя пчел за добычей 出巢采蜜),作为通用语单位时,вылет 所表示的通用概念具有三个区分特征:1) 运动;2) 一定方向的运动;3) 从某处发出的运动。专业概念保留了所有这些特征,而且还获得了补充特征:4) 运动的主体:вылет роя пчел;5) 运动的目的:вылет за добычей;6) 运动涉及的具体客体:вылет за пыльцой и нектаром(飞出采集花粉和花蜜)。(В. Н. Прохорова 1996:79)又如建筑术语 свая 表示"(用以承载建筑物重量的)地基的钢筋构件",作为通用词时,则有"柱子,木桩"之义。通过把现有通用词的意义专业化来构成术语,这证明了一个事实,即相应的术语已经开始从一般言语中分离出来并组成专业词汇层。

1.6 从其他术语总汇(系统)中引入术语

从其他领域术语总汇引入术语并改变其意义,使之成为另一个术语系统的成员也是一种术语语义构成方式,是对术语的二次术语化(В. П. Даниленко 1977:27),而且,现在以语义方式构成术语的初始材料更多的已经不是非术语(即通用词汇),而是其他领域的术语。这与术语的内容结构更为"严谨"有关:术语通常较少具有多义性,多具有理据性,其语义中包含着更适合用于新术语系统的义子。(В. М. Лейчик, Л. Бесекирска 1998:37)如物理学术语 цвет 开始表示微观世界描写中的量子数量,大气术语 ветер 被借用到天文物理学中,构成术语 солнечный ветер(太阳风),心理学术语 память 保留"记住,固定"之义,转入信息学术语系统中,如 память ЭВМ(电子计算机储存器),军事术语 траншея(堑壕)和医学术语 пульпа(牙髓)进入建筑术语系统中,分别表示"路堑"、"泥浆"之义。

术语单位的二次术语化形成术语领域中典型的跨系统同音异义现象,因为相同的"语言外壳"表示完全不同的内涵。

2 术语语义构成方式的特点

"语义方式是创造术语称谓最早采用的构词方式之一"(В. П. Даниленко 1977：98），此种方式构成的术语简洁凝练，与母语联系紧密，便于记忆。

术语语义构成方式的种类在同一术语总汇的不同发展阶段中，有着不同的表现。例如，对医学术语的历时研究表明，在该术语系统的早期发展阶段，语义方式主要体现为隐喻法，也就是说使通用词获得专业意义，成为术语。该术语系统形成后，隐喻法的使用频率明显降低。当前采用的语义构词方式只有一种——缩小意义，而且此种方式构成术语的数量也不大。（З. Р. Палютина 2002：118—119，134—135）

不同时期形成的学科，如古老的建筑学和年轻的信息学，其术语系统中以语义方式构成的术语存在很大差异。如信息学领域中，单词术语只占 12%，仅为建筑术语中单词术语量的 1/2，但在信息学术语中，语义构成方式的使用较之建筑术语更为积极、活跃，所构成的术语数量占该学科领域术语总量的 8.6%，而建筑术语中的相应比例仅为 3%。此外，以语义方式构成的建筑术语中，96.7% 源自通用词，从其他术语总汇中借用的只有 2.4%，而信息学术语中，源自通用词的占 39%，源自一般技术术语的占 9.7%，源自相邻术语总汇的占 51.3%，也就是说，信息学从其他学科领域中借用的术语的总量占该学科术语的 60% 以上。（С. В. Гринев 1993：133—134）这一数据从术语来源的角度表明，信息学是一个跨学科的知识领域。

从整体上看，语义方式构成的术语在某一术语系统中所占的比例并不大，如建筑术语中仅占 3% 左右，信息学中也只是占到 8.6%，但大多数情况下语义方式构成的术语是相应术语总汇的核心部分，可以通过它们采用派生、融合等方式构成新术语。语义方式构成的术语，使用频率极高，是所在术语总汇中其他术语的属术语（上位术语），其中许多术语是若干术语群的称谓。

附注

① метонимия 被译成"借代"、"转喻"、"转换"等。本文采用第二种译法，以便与"隐喻"和"提喻"（синекдоха）相照应。

② 这里给出的两个词汇单位的通用意义取自：Большой толковый словарь русского языка. Санкт-Петербург, Норинт., 2000. с. 904, 1134 – 1135, 240.

③ Энциклопедический словарь географических терминов. М., 1968. с. 293.

④ Морской словарь. М., 1959. т. II. с. 189.

⑤ 即汉语中所说的"望文生义"的特点.

参考文献

[1] Гринев С. В. Введение в терминоведение [M]. M., 1993.

[2] Даниленко В. П. Лексико-семантические и грамматические особенности слов-терминов [A]. Исследования по русской терминологии [C]. M., 1971.

[3] Даниленко В. П. Русская терминология. Опыт лингвистического описания [M]. M., 1977.

[4] Лейчик В. М., Бесекирска Л. Терминоведение: предмет, методы, структура [M]. Białystok, 1998.

[5] Палютина З. Р. Цивилизационный подход к терминологии [M]. Уфа, 2002.

[6] Прохорова В. Н. Русская терминология (лексико-семантическое образование) [M]. M., 1996.

[7] Чупилина Е. И. Соотношение терминологических вариантов многозначных слов и их типовых контекстов (на материале английской медицинской терминологии) [A] // Актуальные проблемы лексикологии [C]. Новосибирск, 1971.

认知视阈下的俄语修饰语和汉语移就辞格比较[*]

赵 洁

1 修饰语和移就的定义

汉语中的移就和俄语中的修饰语(эпитет)都是独特的具有美学功能的修辞方式,广泛使用于文学作品和报刊中。移就是指"甲乙两项相关联,就把原属于形容甲事物的修饰语移属于乙事物,叫移就。通常是把形容人的修饰语移用于物"。(辞海 1979:4010)修饰语作为一种修辞手段在俄语辞格体系中占有重要的地位。"修饰语是为获得更大的艺术表现力附加于事物或人的名称的限定语"。(俄语详解大辞典 1998:1524)修饰语不同于语法学中的限定语,限定语只是对事物进行限定、说明,指称事物的性质和特征及事物的关系和领属,包括形容词、名词和代词;而修辞学中的修饰语是一种形象描绘手段,必须具有形象性和表现力,使用的是词语的转义给人以新颖生动的感受,从而表达作者的主观情感和评价。

虽然从俄语学界和汉语学界对修饰语和移就的研究来看,重点不同,移就的研究突出"移"的特点,即词语的活用,强调两个词语组合产生的语义冲突;而修饰语的研究侧重强调"修饰",突出形象性的修辞功能以及主观情感的表达。但从上面的定义可以看出,修饰语和移就都是词语的超常规搭配,是一种语义转移手段,可以激发人们的联想,具有审美功能。

---

[*] 本文系黑龙江省教育厅人文社科研究项目"文化视角下的俄汉语修辞对比"(11532138)及黑龙江大学青年基金项目"俄汉语修辞对比"的阶段性研究成果。

2 移就和修饰语的结构模式

汉语移就的结构模式一般为"形容词 + 名词"的结构,即定语加中心词的偏正词组,修饰语部分是描写性的形容词,被修饰部分是名词,词语的组合往往违背了逻辑,形成了独特的语义上的冲突。例如:

① 然而**悲惨的皱纹**,却也从他的眉头和眼角出现了。(鲁迅)

② 当满山红叶诗意地挂着,这是多么**美丽的忧愁**啊!(张晓风)

最常见的俄语修饰语也是由形容词充当的,但同时修饰语也可以是作同位语的名词以及说明动作、状态特征的副词。例如:

③ С **медного, открытого** его лица стекал пот.(Паутовский)汗水从他那紫铜色的、开朗的脸上往下流淌。

④ Между тучами и морем **гордо** реет буревестник, чёрной молнии подобный.(Горький)在乌云和大海之间海燕在**骄傲地**飞翔,像黑色的闪电。

⑤ Словно сам охваченный дремой, **старик**-океан будто притих.(Станюнович)像是被睡神俘虏了一样,那老人般的大海平静下来了。

3 修饰语和移就形成的认知心理学基础

语义辞格和认知理论有着密切的关系,语义辞格的形成正是人类认知的产物,它是形象思维的过程,用一个事物来指称另一个事物和现象,这反映了人类活动的认知过程。"从认知角度看修辞,言语活动总是同人们的认知活动联系在一起的,在提炼更具特色的言语表达形式的时候,尤其会利用到多种具体的认知方式、认知策略。"(徐盛桓 2008:2)

我们认为,修饰语和移就辞格一样,形成的认知心理学基础主要是联想机制。当人们感知或认识客观事物的时候,客观事物及其联系就会反映在人的大脑中,人们就会以想象为中介,凭借以往积累的知识、经验,调动和发挥自己的审美能动性,从某种特定的要求或角度出发,对事物的特点进行观察分析、比较综合,从而形成事物之间或属性之间特定的联系,通过这种联系,人们可以对语言进行灵活运用,表现自己的真实感受。联想的方式是多种多样的,作用于修饰语和移就辞格的心理活动主要是相似联想和邻接联想,分别是以相似关系和相邻关系为基础的。

3.1 相似联想

相似联想依据的是事物之间的相似性,指的是两种事物在某些方面相似,因此由此物联想到彼物。相似联想是通过事物之间在形态、属性等方面的相似性形成的,事物之间的相似程度不同,人们的观察、联系角度、类化思维能力也有差别,因此找到的相似点也不同,所以这种思维方式具有主观性,只要主体认为事物和现象之间有联想的相似点,就可以联系在一起。这种联想方式有一定的随机性,运用起来有较大的灵活性,可以随意进行联想。

一些修饰语和移就的形成正是通过展开相似联想,利用或者挖掘事物之间的某些相似性,把事物或者事物的特点紧密联系在一起,构成一种不寻常的搭配,从而达到所需要的表达效果。例如:

① Сквозь **волнистые** туманы пробирается луна, на печальные поляны льёт печально свет она. (Пушкин)

这句话中 волнистые туманы(波浪似的雾气)是形象的描写,从常规的认知方式来看,波浪和雾气并没有必然的联系,但当人们需要形象描写或者表达特定的意图时,就会改变常规的认知方式,发现事物之间的相似性。

这种类型的修饰语再如:картонная любовь(纸板似的爱情), шёлковые кудри(丝一般的卷发), жемчужные зубы(珍珠般的牙齿), зеркальная гладь(镜子般光滑的表面), мёртвая тишина(死一般的寂静), железная воля(钢铁般的意志)等等。

俄语中这样的修饰语从某种意义上来说,和隐喻有几分相似之处,它们都是以事物的之间相似性的联想作为心理基础的,是从一个认知域投射到另一个认知域。但是隐喻的目的不是为了突出强调事物的某种特性,而是用喻体替代本体,给人以新奇意外的感觉,且不直接说明两个事物之间的相似之处,让读者自己去意会。而修饰语的作用是在修饰,借助人的联想突出事物的特性,二者之间是有区别的。

汉语中这样的修饰语不能算作是移就,而应该是比喻的一种类型——明喻。

由于形态相似,把人物的属性、特征用于和人没有关联的事物,赋予事物以人的特点,也是基于相似联想,如 слёзливое утро(流泪的早晨),清晨淅淅沥沥地下着雨,使人联想到脸上流淌的眼泪。再如:

② И редкий солнца луч,

    и первые морозы,

И отдалённые **седой** зимы угрозы…(Пушкин)

седой 本是形容人花白的头发,这里形象地呈现出冬天冰天雪地的白茫茫的景象,这样的修饰语可以创造出形象、贴切、易于感知的意象。

将原属于人的各种性状移用于物也是汉语移就最典型的用例。如:

③ 任凭**惫懒的柳条**,在它们的肩尾边撩拂。(徐志摩)

“惫懒的”是形容人身体疲惫、动作缓慢的样子,和柳条随风摆动的状态相似,才形成了“惫懒的柳条”这样的组合。

有些修饰语形成的认知基础是利用感官域之间特征的相似性联想,即把原本各不相同的感觉融为一体,用一种感官经验去去描述另一种感官经验,产生出非同寻常、新颖独特的心理体验,能够启发和调动读者的想象力。例如:белый запах нарциссов(水仙花白色的香气),气味本来是没有颜色的,这里作者用白色修饰水仙花散发出的香气,给气味着色,使其变成了视觉可以感知的实体,让人的嗅觉和视觉交织在一起,给人以强烈的印象。类似的用例并不少见:холодный сумрак(寒冷的暮色),бледный воздух(苍白的空气),тёплые слова(温暖的话语)等等。这样的修饰语如果在交际中被经常使用,久而久之,就会逐渐失去修辞功能,成为词义的引申,即形容词的意义发生变化,扩大了使用范围,产生了新的义项。

利用感官域之间的相通形成的相似性联想是一种非常普遍的心理现象,在汉语中又常常被称为“通感”或“移觉”,广泛使用于文学作品中,有些用法人们已经习以为常,如甜蜜的微笑、温柔的声音、冰冷的面孔、刺耳的叫声等等。

由于俄汉民族心理的相同或相异,对事物之间的相似性联想有时也会相同或者不同。比如俄语中:

④ Она улыбалась **голубой** детской улыбкой. (Шолохов)

在这句话中 голубой 用来描写脸上露出的孩子般的灿烂的微笑,使人联想到晴朗的蓝天,体会两者之间的相似之处。还有 голубое настроение(愉悦的心情),给本来没有色彩的抽象事物赋予了形象鲜明的色彩,将心理感受同色彩方面的视觉印象建立起联系,使原本抽象模糊的心情变得具体而生动。

和俄语不同的是,在中国人心里,蓝色是给人以纯净、平和、略带伤感的颜色。如:

⑤ 剪辑一方秋的落寞,采撷一朵**蓝色的忧郁**。(周春林)

再如:чёрная тоска(黑色的忧愁)修饰语 чёрная 使人将忧愁苦闷的心情和令人感到压抑沉重的黑色联系起来。这一点和汉语中的用法是相同的,如:**黑色的孤独**(书名)。夜,**黑色的**惆怅淹没了岸。(淡墨)

3.2 邻接联想

邻接联想指的是两个事物彼此相近或相关,人们依据自己的经验,自然而然地在大脑中形成联系,由此物联想到彼物。邻接联想是以事物之间的相关关系为基础的,认知视角下的相关关系并不仅仅指物理世界的人或事物之间的相关性,而是指认知主体意识中事物或人之间具有的邻近性,这种邻近性可能是稳定的,如事物的整体和部分之间的关系、事物和工具、材料、特征之间的关系等,也可能是偶然的,受一定的认知语境的限制,在某一空间、时间中偶然在主体意识中造成的相关关系。有些修饰语和移就辞格就是在特定的语境中,充分运用联想,通过巧妙的处理,使一些原本关联性不强的事物或者事物的特性搭配组合起来,使其具有相关性。比如:беспощадные танки(残忍的坦克),坦克不具备残忍这种特性,残忍应该属于发动战争、侵犯别人领土和生命安全的操纵坦克的人,人与坦克之间存在相关性,因此将人的特性转移到坦克上,形成了形象生动的修饰语。

最常见的这类修饰语就是将描述人的内心状态或情感状态的词语用于具体的事物或抽象的概念上,使完全不同的人和事物之间形成一种内在关联,触发联想思维。当人怀有某种情绪或情感时,他所看到或感知到的事物就会被染上他的心境所具有的特定感情色彩。例如:

① Кружатся в воздухе **печальные** листья. (Горький)

печальные листья(忧郁的树叶)是超常规的搭配,忧郁的不是树叶,而是人,人的情感与事物本来毫无关系,在这里通过邻接联想把人的情感和看到的景物联系起来。从另一个方面看,作者没有直接地描写看到的景物的特点,而是间接地表述景物给人的主观印象或感受,使语言能够简洁地表情达意,使语言更具趣味性和生动性。类似的用法例如:

② А ну-ка песню нам пропой, **весёлый** ветер. (Лебедев-Кумач) (那就给我们唱一曲吧,**欢乐的**风!)

③ В ущелье не проникал ещё радостный луч молодого дня. (Лермонтов)(刚刚出现的白昼的**欢乐的**阳光还没有把峡谷照亮。)

把通常表现人的感情的词语转用于物的修饰语在汉语中同样很常见。例如：

④ 广场上又烧起**快乐的篝火**。（曲波）

⑤ 站在人群中，苍白消瘦的脸上浮现出**幸福的红晕**。（杨沫）

结束语

移就和修饰语具有相同的修辞功能和美学价值，恰当的使用可以起到含蓄委婉、简洁凝练的效果，可以创造出生动具体的意象，表现出丰富的内涵，增强语言的表现力，给人以无尽的想象空间，耐人寻味。

综上所述，修饰语和移就是非常相似的辞格，它们形成的心理机制和修辞功能是相同的，但概念的外延并不完全相同，而且在具体的使用中由于文化传统和民族心理不同，对相同的事物可能会产生不同的感受和联想。

参考文献

[1]Винарская Е. Н. Выразительные средства текста[M]. М., 1989.

[2]Голуб И. Б. Стилистика русского языка[M]. М., 1999.

[3]Кожина М. Н. Стилистика русского языка[M]. М., 1993.

[4]Москвин В. П. Эпитет в художественной речи[J]. Русская речь, 2001 (4).

[5]Розенталь Д. Э. Практическая стилистика русского языка[M]. М., 1987.

[6]Розенталь Д. Э., Голуб И. Б. Секрет стилистики[M]. М., 2002.

[7]陈望道. 修辞学发凡[M]. 上海:上海文艺出版社,1979.

[8]骆小所. 现代修辞学[M]. 昆明:云南人民出版社,1994.

[9]刘大为. 比喻、近喻与自喻——辞格的认知性研究[M]. 上海:上海教育出版社,2001.

[10]李国南. 辞格与词汇[M]. 上海:上海外语教育出版社,2001.

[11]汪少华. 移觉的认知性阐释[J]. 修辞学习,2001 (4).

[12]王福祥. 现代俄语辞格学概论[M]. 北京:外语教学与研究出版社,2002.

[13]王 勤. 汉语修辞通论[M]. 武汉:华中理工大学出版社,1995.

[14]徐盛桓. 修辞研究的认知视角[J]. 西安外国语大学学报,2008 (2).

[15]尹曙初. 谈谈俄语的修饰语[J]. 外语研究,1994 (2).

[16]张会森. 修辞学通论[M]. 上海:上海外语教育出版社,2002.

汉语棱镜下 это 的语篇功能^{***}

黄东晶

　　近指指示代词使用频率高与 это 的使用有直接关系。在口语和书面语中，это 是使用频率最高的代词之一，分列第三位和第四位，口语中仅次于第三人称代词 он 和第一人称代词 я，书面语中除此之外还有 что 比 это 用得多，可见 это 使用的普遍性。（Сиротинина 1983：238）это 一般被作为指示代词 этот 的中性形式，而实际上 это 的用法已经使这个词成为同音异义词（омонимы）的形式，即 это 只是一个词形，在不同的语境中分别属于不同的词类，严格地说，不能算一个词。Ожегов 词典中将 это 单列为一个词条，《大俄汉词典》（2003）也将 это 分列为 это，это 进行了解释，没有单单把它作为指示代词 этот 的中性形式。汉语中由于没有词形上的变化，因而"这"并没有类似的区分，只是将其句法使用分别加以概括。（张伯江，方梅 1996；吕叔湘 1985）

　　это 本身具有的同音异义复杂性，引起词汇学、句法学、修辞学、口语学等领域语言学家的关注，逻辑学家和数学家对这一问题也有研究。这与 это 的语法角色和照应能力有关。это 身兼数种词法类别：它既是语气词，又是系词，可以用作名词化指代词（即用作名词功能），也可以作为近指指示词的中性形式，作名词的限定语。это 作照应语时其先行语的指称类型也与其他代词不同，это 指示的可以是一个词形（此时兼有指示和照应功能），可以是一个行为，也可以是一件事情，因而 это 的先行语不单可以是静词（именная группа），还可以是一个句子或句群，乃至整个篇

---

　*　本文作者为上海外国语大学在站博士后。本文是黑龙江省哲学社会科学项目"俄汉代词指示语对比研究"（编号 06D099）、国家社会科学基金项目"俄语言语行为理论与功能意向类型"（编号 07BYY068）、国家社会科学基金项目"俄汉语时空范畴的对比研究"（编号 08BYY077）、黑龙江省教育厅人文一般项目（编号 10532098）的阶段性成果。

　**　国家第四十六届博士后基金项目"语言哲学视阈下的俄语代词指示语"。

章。

1 это 先行语的类型

это 用作指示语(дейктическое это)时指示说话人眼前的事物或场景,用作照应语(анафорическое это)时指涉文中已经提到的事物或场景。это 用于照应功能时,其先行语有以下类型:

1)话语先行语。用 Lyons 的术语是"话语提示"(текстовой дейксис),如:① Человек! **Это** звучит гордо.

此时 это 并不指称 человек 的指称物,而只是指示说出来的这个词,是一种指示用法,由于用在篇章当中,所以称为"话语指示"或"篇章指示",是指示和照应功能交叉的一种指示语。汉语的代词"这"不能有同样用法,只能再现先行语的内容,如例句①可以译成:"人!这字眼听起来多么令人骄傲"。

2)隐性先行词。隐性先行词是指照应代词没有显性的先行词,只能从前文的内容或场景中推导引出隐含的先行词,这种照应又叫"无先行语照应"(анафора без антецедента)。(Падучева 1985:165)如:②Наконец показывается первая лодка. — **Это** Юра. 中文 это 表示的客体在代词之前的部分中没有出现,在说话人的共同视野中是不存在的,但是情景的借代联系(метонимические связи)使得从"船"就可以推导出"划船的人",因而代词的指示才有了依托。汉语的"这"可以用在这里:"终于第一条小船出现了。——这是尤拉。"

3)名词化形容词或称名化词语先行语。如:③Вы требуете **невозможного**! — А вы сделайте, чтобы **это** стало возможным. **То, что вы рассказываете**, бесспорно было в действительности. Но **это** так необыкновенно, что Стравинский вам, конечно, не поверил. 句中 это = то, что, как я понимаю, ты имеешь в виду.

汉语名词化形容词常用相应的名词词组表达,因而表示非人的先行语可以用"它"与之照应。称名化语句由于具有述谓性,汉语一般用指示代词"这"及其构成的指示词组与之照应。例③可以译成:"你在要求不可能的事情,而你想把它变成可能。你讲的事情当然存在,但这事太不寻常,斯特拉文斯基当然不会信。"

4)动名词先行语。动名词可以作第三人称代词的先行语,也可以作

это 的先行语,但意义不同。это 的动名词先行语指示某种事实(факт),而不是指示行为、过程、状态或具体事件等等。如:④Мы стремимся к **созданию** искусственных мембран. **Это** позволит использовать энергию солнечного света. 这里的"事实"包括已经发生和将要发生的事实。有些动名词如 борьба,приезд 等等,既可以用第三人称代词照应,也可以用 это 照应,但意义不同。это 表示事实,она(он,оно,они)表示定指的某一事物。有些动名词如 существование 和半实体动词(полуслужебные глаголы)的动名词如 проведение,заключение,предоставление 等,只能用 это 照应,因为这些名词通常只指示某种事实。如:⑤Докладчик подчеркнул **существование** разногласий между странами, но признал, что **это** не может помешать выработке эффективных соглашений. **Проведение** диалога между этими странами становится неизбежным. **Этого** требует большинство членов Совета Безопасности. (Из газет)

汉语中这种述谓结构的照应关系有两种情况:это 在主语位时可以译成"这",也可以用指示词组;это 处于非主语位时则一般只用指示词组,为了表达述谓性,指示词组通常是"这样做……"。

俄语有些前置词只与 это 连用,不与第三人称代词连用,如 до,после,вместо,против 等等。尽管这些前置词短语的意义不是事实,而是过程,如:⑥Никакого **лечения** не проводилось. Вместо **этого** больных обрекали на медленную смерть. 汉语此时一般用指示代词的古形式"此,之"等词,如"此后","此前","代之以","与之相反"等等。

5)篇章先行语。это 的先行语可以不是句法结构,而是模糊的或不确定的,是整段篇章的内容。如 Достоевский 在《白痴》中的一句:Разве **это** возможно? 要想了解 это 的所指几乎要看完整个章节才能知晓。又如:⑦Пусть имеется некий человек в жёлтой шляпе, которого наш знакомый Ральф видел при сомнительных обстоятельствах и считает шпионом. Кроме того, имеется уважаемый член общества Б. Орткатт, — то же лицо, но Ральф об **этом** не подозревает. (Падучева)это 的所指是前文描述的内容。

это 的概括性使得它常用于下指(катафорические отношения)结构,先引出对象,再具体描写某一事实。如:⑧Как **это** ни страшно, но

· 93 ·

сегодня дети боятся взрослых.（Из газет）⑨Она и раньше видела это — богатые церкви и сшитые золотом ризы попов, лачуги нищего народа и его позорные лахмотья.（Горький）/ 从前,她也看见过这种情景——一边是金碧辉煌的教堂和神父锦绣的法衣,另一边是穷人破落茅舍和他们的褴褛衣衫。это 的下指用法一般都用":"或"——"与照应成分隔开,汉语用指示词组描写的办法达到这种效果。下指是可以使篇章简洁连贯、层次清楚的手段,指示代词先充当形式上的相应句法成分,再加以扩展。如:⑩Это был ещё ничего, если бы я, Ся Лэй, страдал только от времени трудов. / 我夏雷一个人任劳任怨倒也没什么。（郭沫若）假定式只表示事实是虚拟的,это 在主语位上,其具体内容在后文,汉语可以用"这"与事实并列,也可以不用。吕叔湘先生早注意到指示代词的下指用法,"指事的这、那大多数是回指性的,但是现代有前指性的'这个'例子"（吕叔湘 1985:26）,如:⑪奇怪的是这个:我们俩吵架,院里的人总说我不对。（老舍）下指照应可以是第三人称照应,也可以是指示代词照应,汉语第三人称代词下指照应几乎不用,指示代词下指照应偶尔用到,而下指照应对于俄语虽然不是常规用法,但比汉语用得多。

2 双部句中 это 的语义

это 的使用主要有两种情况:一种是作为普通替代词语,如上文中谈到的与先行语的照应类型;另一个重要的用法就是 это 可作为双部句（биноминативное предложение）中的一个主要成分。

это 的篇章语义功能主要由其词法类别的多样性决定:

1）это 作系词（связка）和语气词（частица）时,常作为谓语的一部分,如:①Ландыш — это весенний цветок.

2）如果 это 作主语,它就是名词化的代词,是一种指代手段,如:②Это была не картина, а живая прелестная женщина.（Л. Толстой）

3）это 常用在完整句子的一系列同等成分之中,如:③Фотография Ларисы — это непросто лица. Это лик. Это необъяснимая притягательность. Это крик вселенной. Это жаркая мысль о спасении мира.（Ю. Азаров）如果将这些句子结合起来,就是一个有一系列同等成分的完整句子,这时 это 是系词性语气词,保留了系词和语气词的意义,使得篇章结构严谨,只是这时 это 获得了一定的独立性。

4）это 可以用在独白式的问答统一体中，如：④Что такое Родина? **Это — весь народ. Это** — прошлое народа, настоящее и будущее. **Это** — его своеобразная культура, **это** — цепь совершаемых им революций.（А. Толстой）это 此时指示言语（思想）的对象 Родина。

это 在主语位 это₂ 上和谓语位 это₁ 上的功能和意义有很大差异。如：⑤Устная речь — **это₁** процесс публичного мышления. **Это₂** — всегда импровизация.（И. Андроников）это₁ 是谓语的一部分，是代词性语气词—系词，它一方面是结构述位（рема），另一个方面又作为主位（тема）的代表，以一种特殊的方式指示主位。后一个特点使得 это 可以从联合结构中分离出来，作独立的分解结构的主语。实际切分（актуальное членение）的标志是破折号（在书面语中），而口语则用语调切分。это₂ 是主语，兼有数种功能：名词化代词，语气词—系词，篇章各部分的连接手段。另一种观点认为 это₂ 不能作为独立的句子成分，即使是"形式主语"。это₂ 这时只有语气词—系词功能，在篇章结构中起到概括事实和指示连接作用。（Бабайцева 1998）это₂ 的先行语可以是不定式（инфинитив），如：⑥А верить — заставить нельзя. **Это** штука добровольная.（Вейнеры）это 是句际连接的名词化代词，在句子中做主语，而句子的谓语必须是代词性名词，如 штука，是谓语的结构基础。

问答统一体中的 это 保留一定的语气词—系词性质，也具备名词化倾向，因为作为主语，它指示言语或思想的对象。在问答这种条件下，это 是词法性质和句法性质混合的产物，это 的功能在一定程度上取决于破折号的使用。

это 作为独立成分，可以从述位（谓语）结构变为下一句话的主位结构，因为在述位中 это 具有主位代表的功能，不同程度地与谓语成分结合在一起，因而 это 可以作为语法独立句的主位成分。это 在作双部句的主要成分时，具有以下四种范畴语义成分：1）概括指示成分；2）名词性成分；3）系词性成分；4）强化成分。其中概括指示成分源于指示代词意义，名词性语义成分是主语位的特点，系词性表现在主要成分（主语和谓语）的句法联系中，强化成分表现在实现谓语语义和弱化 это 实词意义的结果上。

汉语视 это 的用法不同表达法也不尽相同，有时 это 在汉语表达时可以用指示代词"这"或指示词组，有时只对应一定的结构，而不出现指示代词。首先,当 это 用于名词化意义时,汉语一般也用指示代词或词组,如:⑦Я посоветовал ему больше заниматься спортом, так, как **это** — полезно для здоровья, но он придерживался другого мнения. / 我劝他多活动活动,**这样**对身体有好处,他总不以为然。当 это 照应的是述谓先行成分,汉语可以用"做"与指示代词构成的指示词表达,有时也可以用表示方式的"这样",有时甚至只用"这"也可以。如:⑧Анна видела **это**, и собственный её взор против воли снова и снова притягивали иноземные этикетки консервных банок. (Б. Полевой.)/ 安娜看出了**这种情况,**连她自己的目光不由自主地一次一次被罐头盒子上的外国商标吸引过去。名词化的指示代词在汉语表达时往往需要展开其指代的内容,尤其是在非主语位置上,因为"这"在单独使用时主要用于主语位。宾语位上如果不用"这件事"、"这些话"、"这种情况"等词组,"这个"的指代意义强于"这",一般用"这个",如:⑨Услыхав **это**, я замер на своём месте. / 听到**这个**,我发愣了,动也不动了。如果指示代词受到从句或其他成分的修饰,汉语要用描述性的指示词组。如:⑩Но всё **это**, что наболело у него на душе, бесполезно было говорить Ибраиму. (Айтматов)/ 可是,要把这些憋在心里的话跟伊勃拉伊姆谈谈,**那**肯定是白费劲。汉语"那"此时的用法与 это 的某些用法类似,它代替前文,作后句的形式主语,是篇章连贯的重要手段,不能用"这"代替,前文中近指代词的使用,替代内容的假定性,都使得用"那"而不用"这"。

其次,当 это 用作语气词,汉语一般用"这"表达。此时,指示代词或者用以突出句子的某个成分,或者强调疑问句中在它前面的代词或副词,或者用于突出全句或句子某一部分的表现力。指示代词的这种用法具有明显的口语特点,具有强烈的表现力和强化性。如:**Это** со степи уж ухватку переняли косой косить. (Гарин)/ **这**是从草原上学来的架势,用大镰刀割地。用于突出某个句子成分时,汉语有时指示代词不出现,而用"……**的是**……"结构,如:Самойлов, **это** вас я застал с папироской в аудитории? (Гранин)/ 萨莫伊洛夫,我碰到在教室里抽烟**的是**您?用作加强语气时,指示代词往往是句法多余成分,缺之无碍,只是表达一种语气,俄汉都有同样用法。如:О чём **это** он всё думает? (Гончаров)/ 他**这**是老想些什么呀? Кто **это** у вас? / **这**是谁在您这儿呢? Иду **это** по улице, как шарахнется мимо рысак. Чуть-чуть не задавил. (Мамин-

Сибиряк）/ 我**这儿**正在街上走着呢，突然一匹马从身旁蹿过。差点没给踢死。Сейчас она мне **это** пирогов напекёт, за водичкой сбегает. （Куприн）/ 她**这**就给我烤馅饼，去打酒。指示代词只是用于加强表达某人、某时、某事，本身没有实际意义。

это 作为系词的用法常见，用于名词、不定式或述谓副词构成的谓语的一部分，汉语中一般用"……是……""……正是……"的结构表达，或隐含有这种系词意义的结构如："……正像……""……意味着……"等等，如：Можно ли ни с того ни с чего обругать и избить человека, если даже **это** и прислуга? / 人家当丫头的也**是**人，哪儿有不分青红皂白就乱打乱骂的道理？（巴金）Оскаливший клыки и размахивающий лапами империализм внешне выглядит мочучим и страшным, но на самом деле **это** лишь бумажный тигр с гнилым натуром. / 帝国主义表面上张牙舞爪，不可一世，但实质上不过**是**一只外强中干的纸老虎。述谓副词作谓语时，это 对应汉语的"这"，如：Но погибнуть от руки своих, ни за что ни про что — **это** страшно! / 但不清不楚地死在自己人手里，**这**才可怕呢!

动词不定式作谓语，同名词作谓语一样，等于"……是……"结构，如：Любить — **это** прощать. / 爱是谅解。

当 это 作双部句的前部主要成分时，汉语一般用指示代词加系词表示"这是……"或同义结构，指示代词一般必须使用。如：**Это** — до такой степени самоочевидная, сама собою разумеющаяся истина. （Ленин）/ **这**本来是有目共睹、不言自明的真理。**Это** просто какие-то фокусы. / **这**简直像变戏法一样。双部句中的第一个成分如果是表人名词时，汉语一般用人称代词，俄语则用指示代词，如：**Это** — настоящий шаньдунец. / **他**是个真正的山东大汉。Я понимаю, что **это** надёжные помощники. （Матвеев）/我知道**他们**是一些可靠的助手。

это 作主语时，汉语中还可以有"这是……的"的对应结构，可以看做是"这"作主语的一种变体。如：**Это** находится в резком несоответствии с потребностями нашего огромного социалистического государства с его 600-миллионным населением. / **这是**同我们六亿人口的社会主义大国的需要很不相称的。（周恩来）

有时，俄汉的指示代词可能都需要展开，用描写的方式揭示另一种语言中指示代词所指的内容。如：Твой фильм «Необьявленная война»

был очень беспокойный. **Это** страшная проблема экологии. （Ю. Бон-
дарев）/ 你那部《不宣而战》让人看了惶惶不安。**写的**是可怕的生态问
题。Сколько на своем веку видела я таких жизненных бурь, по сравне-
нию с которыми **сегодняшнее приключение** самое мизерное. / 我一生
中遇到过多少类似的波折，**这**还算是最小的一次。

  это 的基本功能是赋予客体新的概念内涵，即用 это 作主语的双部
句第二个成分所携带的不定意义。这一点正好与第三人称代词不同，第
三人称代词不仅是先行语的重复，而且隐含概念内涵不变的预设，如果说
话人想使所指脱离原有的内涵意义，可以用 это，如：Да что ж сюда не
ведут кумушку-то Пугачева? Или она упрямится? — Что ты это? —
сказал я Зирину. Какая кумушка Пугачёва? **Это** дочь покойного капи-
тана Миронова. （Падучева）言语中通常的引入人物的方式是：弱定代词
"指示代词（及词组）"第三人称代词。汉语表现为"有……这个……他
……"。这是认识的渐进过程，也体现了指示代词和第三人称代词的区
别，造就了很多不能用第三人称代词的上下文中完全可以使用指示词组
用于照应，如：Мама посмотрела женщину. **Эта женщина**（ * **она**）бы-
ла Самойлова. 指示代词是代词指示功能和照应功能的过渡类别，充分地
体现了指示和照应的内在联系和不可分割性，对研究指示和照应的语言
表达有很大意义。

3 это 的语境约束

  это 一般用在双部句中，在双部句以外 это 可以有表达事物的先行
语。在两个成分都是第一格形式的双部句中，это 的使用常常是必须的，
不能用第三人称代词。Это 的使用条件是：

  1）это 用作实体证同。这种句子中第二个成分（述位）是有定 ИГ
（ именная группа ）。如：①**Человек** подошёл поближе, и я увидел, что
это Егор Яковлевич. （Рыбаков）如果双部句不表示同证关系，而含有事
物性质或特征的描述意义，就需要用人称代词，而不是 это。如：②Ты
подыграйся к тетушке, **она** женщина богатая. （Островский）甚至双部
句的第二个成分是专有名词，但如果它仅仅表示特有的性质或特征，双部
句的第一成分仍然需用第三人称代词。如：③Мы уже **зачарованы Пу-
гачёвым** из-за того, что **он** — Пугачёв. （Цветаева）而当先行语是弱定

ИГ 和句子的述位时,это 是最合适的照应手段。如:④Как вдруг впереди нас мелькнула **женская фигура.** — А ведь **это** Ася!(Нагибин)

2)это 作为分类(即将上文引进的事物范畴化)句的第一个成分。范畴名词,如 мужчина, женщина, человек, дерево, книга, город 等等,表达客体恒定的实质,不同于一般名词,试比较:Об авторе этой песни известно, что **это**(* он, * она)женщина. / Об авторе этой песни известно, что **он**(**это**)коммунист. 两个句子的区别在于双部句中作述谓成分的 ИГ 的性质,женщина 是范畴名词,因而用了 это, коммунист 是普通的类别名词,因而既可以用第三人称代词,也可以用 это。Это 用于范畴化时先行语可以是专名,没有指出其自然类别;先行语可以是突出客体功能或性质的表达式;先行语可以指出客体的一般范畴(物体、动物),需要具体化。如:⑤Промысловой стороной управляет **Ингрид. Это** женщина лет пятидесяти; Шарфшлер попытался расколоть моего **агенга** в концерте Герлинга. Хотя **это** была женщина, она отказалась что-либо ему рассказать; Анна посмотрела на **ребёнка. Это** был мальчик.(Из журналов)

3)先行语是不定代词或说明从句中的疑问代词时,это 是唯一的照应手段。这种句子既可以表达证同,也可以表达分类。如:⑥**Кое-кто** из нас здесь лишний в этой квартире. И мне кажется, что **это** именно вы; Собака **что-то** несла в зубах. Вскоре мы увидели, что **это** кукла.(Падучева)代词先行语是不定 ИГ 时,代词的代替语(субститут)总不与先行语相符,无论是第三人称照应关系还是用 это 照应。用 это 照应的特点是先行语不参与构成代替语,代替语只是再现先行语所表达的关系。与第三人称代词不同的是,это 常用于表层结构中不出现先行语的语境,指示语境的潜在客体,这种照应关系对于第三人称代词来说极不典型。当先行语具有通指性时,это 照应关系是首选的,如:⑦Праздник может выпасть на **любой день недели.** Если **это** понедельник, то девушку нарекают Корага.(Из газет)

4)先行语的动物性(одушевленность)制约 это 和第三人称代词的选择。统计表明,先行语是非人名词时,双部句中很少用人称代词,只能用 это;如果先行语是表人名词,则有时可以用第三人称代词照应关系。试比较:Вспомните Теркина. **Это**(**он**)был отличный парень. /Вспомните Фру-фру. **Это**（＊она）была отличная лошадь. 人/非人的对立在用 кто/что 提问时尤其明显，非人时只用 это：Что это？ 表人时则可以用人称代词或 это：⑧— Я сын Фаины. — А кто **она**（**это**）такая？

5）当述谓成分将先行语用作自身的一部分时，это 是唯一的照应手段。如：⑨Лежа на животе, мальчик примерял бинокль к глазам. **Это** был сильный полевой **бинокль**. （Соловьёв）此时如果用第三人称照应关系，那么是一种修辞用法，常规下一般用 это。

6）命题态度谓词上下文常常要求使用 это。如：⑩ Собака шла через реку и, увидев своё **отражение** в воде, подумала, что **это** какая-то другая собака.

Отражение 是说话人角度的称名，而"狗"思想中水里的东西只能用概括指示性的 это。但是在"自我意见"句中，表达与意见主体的同一要用第三人称代词，如：Что это за прица？ — Я-то наверняка знаю, что **это** галка, а Вотей самой кажется, что она орёл. （Из газет）

7）述谓成分具有评价或定性意义时，第三人称代词和 это 的语义功能不同，это 除表示客体具有某种性质或功能之外，还将该性质或功能人格化。如：Геккерн на все способен: **это**（≠он）человек без чести и совести.

8）это 用于先行语与述谓成分在范畴语义特征上不相吻合时。如：Лет 50 назад в Ниле ещё были **крокодилы** до 8-м длиной. Сейчас **это** — редкость. （Из газет）

除了语义差异，это 与第三人称代词在搭配能力上也有不同。双部句中第二个成分用 ИГ 充当时，一般这个 ИГ 都用作表达特征的谓词。而 это 作双部句的第一个成分时，第二个成分可以是非述谓用法的 ИГ，而第三人称代词一般必须有述谓性 ИГ 作所在双部句的第二成分。非述谓用法的 ИГ 包括：含不定代词的 ИГ；含指示代词的 ИГ；指示或照应代词；含有加确名词语气词的 ИГ。试比较：**Это**（＊она）была **какая-то девушка**; **Это**（＊она）не **та женщина**; Здравствуй, белый пароход, **это я**; **Это**（＊он）сам генерал.

结束语

语篇研究到新世纪有了新发展，话语研究将语篇研究进一步丰富。

作为指示语的代词系统研究可以体现说话人世界与外部世界的对立和统一，对话语中指示成素的认知语义分析在不同层面体现了话语的"主体性"。

参考文献

[1] Ожегов С. И., Шведова Н. Ю. Толковый словарь русского языка[Z]. М., 2005.

[2] Откупщикова М. И. Местоимения современного русского языка в структурно-семантическом аспекте[D]. КД. М., 1984.

[3] Падучева Е. В. Высказывание и его соотнесённость с действительностью[M]. М., 1985.

[4] Русская грамматика[M] т. I М., 1980.

[5] Сиротинина О. Б. Разговорная речь в системе функциональных стилях русского литературного языка(Лексика)[M]. Саратов, 1983.

[6] Шведова Н. Ю., Белоусова А. С. Система местоимений как исход смыслового строения языка и его смысловых категорий[M]. М., 1995.

[7] 吕叔湘. 近代汉语指代词[M]. 北京:学林出版社,1985.

[8] 张伯江、方　梅. 汉语功能语法研究[M]. 南昌:江西教育出版社,1996.

[9] 大俄汉词典[Z]. 北京:商务印书馆,2003.

例句来源：
本文俄汉对照例句摘自商务印书馆 1995 年版的《汉俄翻译词典》。

限定代词与周遍性主语的语义与交际功能

靳铭吉

引言

限定代词（определительное местоимение）指的是 всякий，всячес-кий，любой，каждый，весь，целый，иной，другой，сам，самый 等具有限定性质的代词。在汉语中这些词语也均属于代词，但分属不同的小类，如"每"、"另外"、"别的"、"一切"、"所有"、"任何"等为指示代词，"自己"为人称代词。（邢福义 2003:109）本文统一采用限定代词这一术语。不过，在本文中我们主要研究其中的四个限定代词，即 всякий，каждый，любой，все，它们大体与汉语的"一切（的）"、"每（个）"、"任何（的）"、"所有（的）"相对应。采取这种做法主要是因为它们都可以与名词组合构成具有泛指意义的名词性短语，而泛指性名词短语的交际功能主要取决于这些限定代词的意义。此外，我们还将重点对比带有 всякий，любой 的泛指名词性短语和汉语的周遍性主语，分析它们在语义及交际功能上的特征，为周遍性主语的交际属性定位。

1 限定代词与泛指名词性短语

泛指是名词性短语的一种指称类型，帕杜切娃（Е. В. Падучева）认为，泛指名词性短语（универсальные именные группы）指向的是无限集合中的任一个体。（Е. В. Падучева 1985:87—96）与其他类型的名词性短语不同，泛指名词性短语前一般不宜或不能省去有全称量化作用的限定代词 всякий，весь，каждый，любой。请看例句①—④：（当然，像 **Кто сеет ветер**，пожнет бурю. ——兴风者必遭风暴袭——这样的熟语性用法除外。）

① Ирина подозревала，что Верка аферистка и фармазонка. *Вся-*

кий люд встречался среди беженцев. Одни прибеднялись, ходили в лохмотьях, чтобы вызвать жалость. («Новый Мир» №9, 2002)

伊琳娜怀疑薇拉是个投机者、大骗子。难民中**什么样**的人都有。一些人为了引发别人的怜悯,装出可怜相,穿着破衣服。

② *Все журналисты* любят сенсации.

所有记者都喜欢爆炸性新闻。

③ Сегодня жертвой террористического нападения может стать *любая страна и любой человек* на земле. («Дипломатический вестник» №5, 2004)

今天地球上的**任何一个国家、任何一个人**都有可能成为恐怖分子袭击事件的牺牲品。

④ *Каждый ребёнок* — талант.

每个孩子都是天才。

但是,如果按照帕杜切娃对泛指名词性短语的界定,那么下面⑤—⑦例句中由限定代词 все, каждый, любой 与名词构成的名词性短语则不是泛指名词性短语。请看下面例句:

⑤ *Все выпускники факультета психологии* получают квалификацию «преподаватель психологии».

心理系的所有毕业生都获得了“心理学教师”的专业技能。

⑥ *Каждый студент* нашего вуза может пользоваться сетью бесплатно.

我们学校的每个学生都可以免费使用网络。

⑦ *Каждый клиент* фирмы «Руна» может бесплатно заказать *любой нормативный документ из Российского законодательства*.

露娜公司的每一位客户都可以无偿订阅俄罗斯法规中的任一规范文件。

原因就在于它们指向的不是无限的、抽象的集合的全体成员,而是具体的、有限的集合的全体成员,如⑤指向的是说话时刻某学校心理系的所有毕业生,⑥指向的是说话人所在学校目前的所有在读学生;⑦指向的是现行的俄罗斯法规中的任一文件。若想验证命题①—③的真假,不能凭经验,只能借助演绎或归纳,而若想验证④—⑥的真假,则完全可以通过调查、查证的方法。

针对帕杜切娃的定义以及语言当中确实存在的这种"限定代词在与名词组合后既可以指向有限的集合，又可以指向无限的集合"的现象，我们提出如下意见，即我们认为，帕杜切娃提出的"泛指名词性短语指向无限集合中的任一个体"的定义明显是受到了逻辑学思想的影响，而我们从事的是语言研究，集合的有限性与无限性不会从根本上改变研究的目的和结果，所以没有必要进行严格的区分。在本文中我们将视这两种情况下的名词性短语同为泛指名词性短语，换言之，我们认为，泛指名词性短语指向的是集合中的任一个体。

2 泛指名词性短语的语义与交际功能

2.1 泛指名词性短语的语义

带有 все, каждый, любой, всякий 的泛指名词性短语虽然都表达泛指意义，有时可以相互替换，但在表义上各有侧重，存在细微的语义差异。

首先，все 与其他三个代词不同，它的基本含义就是"全部"、"全体"、"所有"，而其他三个代词的基本含义是强调集合中的每一个体，是通过个体概括全体，所以当谓语表示所有主体一起行动时，不能用这三个代词。请看下面例句：

① И тогда *все животные* моментально соберутся.

到那时**所有的生物**将瞬间聚集在一起。

"聚集"这一动作需要多个主体同时完成，把句中的 все 换成 каждый, всякий, любой 都不合适，因为它们都强调个体，而个体是不能单独完成"聚集"这样的动作的。

其次，каждый, любой, всякий 虽然都是通过个别概括全体，但它们概括的侧重点和角度不同。каждый 强调集合中每一个体在质上是相同的，而 всякий, любой 则强调所涵盖的个体在质上是有差异的，见例②。特别是 всякий，华劭（1994：129）认为，它有一种附加意义，即所涵盖的每一个体，不管其性质或样式有何种区别，都具有谓词所表示的特征。当强调这一附加意义时，只能用 всякий，不能用 каждый。见例③。

② *Всякий /любой /каждый* иностранец, оказавшийся вторично в Китае, волей-неволей обратит свое внимание на те огромные перемены, которые произошли у нас за время его отсутствия.

每一个再次来到中国的外国人都自然而然地会注意到在他离开中国的这段时间内我国所发生的巨大变化。

　　从汉语译文中可以看出,三个词可以相互替换,而且替换后句子的整体意义没有改变。但需要指出的是,如果使用 каждый иностранец,这里的"外国人"指具有"外国人"基本特征的每个人,如国籍是外国的,肤色是白的或黑的,而如果使用 всякий, любой иностраец,则可能潜含这些人在性别、年龄、受教育程度等诸多方面有所差异。

　　③ *Всякая истина* прямая, а *всякая дорога* извилистая.

　　所有的道理都是直的,而**所有的路**都是弯的。

　　这里就强调"道理"虽然在内容上有差异,"道路"虽然在长短、宽窄、路面质地等方面有差异,但它们都有共同的属性"直"和"弯",所以绝对不能将这里的 всякий 替换为 каждый。

　　再次,всякий 与 любой 虽很接近(如它们都是遍指集合中每一个体,尽管这些个体在性质上有差异),但又有细微差别。华劭(1994:129)认为具有全称量词功能的 любой 在以下两点上与 всякий 不同:

　　1)带有 любой 的名词性短语的所指包括可能情景中潜存的个体,如未来将出现的、有可能出现的、某种条件下或多次反复发生的情景中出现的个体。如:

　　④ *Любая физическая теория* неполна.

　　任何物理理论都不是完备的。

　　⑤ Хороший был слесарь, открывал *любые замки*.

　　他是个出色的钳工,能打开**任何一把锁头**。

　　④中的 любая физическая теория 包含任何可能建立的物理理论,⑤中的未完成体表示多次甚至潜能意义,相当于 мог открыть, 而 любые замки 表示任何需要开的锁。

　　2)带有 любой 的名词性短语除了表示所指的个体性质上有差异之外,还有一种补充的意味,即指称那些只要有起码的条件,具备最低限度的特征,就可以划入该集合的个体。试比较:

　　⑥ *Любой старый врач* умеет угадывать чувства пациента.

　　只要是老大夫都会揣测患者的情绪。

　　⑦ *Всякий старый врач* умеет угадывать чувства пациента.

　　所有老大夫都会揣测病人的情绪。

⑧ *Любой человек знает, что волки жадны.*

是个人就知道,狼是贪婪的。

⑨ *Всякий человек знает, что волки жадны.*

尽人皆知,狼是贪婪的。

所以在下面的例句中使用 любой 较为合适:

⑩ Разве эти задачи трудные? *Любой школьник их решит.*

难道这些题很难吗?**是个中学生**就能做出来。

总结以上有关 все,каждый,любой 及 всякий 等限定代词在语义上的特点可以发现:1)它们有一个共同的特点就是遍指集合中的全部成员;2)все 自身就表"全部"、"全体"、"所有",而其他三个词是通过强调集合中的每一个体来表全体;3)каждый 强调集合中每一个体在质上是相同的,而 любой 和 всякий 则强调集合中的每个个体存在性质上的差异;4)любой 和 всякий 都带有附加意义,但前者强调其成员可以是情景中可能出现的潜存个体以及具备起码条件的个体,而后者则强调不论个体之间有怎样的差异,它们都具有谓词所表示的特征。

2.2 泛指名词性短语的交际功能

我们认为,泛指名词性短语所共同具有的遍指意义决定了它们在句子中永恒不变的交际地位——述位,因为限定代词 всякий,любой,каждый,все 的出现为句子增添了"全量"意义,而这种全量意义实际上是在与"部分"及"个体"意义产生对比。也就是说,当说出"每个孩子都是天才"这句话时,我们是在告诉受话人"不是某一个或某些,而是全部孩子都是天才",这样,"全部"就与"个别"或"部分"构成对比,所以我们会看到这些限定代词总是带有逻辑重音。而逻辑重音是对比意义的一种表达手段,对比分为聚合对比和组合对比,聚合对比往往是述位(焦点)所在,而组合对比往往是对比主位所在。"全部"与"个别"或"部分"的对比是句子内部的聚合对比,所以泛指名词性短语在句中总是作述位。

3 泛指名词性短语与汉语周遍性主语的交际功能

对泛指名词性短语交际功能的的分析使我们想到了汉语周遍性主语的交际属性。下面我们先来认识一下何为周遍性主语。

周遍性主语是周遍性主语句中的主语。根据陆俭明(1986:161—163)的定义,周遍性主语句是主语以一定的形式强调其所指具有周遍意义的一种主谓句。它分为两种:一种是通过词汇手段形成的,如用具有任指性的词"任何"来强调主语所指的周遍性(任何人都无权剥夺他人的生命);一种是通过语法手段形成的,这种周遍性主语句又分为三类:

1)主语由含有表示任指的疑问代词的名词性成分所充任的周遍性主语句,如:

① **什么人**都可以进去看看。

② **谁**都了解这个情况。

2)主语由数词"一"的数量短语所充任的周遍性主语句,这类的明显特点是只有否定形式,没有肯定形式。例如:

③ **一个人**也不休息。

④ **一件干净的**也挑不出来。

3)主语由含有量词重叠形式的名词性成分所充任的周遍性主语句,如例②是通过重叠量词"个"来强调主语所指的周遍性。再来看其他例句:

⑤ **家家**都买了彩电。

⑥ **条条大路**通北京。

陆俭明注意到了这种周遍性主语的特殊性,并从主语与话题的关系角度切入,通过举例证明周遍性主语不具备话题的形式标记得出了周遍性主语不是话题的结论。我们赞同陆先生的这一结论,但同时认为所谓的形式标记不过是一种外在的表征,能决定周遍性主语具有述题功能的根本性因素其实是它的语义:周遍意义。我们刚刚指出了,这种周遍意义是在与"个别"、"部分"进行聚合对比,正是因为这一点周遍性主语才总是带有形式上的标记——重音。不仅如此,如果我们仔细观察以上所举的例句就会发现,在这些句子的语义中除了周遍意义之外,还包含着俄语限定代词 всякий 和 любой 所具有的那些附加意义,即 всякий 表示"所涵盖的每一个体,不管其性质或样式有何种区别,都具有谓词所表示的特征",любой 表示"只要具备起码条件都可以列入相应集合"。如例①的意思就是"不管你是什么样的人,你都可以进去看看,不对你的条件加以限制";例②的意思可以是"不管这个人的年龄、性别、身份、地位、受教育程度如何,他都了解这个情况",也可以是"只要是个人就了解这个情况",具体表达何种意义要看它所处的上下文,一般在与别人争辩时常会选择后者,比如说在反驳对方的意见时,有人会说"还用你说,谁都了解这个情况"; 例③虽然是否定形式, 在俄语中不能用带有 всякий 的名词性短语来表达, 但该句中仍然具有 всякий 的那种 "不管你是谁, 你都要有谓词所表示的特征, 即不可以休息" 的意义; 例④与例③相似, 可以根据上下文作两种解释, 而例⑤更多地表达了 "不论是什么样的家庭条件, 都买了彩电" 的意思; 例⑥很像是 "条条大路通罗马" 的改写, 而 "条条大路通罗马" 这句话的俄语译文为 Все дороги ведут в Рим. 这似乎与 всякий 和 любой 没有什么关系, 但是我们认为这里之所以使用 все дороги, 而不是 всякая дорога, 主要是因为这句成语描写的是当时的真实情况, 即罗马作为当时世界上最强大的罗马帝国的中心, 交通四通八达, 从各行省到罗马都有大路相通, 非常方便。也就是说, 当时的确是 Все дороги ведут в Рим. 不过, 今天这句成语已经有了更为深刻的含义, 即 "达到目的的途径是多种多样的"。如果我们按照这层意思来翻译这句话, 那就一定要用 всякая дорога ведет в Рим. 至于 "条条大路通北京", 我们认为它同样可以有这样两种译文, 用 все дороги 主要是突出北京像当年的罗马一样四通八达, 用 всякая дорога 则彰显句子的抽象的、深层的含义。下面我们用俄语来表达以上四个肯定句, 它们分别是:

⑦ *Всякому* можно войти и посмотреть.

⑧ *Всякий* знает об этом. / *Любой* человек знает об этом.

⑨ *Всякая семья* купила цветной телевизор.

⑩ *Всякая дорога* ведет в Пекин. / *Все дороги* ведут в Пекин,

结束语

这样, 通过上文中对限定代词 всякий, все, любой, каждый 语义的分析, 一方面我们认识到不仅泛指名词性短语携带的逻辑重音来自它们的泛指意义, 而且它们的述位性也来自于它们的泛指意义; 另一方面, 我们还用这种意义从根本上解释了汉语周遍性主语句中的主语所具有的述题性, 纠正了以往根据形式标记来解释话题/述题的做法。此外, 我们还对周遍性主语句中潜含的附加意义进行了详细的分析。以上研究使我们充分认识到对比意义以及人的各类主观意义对于交际结构的重要影响。

附注

① 值得注意的是, всякий 与其他三个词不同, 它一般不用在有限集合的名词之前, 如

我们通常说 Каждый из его детей играет на рояле. 但我们不说 Всякий из его детей играет на рояле. (华劭 1994:131)

② любой 有两个义项, любой₁ 接近 всякий, 与名词组合可以表达泛指意义, 具有全称量词的功能; любой₂ 相当于 какой-нибудь, какой угодно, 指集合中可以任意选择的某一个体。

华劭(1994:137)曾举下面的例子来说明 любой₁ 与 любой₂ 在意义上的区别: Если любой угол многоугольника прямой, то это прямоугольник. 如果把 любой 理解为相当于 всякий 的 любой₁ (此时的译文为"如果多边形的每一个角都是直角, 那么这个多边形就是矩形"), 那么命题为真, 但如果理解为相当于 какой-нибудь, какой угодно 的 любой₂ (此时的译文为"如果多边形的一个角是直角, 那么这个多边形就是矩形"), 则命题为假。这种表示任意某一个的 любой₂ 不是全称量词, 而是存在量词。

③ 陆俭明认为作话题的名词性成分要具备以下形式标记: 1)话题通常不是句子自然重音的所在; 2)话题后面通常可以加"是不是"形成反复问句; 3)话题后面通常可以加上连词, 如"既然"、"如果"、"因为", 使句子成为一个分句。(陆俭明 1986: 163 - 164)

④ 在俄语中, 当含有泛指名词性短语的句子表示否定判断时, 句中的量词要由限定代词改为否定代词(华劭 1994:133), 如 На такой вопрос ответит любой ученик. /На такой вопрос не ответит никакой ученик.

参考文献

[1] Падучева Е. В. Высказывание и его соотнесенность с действительностью[M]. М., 1985.

[2] 华劭. 论名词的指称[A]. 俄语教学与研究论丛(十一)[C]. 1994.

[3] 陆俭明. 周遍性主语句及其他[J]. 中国语文, 1986 (3).

[4] 邢福义. 汉语语法三百问[M]. 北京:商务印书馆, 2003.

借鉴莫斯科语义学派的词库理论建构
汉语语义词典的描写框架

蒋本蓉

　　语义词典的建设已成为自然语言处理的基础性工作,世界各国已开发了许多大型的语义词典、词库。汉语语义词典的研发经历了不断发展变化的过程,从以人为对象、以动词词典为主到以机器为对象、系统描写名词、动词、形容词等实词语义信息的语义词典。汉语语义词典的内容与语言学理论结合得越来越紧密,描写模式也日趋合理完善,在语义分析、机器翻译、信息提取等领域发挥显著作用。但是到目前为止,没有一部语义词典能够综合地反映词的语法、语义和句法属性,这是所有汉语语义词典的一个弱点。

　　语义词典应以词的义项为单位,综合描写语法、语义和句法信息。《现代俄语详解组合词典》(Толково-комбинаторный словарь современ-ного русского языка,简称 TKC)是莫斯科语义学派"意思⇔文本"模式理论(теория лингвистических моделей «Смысл⇔Текст»)的词库,是一部以标题词义项(词项)为对象对语法、语义和句法属性进行集成描写的综合词典。本文将以汉语为例,阐述 TKC 的编写理论,借鉴 TKC 的理论和方法并结合汉语自身的特点,提出编写汉语语义词典的框架并编写词条样例。

1 TKC 的理论基础

　　莫斯科语义学派"意思⇔文本"模式理论的核心思想是"自然语言被想象为一种转换器,这种转换器能对应任何对象语的意思列出用自然语言表达的(同义)文本集合,并能对应任何对象语的文本列出它所表达的(同义)意思集合"。(И. А. Мельчук 等 1984:69) TCT 模拟人的语言能力的两个重要方面——从"意思"到"文本"的编码能力和从"文本"到

"意思"的解码能力。编码过程就是把语义元语言翻译成自然语言的过程,而解码则是将自然语言翻译成语义元语言的过程。"意思⇔文本"模式的双向转换分为 4 个基本层面:语义、句法、词法和语音。各层次间的转换都有一套规则系统——"意思⇔文本"模式的语法系统,而 TKC 是服务于这个模式转换操作的词汇信息库。

TKC 的理论基础主要是语义元语言、俄语配价理论和词汇函数理论。

1.1 TKC 的释义语言——语义元语言

莫斯科语义学派认为,元语言是被简化和标准化的对象语支语言,由相对简单的词、句法结构和词法形式构成,它们的数量比对象语的词汇总量少若干位数。在元语言中不应该有同义词和同音异义词,一个语言单位只表示一个意义,一个意义只用一个语言单位表示。元语言的词汇组成包括语义单子(семантический примитив)和过渡语义单位。

Апресян(Ю. Д. Апресян 1994:38)指出:"如果不能通过词汇语义单位 L_1, L_2……Ln 来解释词汇语义单位 L,那么词汇语义单位 L 是语义单子。"即语义单子只参与解读其他语言单位,自身不能被进一步分解为两个或两个以上其他的语义元素,如 делать, знать; объект, время; хороший, один; и, или 等。语义单子是语义元语言的基础。

过渡语义单位的语义比语义单子复杂,通过有限几个步骤的语义分解能够简化为语义单子,如 должен, пытаться 等。P прекратился(停止 P) = начался не P(开始不 P);P продолжается(继续 P) = P не прекращается(不停止 P)。在语义元语言中用英文字母 X,Y,Z,P 等表示词项的配价变项。

TKC 遵循以简释繁,避免循环诠释、系统性、全面性的原则,通过对象语语义元语言释文一方面反映某词项的语义、句法属性,另一方面展示该词项与其他词项的聚合关系。TKC 的释义是由词项本身和表示词项的语义配价变项(X,Y,Z)组成的表达式,例如,"учиться₁"的释义为"X 在某机构 W 自觉地付出努力,力求获得 Z 传授的知识或技能 Y"。(И. А. Мельчук 等 1984:917)变项 X,Y,Z,W 是"учиться₁"的语义配价,分别表示主体、直接客体、间接客体(向[按照]谁[什么]学习)、地点。释义解释的不是独立的动词"учиться₁",而是反映"учиться₁"组合关系的整个述谓表达式,即"X 在 W 向 Z 学习 Y"。这样,释义同时反映语言单位的语义、句法属性。

　　语义元语言释文为 TKC 中不同词项的相同义素保持相同释文、同类词项保持同类释文提供了保障。例如,对"学习₁"的 5 个近义词 изучать₁(研究)、учить₂(学习,背诵)、проходить₃(学习)、зубрить(死记硬背)、обучаться(学习,受教育)的释义分别为"付出努力,获得理论知识,并力求深入"、"付出努力,获得知识,并力求记住"、"付出努力,按照教学机构教学大纲的某具体部分获得知识"、"不加理解地机械学习₂"、"付出努力,系统地获得技能"。释义中有相同的义素"付出"、"努力"、"获得"、"知识"(И. А. Мельчук 1999:129)。语义元语言释文既能保证释义描写的系统性,又能使读者对近义词、反义词等的异同一目了然。

　　1.2 TKC 语义-句法结构的接口-支配模式(модель управления)—— 俄语配价理论的应用

　　莫斯科语义学派认为,语义配价是谓词语义单位(动词、形容词、部分名词等)所描写情景的必需参与者,与该谓词释义中的变项相对应。Апресян(Ю. Д. Апресян 1974:120—21)指出:"语义配价是词在句法上连接的从属词并与词的释义中每个变项一一对应,语义配价直接来源于词的词汇意义,确定词的语义配价,即确定词所表示情景参与者的数量。""语义配价"与"句法题元"(семантический актант)相对应。"句法题元是由文本中出现的与关键词在组合上具有强依存关系的主语和补语决定的。"(И. А. Мельчук 1974:135)也就是说,语义配价是深层词汇语义结构中的变元,与元语言释文中的变项(X、Y、Z 等)相对应;句法题元则是表层句法结构中的常项,由文本中实际出现的与关键词具有强依存关系的主语和补语决定。

　　TKC 采用支配模式描写被释词项的语义配价和句法题元间的关系以及限制句法题元表达方式的语法、语义条件,支配模式是描写谓词语义与句法结构的接口。支配模式体现词项的语义配价框架和每个语义配价所有可能存在的表达方法,以表格形式呈现。表格的每一个纵列是一个语义配价,而每一个横行是相应的句法题元在表层体现的一种方法。例如,"учится₁"的支配模式如表 1 所示:

表 1

1 = X［主体］	2 = Y［客体1］	3 = Z［客体2］	4 = W［处所］
1. 名词（名词短语）、代词1格	1. 名词3格 2. 动词（动词短语） 3. на + 名词4格 4. по + 名词3格	1. у + 名词2格 2. под руководст-вом + 名词2格 3. по + 名词3格	где

"学习₁"有 X、Y、Z、W 4 个语义配价。X 在表层句法结构中体现为名词（名词短语）或代词。Y 在表层句法结构中有 4 种表达方法：①表示"学习什么"：учиться музыке；②表示"学习做什么"：учиться плавать；③表示"学习成为从事某职业的人"：учиться на врача；④表示"学习某课程"：учиться по физике。Z 在表层结构中有 3 种表达方式：①表示"向（跟）某人学习"：учиться у учителя；②表示"在某人的指导下学习"：учиться под руководством профессора；③表示"按照什么学习"：учиться по книге。W 在表层中体现为表示地点的介词词组。TKC 支配模式同时体现了被释词项的语义配价和句法题元。

在支配模式的下方是"支配模式的限制"。支配模式的限制，即句法题元表达方式的限制，指的是被释词项的句法题元在语法、语义等方面兼容共现的限制条件。确定某题元 Dij 的方法为以 i 代表支配模式表中的纵列号码，j 代表横行号码。例如，"учиться₁"的支配模式限制是：

① 1.1 为动物名词。

② 2.3 为实践性、操作性强的职业。如 учиться на врача（на шофера）。

③ 2.4 的主体通常为学生，在 Y 中有评价性的补语。如 По физике он учится неплохо。

④ 3.1，3.2 只用于人。

⑤ 3.3 表示信息载体（书、电脑光盘等），3.3 可与 3.1 或 3.2 同现。

⑥ 如果 W 表示某个学校，并且 Y 和 Z 不出现，W 可以没有具体的定语，Сын учится 表示"儿子是某学校的学生"。

1.3 TKC 描写词汇组合的词汇函数理论

词汇函数是 TKC 与其他词典相比最具新意之处。"意思⇔文本"模式中用词汇函数来描写一个词项与其相关词项之间的依存关系。Мельчук（И. А. Мельчук 1999:101）指出,f 描写一个词项 X 与另一个词项或词项的集合之间的依存关系｛Yi｝＝ f(x)。f 是词汇函数的名称项,表示特定的抽象语义类型,如"同义"、"反义"、"极大特征"、"开始"等,用相应拉丁语的缩略形式 Syn,Anti,Magn,Incep 等表示。X(关键词或词组)是词汇函数 f 的自变项,｛Yi｝是词汇函数 f 的因变项。

被释词与其相关词的关系有两种——自由搭配关系和固定搭配关系。具有自由组合关系的词汇函数是常值词汇函数,从描写词汇搭配的角度看,没有描写的必要。词汇函数通常指变值函数,即反映熟语性的固定搭配关系。例如,词汇函数 Magn 表示被释词的"极大特征"(非常):крепкий ＝ Magn(чай),同样,проливной/дождь,густой/волосы,гробовой/ молчание,крепко/спать,полностью/соглашаться 等。再如,词汇函数 Oper 表示某种概括性的动作"实行":делать ＝ Oper1(вывод),оказывать/помощь,принимать/решение,вести/борьба,заниматься/исследование,совершать/ошибка,быть в/растерянность。

自然语言中熟语性搭配的数量数不胜数,但它们可以概括为几十个数量有限的函数类型,如 Syn(同义),Anti(反义),Conv(换位义),Incep(开始),Cont(继续),Fin(结束),Caus(致使),Liqu(使不存在),Ger(构词派生),Gener(上位概念),Son(典型声响)等,目前所研究的词汇函数有 70 余种。词汇函数理论以形式化方法系统、深入地揭示了词与词之间的抽象语义关系类型。

2 建构汉语语义词典的描写框架及词条试编

我们借鉴 TKC 的理论和方法,并根据汉语自身的特点对 TKC 的内容进行了补充,提出了建构汉语语义词典的框架。

2.1 汉语语义词典的描写框架

汉语语义词典(以下简称词典)总的描写原则是——以词的义项为单位,对其语法、语义、句法等属性进行综合描写。具体原则如下:

1)对被释词的拼音进行标注。声调用"1,2,3,4,5"表示,其中"5"表示轻声。例如,"希望"的拼音是"xi1wang4","儿子"的拼音是"er2zi5"。

2)用英文缩写字母标注被释词的词性。名词、动词、形容词等分别用相应的英文缩写形式表示为"n,v,a"等。

3)给出被释词的修辞特征。除了被释词本身,还要描写被释词不同义项上的同义词、反义词的修辞色彩。用(中)、(书)、(口)、(方)等分别表示中性词、书面语、口语和方言等。

4)参照《现代汉语语义词典》的分类标准,描写词的语义类别。这是对 TKC 内容的补充。被释词不同义项的语义类别可能会不同,例如,"学校$_1$"表示"教育机构",语义类别是"机构";"学校$_2$"表示"校舍",语义类别是"建筑物";"学校$_3$"表示"全体师生",语义类别是"团体"。

5)词典释义的对象不仅仅是词项本身,而是由词项和表示词项语义配价的变项(X,Y,Z)组成的表达式。例如,词典释义的不是"怕",而是"X 怕 Y"。词典采用 TKC 的释义原则对词义进行注释。

6)必要时在"注释"中给出与关键词有关的联想意义、同义词的意义辨析或百科知识。

7)词典中词项用阿拉伯数字"1,2,3"等表示,如"治疗$_1$","治疗$_2$"等;用英文字母"A,B,C"表示同形异义词,如"解决问题 A"(表示"完成事情、任务")和"解决问题 B"(表示"起作用,有效",如"这种药治疗咳嗽很解决问题")。

8)在支配模式中描写被释词的语义配价和相应句法题元的表达方法。语义配价也被称为语义角色、格关系,由于语义角色的数量及定义不统一,我们在词典中采取一种简化的处理办法。我们把语义配价概括地分为"主体"、"客体"、"方式"、"处所"、"缘由"等。

9)在支配模式中描写被释词句法题元所作的句子成分。句子成分的描写是对 TKC 内容的补充。俄语是屈折语,主要用词尾变化表示句法关系,因此 TKC 在支配模式的句法题元中标明名词短语的格形式。汉语是分析语,主要用词序、虚词表达句法关系,所以在汉语语义词典支配模式的句法题元中要标明名词短语的句法成分和必需的语法助词。汉语句子成分有固定的词序位置,标句子成分就等于标词序。

10)利用 TKC 的词汇函数理论描写汉语的熟语性固定搭配。除了词与词之间的固定搭配,词典还描写词的内部词素与词素的熟语性组合。例如,"热爱"是一个独立的词,不是词组,但"热"是表达"爱"的熟语性组合词素,表示"爱的强烈程度"(Magn)。实际上,汉语中有许多由熟语性制约关系的词素构成的词,如"执教"、"从政"、"行医"、"打工"、"经商"等词的划线部分都表示一种概括性的"实行"(Oper)。我们把组合性熟语词也纳入到词典中,必要时在句法题元表达方式的限制栏目中标出与被释词素组合的是词素,而不是词。

11)熟语的描写原则与词的描写原则相同,也以义项为单位。例如,"酒香不怕巷子深"列入"怕"的第一个义项中,表示"害怕";而"人怕出名,猪怕壮"则列入"怕"的第二个义项中,表示"对……有害"。

12)词典给出被释词使用的具体例证。例证分为两部分:第一部分是句法题元表达方式的例证,即支配模式表格给出被释词的句法题元表达方式后,词典给出具体的例子来加以说明;第二部分是词汇函数组合搭配的例证,即在给出词汇函数表达式的意义取值后,举例说明。

13)词典对部分概念的界定。限于篇幅,关于词汇函数的所有类型可参见《俄罗斯当代语义学》(张家骅 2002,2003),在此不作赘述。

有些关键词的熟语性搭配属于非标准词汇函数,没有相应的词汇函数表达符号,非标准词汇函数的意义用自然语言进行描写并用 F_1,F_2 等表示出来。例如,"没及时开始治疗"表示为 $F_1 =$ 耽误治疗,误诊$_2$。F 的下标表示非标准函数的先后次序。

本文参照生成语法的做法,支配模式表格中的名词短语包括单个的人称代词、名词;动词短语包括单个动词。

2.2 词条样例

限于篇幅,我们只以"治疗"一词为例。为了便于读者理解,对词条中出现的词汇函数在括号内用自然语言加以解释。

治疗

拼音:zhi4liao2

词性:v

修辞色彩:中性

语义类别:行为

释义:

治疗$_1$:X 用 Z 给 Y 治疗 W = X 用方法、手段 Z 作用于 Y,目的是使 Y 的疾病、外伤 W 不存在。

支配模式：

1 = X［主体］	2 = Y + W［客体 复合语义配价］		4 = Z［方式］
1. 名词短语—主语	1. 领属名词短语—宾语		1. "用 + 名词短语"—状语
2. 名词短语—主语	2. "给 + 领有名词短语"—状语（由上面的复合配价分裂）	3. 所属名词短语—宾语（由上面的复合配价"他的病"分裂）	2. "用 + 名词短语"—状语
3. "名词短语 + 治疗"—主谓谓语	4. 领属名词短语—主语		3. "用 + 名词短语"—状语

句法题元表达方式的限制：

1）表格句法题元栏中的三个纵栏表示"治疗₁"的三个句法题元框架。

2）1.1,1.2 为表人的动物名词短语。

3）患者 Y 和身体部位的疾病、外伤 W 是领属关系，在语义层面只能是一个语义配价，即复合语义配价 Y（患者）+ W（疾病、外伤），在表层，即在句法题元层面，可以分裂为不同的句法题元，也可以由一个复合题元表示。

4）2.1 = Y + W 为领属名词短语，二者是整体与部分的关系，可表示：①患者的疾病；②疾病；③患者。

5）"客体"复合语义配价可分裂为领有者和所属事物两个部分，这两个部分本文分别用"领事"/"属事"表示。

2.2 为动物名词短语，是"客体"复合语义配价分裂为"领事"对应的句法题元之一，可以说，"医生给病人（或熊猫）治疗消化不良"，不能说"﹡我们给小草治疗疾病"。

6）2.3 是"客体"复合语义配价分裂为"属事"对应的句法题元之一。

例证：

1）医生用某种药物治疗他的胃溃疡；老中医用针灸治疗关节炎；这个医生专门治疗风湿病；他只治疗危重病人。

2）医生用某种药物给病人治疗胃溃疡；医生给他治疗心脏病。

3）他的胃溃疡医生在用药物治疗。

词汇函数：

Syn（同义词）：（中）医治、诊治、医疗；（口）看病_1②、治（任何疾病都应该赶快医治；这家诊所免费为孤寡老人诊治；他没有发生过一起医疗事故；大夫没在家，他给人看病_1去了；你有病就趁早治）。

Conv（换位词，客体作句子的主语）：（中）就医、看医生；（书）就诊、求诊、求医；（口）看病_2（生病时应及时就医；你不舒服，就别来了，去看医生吧；现在很方便，病人可以到社区卫生院就医；病人因患急性肠炎到医院求诊；他到处求医，无法治愈；我到医院看病_2去）。

S_1（第1题元）：医生、大夫。

BonS_1（Bon 表示事物、行为的良好特征）：神医。

Figur BonS_1（Figur 表示隐喻）：扁鹊、华佗（这位医生简直是华佗再世）。

Anti BonS_1（Anti 表示反义）：庸医、巫医、江湖医生。

S_2（第2题元）：病人、患者（通常为人）。

S_3（第3题元）：疾病、外伤。

S_4（第4题元）：药物、疗法（如物理、化学疗法）、手段、工具等。

Sloc（处所）：医院、诊所、卫生院、保健院。

Anti Able_3（Able 表示可能性特征，3 表示第3题元——疾病的词做主语）：不治之症（艾滋病是不治之症）。

Perf（表示行为、动作的完成）：（中）治好、治愈、根治；（口）看好（医生治好了他的胃病；医生治愈了许多患者；鼻炎不能根治；大夫把我的病看好了）。

Ver（表示事物、行为应该具有的特征）：及时（幸亏医生治疗及时，病人脱离了危险）。

AntiVer：误诊_1（由于医生误诊，病人死了）。

Oper_1（表示概括性的动作"实行"，"治疗"的第1题元作句子的主语）：进行治疗（医生对患者进行治疗）。

Oper_2（表示概括性的动作"实行"，"治疗"的第2题元作句子的主语）：接受治疗（病人需要住院接受治疗）。

F_1 = 没及时开始治疗：耽误治疗、误诊_2（病人没及时就医，耽误了治疗；病人离医院很远，因而误诊_2）。

关于疾病和治疗疾病的科学：医学、兽医学。

治疗₂:Z 能(可以)治疗 W = 方法、手段、工具 Z 能够使疾病或外伤 W 不存在。

支配模式:

1 = Z[方式]	2 = W[客体]
1.名词短语——主语 2.动词短语——主语	1.名词短语——宾语

句法题元表达方式的限制:

1)1.1 是非动物名词。

2)2.1 的名词短语仅表示疾病、外伤。

例证:

1)板蓝根能治疗感冒;这种新药能治疗重感冒;针灸可以治疗耳鸣;频谱治疗仪能治疗多种疾病。

2)拔火罐能治疗腰背痛;赤脚在沙地上行走可以治疗风湿。

词汇函数:

Syn:(中)医治、消除、对……有效;(口)治。

Magn(表示"极大特征"):彻底(手术能够彻底治疗这种病)。

S_1:药物、疗法、手段、工具等。

A_1(表示"具有……特征的"):能治病的(人们发现,野菜是一种能治病的良药)。

治疗₃:Y 在 X 那里用 Z 治疗(自己的)W = Y 让职业医师 X 用 Z 治疗 Y 的疾病 W。

支配模式:

1 = Y + W[客体复合语义配价]		2 = X[主体]	3 = Z[方式]
1.领属名词短语——主语	2.所属名词短语——宾语	1.在 + 名词短语 + 那里(那儿)——状语	1.(采)用 + 名词短语——状语

句法题元表达方式的限制:

1)1.1 的领属名词短语是复合客体语义配价分裂为领事对应的句法

题元。

2)1.2 的所属名词短语是复合客体语义配价分裂为属事对应的句法题元。

例证：

1)我在张医生那里用中药治疗乙型肝炎;许多患者在我们这儿采用手术治疗近视,效果很好。

2)朋友在一位著名专家那儿治疗过敏性鼻炎;他没上课,在治疗喉炎。

词汇函数：

$S_1, S_3, S_4 = 治疗_1$ 的 S_2, S_1, S_4。

Syn：(中)接受治疗(Oper$_2$);(口)治;

(短时体)(口)治一治(我想治一治这个老毛病)。

Perf：(中)治好、治愈;(口)看好(我在一位老中医那里治好(治愈、看好)了皮肤病)。

结束语

虽然 TKC 是上世纪 80 年代出版的词典,但它融合了现代语义学和句法学的研究成果,其编纂原则和结构设置对今天的语义词典编写依然具有指导意义。本文借鉴 TKC 的理论和方法,结合汉语自身的特点,对 TKC 进行了补充,提出了编写汉语语义词典的框架。我们以词项为单位,按照 TKC 的释义原则采用对象语语义元语言进行释义,系统化、标准化地描写熟语,综合描写词的语义属性和句法属性,采用形式化的词汇函数语言描写词与词的熟语性组合,同时补充描写了词的语义类别、修辞色彩和句子成分及必需的语法助词。我们相信,本文提出的语义词典编写的新模式对汉语知识库的建设会提供新的思路。

附注

① 目前对该术语(英文 semantic primitive)有多种译法:"语义基元"、"语义原词"、"语义原语"、"语义原子"、"语义公因数"、"语义单子"、"语义原生意义"等,本文采用"语义单子"这一译法。

② "看病$_1$"的语义配价结构中已经包含"客体"——疾病,因此不能再和表示疾病的名词短语连用,例如,不能说"*大夫给人看病哮喘"。

参考文献

[1] Апресян Ю. Д. Избранные труды, том I. Лексическая семантика [M]. М., 1974.

[2] Апресян Ю. Д. О языке толкований и семантических примитивах [J]. Изв. АН СССР. Сер. Лит. и яз., 1994(4).

[3] Мельчук И. А., Жолковский А. К. Толково-комбинаторный словарь современного русского языка [Z]. Вена Wiener Slawistischer Almanach Sonderband, 1984.

[4] Мельчук И. А., Опыт теории лингвистический моделей «Смысл⇔Текст» [M]. М., 1974.

[5] Мельчук И. А. Опыт теории лингвистический моделей «Смысл⇔Текст» [M]. М., 1999.

[6] 王　惠、詹卫东、俞士汶. "现代汉语语义词典"的结构及应用 [J]. 语言文字应用,2006(1).

[7] 张家骅. 词汇函数的理论和应用 [J]. 外语学刊,2002(4).

[8] 张家骅等. 俄罗斯当代语义学 [J]. 北京:商务印书馆,2003.

试论广告语篇的语体属性[*]

杨志欣

随着市场经济的发展,广告已经成为大众传媒中最普及的一种传播手段。广告是一个极其复杂的现象,在语言学研究过程中,俄罗斯研究者曾使用过多个术语,如广告(реклама)、广告言语(рекламная речь)、广告公告(рекламное объявление)、广告通告(рекламное сообщение)等,而最近几年广泛使用的术语是广告语篇(рекламный текст),体现了研究者把广告视为一种语篇类型的倾向。例如:"广告语篇是用于介绍企业或商品等的语篇,其目的在于吸引受众的注意力,激发兴趣,使其确信广告中的商品优于其他同类商品。"(М. Н. Кожина 2003:635)然而,不同媒体播放的广告之间的差别很大,广告中包含的符号可以基本上划分为三类:语言符号、视觉符号和声音符号。在四大媒体中,只有部分刊登在报刊上的广告是由单一的语言符号构建,大多数的广告都是由包括语言符号在内的多种符号构成的综合体。那么,是否可以把任何一则广告都视为一种语篇呢?

1 语篇和广告语篇

在语篇语言学的研究过程中,关于什么是语篇,学者们的认识并不一致。К. А. Филиппов 甚至认为,在现代语言学研究中很难找到另外一个像语篇一样使用如此广泛、释义却又如此丰富的术语,可见,语篇是一个何等复杂的现象。尽管不同的语言学家对语篇的理解不同,但现在语言学界普遍接受的观点是:语篇的基本特征是关联性(связанность)和整体性(цельность)。关联性"不仅仅是、或者说主要不是个个语句或者其他话语单位之间形式上的联系,这种联系往往要反映内容上的关系"。(华劭 2003:268)语篇的整体性"和说话的意图有关,当说话人认为其意

---

* 本文为黑龙江省教育厅人文一般项目(编号 10532098)阶段性成果。

图已经实现时,连贯话语才获得这一特性"。(华劭 2003:268)不仅俄罗斯的语言学家把关联性和整体性作为区别语篇和非语篇的基本指标,例如 И. Р. Гальперин(1981),В. Б. Касевич(1988),Л. Н. Мурзина 和 А. С. Штерн(1991)等,西方的语言学文献中也把它们作为语篇的主要特征,只是常常把这两种特征合在一起统称为语篇的连贯性(когерент-ность текста),例如:de Beaugrande 和 Dressler。他们把语篇的连贯性理解为语篇不同层面上各个组成部分之间的相互关系:1)在语法层面上句子之间的相互关系(语法连贯);2)语义层面上的命题之间的相互关系(主题连贯);3)语用层面上言语行动之间的相互关系(语用连贯)。(К. А. Филиппов 2003:136)

由此可见,能否决定一个符号系列是否属于语篇的关键在于它是否具有语篇的基本特征,即关联性和整体性。我们认为,使用绝对的二元对立的形式指标来确定语篇范畴是不合适的。一个语篇是口语的还是书面的,是否是由单一的语言符号构成并不是构成语篇的决定因素。"从认知角度来看,所有的范畴都是模糊范畴。其含义有两个:1)同一个范畴的成员不是由共同特征决定的(没有哪一组特征是所有成员共有的),而是由家族相似性所决定的,即范畴成员之间总是享有某些共同特性;这样,有的成员比其他成员享有更多的共同特征,即模糊的相似性。2)既然有的成员比其他成员享有更多的共同特征,我们就可以根据其享有的共同特征来决定其成员的身份,与其他成员享有更多共性的成员为该范畴的典型的和中心的成员,即原形,其他成员为非典型成员或边缘成员。"(赵艳芳 2001:58)语篇也是一个相对的范畴,它既包含体现语篇典型特征的原型,也包含一些边缘成员。

我们认为,语篇是有特定主题、有说话人意向、有一定组织结构、通过意义联系组织起来的符号单位系列,其主要特征为关联性和整体性。语篇可以是口头的,也可以是书面的。组成语篇的符号是包含语言符号在内的任何符号形式。由单一语言符号构成的语篇在范畴中处于中心位置,而由多种符号构成的语篇属于边缘现象。在这一点上,它既不同于语言学传统中对语篇的理解,也有别于符号学中对语篇的理解。由单一的非语言符号构成的交际系列,例如:音乐作品、绘画作品、舞蹈等交际形式则不应该纳入语篇的研究范围。В. Г. Костомаров 在继承传统语篇观的同时指出,语篇的构成成分还可以包括"支持和补充语言单位的非语言表达手段"。(В. Г. Костомаров 2005：3)К. А. Филиппов 在阐释广义和狭义的语篇观时指出："广义和狭义的语篇可以理解为在研究中从语篇结构中引进或者排除与语言符号系统并存的其他符号系统,例如:姿势、表情、符号、公式或者图像等。"(К. А. Филиппов 2003：66)李战子也曾撰文指出:交际和再现意义常常需要多种符号,如图像、手势、身体语言等,语言只是众多交际模式中的一种。她把除了"文本之外,还带有图像、图表的复合话语,或者说任何有一种以上符合编码实现意义的文本"称做多模式话语。(李战子 2003：1)

任何一则广告都是以说服潜在的消费者接受自己推荐的产品为目的。有效的广告都应该符合 AIDA 原则,即吸引潜在消费者的注意力,引起其兴趣,唤起其欲望,最终促使其完成购买行动。显而易见,对广告商而言,任何广告都应该实现自己的交际意图,否则广告则是无效的。这样,广告也必然应该体现出交际的完整性。至于说关联性,当广告由标题和多个语句构成时,同其他类型的语篇一样,会体现出应有的关联性,这类广告处于语篇范畴的中心位置;当广告由一个语句组成时,关联性不是主要特征,广告处于语篇范畴中的边缘位置;当广告由多种符号单位组成时,同样属于边缘现象:构成同一个广告的语言符号、视觉符号和声音符号总是相互关联的、相互作用的,它们共同实现同一个广告主题,此时的关联性主要体现为语义上的关联。"广告在目的和实现目的的方式上的一致性决定了广告的言语、视觉和声音组成部分之间的紧密联系。因为当创建一个统一的事物时,各个部分之间不可以使用不同的语言说话,否则的话只能重蹈巴比伦塔的命运。"(Е. М. Медведева 2004：8)这样一来,我们就有理由认为:由单一的语言符号构建的广告属于在形式上最大程度符合语篇标准的语篇,处于语篇范畴的中心位置;而由多种符号构成的广告语篇,例如:电视广告、广播广告和附插图的报刊广告等,都属于语篇范畴内的非典型成员。广告语篇不能理解为仅仅是符号单位构成的线性序列。对它而言本质的特征与其说是关联性,不如说是整体性。"广告语篇是复杂的符号整体,是由各种符号单位构成的自由序列,既包括线性的,也包括非线性的,能在最大限度上符合实现主要任务的需要,即把广告产品推向市场。"(Л. Г. Фещенко 2003：28)

2 功能语体和体裁

在语言学研究中,最具影响力的语篇类型学划分是从功能修辞学的视角把语篇划分为不同的功能语体。现在被俄语界普遍采纳的是苏联科学院俄语研究所撰写的《Русский язык и советское общество》一书中的五种功能语体的划分：日常谈话语体、公文事务语体、科技语体、政论语体和文艺语体。然而，这五种功能语体仅仅是标准语中最大的功能类别，因此有时被称做宏观语体（макростиль），是一个概括性的一般范畴，其内部还应该做出进一步的划分。每一种功能语体都可以进一步划分为更加具体的"分语体的、体裁修辞言语变体（подстилевые，жанровые стилис-тическо-речевые разновидности）"，直到反映出具体的语篇。（М. Н. Кожина 2003：147）这样，对于每一个具体的语篇而言，不仅应该具有一定的宏观功能语体属性和相应的修辞属性，还同时应该体现它所属的比较具体的分语体、体裁或者其他相对具体的语篇功能类别的修辞特点。在对功能语体内部进行划分的过程中，不同的语言学家往往使用不同的概念来定义较低级别的功能类别。例如：М. Н. Кожина，Г. Я. Солга-ник 使用的是分语体（подстиль），В. В. Виноградов 使用的是言语体式（стиль речи），А. К. Панфилов 使用的是体裁情景体式（жанрово-ситу-ативной стиль）等术语。其中 Г. Я. Солганик 的分类最为详尽和直观，他通过图示形式直观地表示了功能语体内部的层次划分。（如图所示）

功能语体（функциональные стили）

↓

分语体（подстили）

↓

体裁（жанровые стили）

↓

体裁分语体（жанровые подстили ）/
体裁的语体变体（стилевые разновидности жанров）

↓

具体的语篇（конкретный текст）/
言语作品（речевое произведение）

此外，语篇的功能修辞分类是个极为复杂的现象，语体领域有着众多的相互作用、综合、过渡现象。现阶段对语体的划分还只能说是粗线条的，语言的实际情况比这要复杂得多，尽管各个语体无不具有自己的语体特征，自己的规范，拥有它特有的语言材料和手段。但是，另一方面，各个语体之间没有不可逾越的鸿沟,很多语体、分语体和体裁等都具有"多语体"特点,存在不少过渡性现象。

M. H. Кожина 运用功能语体场结构(полевая структура функцио-нального стиля)不仅很好地解释了不同语体、分语体、体裁以及语篇类型之间的交叉和过渡现象,而且使语体内部的层次划分更加清晰。她认为作为功能语体载体的所有语篇构成了一个语篇连续统(текстовой континуум)。各种语体之间不仅有等级上不同,而且还应该存在中心语体、边缘语体和过渡语体的差别。每种功能语体体现的特点都是和中心分语体和中心体裁相关,此时体现的仅仅是每个功能语体基本的修辞特点。而边缘语体和边缘体裁不仅反映所属语体的基本修辞特点外,还可以体现一些特有的附加特点。过渡语体和边缘语体的区别在于,前者和中心语体之间的联系十分微弱,体现为两种或更多语体构成的杂交语体。M. H. Кожина 以科技语体为例说明了语体的内部划分问题:书面的科学语言的主要目的是告知在科学研究中获得的新的科学信息,并且证明它的真实性,此时使用的语体属于典型的科技语体。然而,如果向一般知识储备的受众普及科学知识,或者教授这些知识的时候,尽管科技语体的主要修辞特点会保留下来,但是会在此基础上增加一些符合交际情景的特点。此时与其说是语体发生了改变,不如说是体现中心语体特征的功能语体丧失了纯粹性。这样,位于科技语体中心位置的就是纯科学语篇(例如:专题著作、学位论文、摘要、提纲等);然后是教学类文献(例如:教科书、教学资料、教学讲义等);接下来是科普文献;各种说明书和专利书同时体现科技语体和公文事务语体特征,是一种语体的过渡现象。(M. H. Кожина 2003:290 – 291)

3 广告语篇的语体属性

广告语篇的语体属性迄今为止依然是一个有争议的问题。总的来说可以归纳为政论语体说、独立语体说、混合语体说和公文事务语体说。1)政论语体说。在前苏联时期 Д. Э. Розенталь,Н. Н. Кохтев 认为广告语篇属于政论语体。他们认为,广告语篇和其他政论语体一样,都是属于大众传播,都是以实现某种观念为目。广告语篇的特点在于语篇中可以包括各种不同的语体因素,这取决于它的内容和广告语篇的受众。国内早期的俄语文献主要遵从了前苏联的观点。经过相当长时间的争论后,最近几年,俄罗斯的许多学者又开始倾向于把广告语篇视为一种政论语体。莫斯科国立大学大众传媒语言研究中心的许多学者在最近的公开发表的研究成果中,例如 М. Н. Володина(2003),基本上都把广告语篇默认为一种政论语体。2)独立语体说。Е. С. Кара-Мурза 明确指出广告语篇不可能属于政论语体。她认为:广告语篇和属于政论语体的语篇在主题和功能上有很大的区别。政论语体主要以大众熟知的事件作为语篇的主题,而广告语篇的主题是同商品、服务等相关。广告语篇的功能与其说是对潜在消费者的信息告知,不如说是影响他们的思想。她认为完全有理由把广告语篇视为一种独立的语体。Н. А. Стернин 也持类似的观点。近些年来,在国内主要期刊和专题论著中,体现出了把广告语篇视为独立语体的倾向,例如张相蕊(2003)、徐星(2002)等。3)混合语体说。持这种观点的研究者认为,广告语篇中不仅可以使用任何语言形式,而且可以使用任何语体、体裁撰写。广告语篇在语体上的这种杂交性得到了俄罗斯许多学者的认同。在此基础上 В. Ю. Липатова 提出了广告语篇是一种混合语体。但他们同时也承认,当把日常谈话语体、科技语体、公文事务语体、报刊政论语体和文艺语体引入大众传媒,它们执行的是一种新的功能。(М. Н. Кожина 2003:636)国内近些年也有学者支持这种混合语体说,例如王军元(2005)。4)公文事务语体说。О. А. Лаптева 认为广告语篇是公文事务语体的一个变体。她认为广告语篇和描写产品性质、特点的产品说明书都属于公文事务语体。只不过是,在市场经济的条件下,说明书等旧体裁适用范围受到了限制,已经失去了把产品推向市场的功能,取而代之的是一种新的体裁——广告体裁。旧体裁只是在购买后或者购买时发挥自己的功能:向已经完成购买行为的消费者说明如何使用产品,而广告语篇中则不需要把所有的产品性能都告诉潜在的消费者,广告语篇的首要任务是吸引消费者的注意力。(В. Ю. Лаптева 1997:196)

对任何语篇进行语体属性研究的时候,首先应该确定语体的划分标准。张会森说的好,应该把"语言的功能和语言所服务的社会活动领域二者相结合起来,也就是说,既要考虑功能(题旨),也要考虑实际交际领域(情景),以期更科学、更全面地解释和分析语体"。(张会森 1990:7)我们认为,广告语篇属于政论语体。主要有以下两点原因:1)政论语体的主要功能是信息功能(информативная функция)和感染功能(функция воздействия）。广告语篇的主要交际意图是通过提供相关的产品信息,引起消费者的兴趣,使其产生购买欲望,最终促进产品的销售。在一则广告语篇中,向潜在的消费者传递某种信息并不是交际的最终目的,广告语篇的主要功能是劝说消费者在众多同类产品中选择自己的产品。"广告语篇的最主要功能是感染功能。而且这种影响力应该具有最大的可能性,否则的话就不会完成它的使命。同时广告感染功能依赖于信息功能作为自己的内容基础,广告语篇的任务在于,把信息变成有效信息。"（В. Ю. Лаптева 1997：195）"广告,一方面向消费者提供购买和使用产品所需的必要信息,另一方面,通过把传递的信息和说服、说教结合起来,广告还可以对人的情感产生影响。"（Л. И. Батурина 2000：11）可见,广告语篇在交际中的主要功能也是信息功能和感染功能;2）广告语篇属于一种大众交际,它的主要交际对象是尽可能多的消费者,在交际领域上同政论语体相同。

把广告语篇视为独立语体是不合适的。近些年来比较常见的是把语言运用的社会活动领域作为语体划分的标准。"活动领域是构成语体的主要因素,正是语言所服务的活动领域不同,形成不同的选择、使用和组合语言材料的方法和系统,这个系统被语言使用者理解功能语体。"（А. Н. Кожин 1982:67）然而,活动领域不是构成语体的唯一因素,忽略了语言的功能,仅依据社会活动领域划分语体的结果会导致存在无数个语体。把广告语篇视为混合语体也是不对的,不能因为广告语篇中借用了其他各种语体的语言材料和结构框架就认为广告语篇是一种语体混合的"大杂烩"。正如 М. Н. Кожина 所说:"其他语体的手段用在报纸政论语体（政论语体）中时,都有自己的特殊功能。所以在某种程度上使用多种语体的语言材料,并不会导致语体混杂,不会破坏语体的统一体。"（白春仁1999:197）。我们知道,小说中为了生动地刻画人物,突出情节,常常会插入各种语体的片断,并不会影响它作为文艺语体的根本属性。俄语语言学界,把广告语篇归为公文事务语体的文献并不多见。我们认为这种划分语体的依据同样没有考虑到广告语篇的功能,因此也是有问题的。介绍产品性质的说明书类语篇和广告语篇的功能是不同的,因此不可能属于同一语体范畴。

"各种功能语体划分为分语体并没有统一的依据,因为它们的划分并不是建立在基本的语体特征的基础上,而是以各语体的非基础的、次要的因素为依据。"(张会森 2002:95)显而易见,选择何种因素作为划分分语体、体裁,甚至更具体的功能类别的依据完全取决于研究的视角。因此,在俄语语言学界,存在着多种对政论语体的划分方法。现在普遍被接受的观点是,政论语体在长期的发展过程中形成了相对稳定的分语体和体裁。主要有三种分语体类别:信息性分语体(информационные под-стили)、分析性分语体(аналитические подстили)和文艺性政论分语体(художественно-публицистические подстили)。信息性分语体的主要目的是告知信息,例如新闻简报、消息、短讯、采访、现场报导、报告等体裁;分析性分语体的主要特点是在描写事实的同时提出问题,并通过对问题做相应的研究和解析得出结论,例如通讯报道、专题文章、社论、评论、论说文等体裁;在文艺性政论分语体中,具体的新闻事实本身都被形象化,被排挤到次要地位,突出的是说话人想法和他对事实、事件的印象,例如随笔、小品文、抨击性文章等体裁。而且"三种分语体之间有相互联系、交叉、渗透的内容"。(白春仁 1999:196)我们认为,这种分类方法同样适用于确定广告语篇在政论语体中的位置。广告语篇的信息主要是为了说服消费者购买产品,通过一系列的事实作为说服消费者的理由。通过对可能存在的问题的进行分析,提出解决问题的方法,事实上也属于政论语体分析性分语体的一种体裁。

参考文献

[1]Батурина Л. И. Особенности восприятия рекламы в России на современном этапе (Ретроспективный анализ телевизионных рекламных клипов)[D]. М., 2000.

[2]Володина М. Н. Язык СМИ как объект междисциплинарного исследования [M]. М., 2003.

[3]Костомаров В. Г. Наш язык в действии[M]. М., 2003.

[4]Кожин А. Н., Крылова О. А.,Одинцов В. В. Функциональные типы русской речи[M]. М., 1982.

[5]Кожина М. Н. Стилистический энциклопедический словарь[Z]. М., 2003.

[6]Лаптева О. А., Претензия одного жанра на преобразование структуры современного литературного языка (о силе рекламы)[A]. Русское слово в мировой культуры Русский текст и русский дискурс сегодня[C]. СПб., 2003.

[7]Медведева Е. М., Рекламная коммуникация[M]. М., 2004.

［8］Фещенко Л. Г., Структура рекламного текста［M］. СПб., 2003.

［9］Филиппов К. А., Лингвистика текста［M］. СПб., 2003.

［10］白春仁、汪嘉斐、周圣、郭聿楷. 俄语语体研究［M］. 北京:外语教学与研究出版
社,1999.

［11］华 劭. 语言经纬［M］. 北京:商务印书馆,2003.

［12］李战子. 话语的人际意义研究［M］. 上海:上海外语教育出版社,2002.

［13］徐 星. 俄语广告语体及其词汇特点［J］. 外语研究,2002（2）.

［14］赵艳芳. 认知语言学概论［M］. 上海:上海教育出版社,2001.

［15］张会森. 修辞学通论［M］. 上海:上海外语教育出版社,2002.

［16］张相蕊. 俄语广告语言研究［D］. 上海外国语大学,2003.

词汇同义现象及其语用功能

王　玲

1 同义词和词汇同义现象

1.1 同义词和词汇同义现象的定义

对于同义词的定义,历来众说纷纭。随着对语言研究的不断深入,语言学界看法已渐趋一致。目前最普遍的一种说法是:同义词是指发音不同,意义相同或相近的词。同义词表达同一概念,但是或在意义上有细微差别或在修辞色彩等方面不同。构成同义词的可以是两个词,也可以是一组词。每组同义词中总有一最具有普遍意义的中性词作为表示此概念的基本词,而其他词则具有各自不同的修辞色彩。

显然,这一定义不能满足词汇同义现象的界定。一般说来,同义词不应该超越一种词汇系统的范围。但思维和语言不是同一现象,因此,不能把词汇同义现象的研究简单地归到同义词的研究上。我们所说的词汇同义现象研究应包括:研究不同历史时代词的同义现象;研究共同语和方言之间的同义现象,共同语中同义词的同义现象以及在一定的语言环境里,临时同义的词汇同义现象。

我们认为,词汇同义现象的主要标准应该从下面几个方面去考虑:1)应该表示同一个概念,其意义完全相同或大部分相同;2)应具备相同的语义组配结构;3)虽表示同一个概念,但含有不同的修辞色彩;4)有一些不同含义的词,在一定的上下文或其他因素作用下,其语义差别可被中和,成为同义手段。(倪波,顾柏 1991:126)最后一点是语义学和语用学不断发展的结果。

1.2 词汇同义现象的历时性特征

1.2.1 词汇同义现象的共时性特征

共时性表现为使用范围的不同,即通用语与如下范围的语汇形成同义:1)在全社会成员中间通行的语汇,如:мать — мама,жена — баба,доктор — врач 等;2)在某一地区的人们中间使用的语汇,即方言,如:петух — кочет — пеун;кузнец — коваль;3)为具有某种专业知识的人们所掌握的语汇,即术语,也包括行话和俚语:ударение — акцент,приставка — префикс;4)为社会或某些人所熟悉的外来成分,即外来语:магазин — шоп,недостатки — дефекты,ввоз — импорт。

1.2.2 词汇同义现象的共时性和历时性特征

历时性表现为使用时间的不同,即通用语与如下情况的语汇形成同义:

1)旧词逐渐消亡,新词产生,如:грядущий — будущий,жребий — судьба;2)旧词新义,如:дар — подарок;3)新旧并存,如:лавка — магазин,трактир — ресторан 等。

2 语言同义现象和言语同义现象

语言同义现象指存在于语言系统,确切说,就是词汇系统中的同义现象,而言语同义现象指语言运用过程中产生的同义现象。从同义现象的认定标准可以看出,传统意义上的同义词是语言同义现象,而在一定的上下文或其他因素作用下产生的临时同义则处于言语同义现象。

2.1 语言同义现象

语言同义现象可以划分为三类:语义同义、修辞同义、语义 修辞同义。

2.1.1 语义同义

语义同义是指意义部分重合的同义词,它们的最大特点就是语义自足,通常它们表达的是直接的称名意义,大多语义狭窄、单一,在词汇和句法搭配上无须语义的展开就能被正确理解,因此它们的同义联系相对稳定。根据意义上的细微差别,可以把语义同义词分为三类:1)概念相同,所指相同。如:языкознание 和 лингвистика;2)概念相近,所指不同。如:быстро 和 скоро 两词都表示"快",但有差别,быстро 强调"动作迅速",скоро 则着重表示"时间短促"。再如:базар 和 рынок 两个词都可以表示"集市"，базар 在表示"集市"时指按习惯定期开设的,一般设在空场,可能没什么固定设施,рынок 指进行零售贸易的摊区或棚区,一般设施较好,规模大。除此之外,рынок 用于经济学术语,指商品流通范围。二者具有不同特征。3）概念相同,程度不同。如:мокрый, влажный, сырой 这三个词都表示"湿的",但程度不同。мокрый 所含水分最多,可以挤出水来;влажный 次之,可以感到有水的痕迹;сырой 只指发潮,不干。再如:большой, огромный, громадный,它们的共同意义是"大的",但所表达的程度不同,огромный 和 громадный 是"非常大的",程度上更强。

2.1.2 修辞同义

修辞同义是指意义相同,但在语体属性和表现力等方面不同的同义词。词语的评价功能有褒义和贬义色彩,指小表爱等。如:俄语中常用 умереть, скончаться, сдохнуть 等词语表示人死亡,其中 скончаться 一词表示对值得敬重人的死亡的一种礼貌说法;сдохнуть 表示对死的憎恶的情感评价。俄语中的词缀构词法可以把一个中性词变成一组具有不同感情色彩的同义词,如:дом — домик — домище。

词语的语体属性一方面是指该词语常或只用于某一语体类别,如:术语常用于科技语体,套话常见于公文事务语体。相同的所指在不同语体中往往能指不同,如:атомобиль 多用于科技语体,而 машина 常用于日常口语语体。另一方面是指共时性和历时性特征,其比较常见的语体功能标注是方言、俚语、俗语、旧词、崇高、诗歌等,一般简单地区分为书面语色彩和口语色彩,如:очи 和 глаза。

词汇的修辞评价功能和语体功能是密切相关的。一般来说,典型的文语词(但不是所有)具有高于中立词的评价,而谈话语词具有低于中立词的评价。如:спать, дрыхнуть, почивать 这几个词都有"睡觉"的意思,спать 是个中性词,不带感情色彩;дрыхнуть 常用在口语中,含有不敬意味;почивать 表示尊敬的旧词。

2.1.3 语义-修辞同义

语义-修辞同义是指意义部分重合,评价色彩、语体属性不同的同义词。如:блести — плестись — тянуться — ползти, ,其中 блести 为基本词,指萎靡不振、无目的地慢慢走,其余几个词都是口语词,在语义上也有差别, 其中 плестись 表示由于疲惫、疾病等导致行走困难;тянуться 表示费力、用力地走；ползти 表示一个接一个慢慢走，强调行动特别慢。再如：животное —— зверюга —— животина —— скотина，жтвотное 指动物，зверюга 是俗语，指野生动物，животина 是俗语，指家畜，скотина 是口语词，集合名词，指家畜。在俄语中，语义-修辞同义词占大多数。

2.2 言语同义现象

语义学和语用学的发展在理论和实践两方面促进了同义词的研究，使同义现象的研究重心由静态的语言体系向动态的言语体系转移，由此产生了与语言体系相对应的另一个概念——言语同义词，亦称上下文同义词，它们在语中临时构成上下文关系，包括隐喻、借代、迂说等。（汪嘉斐 2001:6）应该指出，某些被大家熟知并广泛运用的隐喻、借代、迂说等表达手段，如：вечный город —— Рим，второй хлеб —— картофель，весна жизни —— юность，правая рука —— достойный помощник 等已失去言语的鲜活性，不属于言语同义现象。与词的语言意义不同，言语意义更具有流动性，不稳定性，在很大程度上受到语境和上下文的制约。我们认为，在一定的组合条件下，词的语义特征相互作用、混合，从而产生了新的，与其他词相同的联想语义。在这一过程中词语发生了语义中和、语义具体化、语义抽象化、语义转移等变化。

2.2.1 语义中和

"中和"这一术语最早出现在音位学中，是指某些位置上音位对立的消失。后来词汇-语义学领域引入了这一概念，用来指语义差别的消失。（倪波，顾柏林 1991:203）语义中和取决于词在句子中的位置，更重要的是，取决于一定的语境。词语受其所处的语言环境，它的搭配和语句结构等上下文条件制约，语义成分中，一些"潜在"的附加成素会由丁上下文、语境等外部条件而被选择、凸显出来，从次要特征转化为主要特征而发展成词的语义核心。词的这个语义核心使它与某些含义相似、外延不等的词汇或具有某些共同特征的词构成同义。例如：молчание 表示"没有人发出的声响"，但当忽略其"人说话声"的义素时，表示"静"的意义就突出出来，就与тишина 构成同义词。

在言语中经常用 "… не…, а…"，"…, а точнее,…" 等句式将两个词语变成言语同义。如：не женщина, а царица；не вошел, а влетел 等。

2.2.2 语义具体化

1) 俄语中有一些语义笼统、模糊的词，具体意义须靠一定的上下文或言语情才能确定,这些笼统词和确切词形成同义关系。

① Шутила зрелость, пела юность. （А. Твардовский.）

成年人在说笑,青年人在唱歌。

诗句中 зрелость, юность 两词原指人的成长时期,由于受上下文的影响而分别于与 взрослый человек 和 молодой человек 同义。

② Надевай шинель, *валяй*, *дуй*, *шпарь*, *беги*, к большевикам！（М. Булгаков）

穿上军大衣,来吧,跑吧,炮吧,奔吧,去找布尔什维克!

2）语义空泛的替代词与替代对象构成同义关系,如：дело, шутка, вещь, история 等,他们在形式上是名词,语义上相当于代词,并且保持了名词所有的范畴特征。这些词本身虽具有独立的词汇意义,但在言语中却语义信息量不足,只有通过一定的情景或上下文才能确定其具体意义。例如：хорошая шутка, пустая вещь 等。

2.2.3 语义抽象化

表达强烈情感的词发生概念的抽象化,其本身语义消失,与其他词构成同义关系。通常他们都是副词或加强语气词,表达说话人对言语对象极端夸大的情态意义,如：ужасно холодно 相当于 очень холодно.

2.2.4 语义转移

在俄语中,常常使用隐喻手段,来形象说明事物,喻体的转义用法使其与本体产生同义关系。如：

③ — Книжки-то *читаете*?

　　— Как-же！А ты？

　　— И я *клюю* помалу. （М. Горький）

"您读书吗?"

"当然! 那你呢?"

"我对付读点。"

3 词汇同义现象的语用功能

3.1 替换功能

同一个句子中多次重复一个词,会使语言单调,乏味,对复杂的客观情态也就不能精确地反映出来,有丰富的同义词语替换,就更能生动、惟妙惟肖地反映出千变万化的客观事物与形象。

3.1.1 语言同义词的替换

语言同义词之间可能在词义、修辞或用法上有细微语义差别,但作为连接手段可以相互替代。

④ Не знаю, кому пришла в голову *мысль* организовать физкультурный праздник. Это была смелая и оправдавшая себя *идея* (Н. Тихонов)

我不知道是谁想出来的主意来组织一个体育节,这是一个大胆而且被事实证明是正确的想法。

⑤ Земля вместе с другими планетами *вращается* вокруг Солнца, а Луна *двигается* вокруг Земли.

地球和其他星球一样围绕太阳转,而月亮绕着地球转。

⑥ Пятьсот *дней и ночей* продолжалась она (война ——作者注). Пятьсот *суток* почти беспрерывных сражений. (Н. Новиков)

战争持续了五百个日日夜夜,整整五百个昼夜的无休无止的战役。

3.1.2 言语同义词的替换

往往是用普通语汇替代专有名词,并产生年龄、亲属关系、职业、职务等附加意义。

⑦ Они и здали узнал *Анну*, *девочка* была без шапки.

他老远就认出了安娜,小姑娘没戴帽子。

⑧ У маленькой Клавы *сестра* на фронте. Клава очень гордится *Наташей*. (Н. Тихонов)

小科拉瓦的姐姐在前线,科拉瓦因为有娜塔莎姐姐而感到特别骄傲。

3.2 补充功能

为了表达一个共同的话题,有时可以连用同义词,使其在意义上互补,具有独特的修辞效果。句法上显示为同等成分。

⑨Чем хуже становилось его обстоятельство, тем *надменнее*, *неприступнее*, *высокомернее* становился он. (И. Тургенев)

他的状况越坏,他就变得越傲慢,越不可接近,越高高在上。

⑩ Жена моя *хорошая*, *славная*, — люблю тебя, мою единственную... (А. Чехов)

我的妻子很好,很可爱——我爱你,我的唯一 ……

3.3 解释功能

在词典和教科书中经常会用同义词来解释词义,在日常交际中也经常用通用词来解释方言或术语。

在《现代俄汉双解词典中》"мыза"一词是指波罗地海地区带有住宅的庄园,词典中的解释为"усадьба, хутор"。усадьба, хутор 作为 мыха 的同义词对其进行解释。

⑪ Началась *анархия*, то есть *безначалие*. (Щедрин)

开始了无领导,也就是无政府状态。

3.4 区分功能

所谓区分就是同一个意思要用不同的词汇表达出来,以适用不同的语体、对象、情感、身份、时代、地域、风格等。

3.4.1 区别不同语体

言语的场合不同,所使用的言语语汇往往有所区别。俄语中功能语体大致分为五种:科学语体对象、公文事务语体、报刊政论语体、文学语体和口语体。各种语体都有不同的特点及表达方式,如上文提到的 автомобиль 和 машина 等。

3.4.2 区分不同语义特征

同义词的每一个词都表示某一概念的细微的精确特点,含义不同的同义词可以细致地区分事物的特征、强调同一概念的差别或细微的意义色彩,在某种情况下相当于反义词的语义对立。

⑫ Почему обязательно нужно осложнять всякие ошибочки и *вопросики* и превращать их в трагические *проблемы* ? (Гладков Энергия)

为什么非得把各种各样的小错误、小问题复杂化,使之变成悲剧性的大问题呢?

⑬ Женщина *улыбнулась* и поклонилась ему. Сашка *осклабился*, вытер руку о шаровары и протянул ей. (А. Никитин)

这个女人笑了笑,向他点了个头。萨什卡咧嘴一笑,把一只手在灯笼裤上蹭了蹭伸了过去。

3.5 评价功能

词语本身具备一定的感情色彩,表达作者的心理、态度等。

⑭ У Вали глаза были светлые, добрые, широко расставленные. А у Ули глаза были большие, тёмнокарие — не глаза, а очи…(Фадеев)

瓦丽雅的眼睛很明亮,很善良,眼距很宽。而乌丽雅的眼睛是大大的,深褐色的——那不是眼睛,是明眸……

3.6 委婉功能

即迂说有些事情,人们一般不愿意直接说明白,或者出于种种考虑,有些话语不能直接说出来,常用一些相应的同义词语婉转曲折地表达出来。

俄语中 туалет 是 уборная 的委婉语,也常用 стена, учреждение 代替 тюрьма 或 лагерь, потолстеть 常用 поправиться 来表达。

3.7 修饰功能

在对同一事物进行描述时,常常用带有修饰成分的偏正词组与单个词语形成同义,使语言更加丰富生动,更具有形象性。如: солнце русской поэзии — Пушкин; синие воротники — рабочие; белые воротники — служащие; денежный мешок — богатый человек; город на воде — Венеция; город белых ночей — Санкт-Петербург; столица мировой моды — Париж, музей под открытым небом — Италия; белое золото — хлопок; степной корабль — верблюд; царь леса — лев; чёрное золото — нефть; вечный камень — гранит; король спорта — футбол; гимнастика ума — шахматы; голубой экран — телевидение 等。

正是由于同义词汇的这些功能才使得它被广泛地应用于各种语体当中,展现不同语体的修辞特点,掌握同义词汇的这些功能对于我们选词造句、组段成章非常重要。只有合理地运用同义词句,才能使得我们的语言更加丰富、细腻、生动,使我们可以更准确、更精细地描述事物和人的思想情感,使文章更确切、明了。

参考文献

[1] Словарь синонимов[Z]. М., 1975.

[2] 倪 波、顾柏林. 俄语语句同义转换——方法和手段[M]. 上海:上海译文出版社, 1991.

[3] 汪嘉斐. 同义现象的现状与前瞻[M]. 北京:外语教学与研究出版社, 2001.

[4] 现代俄汉双解词典[Z]. 北京:外语教学与研究出版社, 2000.

词汇单位多义性研究

王洪明

序言

词汇单位的多义性问题是一个语言层面的问题。它是人们为了减轻记忆的负担而使用的一种策略,是人们对世界的一种范畴化,体现了人们对世界的一种认知方式。词汇单位的多义性有利于快速地编码,却给解码带来了负担,因此,对多义性问题的研究,始终是语言研究(尤其是词汇研究)的一个重要课题。从古希腊的 Aristotle 对隐喻(体现多义性的一种方式)进行的"替换论"研究,到现在从义素分析的角度、从认知的角度对词汇单位的多义性进行的解释,说明了这一问题的重要性。对词汇单位多义性的解释可以从 Morris 使用的句法层面(我们这里指形式层面)、语义层面和语用层面(我们这里主要指"人"在词汇单位中的作用,因此,在下文中把有关认知的内容也划到了语用层面)三方面进行说明。从句法到语义再到语用这一过程,体现了对词汇单位多义性问题进行解释的整个发展过程。

1 句法层面

Morris 所说的句法学指的是符号与符号之间的关系。对词汇单位多义性的解释首先正是从语言单位之间的各种关系入手的,这同传统语言学的研究对象有关。传统的语言研究大多集中在形式层面,关注的是语言形式方面的问题,这种研究可以从 Aristotle 的"替换论"中找到痕迹。当然,Aristotle 的"替换论"是用来说明隐喻问题的,但隐喻问题却是用来解释语言单位多义性的,因而,这实质上是同一个问题。"替换论"指的是用本不该使用的语言单位 A 替换本来应该使用的语言单位 B,从而使这种替换具有隐喻的性质,而如此替换使得语言单位 A 具有了语义变体。当这种替换固定化,而隐喻也变为"死隐喻"时,语言单位 A 便具有了新的义项,从而成为多义词。

对词汇单位多义性的解释至结构主义时期有了新的变化,"替换论"被"指称论"代替 Saussure(2005:102),将符号区分为能指和所指。Ogden 和 Richards 则进一步将符号的关系解释为"语义三角",即在能指和所指的基础上再加上一个现实世界的所指对象。实质上,"语义三角"的三个元素(符号、概念、对象)并不是同一个层面的东西,"一个是符号系统,另一个是现实世界或某一可能世界"。(李锡胤 2007:18)这样,"语义三角"同"能指和所指"一样,仍旧是二元对立,只不过,前者先是在符号内部"符号和概念"之间实行一次二元对立,然后,"符号和概念"再作为一个统一的整体,与"对象"再进行一次符号与现实的二元对立。这时词汇单位的多义现象,如果从 Saussure 的角度,被看成是同一个能指对应于不同所指的情况;如果从逻辑语义学的角度,则被看成是同一个符号指称不同对象的情况。这样,词汇单位的多义性问题就从语言单位之间转入到语言单位内部中来,把对该问题的研究推向深入。

句法层面的多义性研究进一步的发展可称之为"转换论",这与 Chomsky 的"转换生成语法"以及 Fillmore 的"格语法"有关,但词汇的多义性问题并不是他们研究关注的内容。不过,他们关于深层结构和表层结构的思想有利于对词汇单位的多义性进行更进一步的说明,E. B. Падучева 就是将这一思想应用于词汇单位多义性问题研究的学者之一。

Падучева 的著作《词汇语义的动态模式》(Динамические модели в семантике лексики)可以看做她在研究词汇单位多义性的代表作。她从一组参数入手,详细分析了参数的各种变化对于词汇语义产生的影响,从而说明了词汇语义的派生机制这一问题。

Падучева 在分析词汇语义(主要针对动词)派生时使用了四个参数:分类范畴(таксономическая категория);主题类别(тематический класс);题元兑位(диатеза);情景参与者的语义属性(семантическая характеристика участников ситуации)。(E. B. Падучева 2004:28—29)

所谓分类范畴指的是诸如行为(действие)、活动(деятельность)、过程(процесс)、状态(состояние)、事件(происшествие)等动词语义类别,"其中行为和活动属于积极范畴,余者属于消极行为范畴。"(E. B. Падучева 2004:31)动词由一个行为域向另一个行为域的跨越会导致词汇语义的变化,彭玉海(2009:12)则把这种变化称为"纵向的语义游移"。

和主题类别发生关联的是"那些在词汇语义结构中占据中心位置的语义成分"。(Е. В. Падучева 2004:42)按照这种分类,可将动词分为:存在动词(бытийные глаголы)、相位动词(фазовые глаголы)、拥有动词(глаголы обладания)、物理行为动词(глаголы физического воздействия)、运动动词(глаголы движения)等。这种分类与第一个不同。分类范畴同 Vendler 给动词划分的类别相近,都是从动词体的角度和行为的积极性、非积极性角度做出的区分,而主题类别则是从语义内容这一层面做出的区分。因而同一动词可能兼属于两个语义类别,如 быть 既属于状态动词,又属于存在动词。

题元兑位指的是"动词词汇单位的语义角色(主体、客体、受话人等)和表达它们的句法成分之间的对应关系"(БЭС 1990:135),即语义题元和句法题元的一种对应关系,并且这种对应关系是一个动态的过程。语义题元是深层结构中的"语义角色",而句法题元是表层结构中的各种"格"。Chomsky 用"语义角色"和"格"这一组概念来说明深层句法向表层句法的转换问题,而 Падучева 则用以说明词汇义项的派生机制问题。Падучева 认为,语义题元和句法题元之间的对应关系如果发生变化,会导致词汇单位的语义发生相应的变化。如:① Разбойники убили крестьянина. ② Крестьянин был убит разбойниками.(Е. В. Падучева 2004:51)前者的"题元兑位"为:施事——主语,受事——直接补语。后者为:受事——主语,施事——间接补语。

情景参与者的语义属性指各种诸如施事(агенс)、受事(пациенс)、工具(инструмент)、手段(средство)等语义类别。如果情景参与者的属性发生变化,也会导致词汇单位的语义发生变化。

在这四个参数中,其他都是为"题元兑位"服务的,真正对词汇语义派生起作用的是"题元兑位",其他只是用以说明"题元兑位"是如何起作用的。尽管"题元兑位"是指语义题元和句法题元的对应关系,可其操作层面却是在句法上,因为句法是可见层次,而语义层面属于不可见层次。这样,在表层结构,所谓的"题元兑位"就表现为主语和各种补语、或补语与补语之间发生的句法位置的转变,或者说,与中心词发生组合搭配的词汇发生了变化,因而,Падучева 虽然结合了语义内容,但她更侧重从句法层面做出描述。

Падучева 对词汇单位多义性的派生机制的研究是在结合了当前语言学发展趋势的基础上做出的。如果说"指称论"已经涉及到了语义内容的话,Падучева 的这种"转换论"则已经将形式层面和内容层面紧紧地结合在了一起,她的分类范畴以及主题类别等都是语义方面的内容,而题元兑位则以语义内容为基础,从形式上入手来分析问题的。这种结合过程说明,从句法层面解释词汇多义性的一个最终结果是:走上与语义结合的道路。至此,句法层面的分析完成了一个从"替换论"的形式分析,到"指称论"的涉及语义分析,再到"转换论"的结合语义分析这样一个过程。

2 语义层面

如果说,句法层面的词汇多义性研究着重点在形式层面的话,那么,语义层面的词汇多义性研究则属于纯粹语义层面的操作。这一方面的研究是现代语义学的内容之一,表现在起源于 Katz 和 Fodor 的语义成分分析(компонентный анализ,又称为义素分析)上。(徐志民 2008:151)义素分析法效仿音位学的研究方法,期望能把词汇单位的语义切分成若干义素(сема,也叫义子),然后考察它们之间的搭配组合关系。这种分析方法典型地用于诸如官衔、亲属等有极差的词汇领域,比如用性别、辈分、系属等义素就可将亲属词汇分析殆尽。但他们仅仅是在某些具有极差的名词中使用该方法,因而大大缩小了成分分析法的使用范围,对词汇的多义性研究也没有太多的贡献。

莫斯科语义学派则将义素分析法做了很大程度的改进,从而使义素分析法重新获得了生机。为了克服原来义素分析法的种种缺陷,莫斯科语义学派采取了以下各种措施:他们将词汇单位置入题元框架中,这样,就等于给词汇单位确定了一个语境;采用一组基本的词汇单位释义,它们包括语义单子(семантический примитив)、过渡词汇语义单位和一些命题结构,其最终的释文是一个包含陈说、预设、情态框架、观察框架、动因在内的多层级的语义结构(Апресян 2004a:XLIX/张家骅 2006:130—136)。莫斯科语义学派就通过这些语义成分的各种变化来考察词汇单位的语义关系,其中就包括对词汇单位多义性现象的考察,彭玉海(2009:12)把这种从微观的角度考察词汇语义变异的方法称为"语义横向游移"。

从语义层面考察词汇单位的多义性问题是指,通过构成词汇单位的众多语义成分的变化(包括语义成分内容的变化、成分的缺失、交际位置的转变)来考察词汇语义的变化情况,其中,预设和陈说这一组对立的语义成分成为考察词汇义项派生的重要手段。

预设和陈说在语言符号的意义中是可以相互转化的,比如 надеяться (X надеется на Y)有两个很重要的语义成分:1)X 认为 Y 是可能的;2)X 认为 Y 是好的。1)和 2)的组配方式不同,便可导致 надеяться 产生不同的义项,如 1)是预设,2)是陈说,则产生"希望"的意思。若 1)是陈说,2)是预设,则产生"指望"的意思。这种对词义的分析方式,与传统的义素分析法不同,在传统的义素分析法里面,义素与义素之间的关系是合取的关系,而在莫斯科语义学派的义素分析法里,则不仅仅是合取的关系,还可能是预设/陈说的对立关系;或者是陈说/非陈说的对立关系,如 при-лететь,它一方面指出"到达"这一义素,另一方面又指出了"到达的方式"。但二者的对立不是陈说/预设的对立,而是陈说/非陈说的对立,Е. В. Падучева(2004:94)曾将这第二个成分成为限定成分(атрибутив)。预设/陈说的转换不仅可以派生一个词的不同义项,还可以派生不同的词,如上面提到的"希望"和"指望",以及"害怕"和"担心"等等。

除了预设和陈说的相互转化之外,义项派生的方式还可能是陈说变为预设,而动因变为陈说。动词完成体与未完成体所表达的不同意义(主要指尝试类动词)就是这种转化的结果,如 поймать 和 ловить,前者表示:1)努力进行某种行为;2)行为达到了结果,而后者只表示 1),不表示 2)。此外,还有一类词,它们的意义派生方式也属于这种类型,这类词预设的客体既可以是内部客体,也可以是外部客体,如:выбить,该词的意义中主要有两个语义成分:1)каузировать В перестать находиться в C-е;2)ударять по C-у Z-ом. 由于义素组合方式的不同,выбить 可分为两个义项:

выбить₁(把……敲打下来):X выбил В из С Z-ом. ① 用 Z 的方式敲打 C(预设);②使 B 停止在 C 上存在(陈说)。

выбить₂(敲打……):X выбил С Z-ом. ①用 Z 的方式敲打 C(陈说);②目的是使 B 停止在 C 上存在(动因)。(Апресян 1974:203—210)

当然,除了预设和陈说的转化之外,还可能是其他成分,比如情态框架/陈说的转换。动词 помогать(X помогает Y-у в Z-е)中包含语义成分"X 做了 Z"和"X 认为做 Z 对 Y 是有利的"。前者是 помогать 的陈说,后者是情态框架,但是,当情态框架变为 помогать 的陈说成分时,помогать

会派生出新的义项,这时陈说变成预设,句子的交际中心不再是 X 有没有做 Z,而是 Z 的出现是否对 Y 有利。此时,句子的主语多用事件名词填充,正因如此,这时的 помогать 被 Апресян 成为阐释动词(интерпрета-ционный глагол)。(Апресян 2004b:5—22)

义项的派生还可能由于义素数量的增减,其中,预设的变化表现得尤为明显,比如,汉语中的"怀疑"(X 怀疑 Y)可以分解为两个义素:1)X 认为 Y 是不好的;2)X 认为 Y 是可能的,前者为预设,后者为陈说。但当预设缺失时,动词"怀疑"可派生出新的义项,这时"怀疑"可以和表示中性的、甚至是带有正面评价色彩的命题搭配,如:我怀疑这件好事是他做的。义素成分的增减实际上是非常常见的派生词义的方式,当动词要求的主体和客体发生分类范畴的变化时,就要抹去不适应的义素成分,增添相应的义素成分,从而达到语义的和谐。

义素分析促进了词汇语义研究的微观化、纵深化,从根本上说明了词汇单位发生变化、派生新的义项的原因,为词汇单位多义性研究提供了进一步的解释和说明。

3 语用层面

语言学研究走向语用学、认知科学的研究,可说是一种必然趋势,甚至 Saussure 本人也认为应当有言语语言学的存在,只不过他认为这一学科因为包含了太多的内容而给研究带来了诸多困难。言语语言学中就应该包括对语言中"人"这一因素的研究。语言单位的多义性以及模糊性等诸多特性成为哲学发生语言学转向的一个重要原因。语言哲学流派之一的日常语言分析学派转向对语言的语用分析,成为语言语用学发展的开端,而"人类中心主义"(эгоцентрализм)这一思潮又促进了"认知科学"的诞生。无论是语用学,还是认知语言学,都强调语言中"人"的因素。自然,语用学及认知语言学等学科又对词汇单位的多义性研究起了促进作用,相应地,"人"的因素就成为词汇语义派生的主导因素,这丝毫用不着奇怪,毕竟,语言单位是为人际交际、表达思想、认知世界服务的。因此,随着认知范围的扩大、认识的加深,语言单位的意义自然会发生相应的变化。在词汇单位的多义性问题上,相较于语用学,认知语言学有更大的贡献,这尤其表现在认知科学对隐喻问题的研究上。

前面已经说过,早在古希腊 Aristotle 就对隐喻做出过研究,他认为,隐喻属于修辞学的概念,其实质在于词语的替代,"是用一个陌生的名词的替换,或者以属代种,或者以种代属,或者以种代种,或者通过类推,即比较"。(胡壮麟 2005:18)Aristotle 所说的隐喻,实际上包含现在我们所说的换喻,但二者的共同特点在于,"一个词语代替另一个词语"。(胡壮麟 2005:18)

后来,随着语言学研究的进一步发展,Aristotle 的"替代论"被"互动论"代替。"互动论"是 Richards 首先提出,由 Black, Ricoeur, Hausman 等人进一步发展的。如果说 Aristotle 的"替代论"认为作为隐喻基础的相似点是一开始就具有的,那么"互动论"则更强调这种相似点是人为创造的,这实际上就把"人"在隐喻中的作用加大了。而 Michael Reddy 则进一步指出,"隐喻的源生地是思想,不是语言。隐喻是我们对世界以普遍、常规的方法进行概念化的主要的而且不可分割的部分。我们日常的行为反映了我们对经验的隐喻性认识。那种认为隐喻只是语言的观点,是一种本末倒置的误解。"(胡壮麟 2005:64)Michael Reddy 为隐喻最终被认为是一个认知中的概念作出了贡献。

Lakoff 和 Johnson 在 Michael Reddy 等人的基础上更进一步发展了隐喻的概念,他们认为,"隐喻不是语言的表面现象,它是深层的认知机制,组织我们的思想,形成我们的判断,使语言结构化,从而有巨大的语言生成力。"(胡壮麟 2005:71)在他们看来,如果说有语言隐喻的话,也是用来反映思维隐喻的,而不是用来决定思维隐喻的。认知语言学认为,人根据自己的物质经验进一步认知未知的世界,人的身体所获得的经验构成一个认知框架,在认知未知世界的时侯,用已有的认知框架去套用。在这个过程中,往往就会用已知的词汇单位来表示新知的事物或现象,从而形成词汇单位的多义性。因此,在他们看来,作为隐喻基础的相似点"既可以是预先存在的相似点,也可以是创新的"。(胡壮麟 2005:79)这样,他们就把基本隐喻和诗性隐喻区别开来,因为诗性隐喻主要是创新的。

由此便可得出,词汇单位的多义性问题不仅仅是语言学中的问题,他还是人类用以认知世界的一种方式。词汇单位的多义性是"人"用已知的经验认知新的世界的结果,它说明人在对世界进行范畴化的过程中不是孤立地进行的,而是根据各种相似性的联想、推理,并将这一过程反映在了词汇单位中。词汇单位的多义恰恰体现了人在认知世界过程中经验的相似性。

结束语

在我们看来,句法层面(形式层面)、语义层面和语用层面并不是彼此分离的,实质上,它反映了在语言学发展的不同阶段人们关注焦点的不同,三者实际上是一个有机的整体。语用层面是人的一种认知方式,它应该是属于思维的,正如隐喻是属于思维的一样。但人的思维只能在语言中才能体现出来,这就需要各种的句法操作,自然而然就会转移到词汇单位的形式层面。通过对形式层面进行各种操作之后,最终导致的是词汇单位各组成成分发生的变化,因此,当语言研究脱离开"人"的因素进行之时,必先涉及形式方面的问题,因为形式层面是可见层面,最容易为人所关注。一旦研究走向深入,就会涉及到语义的问题,这从 Chomsky 由排除语义后又不得不考虑语义便可见一斑。可是,语义并不是一个纯粹客观的现象,而是人对世界观念化的结果,因而,语义的研究又不得不考虑"人"的因素。这与其说是研究的新发展,不如说是最终的回归,因为,"人"的因素始终伴随着语言的研究,只不过,在其发展的早期,这种联系被人为地隔离开了,词汇单位多义性的研究正是这一过程的完美体现。因此,在词汇单位进行多义性研究时,应当考虑到这三个层面,才会使这一问题的研究更加深入。

参考文献

[1]Апресян Ю. Д. Лексическая семантика[M]. М., 1974.

[2]Апресян Ю. Д. Новый объяснительный словарь синонимов русского языка [Z]. М., 2004a.

[3]Апресян Ю. Д. Интерпретационные глаголы: семантическая структура и свойства [J]. Русский язык в научном освещении, 2004b(1).

[4]Большой энциклопедический словарь. Диатеза[Z]. М., 1990.

[5]Падучева Е. В. Динамические модели в семантике лексики[M]. М., 2004.

[6]胡壮麟. 认知隐喻学[M]. 北京:北京大学出版社,2005.

[7]李锡胤. 语言词典翻译论稿[M]. 哈尔滨:黑龙江人民出版社,2007.

[8]彭玉海. 动词语义变化的多向位阐释[J]. 中国俄语教学,2009 (2).

[9]索绪尔. 普通语言学教程[M]. 北京:商务印书馆,2005.

[10]徐志民. 欧美语义学导论[M]. 上海:复旦大学出版社,2008.

[11]张家骅. 莫斯科语义学派的义素分析语言[J]. 当代语言学,2006 (2).

动物性/非动物性功能语义场浅析

李绍哲

1 动物性/非动物性功能语义场

功能语义场是研究在一个统一的系统中属于不同语言层次,但在其语义功能上联合起来的那些语言手段,即根据一定的语义范畴对语法单位和词汇"建筑"单位以及在其语义功能的共同点上相互作用的各种组合手段进行的分类。(杜桂枝 2000:65)俄罗斯语言学家 А. В. Бондарко 从功能语法理论出发,对功能语义场(функционально-семантическое поле)潜心研究,"在 Бондарко 的功能语法中,功能语义场分为 4 种主要类型,分别以谓语、主—客体、性质—数量和述谓—状态为中心"。(王铭玉 2007:61)基于这 4 种主要类型,共划分出 30 多个功能语义场,但这些功能语义场是否涵盖了所有的语义功能类型,人们还存有疑问。比如,俄罗斯功能语法学派的学者 А. П. Володин 建议,动物性/非动物性(одушевленность/неодушевленность)这一语义范畴也应当构成一个独立的功能语义场。(А. П. Володин 2001:36)本文尝试对这一功能语义场进行简要的分析。

动物性/非动物性语义范畴的意义可以通过词汇、形态、句法等手段在语言的不同层面得到表达,所以可以将动物性/非动物性作为一个独立的功能语义场来研究,考察其不同的表达手段及各种表达手段的相互作用与联系。在现代俄语中动物性/非动物性属于语法范畴,在动物性/非动物性功能语义场中这一范畴处于中心地位,正是这一范畴将其他表达动物性/非动物性的表达手段联结成一个功能语义场。

从内容结构来看,动物性/非动物性功能语义场包含两个下级场:动物性功能语义场(функционально-семантическое поле одушевленности)—"生命体(живое существо)"意义表达手段的聚合体;非动物性功能语义场(функционально-семантическое поле неодушевленности)——"非生命体(неживой предмет)"意义表达手段的聚合体。动物性功能语义场还可进一步切分为表人子场和表动物子场。

从形式化表达方式来看,动物性/非动物性功能语义场可以分为三个层次:词汇表达手段(лексические средства выражения)、形态表达手段(морфологические средства выражения)和句法表达手段(синтаксические средства выражения)。

2 动物性/非动物性的词汇表达手段

我们可以运用语义学中语义成分分析的方法将名词根据动物性/非动物性意义划分为不同的词汇语义组。"绝对动物性"(абсолютно-одушевленные)名词构成动物性功能语义场的主要成分,这组名词的语义中包含共同的语义成分"生命体",其中具有义子"人(человек)"的部分词汇属于表人子场,其余词汇属于表动物子场。"绝对非动物性"(абсолютно-неодушевленные)名词构成非动物性功能语义场,它们具有共同的语义成分——"非生命体"。

但是在词汇层面并非所有的名词都清晰地属于动物性功能语义场或非动物性功能语义场,有些名词处于两个功能语义场的交叉重叠部分,这些名词兼有表达"生命体"与"非生命体"的义子。如指称"死人"的词汇(покойник, мертвец, усопший 等)在其语义中具有包含"人"的义子,指示其属于动物性功能语义场,同时其语义中也包含"死亡","非生命体"的义子,又表明其属于非动物性功能语义场。在语义中兼有反映生命体和非生命体特征的名词构成　个词汇语义组,我们称为"过渡性词汇语义组"(промежуточные лексико-семантические группы)。

语言中将名词划分为动物名词和非动物名词是基于人们对生命体和非生命体的日常理解。我们知道,概念是思维的基本形式之一,反映客观事物的一般的、本质的特征。人类在认识过程中,把所感觉到的事物的共同特点抽出来,加以概括,就成为概念。(现代汉语词典 2005:438)科学的概念产生于专业人员对表象的有意识、专业性的分析,而我们日常生活中的概念是脱离开专业工作语境的概念,是作为语言载体的人民大众语言中的日常概念(обыденные понятия)。不难看出,名词按动物名词和非动物名词分类是以日常概念中形成生命与非生命的概念为前提,这种概念接近于"朴素"的世界图景——由语言所确定的人类对世界的主观概念——而有别于科学的现实图景。(Ю. Д. Апресян 1995:38)有关生命体的日常概念包含以下特征:生长、吸收养分、繁殖、感知外部刺激、能够自主移动、死亡以及其他物理、生理特征。

人们的主观认识对确定动物性/非动物性范畴起主导作用,因为动物性/非动物性名词不仅指称生命体/非生命体,而且还指称被想象为生命体/非生命的的事物。Л. Ельмслев 认为动物性/非动物性对立的基础是对客观现实的主观评价,"主观分类……很少以对象的物理属性为基础,反而常常以对象想象中或现实中的作用、功能、效用为基础"。(Л. Ель-мслев 1972:120)在以被想象为生命体和被想象为非生命体为对立两极的标尺上,还存在着一系列兼有生命体和非生命体特征的中间刻度,它们的存在正是基于人们思维活动的特点和人类思维的联想机制。如:已逝的生命体(мертвец, покойник, усопший 等)、想象中的生命体(русалка, леший, киборг 等)、类似生命体(кукла, пупс, валет, ферзь 等)、生命体的集合(народ, толпа, стая, стадо 等)。

在人们认识基础上反映在日常概念中的生命体/非生命体特征逐渐变成语言层面上词汇意义的结构成分,形成了名词的动物性/非动物性意义,而事物本体层面上的属性与语言层面上指称该事物的词汇的动物性/非动物性语法特征有时并不吻合,我们认为这是由于在该事物的日常概念中兼有生命体和非生命体的特征。

实际上,除名词之外,动词和形容词的意义中也包含动物性/非动物性义子,这是由于动词和形容词总是表示生命体或非生命体的行为和特征,Л. Д. Чеснокова 教授将这样的动词或形容词称之为动物性/非动物性标记词汇(одушевленно- / неодушевленно-маркированные слова)(Л. Д. Чеснокова 1987:69—75),而既可表示生命体特征又可表示非生命体特征的词汇被称为中性词汇(нейтральные слова)。

由此可见,动物性标记的动词和形容词词汇语义组也属于动物性功能语义场(дышать, болеть, умирать; пастись, читать, думать; больной, голодный, злой, сварливый, интеллигентный 等),非动物性标记的动词和形容词词汇语义组属于非动物性功能语义场(гореть, течь, испаряться, растворяться; сырой, глубокий, прогорклый 等),只是它们在各自的功能语义场中并非处于中心位置。

3 动物性/非动物性的形态表达手段

在形态层面名词的动物性/非动物性意义并不表现在变格表中存在不同的第四格形式,而是表现在变格表中复数(包括单数阳性名词)变格的两种局部对立上:动物名词变格表中第四格形式与第二格形式重合(记作 В. = Р.),而在非动物名词变格表中第四格形式与第一格形式重合(记作 В. = И.)。

在形容词结构(адъективная структура)(形容词、代名词、顺序数词和形动词)的变格中也可见到这两种局部对立,它们作为表达动物性/非动物性的补充手段,当形容词结构与不变格名词构成一致搭配时,这一补充手段成为区分名词动物性/非动物性意义的唯一形态手段。

在代名词的变格表中可以发现与动物性/非动物性相关的同音异义(омонимия)的变格形式。代名词 кто(В. = Р.)和 что(В. = И.)表现了动物性和非动物性的严格区分,人称代词 я,ты,мы,вы 指代生命体,按动物名词变格,而代词 он,она,оно,они 既可以指代生命体,又可以指代非生命体,动物性/非动物性范畴在这些代名词的形态层面上被中和:слушать товарищей — слушать их,слушать доклады — слушать их.

综上所述,在动物性/非动物性功能语义场中词汇层面和形态层面紧密相连,上述实词的词汇意义和变格形式之间有着直接的依存关系。绝对动物性词汇的变格表中第四格与第二格形式是同音异义的关系,而绝对非动物性词汇的变格表中第四格与第一格是同音异义的关系。

词汇层面和形态层面之间的关系如下表所示:

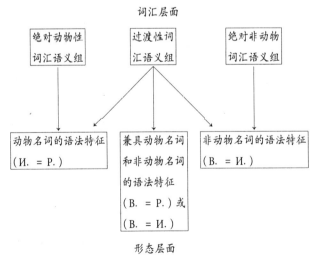

从词汇语义来看过渡性词汇语义组构成动物性功能语义场和非动物性功能语义场的交叉区域，但从形态层面来看其中少数名词只具有动物名词或非动物名词的语法特征，其成因下文略有涉及，但还需做进一步研究。就形态层面而言过渡性词汇语义组中名词第四格形式出现摇摆的词汇（В. ＝ Р. 或 В. ＝ И.）兼具动物名词和非动物名词的语法特征，构成动物性功能语义场和非动物性功能语义场的交叉区域。

4 动物性/非动物性的句法表达手段

在句法层面动物性/非动物性意义表现在名词与言语链条（речевая цепь）上的动词、形容词以及其他上下文成分的搭配特点上。反映说话人日常概念的名词的动物性/非动物性意义明显地表现在上下文中与该名词搭配的动物性/非动物性标记词汇上。名词与其上下文搭配成分之间的语义关系可以概括为三种情况：

a）上下文成分的动物性/非动物性语义与名词保持一致，并强化名词的动物性/非动物性语义；

① **Испуганный** мальчик **заплакал**.

② **Хрупкое** стекло **треснуло**.

b）上下文成分的动物性/非动物性语义与名词冲突；

③ Эх, **Пушкина** бы сейчас **почитать**!

④ Как белое **платье пело** в луче.

c）上下文成分是中性词汇，其语义无所谓动物性/非动物性，此时句法手段无法表达动物性/非动物性意义。

⑤ Исполнитель главной роли Сережа Чулков **находится** почти всё время один на пустой сцене.

⑥ Неподалёку от этого места **находится** северно-корейская ракетная база.

为了更好地阐述动物性/非动物性范畴的这种句法表达手段，下文我们分别对 a）、b）两类情况进行分析。

4.1 上下文成分的动物性/非动物性语义与名词保持一致

根据语义协调规律处于组合关系的上下文成分必须包含相同的义子（В. Г. Гак 1972：380）。绝对动物性名词与动物性标记动词搭配以及绝对非动物性名词与非动物性标记动词搭配是两种典型的常体组合模式

（例句①②），违反这两种组合模式必将导致对组合成分意义的重新解读（在4.2中阐述），过渡性词汇语义组名词的动物性/非动物性意义需要通过句法手段得到确认，我们举出三组例子来说明。

4.1.1 称名木偶、棋牌游戏中人物的名词

在儿童游戏中木偶承载着生命体的功能，儿童给木偶洗澡、梳妆，哄木偶睡觉，即对待木偶的所有行为与对待一个活生生的人一般无二。在游戏环境中把木偶当做具有生命的对象，称名木偶的名词可以与动物性标记的动词搭配，这也说明这些名词的语义中包含"类似生命"的义子，这种搭配强化了名词的动物性语义，于是 кукла 成了动物名词。

⑦ Как маленькие девочки без устали **переодевают кукол**, так и Павел часами собирал и разбирал картонные модели человека и его отдельных органов.

⑧ Эта **кукла** долго **прожила** у меня, пока кто-то случайно не разбил ее к величайшему моему（до слез）огорчению.

⑨ Посередине столик, а вокруг чинно **сидели** в своих креслах **куклы** и мишки разной величины.

我们可以在棋牌游戏中观察到类似的情景，所有的角色游戏都是某种社会关系的模拟，因此游戏中的人物（ферзь，валет，туз 等）对应于社会关系体系中的某个职位。游戏中的人物作为独立的角色相互之间存在各种不同的关系，这是游戏活动的独特之处。"国际象棋中的王后（ферзь）和扑克牌中的武士（валет）被赋予了生命，在游戏中可以独立、自主地行动"（Б. Н. Проценко 1994:67），而上下文成分又突出了这些名词的动物性语义。

⑩ Сейчас, например, черный **ферзь вынужден забраться** в самый угол.

⑪ Дальнейшее уже просто：если **король пойдет** к пешке а, **двинется** вперед **пешка**, и наоборот…

4.1.2 称名离世的人的名词

死亡的概念与人们对生命本质的理解紧密相关，因为死亡是"失去生命"，"曾经拥有生命"。需要注意的是人们早期对死亡概念的民间理解并不认为死亡是生命特征的完全丧失，人们认为死去的人还有活的灵魂，还能听会看，相信死去的人还残存某些生命形式。

мертвец，покойник，усопший 等词以"人"、"死亡"为语义成分构成词汇语义组，它们的语义中兼有生命体与无生命体的特征。名词 труп 的语义中也包含有"人"、"死亡"的语义成分，因为 труп 指"人和动物死后的身体"（С. А. Кузнецов 2000：1349），即死亡有机体的非生命的物质外壳部分。我们认为，该词的语义中无生命特征占主导地位，因为"人和动物死后的身体"引起的是人们对非生命的物质外壳的联想，而不是对包含全部生命特征、具有思维和语言活动能力的"人"的联想。正是"生命体"这一义子在联想中的缺失决定了 труп 既可用于指称死亡的人的身体，又可用于指称死亡动物的躯体，因此 труп 语义中占主导地位的是义子"非生命体"，труп 属于非动物名词，通过对俄语语料库的检索，这一点也得到确认。

名词化的词汇 усопший，умерший，покойный 可以和具有动物性标记的动词过去时形式搭配，因为它们所修饰限定的表人名词省略导致它们的语义发生改变，增添了所修饰词的部分语义成分，进而名词化。这些名词依靠处于强势地位的义子"生命体"与具有动物性标记的动词形成语义协调，如：умерший говорил，покойный верил，усопший любил 等。名词 труп 依靠处于强势地位的义子"非生命体"与具有非动物性标记的动词（разлагаться，разрушаться 等）搭配。труп 一词经常用于解剖和刑侦领域，可以与许多具有非动物性标记的动词搭配，但不能与动物性标记的动词搭配。

⑫… который убил жену и **расчленил** ее **труп** на части.

⑬ **Труп** еще не **остыл**，а тут какой-то Абатай-хан，монгольские обычаи，правила ухода за скотом…

⑭ Чем прочнее сделан гроб и чем герметичнее закрыт，тем медленнее **разрушается труп.**

⑮ *Усопший **разлагается**.

4.1.3 称名植物的名词

相对于动物和人，植物在语言的世界图景中是一种特殊的生命形式。自古以来能够自由移动被认为是生命体的典型特征之一。亚里士多德指出："在没有任何外在事物推动的情况下，我们在自身内自己使自己开始运动。在无生物界我们看不到这种情况，我们看到的总是有一个外在的它事物在推动它们，而动物则是自己推动自己。"（亚里士多德 1997：223）

在人们的意识中植物不能自主移动,没有明显可见的运动活性特征,于是人们认为植物与其他无机物一起构成世界静止不动的部分。"能够自主移动的是生命体,因而植物属于非生命体。"(В. А. Ицкович 1980:96)这样,在人们的日常概念中植物非生命的特征占主要地位,又由于自古以来人们在劳动中将植物广泛用于各种用途,都使得植物在大多数情况下被当做非生命体。

能够和表植物名词搭配的非动物性标记的动词十分广泛,如 корчевать (пилить, рубить, жечь, ломать 等) деревья; рвать (срезать) цветы; дерево трескается (горит, ломается, сохнет 等)。表植物名词主要与非动物性标记的动词搭配,表明植物名词语义中包含"非生命体"的义子,这也决定了它们语法表现形式的非动物性——第四格同第一格。

4.2 上下文成分的动物性/非动物性语义与名词冲突

在有些情况下上下文成分与名词在动物性/非动物性范畴方面语义发生冲突,常见的是动物名词与非动物性标记动词搭配或非动物名词与动物性标记动词搭配。这种搭配貌似违反了语义协调规律,表现为组合成分之间的语义与现实事物不符,但在言语中名词和动词之间的语义通过下列方法仍可达到协调。

4.2.1 动物名词 + 非动物性标记动词

通过隐喻性转义(метафорический перенос)动词由非动物性标记词汇转换为动物性标记词汇,实现语义协调,如:собеседник **вскипел**; прохожий **испарился**; **отделать** обидчика.

通过换喻性转义(метонимический перенос)动物性名词实现名词的非动物性意义,实现语义协调,如:читать **Толстого**; изучать **Гегеля**; слушать **Чайковского**.

4.2.2 非动物名词 + 动物性标记动词

动词的派生意义(производное значение)使得动词转换为派生的非动物性标记词汇,实现语义协调,如:солнце **выглянуло**; луна **спряталась**; **встают** города.

名词通过换喻性转义由非动物名词实现名词的动物性意义,达成语义协调。如:

⑯ Больше всех **скандалит** выцветшее **пальто** с собачьим воротником.

名词通过拟人（олицетворение）的方法由非动物名词实现名词的动物性意义。如：

⑰ Молодая заря **кормит жадные тучи** ячменем янтаря.

结语

动物性/非动物性功能语义场更多的是以人们的认识来分层的功能语义场，动物性/非动物性范畴是该场的核心，表现在语言的词汇、形态和句法层面上，相应的每个层面也都有动物性/非动物性意义的表达手段。

对动物性/非动物性功能语义场的研究有助于我们思考词汇意义形成的认识因素和人们对外部世界的认识在语言中的表达方式。动物性与非动物性的对立，像其他语言现象一样反映了人类思维的自我中心（эгоцентризм）定势，而语言的世界图景与科学现实不符再次反映了人的主观因素对语言的影响。

参考文献

［1］Апресян Ю. Д. Образ человека по данным языка：попытка системного описания［J］. ВЯ, 1995（1）.

［2］Володин А. П. О функционально-семантическом поле одушевленности/неодушевленности［A］. Исследования по языкознанию［C］. Санкт-Петербург, 2001.

［3］Гак В. Г. К проблеме семантической синтагматики［A］. Проблемы структурной лингвистики［C］. М., 1972.

［4］Ельмслев Л. О категориях личности-неличности и одушевленности-неодушевленности［A］. Принципы типологического анализа языков различного строя［C］. М., 1972.

［5］Ицкович В. А. Существительные одушевленные и неодушевленные в современном русском языке（норма и тенденция）［J］. ВЯ, 1980（4）.

［6］Кузнецов С. А. Большой толковый словарь русского языка［M］. Санкт-Петербург, 2000.

［7］Проценко Б. Н. Русский язык. Фонетика. Грамматика. Лексика［M］. Таганрог, 1994.

［8］Чеснокова Л. Д. Местоимения " кто", " что" и семантика одушевленности-неодушевленности в современном русском языке［A］. Русское языкознание［C］. Киев, 1987.

［9］杜桂枝. 简述 А. Б. Бондарко 的功能语义场理论［J］. 外语学刊, 2000（2）.

［10］王铭玉、于　鑫. 功能语言学［M］. 上海：上海外语教育出版社,2007.

［11］亚里士多德著. 张竹明译. 物理学［M］. 北京：商务印书馆,1997.

［12］中国社会科学院语言研究所词典编辑室. 现代汉语词典(第 5 版)［Z］. 北京：
商务印书馆,2005.

注：文中例句选自俄语国家语料库(Национальный корпус русского языка)。

俄语新闻报道语篇情态性浅探

孙　瑶

引言

"情态性"问题可以说是语言学众多课题中的长青树,自 19 世纪 60—70 年代起一直是现代语言学研究中的热门。一个多世纪以来,尽管不同时期各个流派的语言学家都对情态问题有所论述,然而至今没有得到令人信服的结论。在俄语语言学界,最广为学者们接受的观点是 1980 年语法对情态性的界定,即情态有客观、主观之分,前者是句子内容与现实的对应关系,是每个句子必须具有的范畴;后者则是说话人对所述内容的态度,是补充性言语特征,对句子来说是可有可无的。然而近年来受篇章语言学、话语分析领域发展的影响,不断有学者提出对情态范畴的理解应超越语言层面,到言语中、语篇中去把握。本文赞同这一看法,并认为以往情态研究中,主、客观情态划分的主要依据是情态表达手段,而非情态意义类型。事实上,说话人的主观性是情态范畴的核心,它是言语交际的本质属性,因而不仅是各个语句,也是各类语篇的必备范畴。

1 情态范畴的界定

在俄罗斯语言学界,概括而言,对情态范畴的理解可以分为广义的理解和狭义的理解两种。对情态持狭义理解观点的语言学家主要有 Г. В. Колшанский(1961),Г. А. Золотова(1962),В. З. Пафилов(1977),В. Н. Бондаренко(1979),Е. А. Зверева(1983)等人。(杨明天 2002:4—6)尽管上述学者在各自著述中所采用的术语不同,但总体而言他们认为情态是句子内容与现实的对应关系。他们不承认情态范畴中还包括说话人对表述内容的情感、意愿、评价等语义因素。

В. В. Виноградов 是首位对情态问题进行了广泛而深入研究的俄罗

斯语言学家,他对情态范畴的理解是广义的。B. B. Виноградов 认为俄语中的情态包括:1)说话人对语句内容与现实关系的评价,包括现实与非现实两个范畴;2)说话人对语句内容的可能性、必然性和意愿性评价;3)说话人对表述内容的确信程度;4)说话人的交际目的或意向;5)说话人在语句中表达的情感、评价意义。B. B. Виноградов 总结出的情态意义表达手段包括语调、动词的词法形式(时范畴和式范畴)、插入词语以及情态词等。(杨明天 2002:7)

Н. Ю. Шведова 和俄罗斯科学院编的 1970 年语法、1980 年语法、1989 年语法基本继承了 B. B. Виноградов 对情态性的看法,并且自 Н. Ю. Шведова 开始明确提出了将情态性划分为主观情态和客观情态两种意义。客观情态意义是每个句子都具有的,是句子内容与现实的对应关系,主要通过同质的句法手段即句法时和句法式来表达。主观情态意义则构成了句子情态性的第二个层次,表达的是说话人对所言内容的态度,它是一种附加的意义,并不是每个句子都具有的。主观情态性的表达手段庞杂多样,词序、语调、插入词语、情态语气词、特殊结构等均包括在内。

俄罗斯功能语法学派的代表人物 А. В. Бондарко 认为所有情态的语义共核为“说话人的观点”,在此基础上他区分了六种类型的情态性。它们分别是:1)说话人从现实性、非现实性的角度对语句内容的评价,用动词的时间、式的形式,以及某些连接词、语气词和其他句子构成成分表示;2)通过情态动词和其他情态词表达出来的说话人从可能性、必要性、愿望性的角度对语句情景所作的评价;3)说话人对语句的可靠程度的评价,用情态副词、插入语、还有带说明从句的主从复句(其中主句含有对从句内容的情态评价)来表示;4)说话人的目的、意向或语句的交际功能,按这一特征一切语句可分成陈述的(表报道)、疑问的(表问题)、祈使的(表要求)、愿望的(表希望)、表达手段有词法的(动词式)、句法的(句子结构)、韵律的(语调)等;5)说话人用来体现语句中所谈事物、现象、事件之间有无客观联系的肯定、否定意义,其中否定意义是标记性的,通常用语法、构词、词汇等手段表示;6)说话人对语句内容在情感上、性质上的评价,可用实词、感叹词、感叹句以及插入结构等表示。(А. В. Бондарко 1990:67—68)

应当承认,从单一的客观情态到对情态性六种类型的划分,俄罗斯学者对情态范畴的认识在不断地扩展和深化。然而,无论是从狭义的角度还是从广义的角度,上述学者对情态范畴的界定可以说仍局限于语言层面,情态意义类型的划分多少都受情态表达手段的影响。即使是像 А. В. Бондарко 这样的功能语言学领军人物也没有能够完全逃脱形式主义的思想樊篱。

2 语篇情态性的提出

情态范畴到了篇章语言学家(И. Р. Гальперин 1981;С. Г. Ильенко 1989;З. Я. Тураева 1994;Г. Я. Солганик 1984,2001;Н. С. Валгина 2004)那里,得到了进一步的发展。Солганик 将主观情态看做是言语(话语、语篇)和它的组成部分(语句)最为重要的语言学特征,正是主观情态的存在使言语构成了"语言—言语"这一动态统一体中相对独立的客体。Солганик 认为我们对世界的认识必然反映在语篇之中,每个语篇除了语义-句法结构之外,还有主观情态结构,它表现了话语主体对话语内容的态度。(王晓阳 2009:182) 这样,在 Солганик 看来,语篇情态是话语主体对所述内容的态度,是语篇必不可少的特征。

Н. С. Валгина 援引 В. Н. Мещеряков 的观点指出,情态性在语篇中会超出句子、语句的范畴,体现于语篇和言语情景层面上,此时,前景化的是作者同读者的关系,是交际行为本身。在 Валгина 看来,语篇情态性是"表现在语篇中的作者对表述内容的态度,他的见解、观点、立场,以及作者向读者所传递的价值评价体系"。(Н. С. Валгина 2004:96—97) Валгина 认为语篇中有多种表达作者态度和评价的手段,这些手段可供作者针对不同的篇章类型进行选择。

И. Р. Гальперин 于 1981 年出版的专著《作为语言学研究对象的语篇》至今被奉为篇章语言学研究方面的权威著作。我们认为,Гальперин 在本书中对语篇情态问题的论述也很经典。Гальперин 指出,情态性是任何语句都具有的特征,是言语也是交际过程的本质属性,而主观情态意义是连接句子、语句和语篇的桥梁,应对主观-评价情态作句子和语篇的划分。他认为,不同的篇章类型具有不同程度的语篇情态性。语篇情态性在诗歌语篇中体现最为明显,"可以毫不夸张地说,诗歌语篇整个浸透于情态之中,同时这种情态性并不仅仅是散落于各个语句中的情态成分之和"。(И. Р. Гальперин 1981:115)诗歌语篇的创作本身来自作者特定的态度和情感,诗歌语篇自身的存在预设了作者主观评价性因素的存在。而对于科学语篇来说,逻辑性、客观性、论据充分性是其本质属性,因而在这类语篇中没有主观情态的容身之处。尽管严谨的科学语篇作者会在论述过程中针对自己的假设不断地提出质疑,进行论证,这种科学的态度可以在某种程度上看做是作者的主观情态,但由于作者不会用明确的语言手段将之表达出来,所以这部分主观情态也只好忽略不计。

　　Гальперин 还在文学语篇中具体分析了语篇情态性的表现手段。他认为,"如果说句子情态性主要通过语法和词汇手段表达,那么对于语篇情态性来说,除此之外还有特殊的手段,如通过作者对主人公形象的塑造,对语句述位成分和相对成分的个性化划分,也可通过箴言、论断的使用以及对语篇个别部分的强调等手段来实现。"(И. Р. Гальперин 1981:115)以《战争与和平》中作者托尔斯泰对安德烈公爵形象的塑造为例,在整个性格描写过程中作者并没有使用明显的情态表达手段,可以说各语句中的主观情态性几乎为零,然而安德烈公爵性格中的高贵和伟大贯穿于作者看似平白的叙事描写中。安德烈对祖国的热爱,对亲人和朋友真挚的情感,在面临重大的人生抉择时所表现出的坚忍不拔的品格使他成为读者心目中的"正面人物"。而读者对作品主人公的喜爱与同情都是由作家的意识形态、情感和评价所引发的,是作者成功地使读者感受到了该语篇的"语篇情态性"的结果。

　　总之,语篇中作者情感、立场的表达与句子层面不同,它不局限于某种特定的手段。整个语篇的修饰语、比较、限定成分等细节因素汇集起来,在特定语篇语境中,取得了近似的意义,形成一个语义磁场,来共同表达作者的主观情态。Гальперин 认为对这些具体的表达手段进行归纳、总结,并将之系统化当是篇章语言学家、语篇分析者的重要任务。(参见 И. Р. Гальперин 1981:113—123)

　　综上所述,在俄罗斯篇章语言学家看来,话语主体或作者主观性的存在构成了从句子主观情态向语篇情态扩张的出发点。尽管有的学者对某些语类(新闻、科技)中的语篇情态性仍持保留态度,但情态性应作为语篇研究中的一个重要范畴这一点似乎已经得到了大多数学者的承认,这是情态问题研究中的一个重要里程碑。

3 情态意义与情态表达的区分

　　语言是人类思维、表达情感和进行社会交往的工具,它是人们做事的手段,因此必然能够反映出说话人与受话人之间的社会地位和亲疏关系,和说话人对周围事物和所发生事件的态度和评价。对于人来说,语言不仅可以用来表达事物,而且也用来表现人类自身。说话人在说出一段话的同时往往不知不觉地表达了自身的态度和立场。社会性是语言的本质属性之一,人类语言之所以产生是因为人在改造自然和社会的过程中产生了某种交际的需要,人们说话总是出于一定的交际目的和意图,并且也希望通过言语交际来达到特定交际效果。因此,不包含说话人的认知、情感、意愿等语义因素的言语没有产生的必要,在现实中也是不可能存在的。

华劭教授在《关于语句意思的组成模块》一文中曾将语句中的情态范畴分为三类:M_1 客观情态;M_2 主观情态;M_3 交际意向或态式。他同时指出,这三种情态都是由说话人所确定的,从而也只能在言语中才能够实现。(华劭 1998:5)

根据以上所述,我们认为以往语言学家们所划分的各个层级的情态性虽然看上去各不相同,但它们具有根本的共同点,即运用各种形式手段对说话人意义进行表达,说话人的主观性因素其实是被划分成各种类型的情态意义的语义共核,是每个语句所必有的。只是在有的语句中这种情态意义通过显性的情态表达手段(情态词、专门的句法结构、语调、词序等)物化在语句中,从而能成为语言学家们辨别情态性存在的客观依据。而在有的语句中(传统上认为只有客观情态性的语句中),说话人的主观性是以隐含的方式出现的,造成的印象是说话人不动声色地在一旁客观地做着评论,甚至可以说我们感觉说话人已隐身退去,只剩下一个听似权威的声音在做描述。此时我们可以联想到新闻报道语篇、科学语篇这类从语体特征上看应是完全"冷静、公正、客观"的语类,这些语篇也出自具有一定意识形态、交际意图的作者,那么它们是真的是完全不具备任何情态呢,还是作者成功地利用语言将其主观性隐藏了起来,以使我们将语篇中的全部内容当做是客观世界中自然存在的东西来全盘接受呢?

在以往的语言学研究中,结构主义和形式主义思想长期占据着主导地位,语言学家们更注重的是对语言形式的研究,意义则是形式研究的补充内容,并且多数学者都认为语言表达形式与意义之间是一一对应的关系,因而也导致了没有专门用形式化的手段表达出来的那部分情态意义长期被忽略不计,所以像①Девочка умна. ② Отец сердится. (例句转引自杨明天 2002:11）这样没有专门的形式手段来表达说话人主观思想的语句被认为"客观地"表达了命题，"如实地"反映了客观现实片段，语句意义中不包含说话人主观语义因素。事实上，抛开说话人在不同情景下可以用以上句子分别表达赞扬、警告、威胁等主观意图外，即使说话人的目的只是描述客观事实，以上各句所表示的最多也只是在说话人头脑中所"折射"出来的世界，受说话人意识形态、价值体系等认知因素影响。很有可能说话人认为是真实的，而在现实中却并非如此。这也就是说，所有的语句都来自一定的说话人，因此也都涂上了一层说话人的主观色彩，只要言语存在，说话人的主观情态意义也必然存在，因而对于任何语类的语篇来说，情态性都应是其必然的范畴。

正如 McCarthy 所指出的，"情态是话语产生的一个基本条件，所有信息都选择一定程度的情态，哪怕中性的直陈也是一种选择。"（McCarthy 1991:85）这样，如果我们将情态意义与情态表达区分开来，有关情态问题的争议似乎将变得更加容易解决。情态意义是语句中表达的说话人的主观意义，包括说话人的认知因素、情感因素和意向性因素，是构成交际中话语的每个语句所必须具备的语义构成成分。而言语中表达情态意义的各种情态手段则是一个相对开放的系统，其中有在语言中已经语法化了的句法时和句法式范畴，以及专门的句法结构；有已经词汇化了的情态动词、情态语气词、感叹词；以及语言中的韵律性手段，如重音和语调等。此外，还包括大量没有在语言中固定下来的情态意义的潜在性表达手段，如词汇的选择和活用，呼语的使用，箴言、熟语、直接与间接引语的使用，修饰语、对比、反复性修辞手段等等。

4 俄语新闻报道语篇情态性例析

李战子认为，"从最广义上看，情态可以看做是说话人、作者对所交流信息的姿态。在大多数话语中是一个普遍存在的特征，传统上从句法-语义途径理解情态，着重考虑情态词的形式和意义，这无疑是重要的，但到了语篇层次，就更需研究广义的那些可以表示确定性、疑问、承诺、漠然、必要性、道义等情态功能的手段。"（李战子 2002:80）

在功能语言学家看来，语篇是语言的基本意义单位。它是"一个任何长度的、语义完整的口语或书面语段落"。（Halliday & Hasan 2007：1）"语篇不是由句子组成的，而是由句子体现的"。（Н. С. Валгина 2004：

11）作为本质上不同于句子的语篇，其意义不是组成它的各个句子意义之和，语义整体性是语篇的本质属性。同样，语篇的情态也不是散落在语篇中的各语句中的情态成分的总和。因此，在考察语篇情态性时，我们要着重结合作者或发话人的交际意图，将散落在语篇各部分中的情态成素组织在一起，进行整体上的分析。

根据作者主观性在语篇中是否有明显的语言手段来表达，我们可以将语篇情态性分为隐性表达和显性表达两种。也就是说作者或发话人既可以运用语言明确地表明自己的意见，同样也可以把自己的观点隐藏起来，使话语听起来客观自然、真实可信。这里我们以两篇分别摘自 www. vesti. ru 和 www. xinhuanet. com 上的新闻为例，对俄语新闻报道语篇的情态性进行简要分析。

Олимпиада：еще три медали

Каждая победа российской сборной на Олимпиаде в Пекине приобретает не только спортивное, но и колоссальное психологическое значение. Безусловно, спорт — вне политики, но, начав боевые действия в день открытия Олимпийских игр, Грузия сама расставила акценты.

Первые медали российской сборной традиционно принесли стрелки. Воскресенье снова началось с «серебра» — Наталья Падерина из Ижевска была второй в стрельбе из пневматического пистолета. Дистанция — 10 метров.

由于本文篇幅较长，这里只取了前两段内容。全文记述了俄罗斯国家队在北京奥运会开幕两天后取得的奖牌情况，文章标题为：《奥运会——又是三块奖牌》。然而作者在刚一开篇却提到了俄罗斯和格鲁吉亚的军事冲突，将体育运动与政治联系在了一起。接下来才逐渐进入了主题，报道了比赛过程和奖牌得主的一些情况。从文中各句与主题的关系来看，前两句似乎有些跑题，然而事实上正是此处的这一插笔浓缩了全文作者的情感，鲜明地体现了俄罗斯报社和文章作者本人捍卫国家利益、彰显民族荣誉的态度和立场。此外，我们认为文章情态性还集中体现在由 еще три медали — каждая победа — колоссальное значение — традиционно 等一系列褒义词组成的"情态语义链"上。在本文这一特定语境中，语气词"еще"，名词"победа"，形容词"колоссальное"，副词"традиционно"都表达了本该由情态词表达的作者立场和评价,使文中作者的情感在语篇不同之处交相呼应,相互加强,构成了我们把握文章整体情态意义的语言依据。

Китай почтил память погибших в результате землетрясения в Сычуань 3-минутным молчанием

Начиная с сегодняшнего дня в Китае 3 дня будут чтить память погибших в результате мощного землетрясения в провинции Сычуань (Юго-Западный Китай).

Ранним утром тысячи пекинцев и гостей города собрались на центральной площади столицы Тяньаньмэнь и увидели, как был приспущен государственный флаг КНР. Перед входами в Дом народных собраний, правительственную резиденцию «Чжуннаньхай» и другие учреждения в знак траура были также приспущены флаги.

В связи с мощным землетрясением 12 мая в уезде Вэньчуань / пров. Сычуань, Юго-Западный Китай/ Госсовет КНР объявил 19—21 мая днями общенационального траура.

По решению Госсовета КНР сегодня в 14:28 все граждане страны почтят память погибших.

В эти минуты автомобили, поезда и суда дадут гудки, раздастся сигнал противовоздушной тревоги.

Оргкомитет Пекинской Олимпиады объявил о прекращении на 3 дня эстафеты Олимпийского огня в восточных районах страны.

Заголовки сегодняшних газет напечатаны в черном цвете, цвет заголовков статей на главных страницах веб-сайтов тоже черный.

По состоянию на 19 мая, количество погибших в результате землетрясения превысило 32 тыс. человек.

这篇新闻报道了"5·12"汶川大地震发生三天后全国上下为地震中遇难同胞举行的悼念活动。整个语篇都是直陈语气,文中大部分句子用过去时表明文章是记述事实,全文没有出现一个情态词或感叹词,也没有专门的用来表达主观情态性的句法结构。总之,从语篇符号表层来看,本文作者的情感倾向应该是完全没有表露的。然而事实上,仔细分析我们会发现本文标题《中国进行三分钟默哀,悼念四川地震中遇难同胞》,这句话就像一根红线贯穿于全文,作者利用 Китай — в Китае — КНР — Китай — КНР;почтил память — чтить память — почтят память;погибших — погибших — погибших — погибших;землетрясения — землетрясения — землетрясением — землетрясения;3-минутным молчанием — траура — траура 5 条词汇衔接形成的语义链突出强调了全文的主旨,通过描写上至国务院、各党政机关,下至每一中国公民,从奥运组委会到社会媒体为逝者所举行的一系列悼念活动,体现了包括作者本人在内的全国人民对灾区遇难同胞的深切悼念,表达了所有中国人对地震给灾区人民造成的灾难都感同身受的心情。这里通过表面不带感情的报道,作者以看似完全客观的视角全面地表述了地震发生后全国上下、社会各界对遇难同胞的深切悼念之情,这里的描写可以说将整个语篇的情态表达得"无声胜有声"。

结语

Gee 说,当我们说话或写作时,我们总是对"世界"采取一个特定的看法。(Gee 2000:2)作为语言本质属性的社会性和话语自身产生的条件决定了任何语句乃至语篇都要体现其创作者的意识形态体系,即具有情态意义。传统语言学研究着重从词汇、语法角度理解情态,这无疑对于我们认识情态范畴起到过非常重要的作用。但我们也应该看到,把情态表达形式和情态意义等同起来,或用表达形式和意义互为定义,是以往情态研究的一大误区。语言系统为表达意义提供了多种手段。一方面,说话人可以通过显性的语言手段来突出自己的态度和评价;另一方面,出于多种原因,作者或发话人也会将自己的态度和看法隐藏起来,使话语看起来客观公正,让人乐于接受。对于语篇这一语义整体来说,其情态意义的表达手段极其丰富,但总体而言,我们可以将之分为显性的表达和隐性的表达两种。前者较易识别,而后者表达形式不固定,不易为读者察觉,它们常常同表达语篇概念意义的词汇、语法手段相混合。在俄语语言学研究中,И. Р. Гальперин、Г. Я. Солганик 、Н. С. Валгина 等篇章语言学家都曾对语篇情态性问题有所论述,但主要分析的是文学语篇,对于广告、科技、新闻报道等语类的语篇来说,语篇情态性问题还是一个少人问津的领域。本文只是作者在学习过程中对这一问题的一点体会,限于时间和水平,文中片面与疏漏之处在所难免,在今后的学习和研究中,我们将在这方面继续努力。

参考文献

[1] Бондарко А. В. Теория функциональной грамматики // Темпоральность · Модальность[M]. М., 1990.

[2] Валгина Н. С. Теория текста[M]. М., 2004.

[3] Гальперин И. Р. Текст как объект лингвистического исследования [M]. М., 1981.

[4] Солганик Г. Я. Стилистика текста[M]. М., 2001.

[5] Gee, James Paul. *An Introduction to Discourse Analysis*: *Theory and Method*[M]. Foreign Language Teaching and Research Press & Routledge, 2000.

[6] Halliday & Hasan. *Cohesion in English*[M]. 张德禄等译. 北京:外语教学与研究出版社,2007.

[7] McCarthy, M. *Discourse Anylysis for Language Teachers*[M]. Cambridge UP, 1991.

[8] 华 劭. 语言经纬[M]. 北京:商务印书馆, 2005.

[9] 华 劭. 关于语句意思的组成模块[J]. 外语学刊, 1998 (4).

[10] 李战子. 话语的人际意义研究[M]. 上海:外语教育与研究出版社, 2002.

[11] 李战子. 从语气、情态到评价[J]. 外语研究, 2005 (6).

[12] 李 杰. 情态的表达与意识形态的体现[A]. 功能语言学的理论与应用[C]. 北京:高等教育出版社,2005.

[13] 沈家煊. 语言的"主观性"和"主观化"[J]. 外语教学与研究, 2001 (4).

[14] 王铭玉、于 鑫. 功能语言学[M]. 上海:上海外语教育出版社, 2007.

[15] 王晓阳. 语言的自我中心成分及其文本解释[D]. 黑龙江大学, 2009.

[16] 杨明天. 俄语主观情态的语用研究[M]. 上海:上海外语教育出版社, 2002.

文 学

豪门外的沉思

（俄）H. A. 涅克拉索夫 著　李锡胤 译

看眼前这豪宅：
阿谀成性的人群，
节日里奔走干谒，
兴冲冲赶到门口，
兴冲冲签名留帖；
忙转身打道回府，
带着满腔喜悦——
算尽了每日的天职！
在平常日子里
这儿也不断车尘马迹：
有的人来寻找机会，
有的人跑一官半职；
有的是世交遗孀，
有的已须发如雪。
一清早川流不息。
得宠者——心满意得，
遭白眼——伤心哭泣。

有一次我亲眼目睹：
豪门口来几个乡民，
朝教堂做完祷告，
低垂头远处站定。
"行行好，放我们进门！"

低声下气,苦楚的表情。
门丁瞧:这帮人满身晦气——
瘦削的面庞,蜡黄的胳臂,
不合身的土布外衣,
佝偻的背上布囊一只,
腿上血泡,脖上斜挂十字,
草鞋是自家编织。
(一看就明白:
都来自穷山恶水!)
院里有人吆喝:"撵走!
老爷可不接待穷小子!"
大门砰地紧闭。
老乡们愣了片时,
解开放盘缠的腰包……
可钱少谁看得起!
老乡们摊臂叹息,
叫一声:"我的上帝!"
无奈离去,顾不得骄阳如炙。
尽我目力所及,
光着头渐渐消失……

豪门深院的主子
此刻还在黑甜乡里……
你把阿谀奉承、
吃喝玩乐当做平生大事!
猛醒吧,回头是岸:
快把穷苦人请进院里,
帮助他们,替他们设身处地。
无奈福中人听不进善良主意……
上天的雷霆你不害怕,
世上的特权你一手把持;

而穷人们告诉无门，
一肚子难以倾吐的心事。

穷人的悲痛你不同情，
穷人的生死你不关心。
穷奢极侈的生活，
早教你麻木不仁。
不是吗？你把"为民造福"
看做一纸空文。
管他呢！你尽享受人世洪福。
随心所欲，直到寿终正寝。
在恬静的安乐窝里，
度过你幸福的桑榆晚景。
你仰躺在西西里诱人的天宇下，
头上是万绿浓荫；
耀眼的阳光映入海面，
把水波染成黄金——
轻浪吹奏柔和的催眠曲，
伴着你婴儿般闭目养神。
贴身照料——有你的亲人
（虽然她们内心盼你早日归阴）。
终于你一棺附身——
家人们为你操办弥撒，
追荐你在天之灵。
从此后你才与世无争……
尽管背地里万人咒骂，
讣闻上依然是"千古仪型"！

说真的，我们何苦为了穷人
去得罪大人先生？
倒不如就在愚氓身上泄愤！

心安理得……无所顾忌，
尽可以放胆开心。
不妨让穷哥儿们受着点儿——
也合乎弱肉强食的天心……
何况他们也认命：
在茅店酒铺，在车马往来的大道旁，
他们舍得花仅有的一个卢布，
买片刻醉中乾坤！
然后蹒跚上路，乞讨呻吟。
他们呻吟……啊，祖国母亲！
我不曾知道：在什么地方，
你的播种者，供养之人，
俄罗斯农民不再呻吟？
他们呻吟在田野间，大路上；
他们呻吟在牢房内，在囚堡底层；
在矿坑深处，铁链系颈；
他们呻吟在烘谷房内，稻禾垛边，
在露天的板车底下宿夜安身。
呻吟在萧条四壁的木屋内，
无颜到神圣的阳光下见人；
呻吟在每一个荒僻的小镇里，
在法庭台阶下，冷落的小径。
你到伏尔加河畔去听，
是谁在大河沿岸呻吟？
这声音我们叫做"号子"——
是纤夫们背纤的呼喊声！……
伏尔加，伏尔加！
每到春泛，你淹没田畴，澎湃奔腾，
也凶不过弥漫大地、窒息人民的悲愤——
哪儿有老百姓，那儿就有呻吟……
唉，我的乡亲们！

你将充满活力,从此觉醒?
或是一如既往:
醉生梦死,听天由命,
竭尽你全力所能,
一声声如泣如诉地呻吟? ……

果戈理的别样"现实主义"及成因*

金亚娜

俄罗斯的文学批评界认为,在果戈理的文学生涯中,有两个人起着十分重要的作用,那就是普希金和别林斯基。普希金"把果戈理培养成了人"(С. Г. Бочаров 2008:3),而别林斯基把果戈理的形象确定为现实主义者(С. Г. Бочаров 2008:4),后来评论界又把他的创作方法说成"批判现实主义"。人们受到这种文学批评的影响,总要把果戈理的创作往现实主义上拉。

其实,许多俄国文学评论家都反对把果戈理的创作方法看做为现实主义的。别尔嘉耶夫就认为,"果戈理的创作方法是最不应该称为现实主义的,与其说果戈理是用现实主义的方法在创作,毋宁说他在做一种实验:把有机的现实整体分为几个部分和几个层面,揭示出一些对俄国和俄国人特别重要的东西,某种精神病症和痼疾,它们是无论用何种外在的社会改革或革命都医治不好的。"(Н. А. Бердяев 1991:254)梅列日科夫斯基在《果戈理的命运》中说,果戈理像安徒生童话里的主人公一样,眼睛里掉进了魔镜的碎片。而В. В. 罗扎诺夫在《论理解》一书中把果戈理归入了"艺术家-心理学家"的行列,认为这类人"永远是病人,他的精神开始低落,失去了心理生活的完整性,虽然尚未开始发疯"。(Б. В. Соколов 2007:8)В. В. 纳博科夫则认为,在俄罗斯众多果戈理研究论著中,有一些十分荒唐的观点,诸如说"果戈理是沙皇俄国的'写生式'作家",或者"果戈理是现实主义者",抑或"果戈理是与农奴制和官僚主义斗争的伟大战士","果戈理是俄罗斯的狄更斯"等。(В. В. Набоков 1998:134)研究者 А. В. 米哈依洛夫在《自己文学时代的果戈理》一文中说,果戈理

---

* 本文为黑龙江大学俄语语言文学研究中心教育部重大课题"俄罗斯文学中彼得堡的现代神话意蕴"(项目批号为07JJD751081)的阶段性成果。

的现实是"自己存在的形象,但仅仅是包含着改变的形象,这是准备向理想转变的现实"。(В. А. Воропаев 2009:97)也就是说,果戈理笔下的现实是他虚构出来向理想化转变的所谓"现实"。

类似的评论多得不胜枚举。然而,由于果戈理是一位讽刺喜剧大师,又具有极强的宗教意识和神秘主义思维,他的作品给人更深的印象是光怪陆离的奇幻世界,充满了荒谬和怪诞,字里行间不时传出魔鬼的笑声。为了把这些特点与现实主义联系起来,有人就称这种写法为"幻想现实主义",或"魔幻现实主义。"这种概括有一定的道理,但并不是果戈理创作的全部方法,更确切地说,不是体现作家后期创作本质特征的最主要创作方法。

在多种多样的评论中,笔者以为,别尔嘉耶夫的看法很有借鉴价值。这主要是指他关于果戈理把有机的现实整体分为几个部分和几个层面,以便揭示出俄国和俄国人的某种精神病症和痼疾等看法。实际上,果戈理从他较早期的创作(如《密尔格罗德》和《彼得堡故事》)起,就把现实生活分成了两大部分:人外在的现实生活和内在的灵魂的生活。所谓"外在的现实生活",又包含着多个层面,诸如神话、宗教、神秘主义(魔法和奇迹等)、民间传说和民间故事及历史和现实社会生活等层面;而"内在的灵魂的生活"则包括人的智性和理性、人的自我意识、思想、意志和行为的动因;灵魂从外界接受的各种精神力量——神赐的力量和魔鬼的诱惑力;灵魂在其影响下朝向善或恶的发展,以及神赐带来的平静、纯洁、感动、宁静与心灵的和谐和魔鬼的诱惑带来的心绪混乱、沮丧、欲望、不坚定等。而其中果戈理潜心探索的是受上帝引领的善的灵魂和受魔鬼诱惑的恶的灵魂的争斗和互相转化等问题。而灵魂救赎的问题越到后来越为作家所关注。由于果戈理的创作一直受到民间文学的影响,构思都不像陀思妥耶夫斯基和列夫·托尔斯泰那样复杂、曲折,情节线索比较单一,而且,他也不长于做心理描写和心理分析,灵魂深处的奥秘主要是靠作品中酷似真实的虚构的细节来揭示。如果说果戈理在创作中总是致力以求细节的真实和对生活的自然描写,这是因为果戈理认为,若是没有细节的真实读者就不会接受作品的内容,而且这里也有灵修文学的影响。白银时代的造诣非凡的哲学家、象征主义大师和文学评论家维亚切斯拉夫·伊万诺夫在研究象征主义文学时,提出并确证了"宗教现实主义象征主义"的概念。果戈理的作品中虽然有大量象征主义因素,但他并不是象征主义作家。所以，在此，我们仅借用"宗教现实主义"的概念，因为它所指的是对宗教理念中的神秘现实的关注，即对经验可以感知的世界的现实现象背后的精神"本体"世界的关注，这与果戈理创作的特点正相吻合，他所要探索和表现的正是感觉不到和理性所不能认识、只能通过神启来认识的世界。

实际上，果戈理对乌克兰和俄国社会并没有多么深入的了解，在早期的文学创作过程中，他经常给母亲和妹妹写信，让他们给收集创作素材，包括民间传说、生活习俗、礼仪、服饰等等。到彼得堡以后，他对俄国社会的了解就更少了，即使是篇名为《彼得堡故事》的小说集，荒诞的、幻想的、魔法感的音调依然很强。实话说来，果戈理根本也没想更多地了解彼得堡的社会，他在那里共生活了7年，对社会生活的了解远不如从普希金等人的作品中来得多。而且，他非得到罗马去才能写出关于俄国的作品来，因为他讨厌俄罗斯人，心想：俄罗斯要是没有俄罗斯人那该会是什么样的天堂(Анри Труайя 2004：229)！他甚至认为能死在罗马是最好的命运(Анри Труайя 2004：249)。众所周知，他的所谓"批判现实主义"代表作《钦差大臣》和《死魂灵》的题材都是向普希金索要的，根本不是他自己探索社会生活后的发现。在罗马创作《死魂灵》时，一方面，他几乎走遍了整个欧洲，为自己的创作收集材料。他得出了一个结论：世界性的信仰的遗失主要来自于西方，他在《死魂灵》中所要描述的正是这一点，所以他说，这部作品的对象绝不是一个省和几个丑陋的地主，也不是赋予他们的那些恶德，他更为关注的是拯救灵魂的主题；另一方面，他频频让俄国的朋友给他提供写作的材料，要他们把所见所闻每天用一小时给他记录下来。这提示我们：果戈理十分缺少生活基础，他是在从"无"创造生活。他的想象无须有现实生活作为依据，这也正是他的天才的表现。由于果戈理受乌克兰民间文化的影响很深，一开始便形成了迷宫式的思考方式，天生秉有独特的喜剧家的幽默和艺术灵感，十分善于无比生动地描绘各种"被迷彩遮蔽的"似人非人的魔鬼形象，并通过它们以极大的穿透力击中了人性和社会的弱点及邪恶方面，使他笔下极为荒诞的幻想或魔幻世界从而获取了严酷的真实性和现实意义。这种巨大的艺术冲击力掩盖了作家对现实生活了解的不足，人们更为他艺术世界的怪诞图景所吸引，至于它的深层内涵是什么，远不是那么一目了然，也不太为人们所深究。如Д. И. 奇热夫斯基所说："读者在读果戈理的作品时常常发现不了这些作品的'思想纲领',正如听'标题音乐'的人大多听不出作曲家用美妙声音表达的'标题'一样。"(К. В. Мочульский 1995:6)

如果我们在读果戈理的作品时,略微有一点神学意识,那么就不难发现,在果戈理一生的创作中始终贯穿着一种东西,那就是与宗教信仰密切相关的作家的思考。他与革命民主主义者的立场相对而立,主张通过东正教的信仰使俄罗斯人走上神圣光明之路,实现俄国的精神复兴。所以,从作家总的思想倾向和创作主旨而论,都与他的宗教思想探索密切相关,都是他本人在神性、人性、魔鬼性之间挣扎的产物,只不过是早期创作中宗教性的内容外在的生活描写居多,当然也涉及到民族的东正教的信仰。主要的意图是通过抨击主人公在生活中所表现出来的的缺点和社会恶德而使人们产生净化灵魂的意识,自觉地向上帝靠近,尚未达到后期创作的对灵魂深处隐秘的东西的探索。

作家早期的作品虽然大多是写一些民间的故事和传说,带有浓重的多神教和民间宗教的印迹,但其中已经蕴含了博大的东正教精神,体现出民族意识中的东正教信仰根本理念。

《塔拉斯·布尔巴》中感人至深的也正是果戈理极力要在作品中表现的宗教心理,或者说是东正教的灵魂深处的东西。哥萨克们拼命捍卫的是他们的崇高信仰,这种信仰不仅仅是对上帝的无限忠诚,其突出的表现如奥斯塔普临刑时的表现和他的心理,令读者想到耶稣被钉上十字架前在客西马尼园祈祷时的情形;还有对伙伴精神(товарищество),即群体精神(соборность)的忠诚,这正是俄罗斯东正教理念的一个殊为重要的组成部分。这种群体精神深入到每一个哥萨克的心灵之中,成为他们奋战、献身和牺牲的灵魂深处的信念和不可动摇的意志,这是一种小俄罗斯宗教信仰的真实写照。诚然,在他们的完全非理性的信仰中还有许多直接违背东正教教规的地方,尤其是他们完全不遵守任何约言,没有丝毫禁欲主义的行为规范,嗜酒成性,十分残忍,像一群脱缰的野马和洪水猛兽。然而,无论小说中历史时空的无序还是场面的混乱,都遮盖不住他们灵魂深处发出的清晰而强劲的声音——誓死捍卫东正教信仰。

《彼得堡故事》中有一些作品在表现宗教思想方面也很有代表性,《肖像》(1835,1842)就是其中的一部。初读这篇小说时,印象最深的是小说中充满的魔法感和肖像画中人物的魔鬼性,很为这种恶的可怕穿透力而震撼,这里真有一种如别尔嘉耶夫所说的,能杀死人的东西。这种直感并没有错,果戈理确实十分善长写魔法和魔鬼,因为他是一位"地狱艺术家",眼睛里总是看到魔鬼,"第一个魔鬼伴随了果戈理一生的创作。当他想甩掉这个魔鬼时,他已经什么伟大作品都创作不出来了"。(Б. В. Соколов 2007 : 11)他创作的精彩的奥秘在于此,悲剧也在于此。《肖像》有两个很不相同的版本。第一个版本发表于1835年,它的社会主题占据着主导地位。第二个版本发表于1842年的《现代人》杂志上,虽然篇名依旧,但作品的思想和气氛已大不相同,如作者自己所说,只剩下了"原小说的主要情节线索","一切都按照这一主题线索重新编织了"。(Юрий Манн 1996 : 367)第二个版本告诉读者,作为一位画家,无论他具有什么样闪光的天才,如果他自己没有高尚的精神境界和纯洁的灵魂,就注定画不出好作品,甚至会使画笔成为魔鬼的工具,画出把人引向邪路抑或给人造成灾难的画来。《肖像》中的画家所画的高利贷者的肖像情形即是如此,它似乎具有魔法的力量,像是受到了魔鬼的诅咒,给每一位拥有这幅画的人都带来了祸患和不幸。画家意识到这是因为他自己的灵魂缺少高尚和圣洁,于是他决定到修道院里去过苦行修道士的生活,以净化和提升自己的灵魂。于是,画家开始了一丝不苟的苦修,甚至隐遁到荒野之中,不住地祈祷,历尽了非常人所能忍受的苦难,做出了只有在圣徒传中才能看到的自我牺牲。他这样苦修了几年以后,开始为修道院作《耶稣的降生》这幅命题画。一年以后他大功告成了——果真画出了一幅极其神圣的奇妙杰作,所有看到这幅画的人都被画中人物的圣洁所感动,修士们甚至不由自主地跪倒在画的面前。小说中所描写的一切表明:画家的画笔受到了上帝神圣崇高力量的引领,画作非凡的崇高而感人的力量正由此而来。这正是作家所要表现的核心思想——艺术创作的奥秘在于艺术家的灵魂的渗透,纯洁高尚的灵魂会使卑贱的事物变得崇高。实际上,这部作品暗示出了作家必须经历的禁欲主义道德净化之路,这可以说是19世纪40年代初期果戈理精神生活追求及人生道路选择的纲领。

作者的另一部所谓"批判现实主义"小说《外套》(1835)所表达的思想远不是表面理解的那样单纯,它也是朝向人心灵深处的奥秘的作品。(В. В. Набоков 1998 : 130)

反复阅读小说,就会发现,诚然,作品是有批判彼得堡社会的冷酷无情和等级制的明显倾向,但这并非作者的锋芒所向。对这部作品 Г. П. 马科戈年柯曾从宗教的观点进行过评论,指出,主人公阿卡基·阿卡基耶维奇的形象构思源自于圣徒传,其原型为圣徒阿卡基。这个名字来自希腊语,是"不怀恶意"的意思。阿卡基·西纳伊斯基是一位十分凶狠的长老的门徒,受尽了精神和肉体的折磨,但他默默地忍受了一切。他的隐忍和善良使神赐从天而降,上帝解救了他,让他摆脱了苦难。Г. П. 马科戈年柯认为果戈理在《外套》中要表现的正是这种圣徒的忍受苦难的精神和能够得到的神赐。但这种评论并不能令人信服,因为小说中根本看不到主人公身上与圣徒在信仰方面有什么共同之处,相反,作者所要揭示的更可能是另一种现象——人本性的追求和欲望的真实性与普遍性。小官吏的卑微心理、灵魂的藐小和空虚、爱和信仰的缺失等,都是这类人的灵魂深处的写照。看似值得深受同情的小官吏的灵魂,受着一种荒诞却又不可违背的力量的驱使,为了一点点物质的满足去拼命挣扎。可见,他的心灵像一片荒漠,充满了黑暗。依照东正教的观念,这样的灵魂不经过忏悔没有得到上帝拯救的希望。与这种观念相一致,巴施马奇金在死后灵魂也不会上天堂,反而化做鬼魂以抢掠外套的方式对人们进行疯狂的报复。这里实际上隐藏着人心灵的深层奥秘:如果人的灵魂中充满了物欲,对上帝之光是封闭的,即使他的处境再困苦、再值得同情,最终他也只能是处在黑暗之中,灵魂永远要受撒旦的控制。这是东正教的普遍宗教真理,也是宗教生活的一种别具一格的真实。

　　至于《钦差大臣》(1836)这部讽刺喜剧,作者最初的写作动机十分明确:他只是想写一部引人发笑的剧作,否则他便无法生活下去。而在具体的构思过程中,果戈理逐渐深化了对喜剧的意义和作用的认识,发现了"笑"的审美作用力十分巨大,它会让人感到恐惧,令人感到无地自容。由于《钦差大臣》的题材具有极强的社会批判性,直接揭露官吏的腐败、贪污、受贿及对平民百姓的欺压,所以,人们自然从这个角度来认识它。而果戈理要告诉读者的是,贪污受贿几乎成了官吏的天性中的一个部分,完全成为无自觉意识的自然行为,所以,这也是一类人的一种原罪。而促使人们受诱惑去犯罪的就是魔鬼,官吏做坏事正是"鬼使神差",魔鬼在冥冥之中起作用。所以果戈理所憎恶的并不是这些贪官污吏,而是社会的恶习,它来自于人的原罪,来自于魔鬼。喜剧的作者试图通过对这些丑恶行为的嘲笑使人们认识到这种罪过的严重性,进而弃恶从善。1842 年果戈理为这个剧本加上了一个题词:"脸歪莫怪镜子"。这个题词与圣经中的福音书有着内在的联系,果戈理的同时代人都知道这一点。圣徒吉洪·扎顿斯基说:"基督徒们! 当今时代子民的镜子是什么,就是福音书和基督的圣传。他们照这面镜子,以校正自己的躯体,清除脸上的污垢,我们也把这面洁净的镜子放在我们灵魂的眼睛面前,用它来照一照,看我们的人生是否仿效了基督的圣传。"(В. А. Воропаев 2009:11)这种把福音书视为镜子的宗教观在东正教的意识中早就牢固地存在,无人不知。此外,剧本结尾处真正的钦差大臣要到来所引起的官吏的恐惧,已经远远超出了对从彼得堡来的沙皇钦差的恐惧,而上升为对上帝的末日审判的恐惧。可见,市长和他的下属已经意识到了自己的罪恶,知道自己必将受到严厉的审判。

В. И. 涅米罗维奇·丹钦科指出,《钦差大臣》的最主要的情节推动因素是恐惧。正是恐惧使市长和其他官吏失去了理智和判断力,把赫列斯达科夫当成了国家要员,而赫列斯达科夫完全是一个只有空壳的小魔鬼。Ю. М. 洛特曼指出,赫列斯达科夫说谎的基础是"对自己无限的蔑视,因此,说谎让他陶醉,在臆想出来的世界里他可以不再是自己,摆脱开自己,成为另一个人,把第一人称和第三人称换个位置,因为他本人深信不疑,真正令人感兴趣的可能是'他',而不是'我'。这使赫列斯达科夫的吹牛具有一种自我确证的病态性质……"(Б. В. Соколов 2007:202—203)他之所以顺水推舟地把自己吹嘘成为一个自己也不知道是什么样的大人物,是因为他在灵魂深处追求着另一种人生,这是他人格分裂的一种自然显现。实际上,他的灵魂与果戈理笔下的其他死魂灵毫无二致,最终连他自己都在谎言中"蒸发"了。而真正的魔鬼是诱惑者撒旦,是它诱使市长和其他官吏受贿、偷窃和欺骗。

喜剧结尾处出现的天意是以宪兵来表现的尘世和上帝的惩罚的报信者(Б. В. Соколов 2007:170)。作恶的人最终必然要受到上帝的严厉审判和惩罚,这是永恒的宗教真理。果戈理认为,喜剧的真正教育意义在于,观众也应该与剧中人一起嘲笑自己的恶德和缺点,正如他在《喜剧演出后散场记》(1836,1842)中通过先生乙的口所说:"没有深刻的内心忏悔,没有基督式的原罪意识,没有在自己的眼中夸大原罪,我们就无力超越它们,无力在心灵中超越生活中的渺小事物!"(果戈理 1999:[5]373)而在果戈理的《钦差大臣的结局》(1846)之中,他一针见血地指出:"无论怎么说,但是那个在棺材门口等着我们的钦差大臣是可怕的,这个钦差大臣就是我们觉醒了的良心。它让我们睁开眼睛忽然一下子窥见了我们自己。"（О. А. Платонов 2004：248）果戈理在此后的创作中一直有一种自觉的意识——对俄罗斯全民进行基督教的教育,要使人们的灵魂得到净化。在后期的创作中,诸如《与友人书简选》、《祈祷仪式沉思录》(1845—)和《死魂灵》的第二部,他更是全神贯注地去发掘人冠冕堂皇或卑鄙无耻的行为背后的灵魂奥秘,他在这样做时自己的整个身心都沉浸在教父哲学和宁静主义的教理之中。

所谓教父,指的是对东方基督教神学进行诠释的人,他们之中许多人都持有宁静主义教派的观点。简言之,宁静主义是拜占庭的神秘主义思潮,也是东正教的一个教派,产生于4—7世纪,后来在14世纪又得到了复兴。它实际上是一种苦行修道的宗教学说,提倡禁欲主义、祈祷和"净心"苦修。它的最核心理念是通过禁欲、静默和祈祷来净化灵魂,见证上帝。为此,许多宁静主义教派信徒选择到修道院或荒漠中去过寒微的苦行修道生活,"以便剥下自我欺瞒的层层虚饰,从而寻回真正的自我"。(野村汤史 2006：12)宁静主义者渴望寻找的"是他们在基督里的真正的自我"。(野村汤史 2006：134)他们一切奋斗的最直接目标,是得到一颗"清心",好使他们能清晰而无阻隔地观照心灵的真实状态。

从19世纪40年代起,果戈理就一直执着地追随拜占庭教父哲学中宁静主义的传统,他的目的是通过灵魂教育获取心灵深处的自我牺牲,为此他给自己建构了一个自我完善的精神阶梯,它显然源自于圣约翰·克利马修斯的《通向天国的阶梯》(《Лествица»)。克利马修斯(579—649)是西奈山的圣叶卡捷琳娜修道院的院长,他的这部著作对东方基督教整个世界影响甚大,胜过圣经和祈祷书以外的任何宗教经典。(Варфоломей 2008：360)梯子这个形象的源头是圣经,在圣经《创世纪》第28章的第10—17节中就提到了联结天和地的梯子。这里的阶梯在东正教教父的著述中是道德提升的形象体现,这种形象众人皆知。果戈理在他最早的作品《五月的夜》中就提到过这个联结上天和人世的梯子(果戈理 1983〔1〕65)。约翰·克利马修斯的书中共有30个阶梯,人们拾阶而上,就能走进天国的大门。书的结构体现着精神上升的原则——前23阶的内容是罪,后7阶的内容是美德。果戈理非常认真地研究了这个梯子,而且他临终前所说的话就是"梯子,快点拿梯子来!"(В. А. Воропаев 2009：5)果戈理既然下定了决心要把灵魂教育进行到底,他必然要遵从福音圣训和圣者的教诲。他开始按宁静主义隐修士的修道原则来鼓励自己。他果真取得了灵魂提升的飞跃进展,在1842年6月26日给茹科夫斯基的信中说:"虽然我现在站在我要上的阶梯的最下面几层,但是上天的力量能够帮助我爬上它的顶端。我的心灵应该比高山上的雪更清洁,比天空更明朗,只有那时我才能够有力量建功立业,开创伟大的事业,只有那时才能够解开我的存在之谜。"(果戈理1999:[8]248)

除《通向天国的阶梯》而外,对于果戈理禁欲主义理想的确立和灵魂教育起极大促进作用的还有一些宗教著作,诸如阿索斯的尼科季姆的《向善》(«Добротолюбие»)、圣约翰·兹拉托乌斯特的《对福音书编者马太的谈话》(«Беседы на евангелиста Матфея»)、英诺肯季主教的《希腊罗斯教会祈祷书历史述评》(«Историческое обозрение богослужебных книг грекороссийской церкви»)以及基辅洞窟修道院的教父传等。(В. М. Гуминский 2007:22)其中,《向善》的作者尼科季姆收集了从大安东尼时代(250—356)到14世纪的宁静主义教派的神学著述。19世纪宗教复兴的产生与这部著作很有关系。《向善》汇集了关于祈祷和沉默之道的著述和文献,它为教徒指出,灵魂的平安只有靠顺服和弃绝私利才能获取,而顺服和弃绝私利就意味着丢弃高傲、欲望、利己的愿望和接受美德——无私、慷慨和爱;内心的平安能够给周围所有的人带来宁静。《向善》中说:"当你发现自己沉默无语时,你同时就获得了上帝和整个宇宙。"(Варфоломей 2008:327)可见东方基督教是多么尊崇沉默和宁静。

倾尽全力刻苦攻读这些神学著作的结果是,果戈理完全陷入了一种思想:要写好《死魂灵》这部史诗的后半部,写得像《神曲》那样伟大,他自己必须把灵魂教育得像圣徒一样高尚、圣洁。隐修主义者的生活深深地吸引着他,教父的神秘主义神学主宰着他,他每天都用很多时间来祈祷,以求实现灵魂与上帝的合一。他在19世纪40年代撰写的《祈祷仪式沉思录》(«Размышления о божественной Литургии»)(未完成)和《与友人书简选》都十分具体地反映出他的宗教神秘主义和宁静主义的理念。果戈理还把禁欲主义的经验(诸如祈祷时的兴奋、理智活动和流泪等)相当大胆地与创作活动联系起来。他似乎是捕捉到了宁静主义者对创作的特殊态度,即把关于上帝的学说和关于人的学说结合起来的人类学思想:"我们是比天使更多地按上帝的形象被创造的,圣戈里高利·帕拉玛说,事实上,我们只是拥有智慧、理性和感情的所有造物中的一种。那种与理性自然地联结在一起的东西开创了多种多样的艺术、科学和知识……物是从无创造出来的,当然不是从完全的虚无创造的,因为这已经是上帝的事情,——所有其他的一切都给予了人……"(В. М. Гуминский 2007:24)果戈理认为不仅仅是上帝的选民,每个人都有上帝赐予的创造能力,灵感都是同一个来源。他在这种意义上把僧侣的禁欲主义的舍己忘身视为艺术家的创作过程,因为,自古以来,就把禁欲主义称为"宗教的艺术"、"智慧的艺术",由此产生了"上帝来到心灵之中"时征兆的相似:感动、欣喜和无声的甜蜜眼泪等。

　　果戈理在接受宁静主义的理念的过程中,逐渐形成了自己对祈祷的领悟,经常劝告朋友们要大声痛哭着或哭泣着向上帝祈祷,只有这样心灵才会感到轻松,才会听到上帝的声音。与此同时,他还吸收了宁静主义关于"心灵的笑"的理念。关于祈祷境界提升过程中笑和眼泪的不可分割联系约翰·克利马修斯早有所言:"幸福而美好地哭泣的人,如同穿上了婚礼服,能够感受到灵魂的精神的笑(快乐)。"(В. М. Гуминский 2007:25)克利马修斯在分析快乐和悲痛相交织的心理状态时使用了"快乐的悲痛"和"快乐的哭泣"这样的概念。他在《通向天国的阶梯》的第七章讲述了眼泪的秘密,描述了既痛苦又甜蜜的感受,指出它的产生与对精神快乐的渴望和它的不可能获取相联系。属灵的人的"快乐的悲痛"由对神赐的预感而来的快乐与世界堕落状态引起的悲痛交织在一起(Вармоломей 2008:360—361)。由此我们应该想到《死魂灵》中"含泪的笑"这一著名公式的可能的宗教来源。如果戈理自己所说:"我还要被这种奇妙的力量控制很久,透过世界看得见的笑和它看不到的不分明的泪,打量壮大奔腾的人生。"(В. М. Гуминский 2007:25)依照至圣的普世大牧首瓦尔福洛梅伊的看法,"'快乐的悲痛'是东正教的精神性和拜占庭美学的最鲜明描述。这是渴望把上帝的光和充满我们世界的黑暗联结起来的圣徒生活的最重要特征。这是希望的标志,乐观主义的象征,是面对与我们的愿望相悖和似乎不可克服的现实的慰藉的源泉"。(Варфоломей 2008:361)果戈理正是基于这种宁静主义的学说来扩大他自己的文学创作的构思。他的《与友人书简选》、《祈祷仪式沉思录》和《死魂灵》之间有着密不可分的内在联系,都贯穿着期望神赐的快乐与感动,以及由对罪与恶的意识产生的痛苦,其中都充满极大的宗教激情,都试图把禁欲主义经验与艺术经验结合起来,所要表现的都是在俄罗斯实现上帝的神圣意志,劝谕人们通过自己灵魂的教育来提升精神境界并得到救赎,从而走近基督,以此拯救俄罗斯。只不过前两部著述是通过理论或灵修文学式的陈述,而后一部作品是通过生动的人物形象来表现。

在创作的后十余年,果戈理的整个心灵都充满了救世的宗教情绪,而且他认为自己的创作灵感和构思全来自于上帝,是神赐,他由此产生了极强的教诲意识。显而易见,果戈理的创作已由艺术散文过渡到宗教散文。出于对人们的爱和对俄罗斯的爱,他产生了用宗教精神教导他人的强烈愿望和激情。他受到这种宗教精神的主宰,极力想把《死魂灵》的第二部写成《伊里亚特》和《神曲》这样的史诗性作品,他的最终目的是"医治患病的灵魂,使它们产生和谐与宁静的感觉"。(В. В. Набоков 1998:119)按照果戈理的构思,《死魂灵》的第二部要写的是善与恶的力量争夺乞乞科夫的灵魂的斗争;而第三部,乞乞科夫经过忏悔弃恶从善,灵魂登上通向天国的阶梯。这种史诗式的构思是十分宏伟的,主人公乞乞科夫的灵魂圣化之路所体现的正是作家对神圣罗斯重新复生的期望,也是俄罗斯式《神曲》的三部曲。果戈理对长诗的这种预期的结果从一开始就充满信心,否则,在《死魂灵》的第一部中,他怎么能让乞乞科夫坐在罗斯向前飞奔的三套马车上,并且指挥车夫呢! 三套飞驰的马车是一刻也不停地处在动态运动中的俄罗斯,而这个俄罗斯既是神圣的,又是罪恶多端的。主人公乞乞科夫的灵魂正是俄罗斯的灵魂的象征,最终它必将实现上帝的意志,再现古罗斯圣徒的精神风貌,这样一来死去的灵魂就变成了活的灵魂。为了达到这个效果,果戈理在《死魂灵》第二部的创作中,致力以求的不是主人公形象本身的符合规律的艺术塑造,而是为他寻找一条通向上帝和天国的道路。实际上从 19 世纪 40 年代开始,果戈理的创作探索就进入了新阶段,正如他在《作者自白》中所说:"从这时起,人和人的灵魂比以往任何时候都更多地成为我观察的对象。我暂时放弃了一些当代的东西;我注意去了解那些推动人和所有人类的永恒规律。立法者、灵魂研究者和人本性的观察者的著作成为我阅读的书。在这条道路上我不知不觉地不知怎么样就走近了基督。我看到,基督有打开人灵魂的钥匙。"(К. В. Мочульский 1995:6)于是,果戈理也想借助这把钥匙打开主人公的灵魂。他在锁定了这样的创作目标时,是想把主人公塑造成一个如陀思妥耶夫斯基所说的"正面美好的人",而这样的人在俄罗斯的现实生活中是不存在的,就连果戈理自己也未能成为这样的人。他开始责备自己,认为没有创做出有益的作品是他的罪过。他为此深感痛苦,觉得有魔鬼在作祟,眼前经常出现魔鬼的幻影,那景象比他自己作品中的魔鬼还可怕(Б. В. Соколов2007:6—7)。他绞尽脑汁,又是到耶路撒冷去朝圣,又是到修道院去拜见圣者和僧侣,一心想使《死魂灵》第二部的创作符合上帝的旨意。果戈理在这样构思时,他是想用自己灵魂教育的经验和追求来营造主人公的人生和编织他的灵魂历程。所以,可以说,这种构思带有极强的灵修文学的主观性和理想化倾向。这主要是指他在后期的创作中最为关注的已经不是乞乞科夫作为艺术形象的发展、变化和价值,而是他的灵魂逐渐向教会皈依的劝谕的作用和这种灵魂救赎对俄罗斯的意义。之所以做出这种推断,是因为果戈理对灵修文学极感兴趣,他不仅自己认真地学、认真地读,而且叫他的朋友们都来读。在写《死魂灵》的第二部时,他已经在往灵修文学的方向思考,甚至在创作原则上都受到灵修文学的影响。灵修文学作品除了写圣徒和修道者的传记和神秘体验之外,也描写一般文学作品中的情节和传说等,它的独具的文学艺术特征除内容的劝谕性而外,是"形象化和自然主义的描写"。(孙津 1997:205—206)这种形象的、写实的或自然主义的笔法正是果戈理在后期创作中所喜欢使用的,而且他的最终目的也像灵修文学一样,从宗教信仰出发劝谕人生。依照果戈理的创作思维,《死灵魂》第二部中人物的现实性是一种宗教的理念,即通过对外在生活和人物形象的细节的真实描摹,来展现主人公灵魂深处发生的向上帝靠近的过程,因为从宗教的立场来说,真正的真实体现在灵魂的渐变中。如果说灵魂变化的轨迹是一种宗教生活的真实,那这就是果戈理后期创作的宗教"现实主义"的主脉。他力图从宗教的角度来确证和揭示永恒的存在,探索其中深藏的奥秘,从世界和人的可见现实转向人内在的更隐秘的现实。他用神秘主义者的目光来透视世界,在其中探索神启的重要作用,洞察灵魂提升和堕落的奥秘。所以,可以认为,对于果戈理,人经验可感知的世界的现实并不那么重要,而通过它来发现背后的精神世界的本质才是最终的目的。而要透过现实的现象来认识精神的本体,不能借助于理性,而只能求助于神启。

在做这种探索时,果戈理比陀思妥耶夫斯基和列夫·托尔斯泰都要更专一,走得更远,对后两位作家的影响也很大。不管他们自己是否承认,无论是陀思妥耶夫斯基的所谓最高意义的现实主义,还是托尔斯泰的道德自我完善的救世之道,都受到了果戈理的不同程度影响。他在俄国文学史上的作用,并不在于他奠定了"批判现实主义"的基础,而是他的创作使俄罗斯文学实现了从美学向宗教探索的转变,引导俄罗斯文学越出了通常的现实主义常轨,深化了俄罗斯文学的精神和道德探索的主题,并开创了创作方法不拘一格的先例,从而使俄罗斯文学的创作前景更为广阔。

参考文献

[1]Брдяев Н. А. Духи русской реболюции, Вехи. Из глубины [C]. М., 1991.

[2]Всесвятейший Вселенский Патриарх Варфоломей Приобщение к таинству [M]. М., 2008.

[3]Воропаев В. А. Гоголь и церковное слово. Литературоведческий журнал [J]. 24, Научное издание, ИНИОН РАН, 2009.

[4]Гоголь в русской критике: Антология[C]. сост. С. Г. Бочаров. М., 2008.

[5]В. М. Гуминский Жизнь и творчество Гоголя в контексте православной традиции. Гоголевский Вестник[A]. Выпуск 1, Воропаева В. А. М., 2007.

[6]Манн Юрий Поэтика Гоголя. Вариации к теме[M]. М., 1996.

[7]Мочульский К. В. Гоголь Соловьёв Достоевский[M]. М., 1995.

[8]Набоков В. В. Лекции по русской литературе [M]. М., 1998.

[9]Платонов О. А. Святая Русь, Большая энциклопедия русского народа, Русская литература[M]. М., 2004.

[10]Труайя Анри. Николай Гоголь [M]. М., 2004.

[11]Соколов Б. В. Расшифрованный Гоголь [M]. М., 2007.

[12]满涛译. 果戈理选集(两卷集)第 1 卷[M]. 北京:人民文学出版社,1983.

[13]周启超主编,白嗣宏译. 戈理全集(第5卷)(戏剧卷)[M]. 合肥:安徽文艺出版社,1999.(引用时译文略有修改)

[14]周启超主编. 李毓榛译. 果戈理全集(第8卷)(书信卷)[M]. 合肥:安徽文艺出版社,1999.

[15]孙　津. 基督教与美学[M]. 重庆出版社,1997.

[16]野村汤史. 庄柔玉译. 荒漠的智慧[M]. 南昌:江西人民出版社,2006.

远东俄侨的精神遗产漫谈

郑永旺

引言

远东俄罗斯侨民的精神遗产是俄罗斯文化重要的组成部分,但因其发生地位于中国的东北,确切地讲,位于哈尔滨,所以,这种精神遗产不可避免地具有与欧美一支俄侨所创造的精神遗产有这样或者那样的差异。如今的龙江大地,虽然已经看不见昔日那般到处都是俄罗斯侨民的景象,但其精神遗存融化在俄侨文学中,流淌在古典音乐里,凝固在绘画与建筑中。虽然国内有学者认为,"俄罗斯侨民文化是上半个世纪中国东北文化的组成部分"(李延龄 1999:46),但这种说法俄国人未必赞同。不过,两国文化在龙江大地上相互撞击并产生某种文化事件是不容置疑的事实。

1 关于俄罗斯文化节上的文化想象

俄罗斯文化节对于上世纪 20 年代流亡到中国的俄侨来说,是联系他们之间情感的纽带,更是一种精神寄托。欢度俄罗斯文化节的传统起源于爱沙尼亚。1924 年,根据在爱沙尼亚的侨民组织"教育委员会"的秘书长杨森(А. К. Янсон)的倡议,当地俄侨定于 5 月 26 日,即普希金诞辰日,设立俄罗斯教育节,后改为俄罗斯文化节(Ф. А. Молок 1999:143)。同年秋天,设在布拉格的"教育委员会"中小学事务部通过一项决议:居住在世界各地的俄罗斯侨民都应该庆祝俄罗斯文化节。"委员会"向世界各地的俄侨发出呼吁,并印发了 1000 多份宣传册,发往各地的俄侨组织机构。此外,倡议书还以文字的形式刊登在所有的俄侨媒体之上,此举收到了很好的效果。1925 年,在几乎所有俄侨生活的地方,都能欣赏到俄罗斯文化节的盛况。根据现在资料,人们基本可以了解到法国、英国、意大利、捷克斯洛伐克等国家的俄侨具体的庆祝内容（М. А. Васильева 2000：5—6）。但人们对于远东一支俄侨如何举办俄罗斯文化节的庆典知之甚少。这些年，随着俄文档案的解密，远东的俄罗斯文化节有关细节逐渐清晰。庆典情况在当时的俄侨媒体如《朝霞》（又译《霞光》）和《喉舌》等都曾留下记录。远东俄侨（主要是哈尔滨、上海和北京等地的俄侨）对倡议的回应是在1926年，而那时，世界许多俄侨聚集地已经欢度了第一届文化节（1925年）。在远东，哈尔滨的俄侨难民委员会首先承担了举办文化节活动的费用和具体的规划任务。庆祝内容包括：举办各种形式的报告会，举办音乐会、芭蕾舞、歌剧和话剧演出。庆典还融入了一些宗教元素和俄罗斯人的日常生活内容，如集体祷告会、儿童早餐会和晚餐会等。1926—1942年间，难民委员会出版了一本周刊，其名称就是《俄罗斯文化节》。此外，1927年，哈尔滨还出版了一本与该节日有关的书籍（Н. В. Мусий-Мусиенко 1927：41）。1934年，满洲地区"俄罗斯—满洲书商"出版社出版了佩列米洛夫斯基（В. В. Перемиловский）所著的《普希金：俄罗斯文学永恒的话题》一书。1930年，满洲地区俄罗斯侨民事务局专门成立了"普希金中央委员会"，著名神学教授扎伊采夫（К. И. Зайцев）负责该委员会的工作和活动事宜。对于以普希金生日为契机所举办的俄罗斯文化节的意义，当今的俄罗斯学者给了很高的评价："在异国的土地上，接受过良好教育的俄罗斯人在经历了大悲大喜之后，重新认识了普希金，无论是从语言角度还是从诗歌的形式角度，普希金都是最能代表侨民心声、最能彻底传达俄罗斯民族丰富情感的诗人。"（М. Раев 1944：125）

　　1927年，满洲地区的俄侨对庆典的准备工作细致到位。早在5月26日之前，书商就出版《普希金选集》的各项事宜安排完毕。为了宣传和弘扬俄罗斯民族的文化传统，当时负责文化节的哈尔滨庆典工作委员会发出通知，号召满洲的所有俄罗斯中小学学生可以花很少的钱购买一套《普希金选集》，而贫困家庭的孩子可免费得到该书。此举的重要意义在于，那些生于满洲从来没有见到俄罗斯祖国的孩子，可以通过此举亲近祖国，感受到俄罗斯文化的魅力，即让每个失去与俄罗斯祖国直接联系的儿女们，让那些在流亡当中出生的俄罗斯孩子们，能够回答这样的问题："你知道俄罗斯吗？""是的，我知道，因为我桌子上的书就是伟大诗人普希金的作品。"（М. А. Васильева 2000：10）

满洲地区的俄罗斯文化节系列活动比欧洲地区的时间要长,内容也更加丰富。欧洲地区,文化节活动一般以 5 月 26 日为中心点,庆祝活动持续时间也就一周左右。但在以哈尔滨为中心的满洲地区,活动在 2 月份就陆续开始。1937 年 2 月 3 日,在中东铁路的商业大会会所举办了盛大的纪念普希金晚会。此后,每年从 2 月份开始,相关部门将组织俄罗斯文化节活动当成侨民日常生活中的大事情。对于生活在哈尔滨等地的大部分中国人来说,普希金是何许人,他们也许并不知道,但这种对文化名人的尊重无疑会影响当地中国人的思维,或是激发他们对外国文化的兴趣,或是使他们下意识地比较中俄文化之间的差异。对先贤的尊重和通过节日的方式加以宣传可以理解为俄侨在居住地留下的无形文化遗产。

2 俄罗斯文学的中国枝蔓

俄侨文学是俄罗斯文学重要的组成部分。俄侨文学的欧洲枝蔓因产生过苔菲、纳博科夫和布宁等知名作家而备受关注,他们的文学作品成为职业文学评论家研究的热点和重点。欧洲因与俄罗斯文化共属一个基督教文化系统,所以俄罗斯难民能够很快适应这里的生活。欧洲各国之间的文化相近,语言同属于印欧语系,所以,俄罗斯侨民对那里的建筑、日常生活并不会感觉特别陌生。然而,20 世纪初俄国十月革命和随后的俄国内战使无数的俄罗斯人流亡中国,而满洲大地,特别是哈尔滨,成了俄侨的避风港。在这里,他们看不到德国哥特式的建筑,也呼吸不到法兰西自由的空气,更嗅不到意大利海风的气味,但在这里有古老的东方文化,有热情好客的中国人民,有一种更为简单的生活方式。斯乌拉茨卡娅所著的《哈尔滨—东京—莫斯科:一个苏联外交官女儿的回忆》一书详细地记录了当时哈尔滨当地居民简朴自然的生活方式(斯拉乌茨卡娅 2008:42)。

在这片慈祥温暖的土地上,俄罗斯人似乎能够更加深刻地感受、理解和明了俄罗斯的过去、未来和现在,而表达情感和思想的基本形式之一就是俄罗斯远东地区的侨民文学。而侨民文学因为地理环境和人文环境的变化,其所呈现的俄罗斯民族的深层心理结构一定会发生相应的变化。这其中,浓浓的思乡情夹杂着沉郁的宗教情感构成了侨民文学的基本色调,而艰难的异域生活则成了侨民文学中常常出现的主题。所有这些情绪在《拐弯处》、《云端中的梯子》、《七个》和《喇叭茶》等诗集中均有所体现。

2.1 满洲地区的俄侨作家

满洲地区的俄罗斯侨民的文学生活是围绕着几个大的创作组织展开的。这些组织中最负盛名的是哈尔滨的丘拉耶夫卡文学小组（后迁至上海）。

在 20 世纪头 50 年,有一大批知名的文学家流亡到中国的满洲地区。这些人当中有伊万诺夫（Вс. Иванов）、别列列申（В. Перелешин）、涅斯梅洛夫（А. Несмелов）、费奥多罗娃（Н. Фёдорова）、伊丽英娜（Н. Ильина）、黑多克（А. Хейдок）、巴依科夫（Н. Байков）、阿恰伊尔（А. Ачаир）、安德森（Л. Андерсен）、哈英德罗娃（Л. Хаиндрова）、列兹尼科娃（Н. Резникова）、扬科夫斯卡娅（В. Янковская）、亚雷莫夫（С. Алымов）、罗基诺夫（В. Логинов）、沃林（М. Волин）、斯维特洛夫（Н. Светлов）、斯克比琴科（О. Скопиченко）和肖克列夫（Н. Щеголев）等。他们其中有些人对当时俄侨的文学界和思想界都产生了巨大的影响。

哈尔滨俄侨文学研究正日益受到学界的重视,这不仅仅因为作品高超的艺术性和独特的侨民情绪,更重要的是,每个侨民作家的创作与生活本身就构成了一个历史文本,这个历史文本和俄侨所居住的土地相关。俄侨历史学家巴拉克申断言,"50—100 年后,远东的俄侨精神遗存将是学界研究的富矿。"（В. Ф. Печерица 2000:46）他的话看来已经成为事实,对远东一支侨民文化的深入研究已经成为中俄学界关注的热点和重点。而对于远东一支俄侨文学的诞生地黑龙江省,对那个时期文学的研究不仅仅是学术上的探究,更应该是一种责任。翻开古旧的俄文档案,历史就在我们面前。已经发黄的杂志记载着那个时期侨民文学的辉煌,而这种辉煌无法离开黑龙江这片土地,因此,研究俄侨文学就是研究黑龙江的过去。

远东俄侨作家有自己的文学阵地,他们的作品大多发表在侨民所办的定期出版物上,如《边界》、《东方观察》、《亚洲之光》等杂志上和《俄罗斯言论》、《朝霞报》和《上海朝霞报》等报纸上。这些作品主要反映了在中国的社会政治背景下的俄罗斯侨民生活,因此,文学文本在某种程度上也是历史文本,这正是其重要价值之一。活跃在当时文坛上重要的作家和诗人和主要创作情况如下:

符谢沃罗德·伊万诺夫(Вс. Иванов，1888—1971)是一位享有盛誉的苏联作家和欧亚主义者，在哈尔滨他出版了自己最初的具有历史哲学性质的诗化作品，如《十四行诗》(1929)、《雾中灯火——俄罗斯经验思考》(1932)、《人的事业：论文化哲学》(1933)等。中国给了他自由遐想的空间，在这里他成为一名作家和哲学家。伊万诺夫对中国怀有赤子般的情感，他在《奇妙中国》和《中国的文化风俗》两篇随笔中以深情的笔调向俄罗斯人介绍了中国文化的深奥与伟大，在他以后的哲学和文学作品中都体现出对中国文化的尊敬。伊万诺夫 1912 年毕业于彼得堡大学历史哲学系，1919 年 7 月流亡中国，开始了他在哈尔滨和上海的侨居生活。1945 年 2 月作家回到哈巴罗夫斯克，开始艰难地适应新的国内政治及文化环境。上世纪 60 年代，伊万诺夫已是苏联的著名作家，在苏联文学史上占有一席之地。伊万诺夫是一个另类的欧亚主义者，他在其代表作《我们》中对中国的想象与古米廖夫和高尔基完全不同。欧亚主义者对"东方"理解在尼基廷那里是"前面的亚洲"(передняя азия)，即土耳其、伊朗、阿富汗；萨维茨基的东方是拜占庭；伊万诺夫作为远东政治事件的参与者，他的东方既不是拜占庭也不是伊朗，而是中国，他更注重分析俄国历史中的远东趋势。这样，东方对俄国的影响就是中国的影响。关于俄罗斯的东方性，伊万诺夫认同基普林(Р. Киплинг)的说法：俄国人是"最西方的东方民族"。伊万诺夫同样注重俄国历史上的蒙古统治时期，但在蒙古的背后他看到的是具有悠久文明史的中国。对许多欧亚主义者来说，蒙古人是中间大陆——欧亚洲——的体现者，而对伊万诺夫而言，他们是汉化的蒙古人，事实上代表的是中国。相应地，影响俄罗斯的蒙古人本身也经历了中国的影响。这样，伊万诺夫自然地得出关于俄中关系的结论：如果说罗斯在 13—14 世纪是蒙古人的国家(伊万诺夫把它等同于元朝，而元朝被强烈汉化了)的话，那么，罗斯经受的影响是来自中国的，它作为蒙古帝国的一个组成部分，其管理庞大国家的经验来自蒙古，即来自中国。伊万诺夫在《我们》中用约占全书三分之一的篇幅专门研究元朝及其对西方和俄罗斯的影响。在他笔下元朝的形象更多的是俄蒙中三位一体的象征，在他看来，这是一个联合的进程，使整个亚洲和半个欧洲都置于中国的影响之下。

伊丽英娜，作家兼记者，其父为白军军官。1920 年和母亲及弟弟逃亡到哈尔滨，毕业于哈尔滨基督教青年联盟附属的古典中学和哈尔滨东方及商业科学学校。作家于 1936 年移居上海,并开始为《上海朝霞报》和《我们的生活报》等媒体撰稿以维持生计,1948 年回苏联,目前居住在莫斯科。伊丽英娜的创作才华在她侨居上海期间得到了全面绽放,但她所发表的作品基本上都是关于俄侨在满洲的生活。回国后,作家继续发表她在上海和哈尔滨生活的回忆录及长篇小说,如《归来》(1965)、《命运·久远的会面》(1980)、《道路与命运》(1985 年出版,1991 年再版)等。伊丽英娜的作品再现了俄侨在中国真实的没有任何掩饰的生活,其中包括她自己的生活。

作家塔什金娜回国后继续书写她的侨民生活主题,先后发表了一系列著作,如《陌生的哈尔滨》(1994)、《哈尔滨的中国问题专家》(1997)、《远东俄侨的文化遗产》(1995)和《俄罗斯画家画笔下的旧中国》(1996)等。

俄侨颠沛流离的生活境遇在费奥多罗娃的长篇小说《家庭》(1940)中得到全方位的展现,故事情节发生在天津,通过一个家庭的变故来揭示上世纪 20 年代俄罗斯社会的动荡不安。该作品后来被翻译成英文,受到美国评论界的好评。费奥多罗娃是作家未出嫁前的娘家姓氏,她的真名为梁赞诺夫斯卡娅,她是哈尔滨法学院知名教授梁赞诺夫斯基的妻子,毕业于别斯土舍夫高级学习班历史语文系,曾在哈尔滨和天津教授俄语,二次大战结束后和丈夫一起移居美国,继续从事小说创作。

巴依科夫,俄侨著名作家,毕业于梯弗里斯(第比利斯)士官学校,曾在阿穆尔军区服役,在中国的满洲地区生活了 14 年,参加过日俄战争,是高产的短篇小说作家。从 1922 年起,巴依科夫一直生活在哈尔滨,1956 年移居澳大利亚。巴依科夫的作品深受当时居住在中国各地俄侨的喜爱,人们惊叹他对自然敏锐的观察力。他的作品大多在哈尔滨和天津出版,目前我们所知道的作品有《满洲虎》(1925)、《生命之根人参》(1926)、《远东黑熊》(1928)、《在满洲的密林深处》(1934)、《伟大的王》(1936,又译《大王》)、《满洲猎人笔记》(1941)等。俄罗斯评论家常把他与莱蒙托夫和布宁相提并论,足见其在文学界的影响力。从学术的角度看,巴依科夫应属于走普里什文路线的作家,即在自己的作品中审视人和自然的关系,关注生态伦理,大自然在他的笔下不再是简单的陪衬,而是精神化的主角。

2.2 丘拉耶夫卡文学社团

哈尔滨俄侨文学的发展离不开"丘拉耶夫卡"文学社团,甚至可以毫不夸张地说,没有"丘拉耶夫卡"文学社团在哈尔滨的活动,就没有俄侨文学在这里所留下的精彩篇章。该组织是哈尔滨青年基督联盟下设的由著名诗人阿恰伊尔倡议成立的一个文学社团。在每周固定时间,丘拉耶夫卡分子聚集在一起,学习讨论布留索夫的《诗学基础》、托马舍夫斯基的《文学理论》、日尔蒙斯基的《诗歌理论》和舒尔果夫斯基的《诗歌创作理论与实践》等,畅谈诗歌创作的最新体会并当场朗读自己的诗歌作品。这些人中有很多是暂露头角的年轻诗人,也有早已成名的作家。而在周二的聚会中,除了诗人外,还有一些艺术界人士,大家热情发言。这种聚会无疑让人想起了俄罗斯人特有的传统,让人想起了十二月党人的"南社"和"北社",想起了高尔基领导的"星期三"小组和帕斯捷尔纳克参加的"离心机派"等类似组织。俄罗斯人把组建沙龙的传统带到了满洲。"丘拉耶夫卡"在当时的名气早就超出了哈尔滨这座北方城市地域的局限,在中国所有生活着俄侨的城市里都有"丘拉耶夫卡"的声音。1932年,以"丘拉耶夫卡"的名义发行了一份文学报纸。该报最初以哈尔滨的英文报纸《Harbin daily news》的号外形式发行,后来改成独立的《文学报》。"丘拉耶夫卡"的另一个伟大贡献在于,随着侨民日益离开中国,"丘拉耶夫卡人"把文学的种子传播到世界各地,而每个种子中都包含着哈尔滨这个收容了无家可归难民之城的信息,也潜藏着若隐若现的中国形象。"丘拉耶夫卡人"在文学领域的成就让后世不仅记住了他们的作品,同时也铭记了他们的生活之地——黑龙江,或者按当时的称呼,满洲。

涅斯梅洛夫是著名的"丘拉耶夫卡"分子,他的很多诗作都是在《边界》杂志发表的,还有很多作品以单行本的形式在哈尔滨、天津和上海出版。这些诗集有《血光》(1929)、《没有莫斯科,没有俄罗斯》(1931)、《小站》(1938)、《白军舰队》(1942)和《穿越大洋》(1934)等。

阿恰伊尔是另外一个当时著名的诗人,也是"丘拉耶夫卡"的创始人。在他的诗集《艾蒿与太阳》(1938)、《道路》(1939)和《在金色的天空下》(1943)均在哈尔滨出版,在他的诗歌中弥漫着浓浓的中国情怀,作家在诗歌中称中国是自己的养母。阿恰伊尔擅长描写远东自然风光,在他的笔下,松花江和广袤的平原都透出一股淡淡的哀伤。

没有别列列申(В. Перелешин),远东俄侨文学大厦的根基是不牢固的。别列列申是一位天才"丘拉耶夫卡"诗人和出色的翻译家,被称为"南半球最伟大的诗人"。在哈尔滨侨居期间,他发表了4本诗集和众多的翻译作品。这些诗集有《旅途中》（1937）、《善良的蜜蜂》（1937）、《星光照耀大海》（1941）及《牺牲品》（1944）。别列列申的创作永远贯穿着两个关键词：中国和俄罗斯。他对远东地区的风土人情比一般的诗人和作家要更了解，同时他能熟练地运用汉语。他可能是最早将老子的《道德经》翻译成俄语的人。诗人后来移居巴西。今天，别列列申的手稿已经成了俄罗斯文学珍贵的遗产。

俄罗斯妇女在诗歌领域同样取得不俗的成绩，留下了宝贵的精神遗产。她们以俄罗斯女性特有的激情和细腻，在她们的作品中描述了客居他乡的孤独和生活的困苦。文学社团"丘拉耶夫卡"是这些女诗人和女作家走向成功的起点。

在诗歌选集《让诗送我们回俄罗斯》（1991）中收录了第一次和第二次侨民浪潮中的 200 多位最优秀的诗人的代表作品。这些人中有像别列列申和巴依科夫这样著名的远东诗人的诗作，也有茨维塔耶娃和吉皮乌斯这样享誉全俄罗斯的女诗人的作品，和她们并列在一起的是科洛索娃。她在诗坛上的起步开始于哈尔滨，处女诗集《歌之海》（1928）刚一发表就引起侨民圈中的热烈反响，随后她发表了其他诗集，如《上帝，救救俄罗斯》（1930）、《决不屈服》（1932）、《剑光刺眼》（1934）和《青铜号角》（1937）等。和许多丘拉耶夫卡分子一样，她从远东的自然风光和中国文化中汲取养分，其诗歌以隐喻的巧妙和色彩的斑斓著称。1946 年她和丈夫移居拉丁美洲，并在同一年因贫困和疾病去世，有关她的相关档案至今没有找到。

哈英德罗娃是哈尔滨侨民圈中的著名女诗人和资深记者，是"丘拉耶夫卡"最坚定的追随者之一。她的青春时代是在哈尔滨度过的，在她的诗作中人们能感受到她对中国大地的热爱和对俄罗斯祖国的眷恋。诗人是《边界》、《帆》、《星期一》杂志及《丘拉耶夫卡报》的固定撰稿人。1940 年，哈英德罗娃移居大连，担任了当地文学小组的负责人。在大连生活期间，她出版了诗集《阶梯》（1939）、《翅膀》（1941）和《歧路傍徨》（1943）。1945 年，哈英德罗娃回到苏联，定居在高加索地区并继续从事诗歌创作。1976 年，她的最后一本诗集《日子啊日子》在克拉斯诺达尔出版。

尽管远东地区的俄侨创作体裁多样，风格流派各异，但所有的作品拥有一个共同的关注点：俄罗斯与中国。这使生活在中国的俄侨文学具有不同于欧美一支的鲜明东方色彩。20世纪50年代中期,哈尔滨的俄罗斯侨民时代宣告终结。随着侨民背影离我们渐行渐远,俄侨文学的辉煌因历史的诸多事件而画上了句号。可以肯定的是,历史的尘埃遮盖不住涅斯梅洛夫、阿恰伊尔、别列列申和伊万诺夫这四人的光芒。特别是伊万诺夫,他回国后发表了一系列具有极高艺术价值的历史题材的作品,如《伊凡三世》、《彼得大帝的一夜》和《献给公主费卡》等代表作。可见,"俄罗斯文学这棵大树的东方枝杈所具有的英雄气概,是它能够独树一帜的最重要的原因"。(王亚民、郭颖颖 2005:55)

3 俄侨绘画满洲意蕴

作家用语言表达自己的美学诉求,画家则是以笔和染料为工具所写出的关于时代和个人命运的色彩诗歌。20世纪20年代初的俄罗斯难民潮裹挟着大批画家来到中国满洲,他们在极其封闭的环境中创作,没有组织起一定规模的艺术沙龙,更没有机会参加一些大型的国际绘画展览,画家们只能在中东铁路管理局、秋林公司、哈尔滨青年基督联盟、满洲艺术研究协会等机构的救济下勉强度日。在满洲尽管有像俄中理工学院这样的理工科大学,却没有专门招收美术、雕塑等艺术人才的高校。1917年前,在中东铁路辖区内的中小学课程大纲里的确设有美术课程。1920年,在哈尔滨的俄侨开办了第一家名为"莲花"的艺术工作室,授课教师是季奇金(М. А. Кичигин)。季奇金毕业于莫斯科美术学校,他的足迹遍布中国的名山大川,对中国的古代建筑十分着迷,他的绘画题材很多都是中国的宫殿、庙宇及反映中国百姓日常生活的画作。1928年移居上海。工作室的规模不是很大,老师和学生加在一起共40多人,其中来此学习的中国学生有15人(В. Е. Кузнецова-Кичигина 1948:204)。这家工作室培养出的最著名的学生之一就是库兹涅佐娃-季奇金娜(Кузнецова-Кичигина),她的作品在侨民圈中享有广泛的声誉,很多人以能收藏她的画作为荣。该画家的部分作品和她的档案现在被雅罗斯拉夫美术馆收藏。

哈尔滨另外一家美术工作室是由克列门奇耶夫教授(А. Н. Клементьев)创办的。此人是一名职业画家,毕业于列宾中学,在列宾位于圣彼得堡的捷尼舍夫画室工作过。敖德萨美术学校毕业后,他在奥姆斯克艺术中学任教,后又在国立乌申斯克师范学院担任绘画专业的副教授。

1920—1930 年间他在哈尔滨开办了属于自己的美术工作室。克列门奇耶夫深得列宾的真传,上世纪 30 年代,亚诺维奇-奇卢尔斯卡娅(Р. Яно-вич-Цирульская)曾在工作室学习过,后来她成了哈尔滨当地有名的画家。1939 年,她在上海举办了个人画展。

20 世纪 20 年代初,斯捷潘诺夫(А. Е. Степанов)的私人美术工作室也占有一席之地。斯捷潘诺夫 1915 年毕业于莫斯科美术学校,师从柯罗文、瓦斯涅佐夫、谢洛夫和阿尔希波夫这样的大师级画家。第一次世界大战期间斯捷潘诺夫曾任飞行员。他是从符拉迪沃斯托克一侧流亡到中国的,曾在哈尔滨青年基督联盟附属中学任美术教师。他的绘画题材广泛,既有肖像画和风景画,也有为剧院所绘制的布景图。他的作品以精准细腻的学院派绘画手法使同时代的人为之惊叹。潘氏的主要作品多表现满洲地区的风土人情,如《巴利姆村》、《秋天的服饰》、《收割时节》、《马儿在休息》、《松花江之晨》、《岸边的帆船俱乐部》、《中国的小驳船》、《雨后》和《寂静的寺院》等。1941 年,斯捷潘诺夫在哈尔滨举办了纪念他从艺 25 周年的画展。1955 年,他返回苏联,定居于诺夫哥罗德市。

罗巴诺夫(М. М. Лобанов)是另外一位绘画上个人风格鲜明的艺术家,在哈尔滨他生活了 23 年(1931—1954)。此间,他完成了数百幅写生画,他的画笔经常表现的主题是城市的面孔、东正教堂、文庙和佛寺。但是,他最好的绘画作品却都与松花江有关。画家醉心于表现松花江在一天不同时间的不同景致,描绘出江水在一年四季里的细微变化。这些作品有《深秋时分的松花江》、《封冻前的松花江》和《松花江上的夜晚》等。画家的《推啊推》表现的是封江后松花江上人们滑雪橇和玩冰车的热闹情景。1939 年,罗巴诺夫在中国出版了他的个人画册《哈尔滨风光》。

俄罗斯人在绘画方面的影响除了满洲地区外,在上海、北京、青岛和大连等地也都留下自己的印记。这其中,萨弗诺夫(П. И. Сафонов)在传播俄罗斯绘画艺术方面的贡献最为卓越。萨弗诺夫毕业于特洛伊茨卡谢尔吉耶夫男修道院附设的圣像绘画学校,后又在莫斯科美术学校学习,参加过第一次世界大战和国内战争。20 世纪 20 年代曾在大连、青岛居住,主要从事美术教育。1931 年,萨弗诺夫在天津成功地举办了个人画展。画家生活晚景凄凉,死后其作品被人运往美国旧金山等地,而且价格成倍上涨。他的绘画作品多表现战争题材,如《伏尔加河上的战斗》和《硝烟过后的杜万村》等。值得一提的还有科谢弗斯基(Н. Л. Кошевский，1901 — ?），此人 1924 年移居哈尔滨,1925 年—1930 年曾师从巴黎朱丽叶画院的著名雕塑家和画家劳伦斯。这段时间,科谢弗斯基在巴黎举办过个人画展,其艺术天分得到法国艺术界的高度评价。1931 年,科谢弗斯基再次回到哈尔滨,并在哈尔滨、北京、天津和上海举办个人画展。科氏 1952 年移居澳大利亚,1955 年回到苏联,定居于布良斯克。在科谢弗斯基的绘画作品中,有一些是表现中国主题的,如《山东来的人》。

当日本人的入侵破坏了原有的俄罗斯人的生存环境时,一些俄侨艺术家纷纷迁居上海,并在那里获得了非凡的成功。这种成功的标志是,他们的画作不但得到了俄侨的认同,同时也受到了居住在上海的其他国家的侨民的吹捧,同时也让一些中国的艺术商人看到了俄侨画家的投资价值。这其中的佼佼者就有后来担任上海英文报纸《China Daily News》专职画家的萨伯日尼科夫（Г. А. Сапожников）、斯特罗岗诺夫美术学校的老师卡尔梅克夫（В. Кальмыков）、以东方题材扬名于上海滩的波特古尔斯基（В. С. Подгурский）、因完成位于上海的圣尼古拉大教堂壁画而受到东正教信众无比尊敬的扎多罗日内依（И. Задорожный）等人。

在满洲生活的俄罗斯画家在继承和发展俄罗斯及欧洲的绘画技法与传统的同时,也在寻找创新之路。就内容而言,中国东北的自然景色、悠久的中华历史、淳朴的民风都融入了他们的绘画主题中。从这个意义上讲,满洲的俄罗斯画家用画布记录了这里的历史,反映了中国灿烂的文化。最主要的是,他们的作品折射出俄侨艺术家对中国的理解和想象。

结语

1917 年后流亡中国东北地区的俄侨中,有许多人是文化的精英分子,早在生活于俄罗斯本土之时,他们已经成为某一领域的翘楚。当环境发生剧烈变化,他们依然能够保持旺盛的创作经历,这和哈尔滨等城市已经形成的俄罗斯文化土壤有关,和这里与欧洲不同的东方文化体系有关,正因为如此,他们创造了与欧洲俄侨完全不同的艺术作品。这些作品反映了那个时期主流艺术理念,也折射出俄侨艺术作品趋向于表现本地人文精神的一种诉求。因此,如果不能将这些艺术的源头、其隐在的意义与俄罗斯固有的精神实质相联系,如果不能解读这些艺术中的东方元素,就无法透视俄罗斯侨民在远东所创造一切的意义所在。

在 20 世纪的前 50 年里,生活在中国的政治观念各异的侨民生活是在一种不间断的动荡中度过的,如果说有什么东西一直在支撑俄罗斯文学家和艺术家的话,那可能就是俄罗斯民族特有的追求民族精神完整性的理想。这种理想不但通过宗教的各种仪式来实现,艺术创作也不失为一种手段。这其中文化作为在异国他乡联系民族感情的纽带发挥了重要的作用。俄侨在远东的文化遗产,比如侨民文学,一直用独特的方式培养俄罗斯人对俄罗斯国家、对俄语、对俄罗斯历史的爱。完善的教育体系为这种功能的发挥奠定了良好的基础,只是在中国的土地上,艺术的表现形式因天时地利等诸多因素发生了某些改变罢了,换言之,在满洲的俄侨由于脱离了母体俄罗斯,他们对世界的感受变得越发非同凡响。俄侨文化在某种程度上和当地文化的相容性和兼容性较差,也正是这个原因才能保持俄侨文化相对的独立性而避免被当地文化所同化。

参考文献

[1] Молок Ф. А. Пушкинский юбилей 1937 года в русском зарубежье[J]. Русская литература, 1999 (4).

[2] Васильева М. А. Пушкин и культура русского зарубежья[A]. Международная научная конференция, посвященная 200-летию со дня рождения [C]. М., 2000.

[3] Мусий-Мусиенко Н. В. Памяти великого поэта А. С. Пушкина. По случаю 128 годовщины смерти[M]. Харбин, 1927.

[4] Раев М. Россия за рубежом: История культуры русской эмиграции 1919 – 1939 [M]. М., 1944.

[5] Печерица В. Ф. Некоторые аспекты исторического значения русской культурной эмиграции в Китае[M] Владивосток, 2000.

[6] Кузнецова-Кичигина В. Е. Судьба художников[J]. Русский Харбин, 1948 (2).

[7] 李延龄. 论俄罗斯哈尔滨侨民文化[J]. 俄罗斯文艺, 1999 (3).

[8] 斯拉乌茨卡娅. 哈尔滨—东京—莫斯科:一个苏联外交官女儿的回忆[M]. 裴列夫译. 哈尔滨:黑龙江人民出版社, 2008.

[9] 王亚民、郭颖颖. 哈尔滨俄罗斯侨民文学在中国[J]. 中国俄语教学, 2005 (2).

俄侨作家谢尔巴科夫

荣　洁

米·瓦·谢尔巴科夫是第一代中国俄侨作家。1890 年出生在莫斯科,1956 年死于法国。

第一次世界大战前,谢尔巴科夫受过高等技术教育,一战开始后,和其他俄罗斯军官一道去法国的利翁飞行学校学习,毕业后,他完成了数次航拍德国基地的任务。1917 年十月革命后,谢尔巴科夫成了法国军队中的一名志愿兵。20 世纪 20 年代初,他怀揣着法国护照,以一个职业飞行员的身份来到符拉迪沃斯托克,在这里,他成了《农民报》和《俄罗斯边区》的编辑。1922 年,在苏联红军抵达这座城市的前两天,他离开了祖国,经朝鲜(也有材料说经日本)历经一个半月的漂泊来到中国上海,开始了他长达 30 年的侨居生活。谢尔巴科夫在之后创作的作品中多次提到这段经历。

他一生酷爱旅行,他几乎游遍了整个东南亚和太平洋上的岛子,去过朝鲜、日本和斯里兰卡。他的很多游记都发表在上海俄侨创办的报刊、杂志上,他与俄侨共同分享着旅游的快乐和感受。

谢尔巴科夫是一个出色的文学工作者,他创作的体裁相当丰富,有长篇小说、中篇小说、短篇小说、诗歌、特写、随笔、文学评论、回忆录,此外,还从事汉语,英语,法语和日语翻译。他在中国俄侨界,尤其是在上海俄侨界有很大的影响。由于拥有很好的汉语功底,他在中俄跨文化交际中起到了重要的作用。他翻译了鲁迅等人的作品,使俄侨了解到中国的现代文学和一些文化传统。他与当时的中国俄侨界、俄侨文学界保持着良好的关系,例如,与涅斯梅洛夫、伊万诺夫、别塔、杰尔托夫等人交情甚笃,还为他们写过献诗,为他们的作品写过评论等。

1930 年谢尔巴科夫成为文学团体"东方"的负责人,并任当时在中国俄侨界影响较大的出版物《大门》的主编。他负责写文章、评论,从事中文翻译,负责出版事宜等。1931 年他在俄侨文集《星期一》的第 2 期上发表了长篇科幻小说《爱情毒素》(«Токсин любви»)。同年,上海的另一个俄侨文集《映山红》发表了他的中篇小说《黑色系列》(«Чёрная серия»),1943 年《大门》出版社出版了他的短篇小说集《生命之根》(«Корень жизни»),一年后又出版了诗集《回声》(«Отгул»),这些作品可以说是他文学创作的总结。1947 年后,上海俄侨开始陆续离开这座城市,其中一些人回到祖国,一些人漂洋过海,到了澳大利亚、美国、南非等地。谢尔巴科夫与最后离开上海的那批俄侨一道,重新踏上了漂泊之舟。上世纪 50 年代初,他到了法国。

侨居法国后,他的生活压抑、痛苦。通过那一时期创作的诗歌作品,我们可以了解到他的内心感受:"每一个河岸都是陌生的,每一片土地都是多余的,那里珍珠般的彩云上端没有闪烁的克里姆林宫十字架!"这里,我们不难读出作者那刻骨的思乡情。无论他生活的地方怎样,祖国的美好形象都令他魂牵梦绕。正因如此,现实中的一切都让他感到陌生,多余,他所希冀的就是祖国的云、祖国的土地和熠熠生辉的十字架。他的这种情绪代表了所有侨民的情绪。所有不能回归故土的侨民到死都在思念着自己的祖国,都希望回到自己梦中的家园。

抑郁的他最后以自杀方式结束了自己的一生,那一年是 1956 年。他被葬在滨海布洛涅墓地。

去世数年后,谢尔巴科夫的作品完成了他的"最后一次航行",途径上海、莫斯科,来到了纳霍德卡海港,回到了侨居前居住过的地方。

谢尔巴科夫本人曾说过,他的全部创作目的就在于:歌颂远东的俄罗斯人和大自然冷峻的美。正因如此,在他的《生命之根》中的《最后一个航班》(«Последний рейс»)中他才塑造了以远东传奇人物、商船船长盖克为原型的狄克船长。谢尔巴科夫的同时代人,与盖克本人很熟的猎人、马场场主尤·米·扬克夫斯基在其 1944 年于哈尔滨出版的《打虎的半个世纪》(«Полвека охоты на тигров»)一书中写道:"离我家一俄里远的地方住着著名的海狼号船长盖克,和他在一起的有他的妻子和孩子,顺便提一句,上海的小说家米·谢尔巴科夫在其新近出版的小说中写到他,书中的他叫狄克船长。"

谢尔巴科夫擅长短篇小说创作,他的特写、随笔在俄侨界也享有盛誉,此外他还是中国俄侨文学界比较有影响的文学评论家,他的作品发表在上海和哈尔滨的俄侨出版物上。现在,俄侨的作品纷纷"魂归故里",得以和俄罗斯的广大读者见面,谢尔巴科夫的作品也得以与广大的俄罗斯读者见面,例如,他的中篇小说《黑色系列》就刊发在复刊的《边界》杂志上(1998 年第 3 期,总序号为 865 期),他的诗歌作品被收录到克莱德和巴基奇编辑出版的《中国的俄罗斯诗歌》文集中。

在上海的生活为谢尔巴科夫提供了了解东方文化的机会。这种文化可以使人提高接受现实的能力,使其变得更加睿智,同时,也令人的哲学、美学、伦理思想更加丰富。

中国文化对谢尔巴科夫产生了深刻的影响,这得益于他的翻译工作。在中国期间,他翻译了不少中国文学作品,并创作了许多写中国、中国人、中国人习俗的文学作品,此外,还写有对中国文化的接受和理解的特写和随笔。

侨居中国期间,他出版了以下文学作品:《在禁闭的门旁》、《梨子花开·春天的回忆》、《运河游》、《古运河游记》、《黑色系列》、《爱情毒素》、《神圣的岛屿——普陀岛特写》、《诗篇:日本小庙、樱桃和唐卡》、《最后一次航行》、《龙崖》、《面向东方的西方》、《生命之根》、《回声》;还发表了文学评论文章《阿尔谢尼·涅斯梅洛夫"血光"》、《伏谢沃罗得·伊万诺夫雾中火·对俄罗斯经验的思考》以及译作《孔先生·鲁迅的小说》、《明天·鲁迅的小说》等。我们认为,在这些作品中,艺术水平最高、主题最丰富的作品当属短篇小说集《生命之根》。

在这部小说集中作者共收录了 11 篇短篇小说:《生命之根》(《Корень жизни》)、《劣等煤》(《Паршивый уголь》)、《乔治,小猛犸》(《Джонни, молодой мамонт》)、《富人湖》(《Озеро богача》)、《龙崖》(《Утёс Дракона》)、《伊里纳利》(《Иринари》)、《法院受理的案子》(《Подсудное дело》)、《密史脱拉风》(《Мистраль》)、《上海掠影》(《Шанхайские наброски》)、《欧洲人》(《Европеец》)、《最后一次航行》(《Последний рейс》)。

在《生命之根》的前言中谢尔巴科夫写道:"该书中所收集的作品是我在上海生活的 20 年里不同时期写成的。大部分作品写的都是对俄罗斯远东和北方人民和大自然的赞美,而这些都是我们的文学作品中很少提及的。其中的一些小说中有科幻成分,这是作者对他所生活的地方度过的美好时光的回忆。其他情节都是完全真实的。"

其实,这部小说集吸引我们的不是它的科幻成分,也不是他笔下壮美的山川,而是他、一个俄侨对中国、中国人、中国文化等的认识和接受。写于1924—1930年间的作品集《上海掠影》记录了谢尔巴克夫对中国文化、古老文明的感叹和认识。

鉴于此,本文中我们仅探究他作品中的中国元素。研究对象是《生命之根》中的《上海掠影》和《劣等煤》。

《上海掠影》

《上海掠影》写于1924—1930年间,由《书法家》(«Каллиграф»)、《乞丐》(«Нищие»)、《水晶球》(«Хрустальный шар»)、《招牌》(«Вывес-ка»)、《吃》(«Чэ»)、《火之诗》(«Поэма огня»)这6篇小说组成。这部作品记录了谢尔巴科夫对中国文化、古老文明的感叹和认识,每一部作品写的都是作者的具体感受。在这些作品中谢尔巴科夫打开了通向神秘世界的窗口。这是一个绘画、书法世界(《书法家》、《招牌》),古董和奇异之物件的世界《水晶球》。在这些作品中,作者向读者介绍了中国习俗、信仰、古老的道观和寺庙,展现了道教和佛教中的诸神(《火之诗》)和中国人对饮食的崇拜(《吃》)等等。

这个沸腾、变幻的世界充满生活的流光溢彩,充满中国智者的喜悦,它就像一部中国生活的百科全书一样呈现在读者面前。虽然其睿智的秘密深藏在无底的时间之洞里,但它们依旧会通过日常生活的点点滴滴表现出来,谢尔巴科夫亲眼目睹、亲身体会到这点点滴滴,并将它们艺术地再现在自己的作品中。

在《上海掠影》中谢尔巴科夫既是作者,又是一个研究者。他把收集整理的素材进行艺术加工,并加入对自己所描述内容的理解和诠释。

《上海掠影》中的开篇作品是《书法家》,仅从其名就可以看出作品的所指,至少是一部分所指。作品写得短小精悍,主题鲜明。作品写的是一个书法家的人生侧影。

主人公是上海最好的书法家。按着作者的说法:"这样的书法家再也没有了"。他偶尔会到叙事者的事务所来,叙事者看到的他总是一个样子:"年老,温文尔雅,不紧不慢",变化的只有他那被鸦片和岁月吸干的躯体上的大褂。冬天的大褂是黑色的、厚重的,夏天的大褂是白色的、轻薄的。

　　来到事务所后,他就坐到小桌旁。他耐心仔细地研磨砚台里的墨,摘下银色的毛笔套后,拿出优质的毛笔,然后用他那又细又干的手握住毛笔,开始写字。作者描述了他写书法时执笔的姿势:悬腕,偏右,只运行手指。描述完书法家的手指后,作者得出结论:这样的手只适合握毛笔。之后又开始描写毛笔和纸,从这一点可以看到作者对中国书法的关注。承载书法家笔墨的是宣纸,按作者的理解,在这样的纸张上运笔需要特别仔细,一旦墨汁太饱,落笔太重,就会出现污点,所以,他需要书法家运笔时要"有准儿"。作品都是自上而下,从右到左书写的。通过这样的文字描述,作者把中国的书法知识简单地介绍给了俄语读者,从而起到传播中国传统文化的作用。

　　书法家一生都在写书法。他的脑海中存积了两三万个汉字。他所写的字轻盈、清晰、精确。他用毛笔书写合同、诉状等文本,这些是为"肉体"而写的,还有一种书法是为心而写的,这才是书法的真正境界:在烫金的宣纸上工整书写着"喂养了几千年的小虫,它们或者是伟大哲学家的思想,或者是古代著名诗人的诗句。精神食粮。"

　　作者把书法家塑造成了一个集智慧、和谐、秩序于一身的"中庸"形象。这个形象具有很深的哲学意义,他身上蕴藏着很多好的品质,温文尔雅,善辩真伪。他的世界与喧闹的世界格格不入,面对事务所那些袒露着胳膊的女孩他无动于衷,女孩指尖流淌出的打字声,刺耳的电话铃声、窗外的汽车鸣笛声他充耳不闻。

　　作者刻意把书法家置身于现代文明和现代人的氛围中进行描写,以突出他身上所蕴含的中国传统文化与现实社会的反差,例如:书法家身穿着衣袖宽大的长袍马褂——把自己"包裹"得严严实实的传统服装,而事务所的女孩儿们则穿着袒露着整条胳膊的衣服。

　　为了消除时空上的差异,使读者走近书法家体现的中国文化,作者使用的动词基本上都是现在时形式,例如:приходит в нашу контору, проходит и садится к своему столику, растирает палочку лучшей туши, снимает... футляры, улыбается, поправляет... очки, откидывает просторные рукава, 描写他周围世界的动词也是现在时形式:выползают... червяки, трещат машинки。

　　作品中,作者没有说书法家姓甚名谁,没有交待他的年龄,整篇作品没有任何言语交流。我们认为,这里作者塑造的决非是一个个体的老书法家形象,而是一个集合形象,他代表的是一种传统、一种文化,代表着悠久、礼治、安逸的世界。而这样的世界将在"这样的人不再有了"的哀叹中被另一种世界取而代之。这不禁让我们思索起来,老书法家会有继承衣钵之人吗?作者没有安排这样的继承人,小说最后的结尾与开头相呼应:"这样的人不会再有了:年老,温文尔雅,不紧不慢。"

《上海掠影》中的第二篇作品是《乞丐》。在这部作品中作者通过 K 先生的口讲述了当时中国南方一个省份贫困、落后的景象。

这篇作品建构在 K 先生一个人的叙述上。他说,他曾走遍中国的南方,亲眼目睹、并接触过中国南方的乞丐。

在他的意识中:"很难想象出比中国乞丐更令人恶心的东西了"。南方的农村贫穷,瘟疫流行,患病的百姓甚多。于是乎,衣衫褴褛的乞丐、皮肤病患者到处可见。当 K 先生看到摸着汽车后面的乞丐时,他甚至觉得:"他们都能把汽车轮胎都给传染了"。

游历时,他经常他把大钱儿撒向乞丐,有些人他扔的多一些,然后观察着他们的举动,听他们说什么。这些人什么都讲:反正这里的外国人十有八九听不懂汉语。

在一个村里,在一群乞丐中他看到了一个浑身长癞的老太婆,他给她扔的钱比给别人的多五倍,于是所有的乞丐都扑向老太婆。她扑向这些钱,绝望地尖叫着把钱往自己身底下划拉着。

作者一方面展现了中国南方当时的景象,这应该是真实的景象,那时的中国南方农村确实是很贫穷,经常有各种传染病流行,尤其是患皮肤病的人较多,贫穷。被饥饿、疾病折磨的人为了生存会忘却廉耻,他们向中国人、外国人中的富人乞讨。而施舍者的态度是什么样子呢?看看作者描述他们时使用的词汇:"Трудно выдумать что-нибудь более отвратительно(恶心人的东西)","эти голые чудовища(怪物)","ведьма"(妖婆),等等。最后又让一个乞丐说:"Кажется, я понял иностранца: его зрение оскорбила нагота этой почтенной госпожи."("伙计们,轻点儿,我好像猜到了外国人的意思:这位可敬女士赤裸的地方玷污了他的眼睛。")这简直是天大的讽刺!这些描写充分暴露了外国人对乞丐的鄙视态度。

《水晶球》是借水晶球来写中国传统文化的作品,这也是写中国文化的一部作品。

上海的一个古董收藏者李律师花重金购得了一个很有收藏价值的水晶球，价钱高得让同一个事务所工作的外国人惊叹，然而水晶球的美也确实令人叹为观止。

作品中作者突出了细节描写：从水晶球的外观、纹路（"这是一个大水晶球，大小有如大圆苹果"）到收藏者把玩的动作（"他陶醉地用小手指上留着长指甲的手把玩着透明的石头，似乎想通过触觉来加强、补充视觉上的享受一般"）。

在写古董收藏者对"宝贝"的珍视和喜爱时，作者加入了自己思考的结果，他认为，对古董的喜爱是中国人对生命喜爱的一种体现，也是对中国文化的一种思考。《水晶球》中的古董收藏家很细腻地品味着古董的风格，古董中所蕴藏的古老文化，体会着古董在自己生活中的重要性：对他来说，这些古董的美不仅体现于象牙、金属、石头或瓷器的外形和色泽上，而且还体现在其风格、物件本身。它们是艺术大师想象的结果。

收藏者边欣赏水晶球，边琢磨着艺术家的原创思想，并试图理解水晶球所承载的意义，可是他却无法理出头绪，最后只能对艺术家高超的手艺和智慧、付出的辛劳发出由衷的赞叹："这水晶球的形状多么了不起，制作它的水晶原料是多么纯净。没有一丝裂纹！在这绝妙的作品中浸透着多少劳动者的爱，蕴藏着多么精湛的手艺呀！我相信，为制作这个作品一定花去了好几年的时光。"

与《书法家》中的一个创作特点相同：作者赋予细节描写以特殊的功能，例如，通过"袖子宽大的雪青色的长袍，细毫毛笔，留着长指甲的小手指"这样的描写，向读者展现出外国人眼中的中国传统文雅学究的形象。通过律师所穿长袍的颜色判断出他隶属的阶层：上层人士。此处，我们不妨对比一下《书法家》中书法家的长袍颜色：黑色。在当时的中国，穿黑色长袍的人是普通百姓，穷人。

最后，作者扼要地阐述了自己对中国古董文化的理解，并以古董的风格为题，谈到中国绘画的风格与西方绘画风格的区别。他认为，中国人对绘画风格的重视要比西方人的认识早很多，早在古代的时候，中国的艺术家已经拥有了令人惊奇的风格，例如，他们给自己信奉的诸神塑像上涂上金粉，使诸神拥有金身，发出一种柔和的光。

谢尔巴科夫通过这部作品向我们展示出了他对中国古老文化的理解

和敬意。

《吃》——作者用汉语发音称谓这部作品,其用意不言而喻:就是想写出一篇地道的写中国饮食的作品。小说一开始,作者就大张旗鼓地宣传饮食在中国文化、中国人日常生活中的地位:"中国的全部日常生活都与'吃'这个字有着千丝万缕的联系……吃,以及吃的过程,在中国人的生活中起着很大的作用。'吃饭'这个词具有一种魔力,它可以打断最紧迫的工作,终止两个敌对的军队间正在展开的残酷的战斗。"

在他的笔下,中国人把很多时间都花费在饮食上,到处都在吃,即便在最不起眼的一条小街上也会找到一家充满劣质豆油味儿的小饭馆,街头上的小吃就更不用说了。中国人时时刻刻都在吃。一大早,三四点钟,在迷宫一般的街头巷尾里就有叫卖声,作为老外的作者,他不知用竹扁担挑着的、文火温着的锅中装的是何种食物,所以把它写成"тёмное кипящее сало(黑乎乎的翻滚着的猪油)"。作者认为,正因为中国到处都有可以用餐的饭店、馆子,所以,中国人基本不在家里做饭,基本是买着吃,既经济,又实惠,还方便。平日里人们吃得比较简单,到了重大节日的时候却不然了,人们会摆宴席庆贺,穷人家也会倾囊准备"节日大餐"。这里作者强调了与俄罗斯不一样的地方:"人家那叫盛宴,而不是像我们似的醉酒……中国人只喝一点自己酿造的米酒。看到喝醉的中国人可是件稀奇的事。"中国人的生活重心就是"吃饭"。中国人认为:胖人好,有福。

接着,作者又详细地介绍了他参加的一次中国同事的婚礼的喜宴,并列出了20道菜名:有鲨鱼翅汤、糯米饭、炸黄鱼、盐水鸭、北京烤鸭等。所有菜都用瓷碗装着,摆到大圆桌子上,作者突出强调:每个客人都把自己的筷子伸向这些美味佳肴,只有白米饭是每人 大碗单独盛着的。

作者非常喜欢吃鱼翅汤,于是就向新郎的父亲请教起做汤的方法。老父娓娓道出煲汤的窍门,展现了中国厨艺的博大精深。

通过这篇作品,作者介绍了饮食在中国人中的作用和他们对待饮食的态度。同时,也揭示了中俄饮食中的一些差异,例如,饮酒的方式和程度;用餐的规矩:中国人不分餐(俄罗斯人分餐);中国人(南方人)的主食是米饭(俄罗斯人的主食是面包)等。

在《火之诗》中谢尔巴科夫描写了中国人的宗教活动。

小说一开始就锁定了叙事的空间:虹庙(Хон Мяо)。相信,不懂汉语、没有住在上海的俄国人是不会明白这个词的含义的。为了使读者知晓其意义,作者办它译成了俄语:Радужная Кумирня。这也是谢尔巴科夫写作的一个特色:经常在作品中使用一些汉语发音的词(用俄语字母标出)。作者明确地交待了虹庙的所在位置:位于上海繁华的商业中心,南京路上,不远处有两家大型百货商店。当地的中国人说,这个庙已经存在 700 年了。在这里作者加入了一个对比:"就是说,忽必烈占领了燕京,现在的北京,同时统治莫斯科的时候,就已经有这座小庙了。"

然后交待了叙事的时间:"得在半夜的时候或半夜后去过中国的新年,不能早去。"也就是说,所写的内容与春节有关。

他们这些外国人也按着当地的习俗,半夜时分来到虹庙。当时下着雨。进到里面的时候,他们被"黄色的火"包围了。他被这火吸引了,并用一整段话来形容这火。他们眼前的火充满生机、喜悦。他们也为这火欢心,陶醉其中:"你们,靠爱迪生呆板世界为生、焊在玻璃球里面的人,哪怕一年就一次,看看这充满活力的亚洲母亲的黄色的火吧,释怀吧。"

对中国民俗了解不多的他们,只能用眼去观察周围的一切,最初他们只看到了充斥着所有空间的烟和火,还有拥挤着的香客。有一点令他们非常吃惊:尽管人很多,却很静,没有喧哗的声音,只能听到火的劈啪声和移动的脚步声。

看到眼前的景象,作者联想起多神教神庙中的腓尼基的莫洛赫。他还以为,这里也会有用活人去祭祀的仪式,但这里没有,这里用火祭祀。

庙里的香火呛得他们呼吸,但他们还是进到庙的深处,去观看信徒和香客的祭拜仪式。那里"黄色的火"像盾牌一样抵挡着魔鬼。有人在烧纸钱,还有什么东西在燃烧,只是他们看不清,也许是石头在燃烧。

作者详细地描述了观音殿:"Божество сидит в глубине, в нише, прямо против входя туннеля. Оно закрыто нависшими красными пологами, заслонено двойным забором из горящих толстых красных свечей."

同时描写了信女们的祭拜行为:"Перед ним, то и дело, на красный щелк низкой скамейки падают на колени женщины, молодые и старухи, и делают 'большой котоу', бросив в гулкий ящик горсть медяков или серебрушек." 她们虔诚地跪拜在观世音菩萨像前,叩头,往功德箱里扔钱,祈求观世音菩萨赐给她们孩子,或者生产顺利,祈求保佑她们诸事顺利。也向俄语读者介绍了带有神话意义的一个形象:"Туда идут женщины, чтобы молиться черноликому Отроку, Выводящему Коня, который помогает ребёнку покинуть материнское чрево."

接着介绍了虹庙中供奉的佛教和道教中的其他神灵。各种殿中的神像有的是金身,有的是涂色的,面部表情极其丰富。可是此时的他们却无暇仔细观看"亚洲的奥林匹克山",人太多了,他们只能随着人流朝着同一个方向移动。他们看到了关老爷、窦娘娘,看到了千手观音。在提到千手观音的时候还讲述了千手观音的来历:为了救生命垂危的父王,她砍下了自己的双手,剜出了自己的眼睛,好用它们配制神在梦中托给她的药方,服了这副药后,父亲痊愈了,她的孝行感动了神,神赐给了她千只手和千只眼。

这个故事令他们感动。他们被人流带到了门口……烟还是那么呛。他非常想在这里多呆一会儿,想更多地了解一些关于诸神的故事,想更多地记住这火的颂歌……

《劣等煤》

在《劣等煤》(1924)中,在描写中国人与俄罗斯的交往中,为保持当时的语言交际特色,在写中国人时,作者再现了中俄跨文化交际中特有的边缘语。同时,在这部作品中,作者还使用了许多口语词和职业俚语(海军)(Э, да что вы все понимаете в Дальнем Востоке!?.. Ну, ладно!.. Чёрт с ним!.. Эй, Пётр, дай-ка ещё графинчик! Жив-ва!.. И задрай иллюминатор…)。

小说中作者写了原始森林的生活和狩猎法则。这里有自己的生存法则,它被划分了几个"势力范围",设二个管事的人,他们的权限是 3 年,之后再另选"当家的"。这三个当家的一年来河边的大村子开一次会,讨论和处理所遇到的大事,然后再回到自己的沟里。他们定下来的事情不容更改。每个猎人都知道原始森林的法则,都很尊重它。这里的第一个法则是"好客"。这里的人家常年不上锁,推开门,就是这家的客人。如果主人不在家,他们家的门上就会挂着一个竹竿子。但是屋子里却一定吊着一袋面,一定放着一盒火柴和劈柴。客人可以在这里吃、住,只是走的时候一定要晾干一些新的劈柴。在这间屋里还挂着主人打的战利品:松鼠、狐狸、白鼬、紫貂,可是谁也不会拿走它们。"不偷盗"是原始森林的第二个法则。违背这两个基本法则的人将受到严厉的惩罚。

在原始森林里,结拜的誓言具有可怕的力量,违背誓约者必死无疑。

在这篇小说里,作者借主人公瓦萨尔船长之口讲述了一个背弃结拜誓言的年轻人所遭受的惩罚。在瓦萨尔船长的故事中,我们得知,1904—1906年间他曾在欧林格森林打过猎,并赚了不少钱。由于经常出没于此,连狗都认识他了。刚一进村,中国孩子就会喊:"船长!船长!"按他的话说:中国人很尊敬他,选他作宽沟村类似名誉法官的官儿。(这是所有俄侨作家共有的内容:把主人公俄罗斯人写成中国人的"救星"或者是"主心骨"、"仲裁者"。)

宽沟村里住着一个富有的中国老汉桑洪林,是个好人,就是对于一个原始森林的猎人来说,他的胆子有些小。他家房子的窗户是玻璃的,而不是纸糊的,家里有好多良田、肥猪,还有三个媳妇。两年前,他家来了个年轻人,叫孔四,是个穷光蛋,他是从曲阜来的,当雇工。刚来的时候挺好的,干了一两年后,住习惯了。他夏天和主人一起去收鹿茸,冬天养貂。小伙子不偷不摸,也不喝酒。

到了第三年的冬天,有一天,主人对小伙子说,要和他结拜,小伙子高兴极了,要知道,他来的时候可是赤条条的,现在却可以成为主人的把兄弟了! 两个人按着这里的传统习惯烧香结拜并约定:此生有福同享,有难同当,如果其中的一个人死了,或是在深山老林中失踪了,那么全部财产:房子、地,甚至老婆,就都归另一个人所有了。两人结拜后,就去打猎了。

第二年春天船长回到这里时,孔四哭着对他说:桑洪林一个人到深山老林去打貂,失踪了。他找了好长时间主人的尸体,想把它埋了,不让他成为孤魂野鬼,可是到现在也没有找到,显然是被野兽吃了。是啊,猎人随时都有被野兽吃掉的可能。但是船长听完后,心里还是产生了一丝疑虑。

主人失踪后,孔四就像真的亲兄弟一样,成了桑家的主人,接管了房子和太太们。很快就有坏消息传遍了原始森林。"真怪,人们什么也没有听到,什么也没有看到,是原始森林说起来的,就像活人讲的一样!"

这时候,宽沟二当家的来到船长这儿。来者认为,肯定是出事了。这时,作者使用了边缘语:"Нет, говорит, капитана, «пу-хо»! наша так думай: наша два люди нанимай. Его в тайгу ходи, мало-мало старый человек ищи!.."(船长,他们说,事情不妙! 我们这样想的:雇两个人。他去原始森林了,得去找小老头!)

寻找老头的人两个月后回来了,当时已经是夏天了,夜半时分,他们来到船长的住处汇报情况,他们找到了老头的尸体,并讲述了经过。他们几乎翻遍了去过的所有地方,都没有找到失踪的人。于是他们就上了香,并发誓,找不到桑洪林就不抽烟了。第二天天刚亮,奇迹就出现了:他们找到了他,尸体已经腐烂,他的头盖骨上有一个枪眼,一个斧头砍过的伤痕。尸体边放着一把有血印的斧头。

听完这些话后,船长叫着当家的,怀揣着那把斧子来到孔四家,他们假装闲聊地问孔四:"你的斧子呢?……你冬天打猎用的斧子。"孔四取来了一把看起来挺新的斧头,并说,去年打猎用的斧头丢在老林里了。这时候,船长拿出了那把斧头。孔四当时就跪下来,承认是自己杀死了拜把子兄弟。看到这场景,船长说道:"Ай-яй-яй!.. Пу-хо, ходя! Тебя тоже убьют!"(哎呀呀,伙计,不好啊! 人们也会杀死你的!)

船长问他,为什么要杀死拜把子兄弟,他说,怪他自己,他是胆小鬼。两个人在一起的时候,有一个野兽袭击了孔四,桑洪林拔腿就跑,小伙子身强力壮,得以活命,暑天后,在饥寒交迫中终于爬到了小屋。他的结拜兄弟正在那坐着抽着孔四的烟袋。气急败坏的孔四就朝桑洪林开了一枪,然后又劈了一斧头。讲完事情的经过之后,孔四又说道,他知道,这事要是让别人知道后必死无疑。但就是在另一个世界再见到他,他也会朝他脑门开一枪的,他会告诉这个胆小鬼,以后别再和别人烧香拜把兄弟!

虽然船长和一些人都相信孔四说的是真话,但是原始森林的法则是无法违背的:杀死兄弟就是死罪,就要遭受严酷的惩罚。

结果,村里人割下了孔四的辫子,活埋了他,只露出了他的头。全村人都来看这一"仪式"。据说,埋他的时候,他一点都没有挣扎。半夜,船长忍不住了,跑去看他,他还活着,用左眼看着船长,右眼已经空了:被乌鸦啄走了。那只乌鸦居然还在写着孔四罪状的牌子上坐等他的死亡。船长气得一脚踢开了它,然后朝它开了一枪,又朝孔四的太阳穴开了一枪,结束他的痛苦。这是一种人道主义的举动,但同时也冒犯了森林法则,在所谓"情与法"中,这个受过西方教育的俄罗斯人选择了情。

通过类似主题的作品(《生命之根》的主题也基本相同,只不过写的是采参人的故事),谢尔巴科夫向读者再现了原始森林居民的日常生活和精神生活,以及这里的生存法则、古老的传统和习俗。有些细节描写甚至为今日的民俗研究都提供了非常好的素材。

在这些作品中,他非常注重词汇的运用。首先,在俄语的使用方面他基本运用的都是俄语的标准语,而很少、甚至不使用方言、俗语、俚语、新词和随机词等。读罢他的《上海掠影》,我们会感叹它语言的简洁、精练、准确。它仿佛写生画一般,把所看聚焦的现象具体地再现出来。在短小的篇幅里,作者让它们承载了最大的内容。

在所有的中国俄侨作家中,谢尔巴科夫是最擅长使用边缘语的作家了,在写带有中国元素的作品中,都有边缘语的存在,而且不仅仅是中国人口中的边缘语,俄罗斯人也使用它们,使边缘语得以以较完整的面貌出现在读者面前,同时也为后来的研究者提供了很好的材料。这是一种只有生活在特定交际圈中的俄罗斯人才能听懂的言语,没有言语实践,想听懂中俄跨文化交际中的边缘语可不是件容易的事情。而在这种交际圈中生活过的人,与操这种言语的人打过交道的俄罗斯人,听到这样的话,看到这样的文字,则会倍感亲切,因为这是一种识别代码:只有在那个年代、那个地方才能听到这样的话,而那个地方就是中国,中国的哈尔滨……

可以说,谢尔巴科夫的散文创作是中国俄侨文学中的一朵奇葩,他和巴依科夫、黑多克三人堪称这个领域的"三剑客"。在作品中他会适时加入一些不同文化载体的对比。当然,在他的故事里有些写中国事、中国历史不够准确的地方,有些地方甚至还带有明显的沙文主义倾向,在一些用词上带有对中国人的蔑视,例如,介绍桑洪林时,用的是带有贬义的词китаёза,写中国小孩的时候用косоглазые。但是,总体上看,他的创作是具有很大的意义,在传播中国文化传统、民俗、历史等方面起到了一定的作用,为中国俄侨文学的发展作出了自己的贡献。

附注

① 《边界》,1998 年第 3 期,第 4 页.

② 同上.

③ 这里所指应是孔乙己.

④ 谢尔巴科夫. 生命之根[M]. 上海:大门出版社,1943.

⑤ «Литература русских эмигрантов в Китае» (т. 4). Пекин:изд. Китайская молодёжь, 2005. стр. 566.

⑥ 同上.

⑦ 同上.

⑧ 同上,стр. 567.

⑨ 同上.

⑩ 同上.

⑪ 同上,стр. 568.

⑫ 同上.

⑬ 同上.

⑭ 同上.

⑮ 同上,стр. 570.

⑯ 同上,стр. 571.

⑰ 虹庙,其正式的名称是保安司徒庙,虹庙或红庙是它的俗称。位于南京东路近附件中路口,现在的南京东路496号,曾是上海香火最旺的庙观之一。原是佛教寺庙,康熙末年,成为道教的道观。——本文作者注。

⑱ 同上,стр. 573.

⑲ 同上,стр. 573.

⑳ 同上,стр. 573.

㉑ 莫洛赫——古代闪米特人神话中的天神、太阳神、火神、战争之神,祭祀莫洛赫时用活人作祭品。

㉒ «Литература русских эмигрантов в Китае»(т. 4), Пекин: изд. Китайская моло-дёжь, 2005. стр. 574.

㉓ 同上,стр. 573 – 574.

㉔ 同上,стр. 575.

㉕ 同上,стр. 575.

㉖ 同上,стр. 493.

㉗ 同上,стр. 496.

㉘ 同上,стр. 496.

㉙ 同上,стр. 497.

参考文献

[1]Литература русских эмигрантов в Китае(т. 4). Пекин, 2005.

[2]Рубеж, 1998, 3 (865).

[3]Таскина Е. «Русский Харбин». М., 1998.

[4]Язык и литература русского зарубежья. Благовещенск, 2003.

[5]刁绍华. 中国(哈尔滨—上海)俄侨作家文献存目. 哈尔滨:北方文艺出版社, 2001.

《告别马焦拉》的另一种解读

白文昌

俄罗斯当代著名作家瓦·格·拉斯普京（Валентин Григорьевич Распутин）于 1976 年发表了他著名的——也许是他创作生涯中最为重要的作品——中篇小说《告别马焦拉》（«Прощание с Матёрой»）。这部作品从问世之日起就得到俄罗斯国内外，也包括中国在内的读者、文学研究者和评论家最为广泛的关注和高度的重视。人们在这部作品中读到了对现代社会道德沦丧的焦虑，对人们盲目追求发展的担忧，对保护环境的呼吁，对人的愚昧和狂妄自大的谴责以及对人类即将面临的暗淡前途的深深忧虑……

此外，我们认为拉斯普京在这部作品里使用了一系列的象征符号勾画了一幅人类和世界的恐怖图景。《告别马焦拉》是一部极具启示意味的作品，处处都暗示着当今社会所潜伏的危险以及未来世界可能出现的灾难。本文仅从个人理解的角度尝试着解读它的启示意义。

1 《告别马焦拉》的象征世界

拉斯普京在小说中使用了大量的象征符号，这是一个由水和土、烟和火、人和机器、树王和岛主、乡村和城镇、雾和岸等物象构成的符号体系，它们各自独立又相互联系，勾画出人类自身状况及其所面临的世界图画，通过这幅图画警示人们要反思自己的行为，反思我们一直满怀信心所追求的美好明天。

1.1 "土"和"水"

土和水的象征意义首先是通过马焦拉岛与安加拉河来体现的。在安加拉河"浩荡闪光的洪流"中静静地躺着一个"连绵五俄里多，好像一只熨斗"似的小岛，"上面既可以开荒种地，也可以植树造林"。（拉斯普京

1982：4）这就是我们星球的缩影——当人类进入太空，登上月球后，人们从那里看到的地球就是一个被广阔水域包围着的椭圆形的小小球体。这的确是一个非常小的星球，我们这些凡人之所以觉得它很大，无边无际，只不过是因为我们的视力有限，因为我们置身其中。现在，人们已经开始意识到了这一点，所以把它叫做"地球村"。

所有的生命都来自这个小小的村落，来自这个母亲。"小岛，尤其是由命运亲定的这块生育（родная）我们的土地，静静的躺着。它界限分明，界外就不再是硬实的土地（твердь），而是水流（течь）了。虽然远离大陆，却也足够辽阔，从岛的这端到那端，从水流的这边到那边，满目的野色与美景，遍地资源和生灵（всякая тварь по паре）——难道不正是因为这才给它起了个响亮的名字：马焦拉（Матёра）吗？"（拉斯普京 1990：34）在这里，马焦拉象征的就不仅仅是我们的地球村了，它是人类生活的伊甸园，是我们时时都在追寻的天堂，也是我们的最终归宿。

"耶和华神在东方的伊甸立了一个园子，把所造的人安置在那里。耶和华神使各样的树从地里长出来，可以悦人的眼目，其上的果子好做食物……有河从伊甸流出来滋润那园子……耶和华神将人安置在伊甸园，是他修理看守……耶和华神用土所造成的野地各样走兽和空中各样飞鸟都带到那人面前，看他叫什么。那人便给一切牲畜和空中飞鸟、野地走兽都起了名，只是那人没有遇见配偶帮助他……耶和华神就用那人身上所取的肋骨造成一个女人，领到那人跟前。"（任继愈 1983：2）我们可以看见，造物主给人类所立的园子并没比马焦拉好到哪里（或者说马焦拉岛一点儿也不次于上帝赐予人类的那座乐园）。

俄罗斯作家伊凡·屠格涅夫（Иван Сергеевич Тургенев）在晚年的一篇散文诗《乡村》中用清新明快、简洁生动和饱含情感的笔触为我们描绘过一幅俄罗斯乡村的风情画。作家在描述了晴朗的天空、甜美的自然、农人的富足、孩子的健康、妇女的快乐和大家的善良慷慨之后感叹道："啊，俄罗斯自由乡村的满足、安逸和富饶！啊，多么宁静、幸福！……我不由得想到：那皇城里索菲亚大教堂顶上的十字架，还有那城里的人们正孜孜以求的一切，在这里对我们又算得了什么呢？"（朱宪生 1999：194）这不正是人们所渴望的天堂吗？马焦拉不正是这样的一个所在吗？

"叶落归根"、"入土为安"不仅是中国人的文化传统，也是许多民族很普遍的心理需求。《五灯会元》卷一上说："叶落归根，来时无口。"比喻事物都有一定的归宿,这个归宿就是生养我们的土地。无论赵本山的电影新作《落叶归根》,还是拉斯普京于 1995 年发表的力作《下葬》,表达的都是这个人类共同的诉求。在《告别马焦拉》中,村民们对死后不能葬入故土也表现出极度的恐惧。

"哎呀,我可不想当个淹死鬼……"纳斯塔霞大惊失色地声明说,"那可是造孽,最好还是入土为安。死在我们前面的都入土了,我们也得到那儿去。"

"那些人都是要浮起来的。"(拉斯普京 1982:16)

不但马焦拉的村民就要失去自己祖祖辈辈生活的家园、自己的天堂和最终归宿,连他们的祖先也将被水浮起来,这些灵魂要到哪里才能找到自己的安宁? 人类要到哪里去找寻能够寄放自己灵魂的精神家园?

1.2 "水"

水除了带给我们生命之外,还是惩罚人类不义的手段,是毁灭我们的灾难。"有河从伊甸流出来滋润那园子",也有河从马焦拉边上流过,灌溉着岛上的万物,哺育着岛上的生灵。但是当"世界在神面前败坏,地上满了强暴","神就对诺亚说:'我要降雨在地上四十昼夜,把我所造的各种活物都从地上除灭。'……水势在地上极其浩大,天下的高山都淹没了……凡地上各类的活物,连人带牲畜 、昆虫,以及空中的飞鸟,都从地上除灭了……"(任继愈 1983:6)也许是因为《圣经》里的这段记载,人们对水的恐惧也与生俱来。甚至那些生活在江海湖河旁别的居民,平日里也许只看到水的恩惠,可是在暴雨 、洪水 、海啸到来之际,烙在心灵深处的记忆就会被唤醒。"直到现在因为害怕才应验,它当初害怕不是无缘无故的……原来是这——样。"(拉斯普京 1982:42)"安加拉河下游正在建造水电站大坝,大河小溪水位都将被提高,因而溢出两岸,要淹没许多土地。首当其冲的自然是马焦拉岛,纵然一个叠一个摞上五个这样的岛,也仍然会没顶。"(拉斯普京 1982:7)这就是马焦拉的大洪水,它要"除灭"岛上的一切,真所谓水火无情。

1.3 "火"

火是拉斯普京经常使用的物象,它是人作恶的重要方式,也是人常常采用的用来掩盖罪恶的拙劣手段,可是人的许多恶行恰恰就在火光的照映下得到昭示。在《告别马焦拉》里,无论外形还是内心本来就快没有人样的彼德鲁哈为了个人的蝇头小利划着了焚烧马焦拉的第一根火柴,从此烟和火便笼罩了马焦拉岛——马焦拉的末日真正到来了。同时,这场大火也把彼德鲁哈之流的卑琐和无耻烛照得一览无遗。类似的情景我们还可以在拉斯普京那部直接以《失火记》(Пожар)为题的作品中见到。《失火记》的情节与《告别马焦拉》有许多直接的联系,仿佛就是对它的续写:因为建造水电站,大水淹没了叶果罗夫和乡亲们的家园。被迫迁居的人们经历了一场大火的考验,这场大火就像一把巨大的凸透镜再次把人的所有秉性放大。俄国人常说 С огнём не играешь(不能随便玩火),中国人也说"玩火者必自焚"。彼德鲁哈把自己仅剩的一丁点儿人性一把火烧光,变成了"魔鬼",他注定要受到惩罚。

火也是惩罚恶的最严厉的刑罚。"这房子发出一股特别的微弱气味,这气味只有岛主才能闻得出来,而且绝不会错——那是一种末日将临时特有的腐朽的苦味。每到深夜,全村处处都冒出这种气味,但在彼德鲁哈的房前这气味更为强烈。在劫难逃……"(拉斯普京 1982:63)"作家强调,'黑暗降临在马焦拉岛上',他多次重复的这句话令人联想起俄罗斯的古籍和启示录。"(阿格诺索夫 2001:524)基督教义认为,"有一日现世将最后终结,所有世人都将接受上帝的最后审判。得到救赎者升天堂享永福,不得救赎者下地狱受永刑。魔鬼也将被丢入**火湖**"。(任继愈 1983:257)无独有偶,伊斯兰教也认为,"归信安拉为一神并做善事的人永居天园,不信者或作恶者则堕**火狱**"。(任继愈 1983:272)有谁能躲得过这最后的审判?

1.4 "人"和"机器"

人在拉斯普京的笔下既是骄傲的又是可怜的,那些自以为聪明强大而骄傲过头的人终归是可怜的。

"人真是能干,他能干的事数也数不清啊。人现在掌握着这么大的力量,哎呀呀!想办什么事就一定能办到。"(拉斯普京 1982:121)"人又能拆,又能盖……可是死神一到,他就得死。……人,我是看透啦,他们很小。不管他们站得多近,总是很小。他们很可怜哪。你这会儿不可怜自己,这是因为你年轻。你有使不完的劲儿。你以为你有力气,什么都行。不,孩子,我还没见过不可怜的人呢。尽管有的人脑袋特别灵,远看好像是:嘿,他什么都不怕,连魔鬼都斗得过……神气十足……离近点儿一看呢,还是跟旁人一样,哪儿也不出奇。你想脱掉自己身上凡人的皮吗?不行啊,安德烈,脱不掉。还没有过这种人呢。只会把皮撕破,平白无故地受伤。事情照样办不成。趁你拼命脱皮的时候,死神就到了,不会放过你。**人们忘了自己的地位是在上帝下边——这就是我要对你说的。……咱们的地位,上帝可没忘,没忘。**他看到人变骄傲了,啊,变骄傲啦。你骄傲吗,你就要倒霉了。那骑着树杈砍树杈满不在乎的人,也自以为了不起呀。可是啪地一声摔下来,就把肝摔坏啦——他是跌到地上摔的,不是跌到天上摔的。怎么也离不开大地。没说的——你们现在力量是很大。是啊,很大! 从这儿,从马焦拉就看得见。可别让它压倒了你们哪儿,这个力量……它是很大呀,可你们呢,过去很小,现在还是那么小。"(拉斯普京 1982:122)

不管人有多么聪明强大,他只是上帝派去看园子的。可是人越来越发现自己很有智慧和能力,便不满足这种地位,就大喊着说:我是大写的人,是万物的灵长,是世界的主宰。**"人们忘了自己的地位是在上帝下边……上帝可没忘。他看到人变骄傲了……你骄傲吗,你就要倒霉了。"**于是就出现了瘟疫,暴发了洪水,发生了地震,出现了火灾……在这些灾害面前人又看到自己的渺小和卑微,便哭天喊地,祷告忏悔,人终归是可怜的。

"你为什么觉得人可怜呢? ……你说过,人是很小的。就是说,是软弱的,没有力气的,还是怎么的?"(拉斯普京 1982:153)

"难道不是很小,还是怎么着? ……从前什么样儿,现在还是什么样儿。从前他长的是两只胳膊两条腿,现在也没多长,却把生活弄得紧张透了……他把生活弄得这样紧张,真叫人看着害怕。是他自个儿拼出来的,谁也没逼着他干。**他以为他是生活的主人,可是老早啊就不是主人啦。他早就松手放开了生活。生活骑到人头上去啦,想要什么就跟人要什么,用鞭子赶着他**……你说有机器,机器为你们干活儿。唉,唉,早就不是机器为你们干活儿呃,是你们为机器干活儿呢……机器要榨干你们的血汗,要糟蹋土地。"(拉斯普京 1982:155)

"机器"在拉斯普京的笔下已经不再是人的帮手了,而变成一个贪婪、凶恶、榨人血汗、糟蹋土地、自我繁殖力特强的怪物,成了左右人的力量。机器驱赶着人拼命往前跑,步子越来越大,节奏越来越快,无人能够遏止。人"不用机器就不行",于是就被赶着"跑得上气不接下气,一步一跌的——但还是跑……哪儿还回头看……连自己脚底下也没工夫看一眼……"(拉斯普京 1982:35)"这么下去人是要累垮的",累垮了也就走到尽头了。作家把这些匆匆忙忙的人间过客称为"秕糠"。秕就是有壳无实或实不饱满的籽粒,糠是籽粒上脱下来的皮壳。在生活这个大簸箕里,他们经不起几下颠簸,就会被扬到空中,撒落尘埃。

1.5 "树王"和"岛主"

树王是跟这些"秕糠"(人)相对的物象。他也是骄傲有力的,也承受过上苍的惩罚——头顶被雷电削掉。也许正是因为他不像人那样有智慧,善于适应,所以才没有屈尊,没有丧胆。他把根牢牢地扎在大地深处,人们相信是他"将这座岛固定在河底,固定在一块共同的土地上了,只要有他在,也就有马焦拉在"。(拉斯普京 1982:216)他才是马焦拉真正的主人。人和人的伙伴——机器在他面前是那样的渺小无力且滑稽可笑:板斧、油锯、汽油都奈何不了他,"唯有挺立不屈的树王,继续控制着四周的一切"。(拉斯普京 1982:224)他活得很有尊严,不像人那样可怜。

岛主是《告别马焦拉》中极为重要的物象,象征意义十分明显。"无论谁都从来没见过它,没碰到过它,但它在这儿却认识所有的人,在这块四面环水、高出水面的孤独的土地上……所发生的事,它样样都知道。"(拉斯普京 1982:59)它不但能"嗅出末日来临的腐朽苦味,还能看到更往后的事……"(拉斯普京 1982:92)很显然,这就是那个**无所不能者**的化身,它的出现是在提醒我们:人所想所做的一切它都看得一清二楚,"不是不报,时候未到"。

在小说中,马焦拉村就是人类理想的家园,茶炊、炉炕和老屋是乡村生活方式的代表(老屋是活人的居所,坟墓是死者的老屋)。达丽娅宁死也不会放弃茶炊,不愿告别炉炕,宁愿与老屋共存亡。可是年轻人却耐不住这种生活的缓慢、恬静和素朴,他们迫不及待地奔向另一种生活紧张、喧闹和方便舒适的城市生活。在农村,一切都看得见摸得着,你很清楚你吃的土豆是自己种的,喝的奶是从自家奶牛身上挤的,而那奶牛是用你自己割的草喂的,你住的房子是祖先盖的……因而你有没有良心也是明摆着的。在城市里一切都是买的,只要弄到钱,你就拥有了一切。至于你的钱是怎么弄到的,有几个人能知道?至于你的良心还在不在,有几个人去关心?那里的人们都在忙,"多少人在乱跑啊!像数不清的蚂蚁,像数不清的虫子!来来去去,来来去去!简直没法转身。你推我挤,你追我赶……他们死后,哪儿去弄那么多地把他们一个个地埋下去呢?"(拉斯普京 1982:156)于是,那火刑便切切实实地加到了人的身上:没那么多的地去埋,就一把火烧了吧。

1.6 "雾"和"岸"

雾和岸是人迷失方向、找不到归宿的象征。"他们开船离岸,在水面上一转弯,河岸随即无影无踪了……雾,团团围上前来。"(拉斯普京1982:262)离开此岸是容易的,正如放弃现有的家园一样,只需一把火而已。可寻找彼岸的路却充满了陷阱,一不留神你就会迷航。"可是不管怎样凝神谛视,一点岸的影子也没看到。"(拉斯普京1982:263)任你怎样努力,任你怎样喊叫,"大雾马上便把呐喊声就地吸收,吞没了,什么东西也爬不出这大雾的泥潭"。(拉斯普京1982:269)就在这大雾里传来了岛主凄厉的告别声。

2 《告别马焦拉》的启示

我们认为《告别马焦拉》是一部具有强烈"启示"意味的文学作品,甚至可以直接称为启示文学。"启示"一词译自希腊文 āpokalyptein,原意为"以神谕方式揭开隐蔽之真理"(任继愈1983:560)。启示文学大都采用"见异象"、"传启示"的形式,以隐喻的方式预言未来,借以宣传作者对当代问题的主张。作者采用的隐喻往往比较晦涩难懂,以此增强作品的神秘性,并谓之天机不可泄露。《告别马焦拉》具有启示文学的所有特征——它讲述的故事不是纯粹的文学虚构,而是苏联在建造布拉茨克水电站期间发生的真实情况。类似的情况不仅在俄罗斯有过,也在世界其他各地经常发生,一个国家如果能够建造世界第几大电站往往还是该国国民很自豪的事呢。我们非常相信自己的智慧,相信技术的力量,也常常在享受技术带来的方便时忘记祖先的教诲:"福兮祸之所伏"。且不说人自己的玩忽职守或者恶意破坏可以给人类造成巨大的灾害。有些事情是防不胜防的。小小的白蚁就有可能让固若金汤的堤坝毁于一旦,更何况还有人类无法控制、甚至不能预防的地震和火山爆发? 我们想没想过,提高河道的水位,增加河床所受的压力,会不会引起某些地段的塌方、泄漏和由此引发的山体滑坡、甚至地质构造的改变? 建造水库,已经让库区遭了一次大洪水(还好,这是在人的控制下有组织的进行的)。一旦大坝出现问题,有多少人将遭受灭顶之灾? 我们不是已经领教过海啸的威力了吗!

抛开一条河、一个坝不说,小说中讲述的"水位上升,淹没土地"的故事很容易让人联想到全球范围正日益严重的城市温室效应、全球变暖、冰山溶化、厄尔尼诺、海面上升的事实,这样下去人类不是真的要遭受造物主许下的那场大洪水吗?

火也在威胁着人类。越来越多的人已经避免不了死后被火葬的命运,更多的人活着的时候就受到火的威胁。为了一己私利,为了争强好胜,人靠着自己的智慧想出了多少能致死人命的手段:火药、火枪、炸弹、核弹、原子弹、氢弹……地球上现有的这些爆炸物足够把地球彻底毁掉几十次,这就等于说人类正坐在一个大火药桶上享受生活。而这只火药桶随时可能被自己吸烟时掉下的火星点燃(杜鲁门已经掉过一次火星了,好在那时桶里的火药还不算多),可能被自然界的某种力量触发(自然界中这些力量还少吗? 切尔诺贝利一次小小的泄漏让多少人恐慌了多久!),可能被某个疯子当焰火燃放(试想一想如果这些"蛋"落在某个宗教狂热分子或民族极端分子的手里,那会产生什么样的后果?)。想想吧,别只知道为自己的成就沾沾自喜。

工业化、城市化、科技现代化、经济一体化、信息网络化,这些"化"在给人带来极大方便和享受的同时,也引发了环境污染越来越严重,城市人口越来越密集,城市规模越来越庞大,竞争越来越激烈,生活节奏越来越快等现象,这些现象又构成一个恶性循环的涡流。人在这个涡流里就像达丽娅奶奶说的那样,只能不顾一切地往前跑,这样他就越陷越深,就像巴威儿的船一样,找不通往彼岸的航向,即使是你意识到这种迷失,摆脱不了那个涡流的巨大引力,也"爬不出这迷雾的泥潭"。

在通向毁灭的路上,人啊,你停一停脚吧,哪怕是放慢一点儿步伐也好,哪怕是别再加速也好啊!

附注

① 这个词的词根是"род",从词源讲,它表示与生育 родить、氏族、家族 род 有关的人和物,由此衍变的意义有:亲生的,亲的,故乡的等等。

② 这个词的词根是"тверд",表示与固体的、硬实的有关的事物。在《圣经·创世纪》中这个词表示"旱地"、"地"。

③ тварь 在现代俄语中表示"有生命之物",而 всякая тварь по паре 这个成语性词组表示形形色色的人(或动物)都有一些。来自《圣经》中关于诺亚方舟的故事,因为上帝叫诺亚把每样生物都选一对儿带上方舟(по паре)。

④ 这个词的词根是"мат",与母亲 мать 同根,特别是和 мать 的所属格(也叫生格)

матери、和古俄语中的母亲 матерь 十分相近。

⑤ 这是拉斯普京在九十年代发表的一部具有划时代意义的作品,它在一定程度上是作家在多年"沉寂"之后重返文坛的标志。小说问世的第二年,获得首届"莫斯科–彭内"国际文学奖。小说的俄文名称是:«В ту же землю»,《下葬》是任光宣老师的译法,结合作品的内容看,我们认为译成《入土为安》更妥。

参考文献

[1] Распутин В. Г. Пожар[M]. М., 1990.

[2] 阿格诺索夫. 20 世纪俄罗斯文学[M]. 北京:中国人民大学出版社,2001.

[3] 黄源深. 20 世纪外国文学作品选[M]. 上海:上海译文出版社,2004.

[4] 拉斯普京. 幻想——拉斯普京新作选[M]. 北京:人民文学出版社,2004.

[5] 拉斯普京. 拉斯普京小说选[M]. 北京:外国文学出版社,1982.

[6] 刘亚丁. 土地与家园:文化传承中的《告别马焦拉》[J]. 俄语语言文学研究,2006(3).

[7] 任光宣. 俄罗斯文学史[M]. 北京:北京大学出版社,2003.

[8] 任继愈. 宗教词典[Z]. 上海:上海辞书出版社,1983.

[9] 中国基督教协会. 圣经[M]. 南京:中国基督教协会,1998.

[10] 朱宪生. 在诗与散文之间——图格涅夫的创作于文体[M]. 西安:山西人民教育出版社,1999.

谈列夫·托尔斯泰作品中的"死亡"主题[*]

戴卓萌

　　19世纪80年代至20世纪初,是俄罗斯思想复兴、繁荣的时代。这是一个"旧的价值体系全面崩溃、新的价值体系尚未形成的时代"。(金亚娜2003:271)作为"上帝死了"的回声,人开始直面自我的存在与个人心灵的混沌。在一个新的历史氛围中,文学家、艺术家和哲学家们开始重新思考个人的使命、关于个性新的自我表现方式。在这一时期的俄罗斯文学发展进程中,充满了各种独特的现象。对以往价值的重新定位,要求作家用与现实相适应的新的创作手法对文学描写的现象进行诠释。描述和揭露在危机四伏的现代社会中人的个性的丧失,人的自由的被剥夺,人之受制于物和一切异己力量,促成了文学中存在主义思想的出现。在这一时期的俄罗斯作家中,"为存在主义形成提供了非常重要的思想材料"(刘放桐2000:333)的当属陀思妥耶夫斯基和列夫·托尔斯泰。其中,"充满内心冲突和矛盾的列夫·托尔斯泰至今仍是一个谜,他的许多传记没有一部是完满的"。(叶夫多莫夫1999:81)本文拟从存在主义的观点出发,对列夫·托尔斯泰的某些作品进行重新解读,以期得到某些新的启示。

　　这里,有必要限定一下"存在主义"一词的时代特征。在人类文化发展史上,存在着两种时代特征不尽相同的"存在主义"意识:文学中的存在主义意识和哲学中的存在主义意识。文学中的存在主义意识因素早在古希腊荷马、埃斯库罗斯的作品中已初露端倪,后来又为但丁、彼特拉克、莎士比亚、普希金、果戈理、托尔斯泰、陀思妥耶夫斯基等人所继承和发展;而哲学上的存在主义意识则是指产生于20世纪20—30年代、最终形

　　* 本文为教育部人文社会科学重点研究基地2002—2003年重大研究项目"二十世纪俄罗斯文学的宗教神话主题"(项目批准号:02JAZJD740013)的阶段性成果。

成于 40—50 年代的一个重要的思潮流派,它标志着西方哲学近现代转型的完成。前者具有较后者更为悠久的发展历程,因此具有更为深刻的历史内涵,而后者则以提出问题的尖锐性、论述的思辨性和彻底的批判性更为引人注目。本文所谈到的"存在主义"更多的是用于前一个意义上,但也不排除为了说明问题而不时要借用哲学中"存在主义"的内涵。

对于俄罗斯古典文学传统来说,一个重要的观点是生活的意义、人的社会使命、他的生活与历史进程的关系等,而对于人的"存在"意义的问题则常常采取否定的解决方式,认为人的意志在世界体系规律面前,在命运意志面前是微不足道的。只是到了 19 世纪末期,随着资本主义在封建俄罗斯的发展,社会矛盾和危机表现出较西方资本主义国家更为激烈和残酷的特点,人的异化现象开始大规模地蚕食社会各个阶层,包括知识阶层——贵族知识分子和平民知识分子。传统的思维定式被打破,孤寂、烦恼、畏惧、绝望、迷惘的悲观情绪随着先是先进的贵族知识分子、后是民粹派的理想的破灭而日趋强烈。只有在这时,个人的"存在"问题才开始作为一个社会问题进入到人们的视野中,并在文学作品中得到相应的反映。

人的意识中的存在主义成分是人在世界上自我意识个性中最稳定的因素之一。应该说,这一成分的出现是在人首次意识到自己存在于世界并开始思考自身存在的时刻。生存与死亡的"问题"和"情境",是存在主义文学用于揭示人的存在实质的最基本方法。托尔斯泰的创作经验为俄罗斯文学中解决生存与死亡的问题提供了更新、更有意义的途径。

列夫·托尔斯泰毕生都在进行不倦的人生之路的精神探索,他建立了自己的宗教哲学学说,其中心是对生活意义和死亡本质的追问,对普遍的爱、善和非暴力的"真正宗教"的寻求。他的精神发展过程十分复杂,始终伴随着他自身形成的怀疑论。作家的世界观大约形成于 19 世纪的40— 60 年代。当时,他对一些重大的哲学问题,诸如生命的本质和意义、它受自然和社会环境的制约性、个体中的神、人的统一、这种统一得以实现的理想和手段、艺术的本质等产生了浓厚的兴趣,并力求在自己的创作中寻找答案。他早期的哲学观受卢梭、康德和叔本华等西方哲学的影响,19 世纪 80 年代以后接受了东方哲学,这对他哲学观和世界观的转变有很大作用。托尔斯泰曾自称是虚无主义者,直到 50 岁才成为东正教教徒,而老年又被教会革出教门。托尔斯泰信仰上帝,但却用理性的思考追问上帝是否存在,对于他来说,上帝是对生活的爱,是物质和精神的统一,是一切和永恒的完整性。同时,托尔斯泰否定上帝的三位一体性,认为它不符合健全的理性,是基督教中存在的多神教观念的表现。对于托尔斯泰,基督不是永生的神人,而是具有神的属性的凡人的形象,他替人类承担了罪过,是人类的英雄,为人类指出了应走的道路。伟大作家的这些观念都与东正教相悖,并且,他没有基督教中"救赎"的观念,而主张人类的自救。他的生命观和死亡观为此密切相关。

在19世纪80年代,托尔斯泰并非一下子就转入到存在主义思想意识上。在他的作品中,我们依旧能够看到他由来已久的关于战争、和平、生存、死亡、自然等关系人的生存诸范畴的观点。这里,我们能看到一种作家本体论直观上人与自然的和谐,个人融入到现实与自然中(如在故事《霍尔斯托梅尔》中,人和自然之间的分野完全消失了)。作家此时仍在不断地提出"上帝与人"的关系问题,力图弄明白他们之间的相关联系。就其实质而言,这里所呈现出的仅仅是存在主义界限问题的萌芽,只是到了"上帝"在尘世间和作家本人的世界观中均受到怀疑的时候,随着"上帝"从这个世界上的逐渐消失,"萌芽"才转变成为存在主义意义下的"界限"问题。就托尔斯泰来说,对于这一问题的解决方式,与其说是求助于宗教神学,毋宁说是包含在关于人的"界限"问题本身的性质之中,体现为在人类之初就规定了人的本质的那些原始伦理规则。托尔斯泰艺术思维的这种根本性的转变在小说《安娜·卡列尼娜》一书中已经显露出来。作家将小说建构在人类存在的最基本的欲念力量和过程之上,驱动情节的是生命本能的需求,这里,生命的基本欲望通过小说的形式被毫无掩饰地展现出来。

死亡主题成了俄罗斯存在主义传统的首批作品之一——托尔斯泰的中篇小说《伊万·伊里奇之死》的中心,这并非偶然。托尔斯泰先前就已经逐渐接近了这一存在主义的核心概念(《三死》、《战争与和平》、《安娜·卡列尼娜》)。在19世纪末的俄罗斯文学中,死亡主题以其特殊的普遍性越来越吸引了人们的视线。

在我们意识到的生命的各种可能性中,死亡属于人的最"内在"、最"本真"、最极端的可能性。这一可能性不是在生命终结时才出现的外力作用的结果,而是从生命一产生就蕴含于其中的一种标志着其具有终结性的可能性。人生最大的悲哀莫过于死。于是,就产生了人间普遍的拒斥死亡、掩盖死亡、努力忘却死亡、"常人不知有死"的现象。另一方面,死亡永远是"个人"的,对所有人来说均是不可知的,永远是唯一的。"上帝面前人人平等",换言之,即"死亡面前人人平等"。人只有在面对行将到来的死亡时,才能将其终生碌碌而为之"烦"的一切当做过眼云烟,从而真正关注自我的"生"(存在),真正领悟生命的意义,并由此得到超越。

对于俄罗斯文学来说,这一思想由于俄罗斯人固有的对生命意义的探索而大大地强化了。"俄罗斯人具有的常常被称为'末世品质'的东西,与寻求世界末日之日的好奇心无涉;这是一种在日常生活琐事中转向终极的存在方式,是一种首先在终极光明中提出存在整体意义的天生习惯。"(叶夫多莫夫 1999:32)于是,在作家艺术构思的"死"的情境下,不同的"生活"被平等地考察、比较,以便从中感悟出人生的真谛。正如海德格尔所说:"本真生存的存在论须待把先行到死中去之具体结构找出来才弄得明白。"(海德格尔 1999:302)对死的思考转为了对生活真谛的思考,转为对人的存在的思考,并促成了俄罗斯文学部分的存在主义化过程。

托尔斯泰很早就接触到了死亡意识。1860 年,他痛苦地目睹了长兄尼古拉——这个从童年起就部分地取代了父亲而明显地影响他世界观的人的死亡过程。这时,他已经触摸到了实际上也横亘于自己面前的、毁灭一切的死神。1869 年,托尔斯泰体验了几乎导致他精神崩溃的"阿尔扎马斯的恐怖"——死亡意识的突然的、猛烈的袭击,生命再一次袒露出了残酷、悲凉的真面目。"阿尔扎马斯的恐怖"使托尔斯泰陷入了一场深深的精神危机中。"他所深刻感受的不是肉体死亡上的恐惧,而是死之在形而上的恐惧,同时他对把他变成某种物的盲目的、非人格的东西感到痛恨。"(叶夫多莫夫 1999:82)在陷入了极度的、令人毛骨悚然的惶恐之后,作家的整个身心充满了对生命和生的权利的渴求。如何能摆脱死亡,或者说为了寻找"我为什么活着"的答案,托尔斯泰开始了浮士德式的人类知识海洋中的探索。然而,所有有关人生哲理的书籍只是使他徒增烦恼,因为所有这些书都毫无例外地重复着苏格拉底的那句令人心碎的名言:"我们接近真理的程度仅仅取决于我们能在多大程度上摆脱生命。"(托尔斯泰文集 1989:28)"阿尔扎马斯的恐怖"可以说是托尔斯泰对死亡的存在主义哲学观形成的重要基础,这种对死亡的畏惧来自于面对上帝所产生的灵魂深处对自身的忏悔。正是这种对死亡的意识使托尔斯泰醒悟,使他进一步认识到人存在的本体论价值,不断追问人生的意义。

但是,如果说存在主义哲学家们是从死亡中领会生存,从畏惧中领会自由,从而揭示人的真正存在,以恢复受到社会和外部世界制约的人的个性的自由,使人摆脱沉沦和被异化的境况,那么,在托尔斯泰看来,人的拯救之路只在于对"上帝"的信仰,在于人的无我、谦逊、真诚和爱,在于灵魂的自我完善。依然是浮士德对生活本身的赞美给了托尔斯泰以启发,尽管对同时代人生活方式的考察曾使作家感到困惑不解。托尔斯泰发现可以根据对待生活的不同态度将周围的人分为四种类型:浑浑噩噩型、寻欢作乐型、无所作为型和绝望自裁型。所有的类型都在否定着生命,并且无一例外地在肯定着苏格拉底前面的话。但是幸运的是,作家登上了一个比浮士德更高的阶梯,赋予了生命更广延的时间属性,从人民创造历史中找到了关于生活意义的答案,并在新的基础上重新确立了作家对生活的信心,找到了作家自己的"上帝"(托尔斯泰文集 1989:42—45)。这时的"上帝"已经不再是教会人士所宣称的东正教意义上的"上帝"了(罗素1993:114)。对于托尔斯泰来说,"上帝"和"爱"、乃至于"生活"属于同义词。信仰"上帝",就是要以博爱的精神去为大家服务,去像普通人一样生活、劳动,创造生命的价值,通过"道德自我完善"将个人的有限融入到上帝的无限之中。在托尔斯泰那里,存在主义的"自由"变成了上帝信仰中的"我为人人",从而达到了作家意识中的宗教与存在主义的统一(别尔嘉耶夫 1955:150—152)。在《谢尔基神父》中卡萨基最终选择的帕申卡的信仰方式就是明证。托尔斯泰以一种罕见的历史主义的态度指出,对于生活的目的何在这一问题,"无论是精确的科学还是沉思的哲学都无法做出令人满意的回答。只有在信仰中,才能发现生活的意义和目的"。(海克尔 1994.1:43)

伴随着上述的思想,作家开始意识到了肉体幸福的虚假,认为人的理性的生命不是肉体的生命,它是超时空的现象,因此这个生命没有死亡。这里,托尔斯泰接受了基督教关于"永生"的观念。所以,当他经历人的死亡,包括最亲近的人,如他的爱女玛莎的死亡时,他十分平静,因为他所感受到的是人肉身的消亡和新的生命的开端,这令他感到欣慰。作家确信,只要人的生命是有意义的,它便会在人的肉体死亡以后继续存在。这种观念完全符合基督教对永生的理念:人的物质生命是暂时的,只有灵魂得到基督教的拯救,升入天堂同上帝相结合,才能得到真正的永恒生命。这里所说的"永生"并非仅指时间上的恒长,同时也包括对时间和空间的超越。

在短篇小说《三死》中,死亡主题沿着几个方向展开。从社会学的角度,我们可以理出"贵族地主太太—庄稼汉"这条主线,这也是俄罗斯文学研究历来主要侧重的方面。但是对于作家,社会问题在这里看来并不构成一个主要的问题,故事基本的冲突被移至精神生活的层面上。对于托尔斯泰,贵族地主太太的生存与死亡所代表的是一种虚伪与琐屑,她的语言与行为矫揉造作,内心缺乏信仰和宁静。与这种生存对立的是一个庄稼汉深刻的、默默无闻的生活与死亡。后者对生活与死亡均要求不高,并且在关于生活的内容和伦理方面思路清晰,内心宁静。在小说中,有两种伦理层面的道德标准。第一种是关于上帝的信仰,它体现着"全人类的精神",小说结尾处的圣诗显示出至高无上的基督教真理,庄稼汉的生与死都是处于对上帝的信仰之中,而贵族地主太太的生存中没有上帝。对作家关于她是否明白圣诗中的伟大真理的追问,答案只有一个,那就是直到死神降临,她还是对此懵然无知。"缺乏上帝"的观念在这些人的生活和行为中几乎是与生俱来、世代相袭的。垂死的地主太太的丈夫与她一样,只注重语言的形式,他甚至没有让孩子们同母亲作最后的告别:死亡面前只能有谎话,这就是生存中虚伪的结果。

小说中另一条道德标准是自然。生存的真实性取决于对自然的态度,因为生活的真实性必须经过自然的检验。一个垂死的人滞留在这个世界上,耽搁了一会儿,这是自然的真实。庄稼汉临终前说了一句"我的死期到了",同样体现着自然的真实。简单的话语充满哲理、平静自然,使人能感觉到他内心宽慰的恬静。以劳动为内容的健康的生活同样是真实自然的,因为它是人类历史发展的自然和真实的再现。从这个角度出发,地主太太的一生都是在欺骗、谎言和幻想中度过,她早在死神降临之前就已经"死亡"了。

应该指出,托尔斯泰一生都崇尚简单的自然、真实。这里也许不无作家童年对卢梭的崇拜(陈鹤鸣 1997:3)。尽管作家本人认为"在宗教信仰提出的答案中包含着深刻的智慧",但是,作家对信仰的把握却不是通过宗教历史纷繁复杂的形式,而是通过对人类(尤其是人类发展史中占时间跨度最长的原始人类)天生就会把握自然的最单纯方式的沉思,到达了一种直觉的、统摄过去、现在和未来的宗教性思维方式。在人类历史发展的过程中,这种宗教直观的、统摄的思维方式不仅承担了解释人类探索尚未把握的未知现象和范畴,而且在人类洞察未来和象征性的表述未来中起着巨大的作用。托尔斯泰本人对此写到:"当我相信有限时,我用理性去检验它,结果理性的回答是毫无结果。当我相信无限时,我发现人是永恒的一部分,于是我回到能够从全人类在我所不了解的远古时代为自己制定的指导原则中找到了这一意志的表现。也就是说,我恢复了对上帝、对道德完善、对表现了生命意义传统的信仰。"(托尔斯泰文集1989:345)

小说中的第三种死亡写的是树的死亡。作者是这样来描写树的死亡过程:树死得平静、诚实、壮丽。壮丽是因为它不说谎、不弯曲,无所畏惧,无所惋惜。壮丽的死亡构成大树归寂的情境:"树干颤抖一下,歪斜一下,又迅速直了起来,紧挨树根部惊恐地摇摆着。霎时间一切沉寂下来,但树干又弯了一下,从树干上发出折裂声,于是树杈被折断,树枝下垂,斧声和脚步声沉寂了下来。一只红胸鸲尖叫一声,一拍翅膀向高处飞去。它的翅膀掠过的那棵小树枝摇晃了一下,然后就像别的树枝一样,连同它的全部叶子静止不动了。"(Л. Н. Толстой 1987:242)但树的死亡只是人的死亡的延续:树被砍下来给庄稼汉做墓地用的十字架。

相比之下,小说《战争与和平》中对安德烈·博尔孔斯基公爵死亡描写则更深入了一步,成为了作者对死亡过程的研究。在作者的笔下,主人公的这一死亡最终获得了一种纯朴和庄严的神秘色彩,这种神秘性看来是尘世的生者(包括作者在内)所无法理解的。

在结构上,有关安德烈公爵对死亡来临的心理过程的描写同对主人公生命终结过程的描写一样,在第 16 章占有很大的比重。"睡着的时候,他还在想他近来不断想到的问题——生与死。想的更多的是死。他觉得自己离死更近了。……'爱情妨碍死。爱情是生。一句话,我所了解的一切,我了解,只是因为我爱。一切都只是由爱结合起来的。爱是上帝,而死对我来说,是爱的一部分,是回到普遍的永恒的本源里去。'……一种痛苦的恐怖袭击着他。而这种恐怖是一种死亡的恐怖:它站在门外。但正在他无力地、畏难地向门走去时,这个可怕的东西已经在那一边推门,要闯进来了。一种非人类的东西——死神——要闯进门来了,必须挡住它。他紧紧抓住门,鼓起了最后的力量去顶门,上锁已经不行了;但他的力量又弱,动作又笨,恐怖所推着的门打开了,又关上了。它又在外边推门。他最后超自然的努力白费了,两扇门无声地打开了。它进来了,它是死神。于是安德烈公爵死了。但是就在他死去的一刹那,安德烈公爵想起他是在睡觉;在他死去的一刹那,他做了一次努力,醒过来了。'是的,这是死神。我死去——又醒了。是的,死是觉醒。'这想法忽然在他心灵中明朗起来了,先前遮蔽着未知物的幕,现在,在他心灵的幻境中揭开了。他似乎觉得,先前他身上受束缚的力量得到了解放,觉得身上一直有一种奇怪的轻飘之感。"(高植 1981:1394—1396)从梦中醒来后,安德烈公爵进入了一种全新的状态,即从生活中觉醒了的状态。这同时也是作家本人亲身经历的两次梦境的翻版,列夫·托尔斯泰在《日记》中写到:"我醒了,我为苏醒感到幸福。"(Л. Н. Толстой 2000:75)作家在以后的写作中又多次地发挥了死亡—苏醒的主题。

在《战争与和平》中有一个存在主义的黑洞(即死亡)。这一黑洞处于小说的画面之外,以庄严神秘的形式旋入到小说中,并被神秘地拟人化为"它"。在其强大的吸力面前,博尔孔斯基抗拒的力量是微弱的。如同海德格尔对死亡的理解,安德烈通过对死亡的清醒意识,弄清了生存的最高意义。"那个严厉的、永恒的、不可知的、遥远的东西,——他在自己的一生中不断地感觉到它的存在,——现在和他靠近了",他开始意识到,"他愈思考那向他展示的、永恒之爱的新原则,他愈不自觉地脱离尘世的生活。爱一切的东西,一切的人,永远地为爱而牺牲自己,意思就是不爱任何人,不过这尘世的生活"。(高植 1981:1392)《战争与和平》中的死亡正是在这样一种不爱(安德烈公爵)与爱(玛丽娅和娜塔莎)、一种无边的、上帝的普遍的爱和有限的、凡间的对亲人的爱之间悄然展开,又慢慢地合拢起来:安德烈"走得越来越远,慢慢地、平静地走向一个神秘的地方",而玛丽娅和娜塔莎知道,"就应该如此,这样是对的"。安德烈公爵死后她们哭了,但她们不是因为自己的悲哀哭泣,而是"由于那种虔敬的感伤的情绪,在她们意识到在她们面前所出现的简单而严肃的死亡的神秘性的时候,他们身上充满了这种情绪"。(高植 1981:1397)

应该指出,中年的托尔斯泰对待死亡的态度正如《战争与和平》的主人公安德烈·博尔孔斯基一样,先是惧怕死亡,拼命与死神抗争,在实在抵挡不住时,便沉入了对基督教永恒生命的幻想,通过死亡的到来肯定生的意义。依照作家的观念,最可怕的不是死亡本身,而是正在死亡的生命的无价值。托尔斯泰终于认识到,由于人一获得生命就开始走向死亡,最终变成骸骨、蛆虫,可见,人能够感觉到的这个生命原来是"某种靠不住的、令人难受的东西。"托尔斯泰由此得出了一些具有存在主义哲学内核的结论:"我这个人身的生命是恶,是荒谬。"(陈琛 1995:37)"不管我干什么,不管我获得什么成果,结果总是一样:痛苦、死亡和毁灭。我想要幸福,我想要生命,我想要理性,而我身上以及我周围的一切只有恶、死亡、荒谬。怎么办? 如何生活? 该做什么?"(陈琛 1995:38)与此相关,托尔斯泰还看到:"人活得越久越清楚地看到,欢乐越来越少,而苦闷、厌烦、操劳、痛苦却越来越多⋯⋯同时他发现,自己的生存每时每刻,每动一动都在接近虚弱、衰老和死亡。他的生命,除了遇到有可能被与他搏斗的其他生物消灭的千万次意外情况并陷入越来越大的痛苦以外,按照自己的属性也只能是不断地接近死亡。"(陈琛 1995:35—36)

这种对死亡的存在主义式的领悟曾令托尔斯泰无比恐惧和痛苦,但当伟大的作家认识到死亡不可避免,也不能被代替时,他从东方的佛教中汲取了"解脱"或"涅槃"的观念,生命的完结同时也是新的开端。

安德烈公爵之死是个性走向无生界的过程,他的死是平静的、崇高的。托尔斯泰叙述上的最高真实(从心灵辩证法角度而言)与艺术上的最高非真实(从死亡过程的角度而言)在这里交错在一起。当托尔斯泰采用得以描绘出真实的透视聚焦法,但不是心灵辩证法,而是死亡辩证法时,他的作品中就显示出一种本体论意义上的真实。一种新的、与众不同的观点显现出来:死去的不是个性,而是一个有血有肉的本体论意义上的人;死亡不是事实,而是一个本体的、心理的和生理的过程,这一过程组成了一个独立的、具有自身价值的情节(行为)。早在 1813 年,歌德在与法尔克的一次谈话中就指出,绝不能把死看做简单的被击溃,死的本质乃是生命体本身赴死的行为(舍勒 2003:21)。死亡的场面不应该被放在情境的周围来描写,而应该被当做情境本身,即死亡本身来描写;死亡不是社会、伦理、心理、神学层面上的对话,而具有独立的意义,因为它永远只是"我"的、唯一的、永远同人是一对一的事件;生存的最高真理亦是死亡的最高真理。依照存在主义的理念,人正是通过死亡,走到自己本身的存在,人为死亡而生。

按照前苏联流行的社会学文艺理论的观点,通常认为列夫·托尔斯泰在中篇小说《伊万·伊里奇之死》中表现的是个性与环境间的冲突。作家不仅细致入微地描述了常人对死亡的掩盖和逃避,而且将这样一种掩盖和逃避揭示为人的普遍性命运(黄裕生 2002.1)。在我们看来,在这篇小说中,作家与其说是将描写人的死亡作为自己的艺术任务,毋宁说是想描写一个常人的"复活",表现主人公通过死亡过程对生活真正意义的感悟,并最终通过这一过程完成个人精神上的再生。

托尔斯泰在写《伊万·伊里奇之死》时,已经开始思考人的死亡情境。在这篇被弗·纳博科夫称为"托尔斯泰最伟大的短篇小说"(B. Haбоков 2001:223)中第一次记录了死亡的方方面面,而不是像在《三死》中那样只记录下死亡的缘故。这一新的主题体现形式说明了托尔斯泰的现实主义中开始凸现出存在主义的因素。他所采用的透视聚焦法不仅创造出了现实主义的真实,而且显露出存在主义意识内容。托尔斯泰在现实主义框架下进行探索的同时,也走到了存在主义对生活理解的层面上。

从苏格拉底在《斐多篇》中阐述了人类关于摆脱肉体以寻觅心灵的最古老的梦想以来(柏拉图 1981),物质的人和精神的人之间的矛盾一直是西方文化关注的焦点,并由此引发了无数人间的悲、喜剧。作为物质的人,伊万·伊里奇在其一生中,仕途上善于钻营,工作上养尊处优,生活中追求享乐。就是这样一个在常人眼中令人羡慕地生活了一生的人物,在死亡突然降临之际,经历了一个由逃避、拒绝死亡到对自己的人生有了新的认识、最终接受死亡的过程。

"数百年来乃至数千年来,在欧洲的世界观中就形成了认为死亡是一种在劫难逃的归宿信念。在非基督教的理念中,死亡意味着永远失去了所拥有的一切。而基督教的理解中,死亡则是失去尘世的生活和肉体。然而,死亡在劫难逃的意义同样表现为它是一次对人的是非功过盖棺定论的决定性事件。"(Ю. Манн 1996:405)重病在身的主人公伊万·伊里奇感到,生命之光离他远去,黑暗即将来临,死亡的恐惧越来越经常地袭向他的心头。这时,他突然意识到自己从前那看上去最简单、最普通的生活竟然是最可怕、最死气沉沉的。此时此刻,他承认了以前不愿承认的事实:"你以前和现在生活中的一切都是谎言、欺骗,是你视而不见的生与死。"在临死前一小时他又看到:"在洞的尽头有什么东西亮了起来。在他身上出现了火车上发生的一幕:当你认为你在往前走,其实是往后走,突然你辨别出了真正的方向。"伊万·伊里奇看见光明后,意识到他以前的生活"不是那么回事",明白了但"这还可以挽救",可以让生活变得"像回事"。可是怎样才算"像回事"呢? 他这样问自己。临死前,伊万·伊里奇终于做得"像回事"了。妻子、儿子过来看他时,他开始可怜他们,认为自己连累了他们,使他们痛苦,自己死后他们会更好些。而在这之前,他只是怜悯他自己。在托尔斯泰看来,怜悯个人的人只是一个动物意义上的人,一个物质意义上的人,而怜悯他人的人,才是神性在一个人身上复活的标记。在临死前的一小时,伊万·伊里奇恰恰表现出了这样一种"神性"。

伊万·伊里奇想对妻子说些什么,但已无力说出来。"为什么要说呢?应该去做。"他用目光指了一下儿子说:"领他走⋯⋯我心疼他⋯⋯还有你⋯⋯"突然间,他感到以前压抑在心头的东西烟消云散了,身上的病痛以及对死亡的恐惧都消失了,取而代之的是光明。于是,在家人摆脱痛苦的同时,他自己也得到了解脱。"人的心灵走向神,走向最终的和谐和幸福的道路,必定要经过死。"(弗兰克 2000:279)这一切都发生在一瞬间,但这瞬间的意义却是永恒的。(Л. Н. Толстой 1999:433— 434)它标志着人类最终要走向"上帝",返回到人之初的"善"的基点上来。

小说最初的书名是《法官之死!讲述一个普通人的普通死亡》,后来作家放弃了原拟的名称。托尔斯泰的这一举动反映了他在修订小说题目时已经掺入了某种存在主义的思维方式,因为先前的小说名称更具有社会学的特点。对我们来说,重要的不是作家重新修改小说名称这一事实,而是他有意识地走向已经察觉到了的新的艺术思维。

《伊万·伊里奇之死》将传统的对凡人的描写与作品自身特有的存在主义关注的问题有机地结合在一起,这正是托尔斯泰创作上的一个新特色。小说中对死亡的描写侧重在其形而上的实质与意义上。伊万·伊里奇的死并不表明主人公在尘世的生存已走到了尽头。小说中的死亡获得了独特的实质意义,并得到拟人化的处理。小说的结尾是这样的:"死亡结束了⋯⋯它再也不会有了。"(Л. Н. Толстой 1999:434)伊万·伊里奇在世时,生命和死亡的界线完全是变幻无常、捉摸不定的。在这里,作家把对人的研究放到了生理和心理、有意识和无意识交界的层面上来进行。作家对存在的实质——生存与死亡的认识表现出极大的关注。

在小说中所有人物的面前,伊万·伊里奇的生存与死亡所提出的一个深刻的问题是:为什么?对伊万·伊里奇来说,是为什么要有死亡,疼痛?对他的女儿来说,是为什么要折磨我们?在生存以及死亡面前,人人都是孤独、平等的,谁都无能力去解释生存与死亡的意义。既然像小说中说的那样,生活从一开始就死气沉沉,那么它是对人的奖赏还是惩罚?这引出了另一个极其可怕的没有答案的问题:生存到底是为了什么?

在存在主义问题的影响下,托尔斯泰的现实主义发生了强烈的动摇。在《伊万·伊里奇之死》中,托尔斯泰从社会伦理的平面隐秘地转移到了存在主义的本体论的层面:人在生存中是一个人,在死亡时也是一个人。生存时得到的一切(职位、家庭、朋友)全都是欺骗、幻觉、谎言、虚荣、不真实的东西。真正的东西是一对一地面对死亡,在死亡面前任何人都无能为力。伊万·伊里奇和其他所有的人身处不同的世界里,一个是行将就木的人,而另一些人则迸发着生命的活力。但有一点他们是相同的,即无论是生者,还是死者,都没能弄明白生存和死亡的实质。在托尔斯泰看来,"伊万·伊里奇所体现的是 19 世纪下半叶一种普遍的生活原则"。(Л. Н. Линков 2002:125)死亡可能是更好的出路,它将人引向真理,使人安息,死亡就是世俗生命转入永恒生命,而生活中有的只是虚伪。

接近死亡给人以探寻真理的勇气和权力。但代替这真理的经常是医生提供的鸦片。鸦片是缓解痛苦的一种手段,但也是欺骗的手段,麻醉过后还是有疼痛,还将残留有对继续活下去的期望。当伊万·伊里奇面前出现了"你到底想要什么"这个问题时,答案"活着"远非不是没有条件的。生活是否值得你去希冀它? 可怕的不是肉体上的痛苦,而是更剧烈的精神上的痛苦,因为从前整个有意识的生活现在看来已"全不是那么回事"。小说的结论和所有的存在主义思维体系中的答案一样,一切都是掩盖了生存与死的可怕的、巨大的欺骗。

小说中还留有托尔斯泰由来已久的民众真理信仰的痕迹。书中人物盖拉西姆是一位青年庄稼汉,他是唯一理解和可怜伊万·伊里奇的人。他知道当他自己的大限来临之时,也有人会这样可怜他——看上去简单明了的逻辑道出了人与动物的区别。与以往的作品一样,小说也表现出了作家的道德中的人民性思想,但它已不再是本篇小说的主基调。作家视野中最主要的是有关生与死的问题。从这一点看,托尔斯泰的思想意识中的确出现了某种新的、不为我们所熟悉的东西:他间或从存在主义的立场出发,去探索人生与世界的秘密。

在小说中,我们看到的托尔斯泰既是一个道德说教者,真实的现实主义者,寻找上帝者,又是一个存在主义者。作为存在主义者的托尔斯泰竭力捕捉并描绘出生存的实质,努力要弄清生存与死亡的根本性问题。伊万·伊里奇没有在对基督教的顺从中死去,而是在近乎是魔鬼般的反抗中死去,是在怀疑(同时也是作家的怀疑)中走到了生命的尽头。主人公不知道什么是生存,为什么要生存,怎样度过一生。他临终前痛苦的思考也仅仅是弄清楚了以前的生活"不是那么回事",而仍然没有参悟出生命的意义(人生的最终目的)。整个小说最终仍然是"一个蘸着浓浓的墨汁划出的有力的问号。这一问号从托尔斯泰力图使我们忘记以往的一切疑问的全部甜蜜的说教中浸透了出来"。(Л. Шестов 2001:90)既然以前的生活已"不是那么回事",不再有什么可留恋的,那么,摆脱疑问的出路就一条:到不存在肉体的无生界中去;死亡将给人以解脱,使人轻松。托尔斯泰用简单得令人惊异的句子结束了这一切:"死亡结束了。"它蕴含着丰富的存在主义内涵:不是生存结束了(生是否有过,或有的只是生的幻影?),而是死亡结束了。

应该指出,对人生终极目标的追求,构成了托尔斯泰所有创作活动的内容。早在喀山大学读法律系的时候,年轻的托尔斯泰就在日记中写到:"人生的意义究竟是什么?"(Л. Н. Толстой 2000:30)当时的托尔斯泰同小说中的主人公伊万·伊里奇一样,认为人生的意义就在于经营、耕耘土地和人的其他有益于社会的作为。因为人不过是"世界精神的实体性事业的活的工具"(黑格尔 1961:354)。这是一种俄罗斯式的黑格尔主义,视个体为公共的组成部分,个体的幸福在于严格地克制和约束个人的物质欲望,在于个人的忘我和不断的作为之中。5 年后的 1852 年 8 月 28日,托尔斯泰在日记中写道:"我已 24 岁,但什么还都没有做。我觉得 8年来我一直在同怀疑和欲望斗争着。我的使命究竟在那里? 只有未来能告诉我。"(Л. Н. Толстой 2000:140)但是,这一观点从其一产生就带有无法回避的内在矛盾。问题在于,这种对个人的物欲的克制和约束,只能通过个人的自我完善来实现,而后者仅仅并只是个人长期自我内在修炼的结果。托尔斯泰用了 40 年的时间,通过社会的、家庭的各个方面的探索,最终发现他无法得出问题的答案。既然所有的生命,哪怕是最高尚的人生最终都通向死亡,那么,生命就不会是终极目标。对终极目标的探索应该从死亡入手,而这却是任何活着的人所无法做到的。

"作为一种世界观,终极目标论经常被谴责为有决定论和宿命论的色彩。托尔斯泰的终极目标论与此不同。它仅以自身为满足,而并非要解释世界第一动力,解释人们的日常生活,扮演神谕的角色。托尔斯泰的主人公是自我目的的规定者,并通过精神上的探索决定自我的选择成为自身的第一动力。作为目的的上帝是隐性的、无法看到的,处于托尔斯泰的不断寻找之下。"(М. Меджибовская 2002:254)

可以说,托尔斯泰的《伊万·伊里奇之死》是俄罗斯文学中最早按存在主义意识规律写就的作品。这部作品是作家在长期求索之后,在以往的关于生与死的观念动摇破灭之后,试图从精神的角度所进行的新的创作手法的尝试。作家用一种更完整的、存在主义化的现实主义手法再现了人与生活,从物质世界的幸福观中摆脱出来,将一种新的追求"永恒"之路展示给读者。在俄罗斯文学中,托尔斯泰率先在自己的作品中注入了对即将来临的新世纪的思考。

附注

① 托尔斯泰只是沿用了"上帝"这一名称,因为正如罗素所说:"人们宁愿放弃迄今为止上帝一词所代表的观念,也不愿放弃'上帝'这个词。"请见:罗素. 宗教与科学[M]. 北京:中国社会科学出版社,1993.

② 有趣的是,托尔斯泰的这种特殊的宗教与存在意识的结合被别尔嘉耶夫冠以"宗教无政府主义"的名称。参见尼·别尔嘉耶夫. 俄罗斯思想[M]. 北京:三联书店,1955.

参考文献

[1] Толстой Л. Н. Соб. соч. [М]. В 12 томах, т. 2. М., 1987.

[2] Толстой Л. Н. Полн. соб. [М]. в 90 т. т. 48. М., 2000.

[3] Владимир Набоков В. Лекции по русской литературе[М]. М., 2001.

[4] Манн Ю. Поэтика Гоголя Вариации к теме[М]. М., 1996.

[5] Толстой Л. Н. Повести и рассказы[М]. М., 1999.

[6] Линков В. Я. Историоя русской литературы 19 века в идеях[М]. М., 2002.

[7] Шестов Л. Философия трагедии[М]. М., 2001.

[8] Толстой Л. Н. Полн. соб. [М]. в 90 т. т. 46. М., 2000.

[9] Толстой Л. Н., Полн. соб. [М]. в 90 т. т. 46. М., 2000.

[10] Инесса Меджибовския. Критика телеологической способности суждения в «Смерти Ивана Ильича», «Толстой и о Толстом»[J]. Выпуск 2-й. М., 2002.

[11] 金娅娜. 充盈的虚无——俄罗斯文学中的宗教意识[M]. 北京:人民文学出版社,2003.

[12] 刘放桐. 新编现代西方哲学[M]. 北京:人民出版社,2000.

[13] 叶夫多莫夫. 俄罗斯思想中的基督[M]. 学林出版社,1999.

[14]陈　琛. 列夫·托尔斯泰文集(第4卷)[M]. 长春:吉林人民出版社,1995.

[15]刘放桐等. 现代西方哲学史[M]. 北京:人民文学出版社,1981.

[16]海德格尔. 存在与时间[M]. 北京:生活·读书·新知三联书店,1999.

[17]列夫·托尔斯泰文集(第15卷)[M]. 北京:人民文学出版社,1989.

[18]海克尔 J. F. 托尔斯泰宗教哲学思想综述[J].《宗教学研究》,1994(1).

[19]陈鹤鸣. 美好而难解的"小绿棒"情结[J].《外国文学研究》,1997(3).

[20]列夫·托尔斯泰著. 高植译. 战争与和平(四)[M]. 上海:上海译文出版社,1981.

[21]舍勒. 死·永生·上帝[M]. 北京:中国人民大学出版社,2003.

[22]黄裕生. 我们在生–死之中[J].《江苏行政学院学报》,2002.1.

[23]柏拉图. 斐多篇. 西方哲学原著选读(上卷)[M]. 北京:商务印书馆,1981.

[24]弗兰克 C. Л. 实在与人:人的存在的形而上学[M]. 杭州:浙江人民出版社,2000.

[25]黑格尔. 法哲学原理[M]. 北京:商务印书馆,1961.

托尔斯泰娅短篇小说空间中的普希金[*]

孙　超　　万冬梅

托尔斯泰娅以独特的叙事手法、瑰丽的想象和丰富的隐喻著称当代俄罗斯文坛。复杂的诗学体系、晦涩的语言、纯熟的后现代写作手法使得对其作品的阐释异常困难。但作家小说创作中体现出来的文化中心主义思想（культуроцентризм）却得到了很多评论家的广泛关注和一致肯定（Белова，Богданова，Жолковский，Липовецкий，Прохорова），构成其作品鲜明的诗学特征之一。在托尔斯泰娅笔下，一切过往生活中富有文化内涵的事物都得到了不同程度的诗化表现，因为作家认为，普希金主张的"'过去的一切都是美好的'这种说法确实是很准确的"。（Ролл 1995：155）可以说，对俄罗斯文学经典文本的引用、典故的借鉴、固有情节的重新解读充斥了作家的创作空间。正像评论家戈希洛所说，如果读者不了解普希金、果戈理、莱蒙托夫的创作，不具备关于俄罗斯浪漫曲、象征主义的知识，对其他一些俄罗斯文学和文化传统熟视无睹，我们就不能彻底理解托尔斯泰娅的小说诗学。

在作家的创作中，普希金占据着一个非常重要的地位："我非常喜欢普希金，而且我对他不只是简单的尊重，他会时常让我歇斯底里。"（С. Ролл 1995：166）如果我们仔细阅读托尔斯泰娅的文本就会相信这一点。可以毫不夸张地说，普希金体现在作家文本的各个层面。

---

[*] 本文是作者主持的教育部人文社会科学重点研究 2006 年度基地重大项目"俄罗斯后现代主义文学研究"（项目批准号 06JJD75047-99001）、教育部人文社会科学研究 2006 年度一般项目"当代俄罗斯短篇小说研究"（项目批准号 06JC75047-99004）和黑龙江省教育厅人文社会科学研究项目"当代俄罗斯小说研究"（项目批准号 1152hq04）的阶段性成果。

1 普希金话语的引用

对普希金作品的引用形式多样,有逐字逐句的直接引用,也有断章取义的部分引用甚至拼凑的引用,以及含蕴在叙述者和主人公话语中的名言警句等,它们在文本中为理解小说全篇的创作主旨起着不同的功能。

在作者的第一部小说《曾坐在金色的台阶上》(1983)里托尔斯泰娅就直接引用了普希金作品里的话语。这部作品以小女孩的视角展开叙事,通过对邻里帕沙叔叔及其妻子维罗尼卡的细腻观察表达了儿童对生活的独特感受。

篇中对普希金的引用出现对维罗尼卡的描写上:"你们想要什么,孩子们?'给点儿草莓吧'。俏丽女商贩的一双手满是草莓果屑,红瞎瞎得真吓人……她简直就是一个女皇!这是世界上最贪婪的女人!/为她斟上外国的美酒,/给她品尝香甜的饼干;/周围站着威严的士兵…… 有一次,她就是摊着这么鲜红的双手从暗暗的木棚中走出,一边还微笑着说:'终于把小牛犊给宰了'/肩膀上都扛着斧头。"(Т. Н. Толстая 2004A:236)这段文字中的四句诗词出自普希金的童话诗《渔夫和金鱼的故事》(1833)。在普希金那里,这是渔夫之妻在自己四次请求(要新木盆、要木房子、想当世袭的贵妇人、要做自由自在的女皇)被一一满足之后,特别是想当女皇的愿望实现后,出现在善良渔夫面前的倨傲神态。无疑,这段引文会使读者立刻联想起普希金笔下这个贪婪、狠毒的老太婆形象。在普希金笔下,渔夫是一个善良、正直的人物形象,而他的老婆却是一个贪得无厌的典型。为了满足老太婆的贪欲,渔夫不得不一次次地到海边央求金鱼来实现老太婆的请求。但在故事的最后,面对老太婆想当海上女霸王的诉求,金鱼因为自己也将受到奴役而拒绝了渔夫。于是,"一切又恢复了原样"。(普希金 1996:513)普希金借助童话这一独特的叙事体裁讽刺并鞭挞了藏匿在人性深处的人的贪婪本性。在小说中,托尔斯泰娅巧妙地引用了普希金文本的话语,不仅使文本生动形象,而且借此讽喻了女主人公维罗尼卡·维肯季耶夫娜同渔夫老婆一样的贪婪本性,同时也暗示在以后的故事情节中她像渔夫老婆一样,将遭遇不幸。在与小说讲述者的母亲发生口角后,为了看护自己的家产,本就患有失眠症的维罗尼卡时常会深夜里游荡在家园附近,很快就意外死去了。我们看到,这段摘自普希金童话故事的文字不仅间接刻画了主人公的性格,而且有力地印证了故事讲述者对人物命运的准确判定。

儿童是托尔斯泰娅钟爱的人物类型。作者认为,孩子们的可爱之处就在于他们不仅仅生活在现实世界中,更重要的是,他们都生活在自己主观杜撰的童话世界里。他们稚嫩、单纯、本真的世界观是一种观察生活的独特角度,这种视角的正确性令人深信不疑,它们往往代表着真知灼见。在小说中,正是通过孩子的叙述视角自然地引入了普希金的诗文,这显然是作家精心设计的结果。

小说《爱或不爱》(1987)的讲述者同样是儿童,作品以回忆的方式刻画了一对主人公对两个保姆的主观理解和接受,表达了对爱与恨、生存的喜悦与悲伤的独特认识。文中对普希金诗文的引用完全是另外一种功能。

玛丽娅伊万娜是女孩们六岁时请的保姆,负责教法语。但由于她一直沉迷于自己的世界(怀念自杀的诗人叔叔,热心与邻里的交流)而忽略了对孩子们的教育和交流,遭到了她们的敌视与沟通。格里莎是女孩们的第一个保姆,是民间传统和智慧的化身:"在她白发苍苍的脑海里珍藏着千百首关于会讲人语的狗熊,关于夜半时分爬到烟囱上给肺痨病患者治病的青蛇,关于普希金和莱蒙托夫的故事。"(Т. Н. Толстая 2004A:299)正是她使小姑娘们结识了普希金的诗歌世界。所以,在孩子们的意识深处一直把她等同于伟大诗人自己的奶娘阿琳娜·罗季昂诺夫娜:"和我们一起生活过的受尊敬爱戴的格里莎保姆不懂什么外语,也好久都没有出来走动了,行动很不方便。普希金也曾经非常爱戴她,为她写道:'我的年迈了的亲人!'可对于玛丽娅伊万娜,他却只字未提。如果要他写上两句,估计会是:'我的肥硕的蠢猪!'"(Т. Н. Толстая 2004A:294)在这里,对普希金《给奶娘》(1826)这首诗的引用以及模仿普希金口吻写的诗词意在表明讲述者对两位保姆截然不同的主观态度。但小说后来的情节发展告诉我们,这种主观态度竟有失偏颇。原来,另外一个小姑娘却温柔地爱着这个"众人嘲笑的对象"(Т. Н. Толстая 2004A:301),视其为自己"亲爱的保姆",这"简直叫人难以置信,连玛丽娅伊万娜也曾经被一个现已是大姑娘的女孩子所爱戴"。(Т. Н. Толстая 2004A:294)先前,在主人公意识中相对立的两个形象遭到了质疑,被"珍爱的奶娘"既是格里莎,也是玛丽娅伊万娜。甚至连小说的标题都或多或少地说明了人的"感觉的不可预测性和主观性"。(Н. А. Николина 2003:

239）。作家认为，只有"用心去理解，就像野兽理解野兽、老人理解小孩、无言的动物理解自己的同类一样"（Т. Н. Толстая 2004А：303），人才能感受到生存的幸福和快乐。

小说《夜》（1987）以一个弱智人的视角讲述了主人公与现实世界碰撞后得出的对生活的独特感悟。文中对普希金诗歌的引用用意独特。阿列克谢·彼得洛维奇始终生活在双重世界中，一个是外在现实的世界，一个是内在臆想的世界。对于他来说，"外在的世界"是不真实的，非理性的，"糟糕透了的、不正确的"，而臆想的世界，即在他的脑海中存在的世界是真实的，"在那里没有任何限制"。（Т. Н. Толстая 2004А：195）然而，它又是一个非常脆弱的世界，任何一个外在的哪怕是最微不足道的干扰都能威胁它，摧毁它。为了坚守自己独特的心灵世界，主人公向周围的一切寻求护卫。作者用意识流的写作手法展现了经常处在一种紧张的内心独白状态中的主人公。对于阿列克谢·彼得洛维奇来说，妈妈意味着一切，意味着世界和生活。"啊，妈妈，你是我的指路明星！金灿灿的！你会把一切都处理得井井有条，你是那么睿智，会解开所有的乱线！"（Т. Н. Толстая 2004А：195）如果妈妈也遗弃他，他就像普希金求救：

"亲爱的妈妈更清楚。我要听妈妈的话。只有她一个人确切知道世界上能够穿越密林的小路。但是如果妈妈要是离开我该怎么办……普希金广场。——妈妈，普希金是作家么？——是。——我也想当一个作家。——你一定会成为一个作家的。只要你想，你就能做到。

为什么不呢？只要想就能做到。拿起纸和笔，就可以成为作家。就这么说定了！他要当个作家。这太好了。

晚上，妈妈坐在宽敞的转椅上，戴上眼镜，用低沉的声音读到：/ 风暴吹卷起带雪的旋风，/ 像烟雾一样遮蔽了天空；/ 它一会儿像野兽在怒吼，一会儿又像婴孩在悲伤。

听到这，阿列克谢·彼得洛维奇心头感到一阵喜悦！他长着大嘴傻笑着，露出满嘴黄牙，一边跺着脚，一边兴高采烈地叫嚷着。/ 它一会儿像野兽在怒吼，/ 一会儿又像婴孩在悲伤。

就这样把全诗念完了，但所有的词语又重新回转，又念了一遍，再一次地回复。……

太好了。它就这样怒吼：呜—呜—呜—呜—呜！"（Т. Н. Толстая 2004А：197—198）。

在小说中作者将普希金的形象引进到主人公的视野并借此引用了普希金诗歌《秋天的夜晚》(1825)中的前四句诗词并不是偶然的。普希金及其诗歌不仅是正义、和谐的象征,而且成为了阿列克谢·彼得洛维奇孤独、无望生活的求助对象,主人公希望在普希金那里能够得到心灵的解救,获得理解和同情。然而,在阿列克谢·彼得洛维奇脑海中重新复制的普希金的诗词中,虽然词语的顺序没有改变,但韵法被打乱了,诗歌的节律也遭到了无情的破坏。作者以这种略显戏谑调侃的方式既证明了主人公低能儿的现状,又巧妙地预示小说故事情节的进一步发展。趁妈妈没有留意,阿列克谢·彼得洛维奇偷了邻居的钱跑到大街上买冰激凌吃,结果遭到路人的一顿毒打。就像普希金诗歌中说得那样,在寒冬的夜晚,他"抬起自己早已没有人样的脸看着天上的群星号啕大哭起来"。受到打击之后,他顿悟到了一个别人无法体会到的真理:"夜"。最后,阿列克谢·彼得洛维奇只得重新回归自己独特的心灵世界,回归"自己温暖的小巢,舒缓的小窝,回归母亲银白翅膀的庇护之下"。(Т. Н. Толстая 2004А:200)小说的名称和结构都说明了主人公闭塞、无望的生存状态,象征着其生活的恒久孤独。这样,普希金的诗歌既表达了主人公"一种对和谐的需求",同时残酷的现实又让他意识到"不可能获得和谐"。(Т. Г. Прохорова 2005:47)

　　《诗人和缪斯》(1986)里塑造了一个普通女子在生活中追求爱情的经历。在经历了一番痛苦和挫折之后,35岁的医生尼娜试图找到一种"发疯,让人死去活来的爱情"。(Т. Н. Толстая 2004А:150)在一次诊病的过程中,尼娜遇到了格里沙,这个"几近僵尸的男子"立刻"俘获了尼娜那颗期待已久的心"。(Т. Н. Толстая 2004А:152)格里沙是个扫院子的,平时住在门房里。他的屋子里不仅塞满了各种垃圾和杂物,而且经常有一些"狐朋狗友"(Т. Н. Толстая 2004А:153)来到他这里做客,他们把格里沙看做是诗人、天才和圣人。为了将格里沙据为己有,尼娜使出了浑身解数。她从格里沙身边清除了丽莎维塔,使来客越来越少,胁迫格丽沙与其结婚并让他搬到自己家里住。尼娜的愿望实现了,可格里沙却失去了作诗的灵感,整日以泪洗面,担心自己很快就要死去,被土埋掉,很快将被人们遗忘。最后,格里沙将自己卖给了科学院,这样他就不会躺在潮湿的土地里。尼娜对爱情的浪漫追求又一次宣告失败。

　　托尔斯泰娅称尼娜为缪斯,希望她能成为格里沙诗歌创作的源泉和灵感。但自从格里沙与尼娜一起生活后,发生的一切恰恰相反,尼娜不但没有成为格里沙的缪斯,而且还严重阻碍了诗人的创作。这一切是因为庸俗的尼娜单纯地以为只要提供温饱的物质生活就能帮助艺术创作。

在小说的结尾,作者以格里沙的口吻借用了普希金诗歌《纪念碑》(1836)中的话来表明自己的主题思想。当尼娜向格里沙询问其快乐的原因时,"格里舒尼亚有笑了起来,说,他已经以 60 卢布的价格把自己的骨骼卖给了科学院,还说他会比他的骨灰活得更久,而且身子还不会腐烂,说他不会像他原先担心的那样躺在潮湿的土地里,而会在整洁、温暖的大厅里站在人群中间,会拴上带子并编上号码,大学生们——快活的人们——将拍着他的肩膀,弹击他的额头,还会给他抽烟。瞧他把这一切想得多么美妙"。(Т. Н. Толстая 2004А:162)在这里,托尔斯泰娅以反讽的语气辛辣地嘲笑了尼娜对诗人的戕害。要知道,普希金在自己的诗歌里预言的是自己诗作的永恒意义,可现实生活中的诗人格里沙却在与市侩尼娜的相处中丢掉了创作的灵感,他只有选择极端的手段才能达到自己想要永恒的愿望。

2 对普希金生平的重新阐释

托尔斯泰娅不仅仅是将普希金的诗歌视作天才之作,就连诗人本人,甚至诗人的生活轨迹都被作家神圣化。这一点也体现在了她的作品中。

在小说《情节》(1991)里托尔斯泰娅对普希金的生平进行了一番重新阐释。作家力求给出自己对历史、文化以及俄国未来命运的独特预见。小说的中心情节是将逃过决斗死亡命运的普希金看做是一个能够改变历史进程的伟大人物。在文中,假定以及幻想等手法被大量使用。这种手法在小说的开篇就让作者一目了然:"假如说,就在丹特士白嫩的食指即将叩动扳机的那一刻,自然界中一只非常普通、司空见惯的小鸟,似乎突然间受到了雪地上嘈杂声和脚步声的惊吓,在飞离枞树枝的瞬间将一泡屎'啪'地一声拉在了恶棍的手上。"(Т. Н. Толстая 2004В:251)依照作者的观点,这种偶然发生的小事也许能彻底改变历史,避免悲剧的发生。于是,在作者的想象世界中,决斗的结果发生了变化:丹特士被打死了,而普希金只是胸部受到了轻伤。在身体复原后,由于参加决斗普希金被流放到米哈伊洛夫斯克,并终老在那里,享年 80 岁。

托尔斯泰娅为读者创建了一个关于老年普希金的神话故事。作者不但没有千方百计地去美化诗人,反而去掉了笼罩在诗人身上的一切迷人、虚幻的光环。普希金与任性且有些神经质的纳塔利娅·尼古拉耶夫娜(此时她的杨柳细腰早已不见了踪影)过着单调无聊的生活。没有钱,孩子们也没有什么出息。普希金的诗歌不再受到读者的崇拜,他写的小说虽然感情真挚但内容空洞,没有多少人感兴趣,因为时代不同了。总之,大家认为,"普希金已经才思枯竭"。(Т. Н. Толстая 2004В:254)他与同时代作家不仅联系很少,而且充满隔阂,因为他们对文学持一种"不可忍受的实用态度"。(Л. Н. Толстая 2004В:254)

竭力塑造老年的普希金不是叙事的重点,对于托尔斯泰娅而言,最重要的是普希金存在这一事实本身。在作家眼中,生活中的普希金是正义、和谐和真理的代言人。为了续写普加乔夫史,普希金来到了辛比尔斯克市收集资料。正是在这座矗立于伏尔加河畔的小城发生了普希金与列宁的历史会晤。淘气异常的小瓦洛佳·乌里扬诺夫狠狠地将冰块扔向普希金。为了还击,震怒下的普希金用手杖击打着"小恶棍那长着红色头发的脑袋"。(Т. Н. Толстая 2004В:256)作者用细节详尽地描绘了这个重要的场景。先前,老年的普希金无论如何也想不起多年前决斗对手丹特士的名字,此时此刻,在这复仇的一刹那,他终于想起了对手的名字,记起了自己乃至整个俄国文化界曾经蒙受的巨大耻辱。他的意识在刹那间复活了。他狠狠地捶打着小男孩,已然不是因为小男孩的小小过失,而是"为了皇村,为了瓦涅奇卡·普辛,为了参议院广场……为了彼得堡……为了一切不能理解的事物!!!"(Т. Н. Толстая 2004В:256–257)托尔斯泰娅似乎让普希金将所有的怒火都发泄在小男孩的身上。自从遭到普希金的击打之后,瓦洛佳·乌里扬诺夫的人生翻开了新的一页,俄罗斯的历史也随之发生了变化。这段故事构成了小说下半部分的叙述核心。

作者在塑造弗拉基米尔·乌里扬诺夫这个形象时使用了戏拟和调侃的语调。在受到"过路黑人"的痛揍之后,瓦洛佳完全变成另外一个人,变得不再调皮捣蛋,而是循规蹈矩,最重要的是,成为了一个遵纪守法的良民。由于他的改变,俄罗斯的历史也随之发生了"天翻地覆的变化"。(В. Десятов 2000:199)1918年与德国的大战以俄国战胜而告终,沙皇尼古拉二世也活到了暮年,在帝国内务部长弗拉基米尔·乌里扬诺夫的精心维护下,君主专制体制得以保存。甚至连弗拉基米尔·伊里奇最后的辞世都成为了作者戏拟的对象。作为一个衷心拥戴君主专政的臣民，在尼古拉二世死后，弗拉基米尔经受不住这种沉重的打击，很快也死去了。

在小说的结尾作者简短地交待了普希金与列宁会面的后果。为了探究列宁的脑部构成，医生打开了后者的头颅："一侧的大脑完好无损，呈灰色状，而另外那个被黑人击打的那一侧却什么也没有，空空如也。"（Т. Н. Толстая 2004В：262）。

在这篇纯属虚构的小说里却蕴含着一个非常重要的思想。对于托尔斯泰娅来说，普希金就是一个崇高理想的化身，就是一个能够彻底改变俄罗斯命运的伟人。正是普希金的一击清除了列宁头脑中的革命思想。可能，基于这种认识，作者才会将普希金诗篇《纪念碑》中象征着永恒的诗词和勃洛克预示着后代人对普希金的无限感激之情的四行诗作为自己小说的引言。托尔斯泰娅深信，普希金"将永远能为人民敬爱"。而后世人也会像勃洛克所说的那样，"这就是为什么在落日时分/在漆黑的深夜/离开光灿灿的参议院广场时/人们肃穆地向他行礼的原因"。（Т. Н. Толстая 2004В：251）这正像评论家立波维茨基所说的那样，"托尔斯泰娅的短篇小说是作者和自己本人之间通过各种隐喻进行的倾心交谈和独特对话，这些隐喻能够将怎样不会被毁灭、如何从精神上克服生活中无望的存在等这样的精神财富积聚起来。"（Т. Н. Липовецкий 1997：222）

3 对普希金创作基本母题的借用

在托尔斯泰娅的创作中，有一些作品借用了普希金创作中的基本母题并得到了进一步的阐释。在互文类型中这种对经典文本内部的构成要素（如情节、叙述手段、各种结构要素等）的借用被称做是结构引用（структурные цитаты）（Е. В. Михина 2008：9），它表现在《奥凯尔维利河》（1985）和《林姆波波》（1991）这两部小说中。

短篇小说《奥凯尔维利河》讲述了这样一个故事：西缅奥诺夫是一个中年单身汉，生活中唯一的慰籍就是在孤寂中倾听昔日浪漫曲歌星维拉·瓦西里耶夫娜的那些旧唱片。在主人公的意念中，维拉早已不在人世，于是把她想象成栖居在彼得堡郊外奥凯尔维利河岸边的年轻女郎。当他得知维拉还活着的时候就决定去拜访她，结果却发现现实生活中的维拉粗俗、平庸，与想象中的截然相反，梦寐以求的晤面不啻是一场恶梦。

在小说的开篇作者就把故事背景放置在初秋时节的彼得堡:"当时令转为天蝎座时,天不仅阴得早,而且时常刮风飘雨。"(Т. Н. Толстая 2004A:244)此时的彼得堡城变成了一个"潮湿、流动、狂风不断敲打着窗帷的城市"。(Т. Н. Толстая 2004A:244)这短短几行文字不仅描绘了彼得堡的恶劣天气,为小说奠定了阴凉、悲戚的基本格调,也使它同普希金的长诗《青铜骑士》形成了对照、对话的关系。要知道,普希金的长诗正文恰是从类似的写景开始叙事的:"彼得格勒阴沉的天空/刮着十一月的寒冷的秋风。"(普希金 1996:431)就是水患描写也是如此地相似:"奔流到已经暴涨到令人恐怖的大海里的河水,倒灌了流向了城市……瞬间就淹没了博物馆的地下室,吞食着不堪一击的、被潮湿的沙土冲碎了的藏品、鸡翎羽毛做的萨满教面具、已经弄弯的奇刀异剑、珍珠睡衣,还有不怀好意的一到深夜就被惊醒的员工们的青筋暴凸的双腿。"(Т. Н. Толстая 2004A:244)作者好像是在有意强调《奥凯尔维利河》和《青铜骑士》之间的隐秘联系。略有不同的是,这场水患不是现实生活中发生的真事,它只是在主人公的潜意识层面产生的一种幻觉,一种本能的联想。

同叶夫根尼一样,西缅奥诺夫也是一个无法与强大的彼得大帝对抗的小人物。处在彼得堡恶劣的自然环境下,主人公竟然生活在一个"没有遮护、没有帷幔、窗口孤悬"(Т. Н. Толстая 2004A:244)的斗室。难怪彼得堡在主人公的眼中变成了"彼得大帝的阴险预谋",是"身材高大、双眼突兀、大嘴开张、尖牙利齿并仍在幽深夜色中双手高举造船的利斧不断追逐弱小且吓破了胆的臣民的工匠沙皇的报复"。(Т. Н. Толстая 2004A:244)

彼得堡的水域为主人公提供了进一步想象的空间。彼得堡的电车在西缅奥诺夫家窗前往返穿梭,电车的终点站是"奥凯尔维利河",其神秘的称谓引起了主人公无穷的想象。"西缅奥诺夫从没去过那儿。那里已到了天边,他将无事可做……从来没有见过、也不知道这条几乎已经不属于列宁格勒的河流,但完全可以尽情地发挥自己的想象:幽深的淡绿色河道,比方说,河面上徐缓地拂动着朦胧的阳光,还有泛着银光的柳树……二层红砖小洋楼,瓦制房顶,木制的拱形小桥。这简直是一个静谧、祥和的如梦世界;但实际上那里肯定到处是仓房、栅栏,某个可恶的小工厂向外喷吐着珍珠色的有毒废料……不,要是到奥凯尔维利河去一趟肯定会大失所望,最好按照自己的设想在河岸两边种上长枝条的柳树,摆放上尖顶小楼,将和顺的居民迁居过去……最好在奥凯尔维利河岸街上铺上条石路,将洁净的淡白水注入主航道,建一些带塔楼和护栏索链的小桥,用平整的板石将护岸堤坝修理整齐,在河岸两边建一些灰色高楼,门洞上面布满铁制栅栏……"(Т. Н. Толстая 2004:247—248)

维拉·瓦西里耶夫娜那具有魔力般的嗓音、彼得堡的神幻传说,以及奥凯尔维利河奇特又神秘的称谓,这一切让西缅奥诺夫感到自己是一个无所不能的导演和神话的创造者。然而,残酷的现实却将他的梦想击得粉碎。西缅奥诺夫打听到,女歌星不仅健在,而且就住在列宁格勒,经过一番心理斗争之后,西缅奥诺夫决定去探望心目中的偶像。如果说想象中的维拉"年轻",娇小,"迈着纤细的步伐……戴着小圆帽,附带着面纱"(Т. Н. Толстая 2004А:248),"低着梳理平整的小脑袋"(Т. Н. Толстая 2004А:250),那么现实中的她原来却是"黄头发、身材健壮、面色红润"(Т. Н. Толстая 2004А:252),从"摆满碗筷的餐桌上"传来其"浑厚的爽朗笑声",一边转动其"肥硕的躯体",一边"豪爽地痛饮着美酒"(Т. Н. Толстая 2004А:253)。维拉·瓦西里耶夫娜变成了维鲁齐卡,"救难仙女"也成了无恶不作的"巫师"(Т. Н. Толстая 2004А:253),"神话中的女歌手被山民们偷走了"(Т. Н. Толстая 2004А:253)。西缅奥诺夫"踩碎了奥凯尔维利河岸边的灰色高楼,摧毁了带有塔楼的跨桥,扔掉了锁链,将垃圾一股脑地倾泻到了清澈的水中,但河水又一次地找到了新的航道,楼房也仍然固执地矗立在废墟中"。(Т. Н. Толстая 2004А:253—254)

可以说,彼得堡城连同它的水患直接影响了托尔斯泰娅笔下的主人公西缅奥诺夫,他为自己创建了一个关于昔日歌星的神话。所以,小说从彼得堡写起并不是偶然的。这与普希金《青铜骑士》所反映的小人物的命运悲剧如出一辙。金碧辉煌的彼得堡拒绝了叶夫根尼,可泛滥的天灾接受了他,并进而毁灭了他的梦想,击碎了他的命运,直至摧毁了他的生命。在当代作家托尔斯泰娅笔下,小人物西缅奥诺夫生活在一个主人公自己"杜撰的城市里",生活在一个"满是幻影的城市",生活在一个到处都是神话传说的城市。而在与现实的碰撞中这种虚构的城市一下子就被击得粉碎。但为此主人公并没有损失什么。要知道,"水患"并不是现实生活中的真实场景,它只是在主人公的潜意识里产生的梦幻。梦碎之后,他自己亲自毁掉了奥凯尔维利河两岸,但这些所谓的建筑根本就不曾存在过,它们只是主人公瑰丽想象的组成部分。所以,"河水又一次地找到了新的航道,楼房也仍然固执地矗立在废墟中"。(Т. Н. Толстая 2004А:253—254)

小说《林姆波波》是一部近似乌托邦的作品。主人公们生活在物质匮乏、精神受到高度压迫的苏联社会。在无望的环境中,期盼精神拯救成为了小说所有人物的共同心声。主人公们把诞生第二个普希金看做是"清除乱世"的唯一希望。这个重任落到了知识分子也是持不同政见者列涅奇卡和来莫斯科研修动物学的非洲女学生朱迪的肩上。显然,这个荒诞的想法不可能得到实现。在小说的结尾,不仅诞生第二个普希金的愿望落空了,而且所有参与这个计划的人几乎都死去了,包括朱迪,甚至连她的墓地都因遭到政府的征用而被彻底清除。

可以说,普希金成为整部作品中"推动情节发展的核心"。(Т. Г. Прохорова 2005:43)此外,托尔斯泰娅还多次在小说里巧妙借用了普希金在《冬天的夜晚》、《鬼怪》(1830)、《暴风雪》(1830)、《上尉的女儿》(1836)等作品中多次出现的暴风雪母题,为理解全文的主旨起到了非常重要的作用。

小说是在对暴风雪的描写中开始的:"……去年是朱迪离开人间的第十五个周年,我……像往常一样,在这一天点起了蜡烛,把空杯放到桌子上,上面放了一块面包……蜡烛燃着,墙上的镜子注视着,窗外刮起了暴风雪,但火光中一片寂静,暗色的窗将一切都堵在了窗外,街上飘满了漫天飞舞的雪花。"(Т. Н. Толстая 2004В:308)无疑,这里的暴风雪是神秘大自然的代表,象征着不可驯服的自然力,这同普希金诗歌《鬼怪》中出现的暴风雪很相似。难怪在小说中它同死亡和孤独等主题紧密相连。

朱迪就是在刮着这样的"暴风雪"、在"严寒异常的一月"来到莫斯科的。在列涅奇卡看来,朱迪的出现预示着一种希望,一种能够使生活中的一切彻底焕然一新的热盼,所以,他将她看做是一股能与暴风雪相抗争的力量:"朱迪的出现就像是一种已然实现了的反抗,就像是对世上万物的挑衅,就像是黑暗中的小碎块,就像是暴风雪中的一块黑煤。"(Т. Н. Толстая 2004В:310)面对如同暴风雪一样浑浊的现实,列涅奇卡坚信"普希金会出现的! 我们一定会生出普希金!"(Т. Н. Толстая 2004В:316)同时我们看到,暴风雪也是对情节发展的一种预示。残酷的生活正像无坚不摧的风暴一样,将诗人列涅奇卡的梦想击得粉碎。

在小说的结尾又一次出现了暴风雪形象,它是当讲述者和主人公们在普希金纪念碑前现身时出现的。但我们看到的只有"低垂着的、朦胧不清且泛着绿光的面孔,被和平鸽们的粪便玷污了的面孔……被莫斯科的暴风雪永远冻僵在冰冷金属套架上哀伤的下颚"。(Т. Н. Толстая, 2004В:365)在这里,暴风雪不仅仅是寒冷、忘却,它简直就成了现实生活的真实写照。具有象征意义的是,就连不朽的普希金纪念碑也一并被它吞没了。生存的无望和痛楚跃然纸上。

结语

通过以上分析我们看到,在托尔斯泰娅文本的各个层面,如形象塑造、情节展示、基本母题等,都可以感受普希金的存在。可以说,在某种程度上,以普希金为代表的俄罗斯经典文化成为了托尔斯泰娅创作上取之不尽的源头。这也恰恰说明,在现如今席卷全球的后现代文化语境中,普希金身上蕴含的"和谐、人文、自由"等价值观念的严重不足和缺失。

附注

① 转引自:Пань Чэнлун Творчество Татьяны Толстой в современной критике. Автореферат дессертации на соискание учёной степени кандидата филологических наук. М., 2007. 第12页.

② 文中普希金的诗词出自《普希金全集》第四卷,第511页.

参考文献

[1] Белова Е. А. С. Пушкин в художественной рецепции Т. Толстой / Пушкинский сборник. Матсриалы международной конференции[С]. Вильнюс, 1999.

[2] Богданова О. В. Постмодернизм в контексте современной русской литературы (60–90-е годы XX века — начало XXI века)[М]. СПб., 2004.

[3] Десятов В. Клон Пушкина, или русский человек через двести лет (По страницам современной прозы)[J]. Звезда, 2000(2).

[4] Жолковский А. В минус первом и минус втором зеркале: Татьята Толстая, Виктор Ерофеев — ахматовиана и архетипы[J]. Литературное обозрение, 1995 (6).

[5] Липовецкий М. Русский постмодернизм. Очерки исторической поэтики[М]. Екатеринбург, 1997.

[6] Михина Е. В. Чеховский интертекст в русской прозе конца — начала веков.

Автореферат дессертации на соискание учёной степени кандидата филологичес-
ких наук〔М〕. Екатеринбург, 2008.

〔7〕Николина Н. А. Филологический анализ текста〔М〕. М., 2003.

〔8〕Пань Чэнлун. Творчество Татьяны Толстой в современной критике. Автореферат дессертации на соискание учёной степени кандидата филологических наук 〔М〕. М., 2007.

〔9〕Прохорова Т. Г. Постмодернизм в русской прозе〔М〕. Казань, 2005.

〔10〕Ролл С. Писание как прохождение в другую реальность. Интервью с Татьяной Толстой // Постмодернисты о посткультуре. Интервью с современными писателями и критиками〔С〕. М., 1995.

〔11〕Толстая Т. Н. Не кысь〔С〕. М., 2004.

〔12〕Толстая Т. Н. Река Оккервиль〔С〕. М., 2004.

〔13〕刘文飞主编. 普希金全集〔М〕. 石家庄:河北教育出版社,1996 年.

浅析叶基莫夫短篇小说
《费季西奇》的艺术世界[*]

孙　超　于东晓

　　在当今百花齐放、求新思变的俄国文坛,擅长传统农村题材创作的鲍利斯·叶基莫夫可以说显得有点儿"另类",但作家自从上世纪 60 年代中期发表处女作以来已经出版了 20 余部中短篇小说集。至今,叶基莫夫仍笔耕不辍,他的创作获得了多方面的承认,小说和特写发表在不同派别的杂志上,如《旗》、《星》、《十月》、《伏尔加》、《我们的同时代人》、《新世界》等,并先后被翻译成英、美、西、意、德、法等语言。作家还是多项国内、国际文学奖项的获得者:布宁小说奖(1994)、《新世界》杂志优秀小说奖(1996)、首届"莫斯科—彭内奖"(1997)、俄罗斯联邦共和国国家文学奖(1987、1998)、亚历山大·索尔仁尼琴文学奖(2008)。同时,叶基莫夫的创作还获得了文学评论界的广泛关注和高度评价,巴辛斯基把他称做"一流的俄罗斯短篇小说家"(первоклассный русский рассказчик)(П. Басинский 1996:4),罗德尼娅扬卡娅说阅读作家的作品让人想起安东·契诃夫(И. Роднянская 1996:237),谢尔久琴科则认为,叶基莫夫的小说"平衡了整个已经是病态的、缺乏创作灵感的当代俄罗斯文学界"。(В. Сердюченко 2000:96)

　　这一切都表明,叶基莫夫的创作已然不单单是对今日俄罗斯"可怕现实"的客观描述,它完全具备了真正文学素有的艺术水准,在其中读者不仅能够感受到时代特有的气息,来探寻当今我们生活所面临的所有问题,还能帮助我们找到继续生活下去的精神支柱和道德力量。

---

　　[*]　本文是作者主持的教育部人文社会科学研究 2006 年度一般项目"当代俄罗斯短篇小说研究"(项目批准号:06JC75047 -99004)、黑龙江省教育厅人文社会科学研究项目"当代俄罗斯小说研究"(项目批准号:1152hq04)阶段性成果和教育部留学回国人员科研启动基金项目的阶段性成果。

叶基莫夫擅长在舒缓的自然景物描写中展开叙事,通过急剧变化的故事情节塑造人物、展现主人公的个性,这些艺术特性在作家的中短篇小说里表现得非常鲜明。本文尝试通过分析其代表短篇《费季西奇》(1996)来探究叶基莫夫独特的艺术世界。

《费季西奇》的故事情节如下:九岁的小男孩亚科夫有一个绰号叫"费季西奇",他同自己的母亲、继父和妹妹居住在乡下,过着平和无忧的乡村生活。他和几个年龄小一点的孩子同在村子里的小学上学。然而,犹如晴天霹雳,学校里唯一的女教师玛丽娅·彼得洛夫娜突然病故。为了能够继续自己的学业,亚科夫孤身一人前往富有的阿廖什金村寻找新教师并寻求支援。面对邻村女校长让他留在那里的小学继续学习的提议,小亚科夫兴奋不已。清醒下来的亚科夫却意识到自己的想法过于简单,主人公在睡梦中忍受着抉择的痛苦折磨……

在小说中,叶基莫夫运用各种艺术手法塑造了一组生动的孩童形象。主人公们幼小、单纯的心灵世界成为作家着意描画的重心。费季西奇是作家笔下心爱的人物形象,叶季莫夫正是通过他的精神成熟过程传达了自己对于处在"艰难时世"的人和事的独特看法。

作家将主人公置于严酷的家庭环境中,以此来锤炼他的性格。像叶季莫夫很多小说中的主人公一样(《骑自行车的男孩》(1982)中的谢廖莎,《回归》(1998)中的女孩子们),费季西奇生活在一个破碎的家庭里。母亲安娜整日忙于农场的工作,还要操持家务,生活把她折磨得疲惫不堪,根本无暇照顾孩子。继父费奥多尔本就认为,"无论是性格,还是身材,亚科夫都是一个外人。"(Б. П. Екимов 2000:175)再加上俄罗斯社会转型时期对个体的强烈冲击使他完全迷失了自我。面对急剧变化了的现实,由于集体农庄解散而丢掉工作的他找不到任何出路,也看不到未来的前景。他认为,在目前这种混乱不堪的情况下,妻子的辛勤劳动徒劳无益,不会有任何结果,还不如像他一样整日赋闲在家无所事事。他借酒浇愁,像村子里的大多数人一样,去偷盗农庄的财产,变卖以后换酒喝,以此迷醉自己:"最近一段时间他喝得特别多,老得也很明显。"(Б. П. Еки-мов 2000:175)。对亚科夫非打即骂,态度非常恶劣。幼小的妹妹因为年龄差异根本无法理解费季西奇的内心世界。困顿的家庭环境使费季西奇过早品味了人生的酸甜苦辣,感受到了人世间的世态炎凉,这些反而从反面促使他尽快成长。

特定的年龄对于费季西奇的精神成长来说非常重要。像很多作品中的人物一样,九岁的费季西奇正处在精神成长的关键时期。众所周知,正是在这个阶段将形成自己的性格,获得辨别是非、区分善恶的能力。主人公虽然年龄很小,但却敏锐感受到了现实生活中的不和谐之处。叶季莫夫通过孩子敏感、童真的独特视角表现了现实生活的无序、混乱状态。"每天在去学校的路上,费季西奇都能看到先前生活余下的这些废弃建筑。好在,这些遗弃楼房的门和窗大开着,而在多数情况下,它们早就不翼而飞,眨着黑洞洞的双眼恐怖地注视着你"(Б. П. Екимов 2000:179);"俱乐部去年还上着锁,现在却四敞大开着,舞台被拆得七零八乱,地板也被抠得体无完肤"(Б. П. Екимов 2000:179)。村子里的所有这些公共设施无一例外遭到了村民们无情的清洗,"一切都被先后偷光了,一切都被变卖当酒喝了"。(Б. П. Екимов 2000:177)

同样位于村子里主干道上的小学校似乎也受到了些许影响:原来八年制可供三四个村子接受教育的中学现在只有五个小学生就读。但文本中的细节描写说明,与整个村庄破败不堪、了无生机相反,学校里的生活井然有序、张弛有度,充满了勃勃生机。叶季莫夫巧妙运用了颜色的反差突出了这一点:"两间教室共用一个大炉子,烧得很暖和,班级里到处都是生气盎然的**绿色**花篮,墙上贴着孩子们亲手创作的**五颜六色**的画作、贴花和剪纸。三间**明亮**的窗户面向村落的主街。"(Б. П. Екимов 2000:180)。这些象征着希望、预示着光明的亮丽色彩与笼罩全篇的灰色、暗色形成了鲜明的对比。故事发生在作家熟悉的顿河沿岸地区,"时间接近正午,而院外却混沌一片,不明不暗。窗外漂浮着阴雨连绵的深秋时节常见的那种**瓦灰色**乌云"(Б. П. Екимов 2000:173),虽然"已经是十二月份了,但是漫长的深秋却像一个脏分分的凶狠老太婆,沿着村落徘徊"(Б. П. Екимов 2000:178),村子里满是"**灰不溜丢**的四处扎愣着的房舍、木棚、牲口圈、高耸的干草棚、**空旷**的果园。村子里很静,**鸦雀无声**,没有行人,也没有器具的轰鸣声"。(Б. П. Екимов 2000:178)文中的景物素描不仅点明了事件发生的时间,而且具有深刻的象征意义。作者选择秋冬之交这样的时间并不是偶然的。遵照古训,这正是圣诞前的大斋期间,人们应该举止检点,克己奉公,勤于劳作。可现实生活中的人物却完全不是,忘却了这一点。作者认为,比寒冷的深秋更可怕的是现实生活中人的冷漠、无为和迷茫。

费季西奇潜意识里感到了现实生活的混乱不堪,向往有序、劳作、充实的他朦胧中渴求一种比较和谐的生活方式,正是在校园生活中他找到了自己的理想。对于叶季莫夫而言,世代之间精神传承的想法非常重要,可以说,这几乎是他所有作品的核心主旨。在小说中,这种想法是通过主人公与老教师玛丽娅·彼得洛夫娜之间的精神联系表现出来的。

在文本中,作者关于老教师玛丽娅·彼得罗夫娜如何对费季西奇的言传身教着墨不多,但我们却完全可以从主人公的言行中充分领略她的精神力量和人格魅力,体会到她的存在。

在玛丽娅不在的情况下费季西奇负责照顾其他孩子们的学习和生活。他总是第一个来到学校,然后,像小主人一样,先问问教室的取暖问题,接着就坐到"教师的办公桌后面"(Б. П. Екимов 2000:180)等着其他同学的到来。伙伴们陆续入校后,"像通常那样,亚科夫打开点名册"(Б. П. Екимов 2000:181)清点人数。他给所有的同学布置作业。这一切对于主人公来讲是"轻车熟路"(Б. П. Екимов 2000:181),他成了老师"最得力的帮手"(Б. П. Екимов 2000:181)。

在老师病故之后,费季西奇完全取代了她,成为了孩子们的"小老师"。他有意隐瞒实情,担心会影响伙伴们的学业。他带领小朋友们共进午餐,讲传奇故事,使大家忘却玛丽娅的存在。在与伙伴们交往的过程中,他处处都在竭力模仿自己的老师,这一点我们甚至透过主人公的内心独白和话语也能够感到:"'一天就这样虚度,它是不会回来的',他心里念叨着老师说过的话"(Б. П. Екимов 2000:182);"像大家都曾经历过的那样:先是他自己,去年是卡布斯津兄弟,亚科夫模仿着老师大声说道:让我们大家都来祝贺玛丽娜,她写完了自己的第一本字帖。好样的,小不点。祝贺你!现在你也成了一个识文理的人了。"(Б. П. Екимов 2000:183)

费季西奇"工作"得这样投入,他甚至"仿佛忘记了老师的死讯"(Б. П. Екимов 2000:185)。他完全取代了自己的老师,成为了孩子们的"精神领袖"。和他在一起,让大家都感到"呆在学校里比在家里要快活得多"(Б. П. Екимов 2000:185),伙伴们"甚至为能听到学长的抱怨感到高兴。要是亚科夫不在,说不好会有多么寂寞。而现在一切又都恢复了原样:班级,功课,严厉的费季西奇,好像老师的故去没有使他们的生活发生任何改变"。(Б. П. Екимов 2000:193)

甚至主人公的名字都寓示着他与已往生活中的精神传统、道德基础的紧密联系。在叶季莫夫笔下，人物形象的名字往往都有一定的寓意。小说的主人公叫亚科夫，这个名字源于古犹太语，它的意思是"遵从某人"。在生活中，亚科夫处处以自己的老教师玛丽娅·彼得洛夫娜为榜样，在老师缺失的情况下既保持了正常的教学秩序，又维系了伙伴们之间的友好交往关系，使班级充满了互相关照、和谐共处的良好氛围。除了名字，主人公还有一个"严肃的绰号——费季西奇"："大家叫他费季西奇是因为他愿意说话，喜欢像长者一样发表长篇大论……"（Б. П. Екимов 2000:175）显然，这个绰号是大人们给起的，很有可能是因为亚科夫的言行举动让人想起他的长辈。至于具体是孩子的父亲，还是孩子的爷爷，我们认为，这并不重要。作家想要强调的是亚科夫身上这种与已往生活的密切联系。文本中主人公所说的话证实了我们的推测。课间休息时亚科夫向伙伴们讲述了关于如何祛除妖魔的方法，面对大家的置疑，他解释说"老一辈人都这么说"（Б. П. Екимов 2000:185）。来到邻村女校长家里后，费季西奇熟练地帮助老奶奶干农活，还提出一些合理建议，这些都源于"我们的爷爷总是这样做"（Б. П. Екимов 2000:190）。"费季西奇"是父称的简略说法，原名是"费季斯"（Фетис），是"由上帝创建的、肯定的"的意思（Н. П. Петровский 1966:218）。同这个名字所表达的寓意一样，在生活中，费季西奇发现了被大家忽略的一个真理，这体现在小说的高潮部分。

为了继续学业，费季西奇孤身一人来到邻村寻找新教师。作家将小主人公置于精神抉择的两难境地，以此来考验他的道德品性。面对校长的诚挚邀请，费季西奇进入了思考。显然，对他而言，到阿廖什卡村学习简直就是最佳的选择。整洁的校舍、彬彬有礼的老师、良好的居住学习条件（住在校长家里，到处都是摆满图书的书柜），看起来，没有任何拒绝的理由。然而，叶季莫夫笔下的主人公都是些深深植根于故土、家园的典型，对于他们而言，每个人都有责任和义务致力于自己家乡的发展，无论外面的诱惑又多大。费季西奇虽然很小，但也在潜意识中清楚地看到了这一点。他突然明白，如果自己离开，学校和伙伴们的下场会是怎样："那么一切都要完蛋，一切都会崩溃。不会有功课，校园的门很快将被上锁，花也会枯萎。而一周过后，这一点亚科夫很清楚，学校将会被抢劫一空。"（Б. П. Екимов 2000:197）如果他不在，"一切都将完蛋。无论是玛丽娜·卡布斯津娜,还是她的弟弟们,离开了亚科夫,他们谁都无能为力,更别提小不点儿了"。(Б. П. Екимов 2000:197)

像很多叶季莫夫的作品一样,小说的结尾是开放式的。作家没有点明主人公作何决断,但通过一些艺术细节和人物的心理活动我们似乎可以得到某些启示。叶季莫夫透过费季西奇的梦委婉地指出主人公未来应该努力的方向:"他又梦见了学校,是自己的,但又同阿廖什金村的很像:宽敞明亮的走廊,四周的墙壁和天花板上满是绿色植物,还有一个玻璃暖房。他,亚科夫,好像在领着自己的老老师玛丽娅·彼得洛夫娜在参观学校。老师一边走,一边惊叹,不住地夸赞亚科夫:'好样的……'周围是孩子们在喧闹。很多孩子。"(Б. П. Екимов 2000:197)显然,从自己的老师身上费季西奇不仅看到了榜样的力量,而且也获得了继续前行的精神动力。他深深意识到,自己应该像玛丽娅·彼得洛夫娜一样,将毕生献给家乡的教育事业,做自己家乡的主人,为故乡的发展尽自己应尽的义务和责任。这样,学校、乡村、顿河地区,乃至俄罗斯祖国才能克服一时的艰难困境,拥有灿烂的未来。费季西奇同样是在梦中看到了将来的美好前景:"而且在校园院墙外,在村子的街道上,也是人如潮水。简直就是人流鼎沸,像在市场上一样。看到这么多的人,头都晕了。而玛丽娅·彼得洛夫娜一直在称赞亚科夫,她不住地夸到:'好样的,好样的……'一边用滚烫的手掌抚摸着他的头。听到这些赞赏的话心情格外舒缓,一股泪水涌上了心头。"(Б. П. Екимов 2000:197)

小说末尾的景物描写一扫笼罩全篇的悲凉气氛,充满了乐观、光明的基调。"黎明前天气转晴了。亮起的已经是属于冬天的朝霞,红彤彤的。村落里一片寂静,像是被大自然俘虏了一样,到处都是白雪。炉子里的炊烟胆怯地向天空飘去……村落里生气盎然。它孤零零地矗立在洁白空旷的大地上,矗立在无垠的田野中。"(Б. П. Екимов 2000:198)洁白的白雪不仅预示着寒冬以及圣诞节期的到来,还表达了对人们克服困境的一种热诚期望,对充满无限生机的和谐生活回归的期盼。文本中,作者主要是在客观叙述时称主人公为"费季西奇",只有一次通过素来沉默寡言的生产队长之口说出了这个耐人寻味的称谓,表达了作者对亚科夫由衷的称赞和欣赏,虽然他的路途仍很遥远、艰难。

参考文献

[1] Басинский П. Имеющий глаза да увидит, имеющий уши да услышит... // Литературная газета[J]. 2000(50 – 51).

[2] Екимов Б. П. Пиночет: Повести и рассказы[C]. М., 2000.

[3] Петровский Н. П. Словарь русских личных имён[M]. М., 1966.

[4] Роднянская И. Род людской // Новый мир[J]. 1996(11).

[5] Сердюченко В. Русская проза на рубеже третьего тысячелетия[J]. Вопросы литературы, 2000(4).

绿色海洋中对美的艰难探索

——《万尼亚舅舅》与《俄罗斯森林》之比较研究

董冬雪

引言

　　人与自然的关系问题一直都是俄罗斯文学中经久不衰的主题,究其缘由,这可能与其民族信仰有关。俄罗斯人信奉东正教,它是世界基督教大家庭中的一员。"在基督教义中,认为人类是负有上帝的使命,从热爱上帝的精神归化为爱鸟、爱动物、爱一切生灵。因此,人类乞求与大自然平等和谐相处。这种和谐在民间文学中表现出一种美,一种合理有机的统一。天空、上帝、人、大小动物、花草植物处于一个和谐统一的世界之中。"(杨素梅 2006:6)但与正统基督教不同的是,在俄罗斯人的意识中包含着更多的是对自然、对多神教的崇拜,所以,与其他信仰基督教的民族相比,俄罗斯人更为亲近自然。这样,对风、雨、雷、电、大地、树木等的崇拜便根深于俄罗斯人的思想意识之中,并进而通过作家之手反映在作品之中。"过去,森林、田野、湖泊,还有大自然的气味和声音只是被人们在小说、诗歌和绘画中描绘,是契诃夫第一个在俄罗斯的文坛上把自然景物带到了戏剧当中。"(苏玲 2001:19)然而,契诃夫对世界文学的贡献还不止于此。纵观整个俄罗斯文学史,我们会发现,在历史长河的演变过程中,人与自然的关系问题并不是一成不变的。随着时代的变更,这种关系在不同作家的笔下呈现出了不同的状态,而这一转变的开端则始于伟大的作家契诃夫。

　　在契诃夫之前的作家笔下,人与自然处于一种和谐共生的状态之中。人类亲近自然,爱护自然,而自然则哺育着人类的子孙,为其提供生存所需要的一切。这种人与自然的和谐之美也同样体现在了契诃夫早期的作品之中。"契诃夫这时期(早期,笔者注)的创作充满对大自然的珍爱和赞叹之情,表现了对自然美的醉心。自然美提供了一种背景,一种对比,一种召唤。"(徐祖武 1987:326)但是随着人类社会的进步及科学技术的发展,人类在为自身创造了最大限度的社会物质财富的同时,也给自然带来了极大的破坏,造成了严重的生态灾难。契诃夫正是因为先知地意识到了这一点,所以在他后期的创作中尤为突出地表现了人与自然和谐美所遭受的种种破坏,预先敲响了生态危机的警钟。"契诃夫也许是最早严肃地向社会提出生态危机的作家,尽管在他那个时代,还没有'生态问题'的提法,他早早地把对人的爱扩展到对于人间万物的爱。"(契诃夫 2004:461)这也正是契诃夫的伟大之处,是他被公认为是"揭开了戏剧新篇章"之人的原因之所在。

到了 20 世纪,伴随着科学技术的迅猛发展,人类对自然资源的开发与利用也达到了空前的程度。"美国生态文学作家雷切尔·卡森指出:'我们总是狂妄地大谈特谈征服自然。我们还没有成熟到懂得我们只是巨大的宇宙的一个小小的部分。人类对自然的态度在今天显得尤为重要,就是因为现代人已经具有了能够彻底改变和完全摧毁自然的、决定着整个星球之命运的能力。'人类能力的急剧膨胀,'是我们的不幸,而且很可能是我们的悲剧。因为这种巨大的能力不仅没有受到理性和智慧的约束,而且还以不负责任为其标志。征服自然的最终代价就是埋葬自己。'"(鲁春芳 2005:164)面对着工业化进程所带来的"附属品"——生态危机,富有责任心的俄罗斯作家列昂诺夫首当其冲,毅然肩负起保护俄罗斯森林的重任。他以长篇小说《俄罗斯森林》率先揭开了俄罗斯生态文学的序幕,并对后来俄罗斯生态文学的发展产生了极其重要的影响。"列昂诺夫关于'人与自然'主题的创作对拉斯普京、阿斯塔菲耶夫、艾特玛托夫等许多作家的创作产生了很大的影响。继《俄罗斯森林》之后,一系列保护大自然、保护万物生灵、重建人与自然和谐关系的生态文学作品相继问世,并进一步深化了这个主题,对俄罗斯生态保护工作起了很大的积极作用,也是对全球环境保护工作一个巨大的贡献。"(杨素梅 2006:204)

"一个艺术家,如果他善于深刻地表现他那个时代的主要的主题,他就能创造远远地超出他那个时代范围的作品。"(季莫菲耶夫 1958:1153)而契诃夫的多幕剧《万尼亚舅舅》和列昂诺夫的长篇小说《俄罗斯森林》正是其中的代表。

1 《万尼亚舅舅》:对人与自然和谐美的艰难探索

作为由 19 世纪迈向 20 世纪这一历史转折时刻出现的小说大师和戏剧大师,安东·巴甫洛维奇·契诃夫是俄罗斯文学史上最光辉的代表之一,是在俄罗斯乃至世界文坛都占有重要地位的伟大作家。他一生著作颇多,作品涉猎的范围极其广泛,容纳了极为丰富的主题,以至于在逝世后的一个多世纪里仍被众多的研究者所关注。由于文化背景和阅读视野的不同,在一个多世纪里,人们纷纷从不同的角度对其作品中蕴藏的主题进行研究,从而极大地丰富了世界文学宝库,对当今作家的创作产生了积极的影响。

众所周知,契诃夫一生都在对美进行探索。他在《万尼亚舅舅》中曾借阿斯特洛夫之口道出了他本人对美的理解:"人身上的一切都应该是美丽的,无论是面孔,还是衣裳,还是心灵,还是思想。"在这里,契诃夫将对"美"的理解提高到了理念的层面,从而使其具有了更为丰富的内涵,并赋予了它极为神圣的作用。"美——可以使人不安地想起道德的纯洁和真实,美——可以使人清除谎言和污垢,美——可以使人忧伤地怀念失去的明朗和光辉,美——可以使人奔向另一种纯洁的、明朗的生活。这就是美的作用。"(叶尔米洛夫 1985:181)这样,契诃夫是如何看待自然并表现自然的,便成为了他审美意识的一个重要方面。

契诃夫本人对自然有着一种特殊的感情。在 1885 年 5 月 9 日致莱金的信中,他是这样写的:"我周围的大自然太美了,我真想永远留在它的怀抱里。"(亨利·特罗亚 1992:63)契诃夫对自然倍加关注,其中人与自然的关系问题更是他作品中永恒的主题。但在不同时期,这一主题却有着不同的表现形式。在早期的作品中,自然景色的描写主要是作为一种渲染环境、烘托气氛、表达人物内心情感变化的手段。在这里,人与自然之间的关系呈现出的是一种和谐美。此时,美正在执行着拯救世界的使命。但随着人类社会的不断发展,人类对自然破坏程度的不断加深,这种美遭到了严重的破坏。面对着人类疯狂的破坏行为,契诃夫愈加地认识到保护环境、保护自然母亲的重要性。于是,从《伊万诺夫》开始,在他的戏剧作品中便出现了砍伐森林的现象。但此时作家还没有明确地提出保护森林这一主题,直到多幕剧《瓦尼亚舅舅》诞生后,"保护森林"才作为一个鲜明的观点出现在契诃夫的作品之中。

《万尼亚舅舅》发表于 1897 年,它是在不成功的剧本《林妖》的基础上改编而成的。由于《林妖》的演出并没有取得成功,于是契诃夫在对它的内容和结构进行了相当的修改之后,以新的名字——《万尼亚舅舅》出版了。虽然契诃夫对《林妖》中的许多情节和内容都做了相当大的改动,但作家想要通过作品表达的保护自然、保护森林的宗旨却没有改变。在《万尼亚舅舅》中,契诃夫借阿斯特洛夫之口表达了深切的生态忧患意识。思想敏锐的阿斯特洛夫是位勤恳、有责任心的医生。作为一名医生,他尽职尽责,全身心地投入于治病救人的伟大事业中。虽然他的付出并没有收到成效,但他的精神世界却是丰富的。他热爱自然,热爱森林,并将自己所有的业余时间都献给了植林、护林这一伟大的事业。"米哈依尔·列沃维奇每年都要植树,为此他得到了铜质奖章和奖状。他还为保护旧的森林免遭砍伐而奔忙。"(契诃夫 2004:282)这是因为他深刻地意识到了森林在人类生活中所起的重要作用。"森林可以美化大地,森林可以教会人懂得什么是美,在他心中唤起神圣的情感……"(契诃夫 2004:282)徜徉于森林这片绿色的海洋中,阿斯特洛夫感到无比的喜悦。每逢谈起森林,他就变成了一位诗人;每逢想到,如果千年之后人们将会幸福,而这幸福中也会有他的一分微小的贡献时,他便会感到异常的喜悦。

阿斯特洛夫虽热爱自然,热爱森林,并愿意为森林而奉献自己的所有,但他一个人的力量毕竟是有限的。所以当面对残酷的恶势力时,他也不得不眼睁睁地望着森林是如何被砍伐,美是如何被毁灭的。"俄罗斯森林在斧头下呻吟,几十亿树木遭到毁灭,野兽和鸟类也要失去栖身之地,河流在涸竭,美丽的风景将永远消失……"(契诃夫 2004:282)面对着人类疯狂、野蛮的行为,阿斯特洛夫不禁问道:"为什么要毁灭森林?"(契诃夫 2004:282)然而他的质问并没有唤醒人们的良知,人们仍挥舞着手中的斧头砍伐森林,仍不断对美进行着破坏。

其实,阿斯特洛夫早已看到了人类这一疯狂行为所将带来的可怕后果:"森林越来越少,河流涸竭,野兽绝迹,气候恶化,土地一天天地变得贫瘠和难看。"(契诃夫 2004:283)他也想制止,但仅凭一人之力是难以同强大的破坏力量相抗衡的。"他想要抵制这种可怕的破坏。可是,也正像他在贫困的条件下与疾病作斗争不能改善生活一样,他所种植的林木,也只是一种无力的抗议,不能抵制那种破坏祖国财富、戕害祖国财富的强大的恶势力。"(契诃夫 2004:167)最终,处于痛苦深渊的他因美色的诱惑而放弃了对美的追求,将事业和森林弃置在了一旁。

从表面看来,契诃夫只是想通过阿斯特洛夫之口表达俄罗斯森林的美及这种美所遭受的破坏,但事实却并不然。"景物的美永远在契诃夫的作品里起着道德美学标尺的作用。这是通过景物描写对于生活中丑恶现象做出的判决。美以它自己的存在反抗着生活中的庸俗、肮脏和粗野,美是追求真理的号召,——正是这样的美,才给契诃夫的景物添上了一种无与伦比的特有的妩媚,使它永远飘逸着诗意的梦想和对于幸福的渴望。"(叶尔米洛夫 1985:181)所以,在这美丽的背后,作家通过剧中人物对待森林的不同态度所折射出的是人类道德的崇高与低下、灵魂的纯洁与肮脏。

在《万尼亚舅舅》中,作家将人物划分成了两个截然相反的阵营。一个是以阿斯特洛夫和索尼娅为代表的古朴乡村,而另外一个则是以教授和妻子叶莲娜为代表的城市文明。在教授和妻子到来之前,庄园里的一切都是井然有序的。人们每天都忙于工作,定时吃饭,定时喝茶,定时睡觉。但自从教授和妻子来了以后,整个庄园的作息习惯便被彻底打乱了。不仅如此,教授还用他的自私、嫉妒、虚伪折磨着整个庄园里的人,使得人们完全以他为中心,围着他一个人转。然而,尽管人们对他唯命是从,百依百顺,却还是不能使他满意。于是,自私的教授为了有钱能去城市里享受舒适的生活而打算将庄园卖掉。但他在做这一决定时,却根本没有考虑过将一生都献给他和庄园的万尼亚舅舅及自己孤苦无依的女儿索尼娅的归属问题。

在这里,教授和妻子来到庄园并将庄园原有的生活习惯和作息制度通通打乱,它体现出的是一种城市文明对古朴乡村的入侵。而当教授决定要将庄园卖掉时,它体现出的则是城市文明欲将古朴乡村毁灭掉的一种趋势。然而,城市文明入侵后所带来的后果还不仅于此,更为严重的是它对人们精神的侵蚀。城市文明的代表叶莲娜虽拥有美丽的外表,但她并不是契诃夫观念中的美,她给古朴乡村带来了更为严重的危害。面对教授的"入侵",人们至少还懂得抵抗。但对于叶莲娜的"入侵",人们却无法拒绝。最终,她的美貌使得阿斯特洛夫放弃了工作和理想,走向了堕落的深渊。对于这个徒具外表美的城市文明的代表,索尼娅对她做出了最为准确的评价——"你该是个女巫吧。"(契诃夫 2004:312)

在戏剧的结尾处,当城市文明决定复归城市之时,阿斯特洛夫才真正觉醒,认识到城市文明给古朴乡村带来的灾难。"您和丈夫到了这里来,原先在这里劳作着的,创造着的人,就抛开了自己的工作,整个一个夏天仅仅惦记着您以及您的丈夫的痛风病。您和您丈夫,你们两人用自己的闲散传染给了我们所有的人。我被您吸引了,整整一个月什么也不干,而在这一个月里,有人在生病,在我的森林里,农民的牲口在啃我的树苗……所以,不管您和您的丈夫走到哪里去,你们都会把灾难带过去……"(契诃夫2004:341)最后,契诃夫借阿斯特洛夫之口道出了如果城市文明继续对古朴乡村进行入侵所将带来的可怕后果。"如果您留下不走,那么灾难会更大。我会毁灭,而您……也不可能逃避灾难。"(契诃夫2004:341)

在这里,作家通过人们对待森林、对待美的不同态度,折射出了人类灵魂的美与丑,道德的崇高与低下。阿斯特洛夫热爱森林,热爱自然。他对森林的爱恰是契诃夫本人对美——人与自然和谐之美的追求。面对着强大破坏势力对美的摧残,契诃夫深感个人力量的渺小,于是在毫无出路的情况下,他使阿斯特洛夫转而去追求另一种美——叶莲娜。但在认清了叶莲娜的本质后,契诃夫意识到只具外表美,却不具备心灵美和思想美的"假美"是无法达到"拯救世界"的使命的。于是,当城市文明的代表离开后,整个庄园又恢复了以往的平静,人们又开始了已往的生活。在戏剧的结尾处,所有的主人公都满怀希望,相信美好生活必将到来。"我们将会听到天使的声音,我们将会看到镶着宝石的天空,我们会看到,所有这些人间的罪恶,所有我们的痛苦,都会淹没在充满全世界的慈爱之中,我们的生活会变得安宁、温柔,变得像轻吻一样的甜蜜。我相信,我相信……"(契诃夫2004:348)而契诃夫本人也踏上了他在森林这片绿色海洋中对人与自然和谐美的艰难探索之路。

2《俄罗斯森林》:对人与自然和谐美的成功探索

人与自然的关系问题一直都是俄罗斯文学中经久不衰的主题,但这一主题在不同作家的笔下却有着不同的表达。当人类社会进入20世纪以后,随着社会的进步及工业化的迅猛发展,人类对自然资源的开采也达到了空前的程度。当人类在为自己所取得的成就而沾沾自喜之时,他们也不得不面对工业文明的"附属品"——环境污染。大自然正以自身的毁灭来警醒人类:保护环境,保护自然,保护美吧,这就是保护你们人类自身啊! 面对着已是伤痕累累的大地母亲,富有责任心的作家们以唤醒人们的环保意识为己任。他们通过手中之笔描绘出了自然的美及人类对这种美所施加的破坏,并进而通过作品号召人们保护自然,保护美。于是一股蔚为壮观的"生态文艺思潮"便由此诞生了,并在极短的时间内迅速成为一门显学,甚至"不少思想家预言:鉴于人类所面临的最严重、最为紧迫的问题是生态危机和生存危机问题,21 世纪乃至更长的时期,必将是生态思潮的时代"。(王诺 2003:231)

生态学(Ecology)这一概念是德国生物学家恩斯特·海克尔(E·Haeckel)于 1866 年提出的。当时它不过是生物学的一个分支,作为"研究生物体同外界环境之间关系的全部学科"的称谓(汉斯·萨克塞 1991:1)。该词是由 oikos(房屋、住宅、所在地)和 logos(学说)这两个希腊词构成的(杨素梅 2006:14)。它在诞生之后的一个多世纪里很少被提到,只是偶尔出现在生物学的著作之中,表示动植物同周围环境的关系。但随着全球生态环境的日益恶化及人们生态意识的逐步增强,生态学以独特的生态意识、有机整体性渗透到自然科学、社会科学、人文科学的各个领域,并与之相联系,形成了许多交叉学科,生态文学正是其中之一。而当代的苏联生态文学作为 20 世纪生态文学的重要组成部分之一,更是在世界文学史上占居着极为重要的地位。

众所周知,俄罗斯人一直都提倡亲近自然,爱护自然,他们将大自然视为自己的母亲。这分对自然的浓厚之情尤为突出地体现在了俄罗斯作家和诗人的身上,体现在了他们的作品之中。正如刘文飞先生在《俄罗斯生态文学论》的序中所说的那样,"在俄罗斯文学中,俄罗斯人面对自然的'生态意识'似乎觉醒得更早,在某种意义上甚至可以说,一部俄罗斯文学史,就是俄国人亲近自然、体味自然、再现自然的历史,'人与自然'的母题像一根红线一样贯穿着俄罗斯文学的历史,每一位著名的俄罗斯作家和诗人几乎都是俄罗斯大自然的歌手和画家。"

但随着人类社会的不断发展,工业化的不断提升,人类对自然环境的破坏也达到了空前的程度。20 世纪,当人类的步伐迈入新千年之时,养育人类的自然母亲已是千疮百孔,于是富有责任心的生态作家们以作品为舞台,向人们讲解保护自然、保护环境的重要性。于是在俄罗斯文坛上便涌现出了一大批优秀的生态文学作家,在这些作家之中,有一位是我们不能不提的,他就是著名作家列昂诺夫。他的长篇小说《俄罗斯森林》以呼吁人们保护人类的"绿色朋友"——森林为主旨,是 20 世纪俄罗斯生态文学中一部重要的作品。该书被称作是"俄罗斯生态文学的奠基之作",是"保护大自然的宣言书",是"揭开俄罗斯生态文学的序幕"之作。(杨素梅 2006:189)

长篇小说《俄罗斯森林》发表于 1953 年,当时,在世界范围内还没有生态文学这个说法。但阅读完小说后,我们会发现,在这部作品中作家已经渗透出了深切的生态忧患意识。小说从 1941 年卫国战争前夕写起,一直写到 1942 年春莫斯科保卫战胜利,前后不到 10 个月的时间,但中间通过主人公维赫罗夫对往事的回忆,它实际上是讲述了从 19 世纪末到 20 世纪 40 年代近半个世纪里俄国社会生活的发展史,触及到了当时俄国一系列重大的社会问题。小说的主人公维赫罗夫是一位正直的林学家,他自幼生活在延加河畔的林区。由于从小便生活在森林的怀抱中,所以他对森林有着一分特殊的感情。正是这分对森林的真挚感情决定了他未来的人生道路——成为一名林学家,为俄罗斯森林奉献自己的一生。面对着妻子、女儿的离去及多年好友的公开指责,他并没有退缩,也没有怨天尤人,而是以一颗乐观的心去迎接生活的磨炼。他之所以能克服重重的困难,正是因为他深刻地意识到,保护自然、保护森林的重要性。"森林是大自然最重要的组成部分,伤害了森林,生态环境就会遭到破坏"(王丽丹 2004:51),而且"只要稍稍回顾一下历史,就可以看出俄罗斯的命运从来是与森林的命运息息相关的"(刘宁 1987:282,283)。同时,他还认识到,保护自然,保护森林,这是一项造福千秋万代,为子孙后代谋福利的伟大事业。"没有对自然财富的珍爱,用以书写民族历史的爱国热情就是空洞的,自然财富不是赋予一代人的,它们属于幸福而又明智的千秋万代。"(列昂诺夫 1984:197)于是他便利用课堂这个传播思想的舞台,"热心地、毫无保留地解释森林在整个国民经济中的地位。没有森林,土壤会流失,河流会变浅,会发生风沙侵蚀……"(列昂诺夫 1984:205)正是因为有这一理念的支撑,才使得维赫罗夫顶住了重重打击与压迫,并最终战胜了丑,使美得以保存。

在《俄罗斯森林》中,列昂诺夫塑造了森林卫士维赫罗夫这一形象,他同契诃夫笔下的阿斯特洛夫有许多相似之处。他们都热爱森林,视保护森林为己任;他们都意识到了保护森林的重要性,不断向身边的人讲述砍伐森林将带来的灾难性后果。但与此同时,我们还看到,在他们相似的背后还存在着巨大的差异。首先,两人的职业不同。阿斯特洛夫的职业是名医生,他只是在业余时间里植林、护林。而维赫罗夫则是一名林学家,他的本职工作就是植林、护林。其次,他们的护林方式不同。阿斯特洛夫热爱森林,为了森林他几乎付出了自己全部的业余时间。但这样是不够的,仅凭他一人之力是根本无法实现保护森林这一伟大事业的。所以,当他看到人们不断地挥舞着手中的斧头对森林,对他所追求的美进行破坏时,他也只能痛苦地听着森林在斧头下呻吟。而维赫罗夫则不同。作家给他安排的林学家这一身份使得他在植林、护林的同时,还可以通过林学课这个思想传播的舞台,将保护森林的重要性传给祖国的未来——林学院的大学生们,使他们从思想上认识到保护森林的重要性。这样,维赫罗夫便不再是一个人孤军奋战,而是有千千万万的大学生们在同他一起并肩奋战,共同保卫俄罗斯森林。再次,他们的"抗干扰能力"不同,面对着森林所遭受的种种不幸,阿斯特洛夫深感自己的渺小,于是他便将注意力转向了对"假美"——叶莲娜的追求上去,从而将工作和森林弃置一旁,任人对美进行破坏。与他相比,维赫罗夫则完全无愧于"森林卫士"这一称号,面对着生活的重重打压,他从未放弃过自己的事业和理想。因为他深知自己对人类、对子孙后代所肩负的重要使命。最后,两人的结局不同。阿斯特洛夫由于被美色所吸引而放弃了事业和理想,最终竹篮打水一场空。当叶莲娜决定和丈夫回到城市文明中去时,他才顿悟到外表的美只是短暂的,不是真正的美,只有为人类的伟大事业而工作才是对真美的追求,只有这才是永恒的。而在《俄罗斯森林》中,当一切丑恶大白于天下后,人们才真正看清楚孰美孰丑。在小说的结尾处,维赫罗夫不但赢得了人们的尊敬与爱戴,还收获了爱情与事业上的成功。在分离多年后,他们一家人终于又再次团聚了。同时,格拉齐安斯基的自杀使人们看清了俄罗斯森林的现状及保护森林的重要性。当维赫罗夫收到任命他为林学院院长的电报时,这恰是对他一生的充分肯定。

结束语

通过对《万尼亚舅舅》和《俄罗斯森林》的比较我们可以看出,契诃夫的阿斯特洛夫和列昂诺夫的维赫罗夫有着许多的相同点,但同时也存在着巨大的差异性。也许有人会认为较之维赫罗夫,阿斯特洛夫这个人物似乎塑造的不是很成功。但事实却并非如此。一个作家塑造一个人物主要是为了反映当时的时代特征,需与当时的时代背景相联系。由于契诃夫生活在由 19 世纪迈向 20 世纪这一历史转折时期,其中《万尼亚舅舅》又恰是诞生于 1897 年,处于世纪末,人们的思想中出现彷徨与摇摆是很正常的。而列昂诺夫的《俄罗斯森林》则写于 1953 年,当时的俄国已进入了社会主义时期,面对着五年计划所规划出的美好蓝图,在作家的笔下产生出像维赫罗夫这样理想的人物也是正常的。然而,虽然两位作家生活在不同的时代,两部作品诞生的时间又相差了半个多世纪,但在通览两位作家所生活的社会大环境后,我们发现,两人都面临着一个共同的社会现象——人类对自然资源的疯狂掠夺,两人不约而同地将写作视角定位在保护森林这一主题上。正如美国著名的社会学家布克津所说的:"几乎所有当代生态问题,都是深层次的社会问题根源。"(余谋昌 2000:137)契诃夫生活的 19 世纪中后期,当时的俄国正处于 1861 年农奴制改革之后资本主义经济迅猛发展之时。经济的发展,生产关系的变革,这一切都使得人与人、人与自然之间的关系发生了相应的变化。所以人们为了个人的利益而不惜以环境破坏为代价,疯狂地开采自然资源。而列昂诺夫的《俄罗斯森林》则诞生于 1953 年,当时的俄国正处于斯大林的五年计划时期。五年计划的完成需要大量的木材,所以当时的人们疯狂地砍伐森林,使得俄罗斯大地上大片大片的森林被伐倒,原本茂密的森林转瞬间变成了一片片旷地。面对着人们对俄罗斯森林的疯狂砍伐,两位富有责任心的作家纷纷将目光定位在了保护森林、保护美这一主题上,这正是他们的伟大之处。

"在欧洲伟大戏剧家的星座里,契诃夫是一颗一等星",英国戏剧家萧伯纳是这样评价契诃夫的。契诃夫的伟大不仅在于他为世界文学宝库提供了无数精彩的作品,更在于他能够敏锐地发现种种社会问题与弊端,并敢于将其反映在作品之中。在契诃夫所生活的时代,根本就没有什么"生态问题"的说法。但通过对《万尼亚舅舅》的阅读,我们会发现,早在 19 世纪末契诃夫便已经敏锐地发现了潜在的生态危机,并意识到如果人类再继续对环境、对森林进行破坏所将遭受的严重后果。其实,一个作家之所以伟大,正是由于他能够发现别人所没有发现的东西,从而引领潮流,引发读者去思考。这也许就是在一个多世纪以后人们仍孜孜不倦地对契诃夫的作品进行研究的根源之所在。

继契诃夫之后,20世纪的俄罗斯文坛上又升起了一颗更加耀眼的明星。他以保护森林,保护美为己任,毅然肩负起"森林卫士"这一沉重的使命,并最终使美得以保存。他就是著名的俄罗斯作家列昂诺夫。在小说《俄罗斯森林》中,列昂诺夫通过主人公维赫罗夫之口表达自己对俄罗斯森林命运的担忧,并进而号召人们一同努力,保护人类的精神家园——森林。正是因为有了像契诃夫和列昂诺夫这样富有责任心的作家,人类的精神家园才得以保存,美才得以彰显,而俄罗斯森林这片绿色的海洋才得以永世流淌。

参考文献

[1]亨利·特罗亚. 侯贵信等译. 契诃夫传[M]. 北京:世界知识出版社,1992.

[2]汉斯·萨克塞. 文韬、佩云译. 生态哲学[M]. 北京:东方出版社,1991.

[3]季莫菲耶夫. 俄罗斯古典作家论(下卷)[M]. 北京:人民文学出版社,1958.

[4]列昂诺夫. 姜长斌译. 俄罗斯森林[M]. 哈尔滨:黑龙江人民出版社,1984.

[5]刘宁. "今天的作家应当成为哲学家"——列昂诺夫访问记[J]. 世界文学,1987(2).

[6]鲁春芳. 生态危机时代文学研究新视点——论生态批评的理论与实践[J]. 学术论坛,2005(11).

[7]契诃夫. 鲁迅等译. 忧伤及其他[M]. 北京:中国文联出版社,2004.

[8]契诃夫. 童道明译. 戏剧三种[M]. 北京:中国文联出版社,2004.

[9]苏　玲. 契诃夫传统与二十世纪俄罗斯戏剧[D]. 中国社会科学院研究生院,2001.

[10]王丽丹. 乍暖还寒时:"解冻"时期苏联小说的核心主题与文体特征[M]. 上海:上海译文出版社,2004.

[11]王　诺. 欧美生态文学[M]. 北京:北京大学出版社,2003.

[12]徐祖武. 契诃夫研究[M]. 开封:河南大学出版社,1987.

[13]叶尔米洛夫. 张守慎译. 论契诃夫的戏剧创作[M]. 北京:中国戏剧出版社,1985.

[14]杨素梅、闫吉青. 俄罗斯生态文学论[M]. 北京:人民文学出版社,2006.

[15]余谋昌. 生态哲学[M]. 西安:陕西人民教育出版社,2000.

试论屠格涅夫的爱情乌托邦

杜国英

    爱情是人类精神的一种最深沉的冲动,它不是一种尘世的感情,而是来自上天的恩赐。当莱蒙托夫的毕巧林在爱情的欺骗和失望的深渊中痛苦挣扎时,"屠格涅夫笔下的爱情却是童话故事里才有的爱情和幸福的乌托邦"。(金亚娜 2007:53)

    那么什么是乌托邦的爱情,它具有哪些特质呢? 本文将以社会学、心理学、伦理学等角度分析作家内心深处真实的爱情观,以及这种爱情观产生的根源。为了能进一步理解所要阐述的问题,我们先来了解乌托邦的内涵。

    乌托邦(outopos)源于希腊语,由两个词根组成,"ou"是没有或好的意思,"topos"指地方,两部分合在一起意即"乌有之乡"(冯契 2001:129),翻译成中文时,人们采用了音译和意译相结合的方法,译为乌托邦。从汉语字面来看,"乌"是没有,"托"是寄托,"邦"是国家,那么"乌托邦"这三个字合起来的意思即为"空想的国家"。很显然,乌托邦一词本身构成一种悖论,本来"没有",却还是一个"地方"。可见乌托邦是一个理想国,并非现实中所有,而是一个虚构的国度。古往今来,很多人都梦想建设自己的乌托邦。柏拉图的《理想国》应该是最早的真正乌托邦,他从哲学、伦理、教育、文艺、政治等各个方面探讨理想国家的问题,这也是西方乌托邦思想的来源之一。空想社会主义的创始人英国人托马斯·莫尔在他的名著《乌托邦》中虚构了一个航海家航行到一个奇乡异国"乌托邦"的旅行见闻。他设想了一个完全理性的共和国,在这里,财产公有,人人平等,按需分配,统一着装,集体在公共餐厅就餐,秘密投票选取官吏。可见乌托邦表达了西方早期空想社会主义者对人类美好社会的憧憬。在人类思想意识中乌托邦应该是最美好的社会,就像中国的陶渊明笔下的"世外桃源"一样。不过,莫尔的乌托邦是无法实现的理想。正如马尔库塞说,"乌托邦是一种尘世天堂的理想","是一种终极希望"。(马尔库塞 1987:101)到了今天,乌托邦的意义更加广泛,"凡是不能实现、不切实际的愿望、计划等都被人们称为'乌托邦'"。(冯契 2001:1551)与一切乌托邦一样,爱情乌托邦是人们理想爱情表现的最高形式。人人都憧憬美好的爱情,然而这种爱情理想有时就像夸父眼前的太阳,永远在我们前方,如论我们如何努力,总有种东西阻拦我们,使我们永远也无法拥有它。

在俄罗斯文学史上,"屠格涅夫完全可以称之为崇高爱情的歌手"。"他讴歌爱情,认为爱比死强大,只有依靠爱生活才能得以维继","爱是作家对人类生活发展规律的深刻思索和总结"。(Г Винникова 1986:187,188)在构筑的两个人的爱情理想世界里,他完美地再现了爱情在人们心里引起的种种微妙而美妙的变化,"他的爱情永远是至善至美的初恋"。(默雨 2001:35)既然是初恋,那么对爱情的种种幻想、追求,到头来也只能是悲痛的幻灭。他深谙爱情的一切奥秘,细腻而精巧地描摹爱情心理,同时也痛苦地吞噬着爱情破灭的美丽。而普希金描写的爱情即使以悲剧收场,却充满了阳光,生机盎然。在屠格涅夫的作品中,我们感受到作家爱情乌托邦的神圣祈求,对真爱理想的热爱与赞美。他建构了一个乌托邦的爱情理想,然而由于种种原因,他又解构了这一理想。

1 风姿绰约的女性是爱情乌托邦世界的主人公

赫巴俄德在《神谱》中说:"最先产生的确实是卡俄斯(混沌),其次便产生该亚——宽胸的大地,所有一切的永远牢靠的根基,以及在道路宽阔的大地深处的幽暗的塔耳塔罗斯,爱神厄罗斯——在不朽的诸神中数她最美,能使所有的神和所有的人销魂荡魄,呆若木鸡,使他们丧失理智,心里没了主意。"(赫西奥德 1991:115—120)"爱神不仅是人类最古老的神,也是人类最高幸福的来源。"(萧翰 2008:16)爱是人类的本能,是存在的自然召唤。屠格涅夫认为,生活充满爱,人迈出的每一步都是为了爱。在他的作品中,他努力唤起人们心中的爱,点燃人们心中爱的火焰,并怀着极大的崇敬之情去讲述爱,试图通过人能否去爱来表现一个人的作为,所以爱情是作家创作的一个重要话题。风姿绰约的女性是爱情乌托邦世界的主人公。

在作家的笔下这些女性具有童话般梦境的光轮,屠格涅夫往往把她们置于特殊的环境中,以独特的视角真实而自然地营造她们的出场氛围,使人一下子感到他们在现实生活中也是真实的,非杜撰的,让人相信现实中确有这样的人。然后作家会关注他们外貌的局部细节,为心理描写做准备,随故事情节的发展,女主人的气质形象以及性格也逐渐清晰完整地呈现在我们面前。作家爱着自己的主人公,把她们看做自己的爱情意中人。吸引他的不仅是女人的身材、容貌、声音、头发、发型、皮肤、服饰,就连眼睛颜色的细微差别也辨得清晰。不管容貌差别如何,她们无一例外都很美,心灵高尚、纯洁。阿霞让 H 先生"第一眼看去我就觉得好像容貌非常可爱。她那黝黑的圆圆的脸庞,清秀的小鼻子,几乎还带有孩子气的脸颊和那对明亮的黑眼睛,有一种特别不同的气质"。(屠格涅夫 1996:7)"她吸引着我,不仅仅是单凭充溢在她那整个秀气的体态的半带稚气的魅力;我还喜欢她的心灵。"(屠格涅夫 1996:32)在小说《烟》中李特维诺夫对伊琳娜一见钟情,"这是一个高高的、身材苗条的姑娘……皮肤却是在她那样的年龄少见的苍白,像细瓷般地洁净、光滑,有一头浓密的浅色头发……令人吃惊的,真正令人吃惊的,却是她的眼睛,那对铁灰色、微微泛着青光的,有着像埃及人诸神般动人的弯眉和睫毛的炯炯闪亮的含情脉脉的眼睛。"(屠格涅夫 1996:317)第一次看到季娜伊达时,"我把一切都忘了。我目不转睛地望着这姑娘那又匀称又娇美的体态,颈部,美丽的手,白头帕下面稍微有些散乱的淡黄色头发;望着她那半开半闭的、非常领会的眼睛,那些睫毛,以及睫毛下边的娇嫩的脸庞……"(屠格涅夫 1996:71)在爱的选择标准中,眼睛尤其受到作家的重视,它是心灵的窗户,具有无以伦比的心理接触力和表现力,反映她的气质和心理面貌。阿霞深色的(тёмные)眼睛具有异国情调的美,表现了阿霞性格中的特殊之处;伊琳娜的眼睛表现出她的高傲、冷酷和多情的心理。头发同样是爱情相互吸引中的一个因素,它不仅平添女性的妩媚,而且是女性每天必须打理的对象,它的审美意义对爱情的选择当然很重要。"服饰可以称作第二皮肤,服饰穿着反映一定的价值观、个人的文化修养。"(瓦西列夫 2006:325)在与 H 先生的交往中,阿霞就曾多次更换衣着,再现了恋爱中的少女复杂多变的心理。作家善于抓住吸引男性的女性身上重要生理特征和社会特征,展现了这些容貌秀丽的女性真挚、纯洁、高尚的感情,充满诗情画意。可以说,这些女性人见人爱,她们反映了作家对美的追求,是作家爱情理想的女性。在爱情关系中,被外在美的反衬形式所吸引是屠格涅夫的主人公产生好奇、萌生爱情的条件。

2 自由是爱情乌托邦的保证

爱情自古以来就是人道主义的宣言,爱情中的男女是平等的。爱是人与生俱来的权利,而自由则是爱情的保证。我们这里说的自由是心理学和社会学等多学科兼容的概念。简而言之,自由就是在不侵犯别人的前提下,按自己意愿做事并由自我来决定自己的行为,自由反映了个人的自我意识和尊严。换而言之,在爱情世界里,主角的内心自由起着决定作用。爱如果不是从自由发出来的,这个爱也就不会长久。自由能保证恋爱中的男女在亲密交往时处在平等的位置,否则这种爱就变成了一方压制另一方的意志。没有心灵的自由结合,就谈不上爱情。在屠格涅夫的许多中短篇小说中,男主人公感情的发展往往受制于一种特殊的力量,表现出非理性的因素,他们常常处在忘我的境地中,无法自由理性地面对感情,放弃了自我决定的自由。

在《烟》中,李特维诺夫多年后在巴登—巴登邂逅伊琳娜,起初他还保持着自尊,思念着自己的未婚妻,为伊琳娜周旋的上流社会圈子激愤、感慨。可回到自己的寓所,他突然感到伊琳娜处在那些人中是那样寂寞、忧愁。伊琳娜的出现已经在他的心里起了波澜,他不可能再平静对待她。虽然他一再劝慰自己已经有了未婚妻,并且只能爱她一个,可终究没有抵住伊琳娜派来的波图金的劝说去和她见面。当年分手后伊琳娜对他的关注、真诚的道歉和请求原谅使他由衷地感动,她的热情、主动、大胆、肉感的力量使他的心理防线逐渐崩溃,不由自主地跟随她的意志。正如波图金说:"男人软弱,女人坚强,机遇有无限力量,安于平淡无奇的生活令人难受,完全忘掉自己又不可能……可这时候出现了一位美人和同情,这时候带来了温暖和光明,——哪能抗拒呢? 于是你像小孩子扑向保姆那样奔过去。""一个人迟早总免不了要落到某个人的手掌心里。"(屠格涅夫1996:390)伊琳娜就像一块磁铁牢牢地吸住了李特维诺夫,他已经没有了自由,没有了自我意识,成为爱的奴隶,而这种爱已经没有了自由土壤的滋润,成为徒有虚名的东西。那么这场不平等的爱情结局注定是悲惨的:伊琳娜只是自私地欣赏和享受李特维诺夫的爱,却不想抛弃自己目前的生活与他私奔。同样,屠格涅夫在《往来书信》等很多作品中,都表达了没有自由平等的爱情思想。阿列克谢说:"爱情里没有平等的,没有德国的哲学家们在闲暇时所杜撰的心灵和其他理想的自由结合,没有。爱情里一个面孔是奴隶,另一个是老爷,所以诗人说爱情是锁链。是的,爱情是锁链,是沉重的锁链。"(Тургенев 1980:47)

我们看到,作家笔下的爱情自然力量如此之大,使人拜倒在它面前,达到如醉如痴般疯狂的地步,并甘愿失去自由。屠格涅夫写尽了爱情的魅力,也写尽了爱情的不可抗拒的魔力。李特维诺夫感到有种不可知的神秘力量把他逼迫到伊琳娜跟前,以至于他痛苦地对塔基娅娜说:"我并不是不再爱你,然而有一种可怕的、不可抗拒的感情突然向我袭来,涌来了。"(屠格涅夫 1996:447—448)爱情本身具有无穷无尽的奥秘,就连他自己也说不明白。爱情中的各种偶然性,使爱情的当事者对爱情迷惑不解,更使爱情蒙上了神秘的外衣。忘我的境地使当事者的言行迥异,使旁观者困惑不解。正如叔本华说:"人在恋爱的时候,往往呈现滑稽的或悲剧的现象,那是因为当事者已被种族之灵所占领,所支配,改变了他原来的面目了,所以他的行为和个性完全不一样。"(叔本华 2006:55)爱情不仅具有魔力,而且像得了病一样与当事者纠缠不清。"在爱情中,非理性成分和不理智成分表现尤为突出。爱情的一切似乎都无法借助人的认识来预见、培养和控制。冷眼看上去,爱情是因为颠倒了理性的一切规则才得以生存。"(瓦西列夫 2006:99)在屠格涅夫的很多作品中都表达了类似的想法,他对爱情的这种神秘认识实际上是对爱情持不可知论的观点。

有人也许会说,这些都是爱情的常态,然而,屠格涅夫却在其爱情世界的女主人公身上赋予了崇高的爱的精神。他在给予她们美貌的同时,给了她们无比的勇气和执着的精神,虽然她们当中有的看起来很羸弱,例如苏珊娜,但她们无一例外,都比意中人显得大胆,不像自己意中人那样怀疑和彷徨。苏珊娜在风雪交加的夜里去找"我"探寻富斯托夫的情况;阿霞、薇拉和伊连娜主动安排约会。在追求爱情时,这些女性保持自己性格的完整和自由的尊严。

3 理想与悲剧相结合的爱情乌托邦

对爱情本体论的认识千百年来无一定论,屠格涅夫也在自己的作品中表达了对爱情的认识。他认为男人和女人的结合是超自然的、神秘的,是为了获得灵魂的满足。爱情赋予人无限美好的感受,它集真善美于一身,是人类真善美的最高表现,是永远的乌托邦。

我们说,作为一种社会现象,爱情无论生理力量,还是精神力量,都是无穷的。在屠格涅夫的作品中,爱情力量更加鲜明地表现在女主人公身上。她们把爱情视为摆脱寄人篱下生活、追求个性自由、实现自我价值和获得心灵解放的最简单也最直接的方式。难怪有人说,爱情是女人的事业,这句话用在这些女主人公身上很恰当。她们用一生追求理想的爱情,渴望新的生活。她们有着飞蛾扑火般的勇气和决心,为了爱情甚至不惜牺牲自己的生命。现实生活是残酷的,屠格涅夫笔下的女主人公们生活的空间大多限于家庭范围,活动圈子是狭小的,这也注定她们有着极强的心灵解放愿望,对爱情事业执着,积极主动。一些女性更是渴望走出家庭进入社会,她们被积极的社会热情吸引,要求意中人要有高尚的事业心和社会责任心,有学识,有思想,希望自己与他们有共同的志趣,因此她们更注重爱情的精神力量、灵魂的相互融合。叶琳娜钟情于英沙罗夫解放祖国的高尚信念和献身精神,娜塔莉娅被罗亭的人生意义和理想信念鼓舞。屠格涅夫精心构筑了一个个美好的爱情,说明爱情能从情感上美化一个人的精神世界,给人带来快乐和希望、痛苦和享受,然而,他又痛心,现实生活中没有英雄。他的女主人公们一旦发现心仪的对象说的话是那么空洞、虚假、没有价值,信仰是那么单薄的时候,分手就成了注定的命运。现实生活的各种情况成了阻碍爱情追求的外部力量,情感与社会的冲突导致了爱情悲剧,精心构筑的爱情乌托邦理想也随之破灭。《一个不幸的女郎》中的苏珊娜因无法忍受富斯托夫对他的不信任和侮辱,在极度悲伤和痛恨中死去;《浮士德》中的薇拉在传统道德和真挚爱情激烈冲突中同样遭受死神的眷顾;《贵族之家》中的丽莎走进了修道院。

爱情的悲剧是最痛苦的个人悲剧。瓦西列夫曾说,像这种本来以为"爱情曾经是可能的,但终于未能实现而痛苦。这是现实生活中较为罕见的一类现象"。(瓦西列夫 2006:358—359)从屠格涅夫笔下的爱情故事我们不难看出,他把爱情看做一种自然本性,强调爱由心生。然而它又具有超自然的因素,在爱情面前人们往往显得无能为力,无法左右感情的发展,只有听任感情的洪水肆意横流。至于流到哪里,停在哪里,结局如何更不是爱情的当事者们所控制,所以这样的爱情实际上放弃了个人的追求,根本不可能满足个人自由和愿望,最后只能以悲剧收场。70年代后期到80年代初,在《梦》、《爱的凯歌》等作品中,"他笔下这种自然力性质的爱情,便不仅具有一种悲剧性的宿命力量,而且更带着一种神秘主义的色彩了"。(王智量 1985:124)在充满了神秘和宿命色彩的中篇小说《浮士德》中,屠格涅夫以书信的形式记述了往日的时光。男主人公通过给心爱的女人朗读《浮士德》等作品,逐渐唤醒了女主人公浪漫情怀以及内心从小就被压抑的对生活与幸福的憧憬。而正当女主人公准备迎接爱情时,在他们短暂甜蜜会面后不到两周就死去。在小说中,作家着意渲染了当爱情突然袭来时,当事者会措手不及,只能顺乎自然深陷其中。薇拉的死让主人公意识到在诸多神秘不解的事物面前人应该低下头来,包括爱情和命运,人没有能力掌控这些。作家说男主人公早已经料到薇拉猝死,一切仿佛都是命中注定。"屠格涅夫对生活的悲剧性认知与叔本华的悲观主义很是接近。"(王立业 2006:46)人生来就是苦的,苦的根源在于各种欲望,只有消灭这些欲望,人生才得以快乐。追逐欲望,就是追逐痛苦。在屠格涅夫看来,追求爱情就是吞噬苦果,所以他把爱情和悲剧连在一起。

　　龚古尔曾说:"左拉还有我,我们从未真正爱过,无法描绘爱情。只有屠格涅夫可以。"(纳乌莫娃 1982:170)屠格涅夫认为爱情在男人身上创造出其他感情无法比拟的结果,对女性他永远保持着浪漫的情怀。每个女性对他来说都是个谜,是个神秘的世界,而这个世界永远吸引他去探求。可是,面对他笔下的女性,他又无力给她们彻头彻尾的幸福。通过这些女性他建构了美好的爱情乌托邦,使人相信世上有如此美好的女性,不论是外表,还是心灵永远值得人们去寻找、去爱。对待爱情他严肃认真,在这些女性身上倾注了自己全部的心血。但当爱到极致时,一切仿佛是绷紧的弦,在最高音处断掉。爱情是超自然的、宿命的,非人所控制,非人所能享受,所以到最后只有舍弃,他亲手解构了自己编织的爱情乌托邦。在爱情本体论上,屠格涅夫是积极的、浪漫的,但在爱情的认识论上,他又是消极的、悲观的。屠格涅夫作品中的爱情高潮,往往不是爱情萌发时的悸动、甜蜜和神秘,而是爱情破灭后的绝望与无奈。他的爱情不是千里共婵娟,而是一个人的独角戏。他的爱情乌托邦是一个无法超越现实,但又无限追求人类真善美的乌托邦。

参考文献

[1]Винникова Г. Э. Тургенев и Россия. — 3-е изд., перераб[M]. M., 1986.

［2］Тургенев Т. С. Сочинения（том пятый）［M］. M., 1980.

［3］冯　契.哲学大辞典(下)［Z］.上海:上海辞书出版社,2001.

［4］赫西奥德.工作与时日神谱［M］.北京:商务印书馆,1991.

［5］金亚娜.屠格涅夫笔下少女形象的共性特征［J］.俄语语言文学研究,2007（1）.

［6］马尔库塞.爱欲与文明［M］.上海:上海译文出版社,1987.

［7］默　雨.优美而哀伤的歌——兼论屠格涅夫爱情小说的主题［J］.河北青年干部
　　管理学院学报,2001（5）.

［8］涅·纳·纳乌莫娃.刘石丘等译.屠格涅夫传［M］.天津:天津人民出版
　　社,1982.

［9］叔本华.金玲译.爱与生的苦恼［M］.北京:光明日报出版社,2006.

［10］屠格涅夫.烟·阿霞·初恋［M］.南昌:百花洲文艺出版社,1996.

［11］瓦西列夫.赵永穆等译.情爱论［M］.北京:当代世界出版社,2006.

［12］王立业.屠格涅夫的宗教解读［J］.俄罗斯文艺,2006（4）.

［13］王智量.论普希金、屠格涅夫、托尔斯泰［M］.北京:光明日报出版社,1985.

［14］萧翰编.婚姻20讲［M］.天津:天津人民出版社,2008.

写作——通向彼岸世界的中介

——塔吉亚娜·托尔斯泰娅访问录

孙　超　董冬雪译

谢·罗尔：在您的小说里，主人公既不相信生活中会发生奇迹，也对美满的结局充满怀疑；在您的笔下既没有英雄基调，也没有乐观情绪，更没有对生活应有的热情。这种态度是如何形成的？

塔·托尔斯泰娅：我想，这首先是我自己本身生活态度的反映；其次，这也是一个时代问题。有过这样的时代，生活在其中的多数人对生活满怀热情，也相信会有更美好的未来，虽然这些现在听起来叫人无比诧异。如果读一下《时间呀，前进!》或者与之类似的书你就能感受到这一点。在俄国经常会出现这样的时代，大家都突然疯狂地相信，未来某种美好的生活在等待着我们。然而我却从来没有赶上这样的时代，我身边的人也不相信这一点，他们当中也没有主张革新的人士。相反，他们当中的多数人对生活都抱有一种怀疑态度。因为，上帝保佑，我们大家都久经生活的磨砺，我们深知，不会有什么美好的未来，一切都沿着既定的轨道运行。可能，这种对生活的悲观论调或多或少体现了一种俄国人特有的思维方式。在俄罗斯，人们害怕被别人当做一个爱冲动的傻瓜来看待，因此，他们对美好的未来不抱什么希望。只要你奢望今后的一切会变得更好，生活中就会发生不幸的事。因此，为了能体会哪怕是瞬间的幸福感，他们也会尽量不提及这一话题。对"近况如何"这一问题，俄国人往往回复说："一切正常"。美国人对此会感到很奇怪，因为，美国人向来认为，生活应该是一帆风顺的，所以，对同样的问题美国人会回答说："我很好"。但是，这种"好"喻指的是生活中某种特有的、外在的情形，美国人知道，提问的人关心的也正是这个情形。而俄国人指的是另外一种情况，它并不完全是外在的。

谢·罗尔：但是，19世纪文学作品里并没有这种生活态度。社会主义现实主义文学作品里幸福感的萌生完全是受意识形态左右的结果。19世纪的俄国作家认为爱与幸福是可能实现的,并感受到了与本质真理的接触,您的主人公并没有感觉到这些。您对主人公及对他们生活的那个时代氛围的态度与您对文化语境以及历史时间的感受有关联吗?

塔·托尔斯泰娅:在某种程度上,是有关联的。从19世纪一直到革命前的文学,对美好未来的期盼是合乎情理的。这是由于,第一,发生了一些事,这些事某种程度历史地推动了社会向前发展,包括农奴得到了解放,颁布了宪法。那些消极事件则避而不谈,如刺杀沙皇以及类似的负面新闻等,这一切都尽量不提。所以,人们的生活显然越过越好,而且,这种越来越好的趋势的确有目共睹,至少,大家已经清醒地意识到了这种趋势。可是后来,一切又都转瞬消逝了,包括所有的阶级、所有的类型、所有的文化特征和规范,以及所有的期盼。从某种程度上说,那种反映革命后新人愿望的文学完全是真诚的文学(像“我们将建设我们崭新的生活”或者“这里将建成花园城市”)。如果我生活在那个时代,那么,我也能非常理解这些人。面对已被打碎的茶具,我不知道自己会如何反应:放声大哭,还是渴望拥有一套新茶具。但是,现在,当我们从我们生活的这个时代出发来审视过去,这一切显得很幼稚、很可笑。此外,我对无产阶级式的喜悦从来就不感兴趣。我一直非常珍视的是那种尽管很独特,但内涵非常丰富的革命前的文化。从某种意义上说,这种文化对我来说就是“黄金时代”。我很清楚,那时也发生过可怕和荒唐的事情,但它们无论如何也不会把包蕴在文学中的种种可爱之处一笔勾销。而革命后发生的一切我却一点儿也不喜欢。此外,我的家庭际遇对我也有一定的影响。爷爷和奶奶1918年逃亡到了外国。他们原本并不想这样做,但生活却把他们生生地给挤到了国外。他们先是移居到了南方,后来又流落到了大海的轮船上,就这样,他们侨居到了欧洲,后来又四处漂泊。他们竭力想在那里重建自己的生活,但却没有成功,因为对待侨居生活你要全身心付出,而结果却往往将你弄得筋疲力尽。再加上欧洲内部频繁的政治、经济变动使得俄国人从这个国家漂到另一个国家。1923年,他们决定回国,希望生活能够应付过去。开始时还不错,正赶上新经济政策时期。可后来的一切却变得越来越糟糕,他们的生活彻底陷入了困境,此时,再出国是根本不可能了,况且,也无处可去。欧洲上空已经布满法西斯的阴霾,而美国当时还只是像薄雾般虚无缥缈。于是,这种无处藏身、无论怎样都会回到原先的生活、一切都不会有什么结果的感觉从幼年起就给我留下了深深的印记,好像你无论怎样也无法摆脱这种不幸的生活。一切向往理想国度的远行,无论是情愿的,还是被迫的,都不会有什么结果。没有什么神仙岛屿,也没有什么理想国,无论怎样努力,最后,你注定要被固定在这里,并且,也不要期待生活会发生神奇的好转。总之,20世纪属于这样一个时代,当你去评判它的时候,这里面已经囊括了你的祖辈以及父母的自身复杂经历。

谢·罗尔:恰好我们谈到了回溯过去、追忆历史这个话题。在《雾中梦游人》这部小说中,唯一能使主人公杰尼索夫兴奋的事就是追忆过往生活。是不是应该把这种对过去的追忆看成是一种比模糊不清、如薄雾般朦胧且混乱的现实生活更真切的现实?

塔·托尔斯泰娅:我想,应该是这样的。至少,我就是这么做的,而且,这也好像是我的部分切身感受。未来是什么样谁也不知道,而现在只是一条几何直线,唯一的现实是过去。曾经过去的事物,哪怕你曲解了它,它都存在过。过去总还是有一些令人羡慕的事情,而且它们已永远留在我们的记忆深处。追忆过去会让你发现存在着这样一条可视并可感的链。并且,因为它多少还看得见并可以被感触,那么,人就被吸入到了过去,这道理就同有些人对未来信心满怀一样。我总有这样的感受,我想重回过去,因为这就是未来。

谢·罗尔:小说结尾对美好的未来充满了矛盾心理,这是否受到了契诃夫的影响?

塔·托尔斯泰娅:我们多多少少总会受到某个职业作家写作文本的影响。在这里,我并不是有意借用契诃夫的思想,可能,这属于一种文化惯性,这种惯性常常让我们渴望光明的未来,告诉我们未来的一切都是美好的。但你随便问一个俄国人,他们几乎都害怕自己被拽入到某种思绪梦想当中,因为他们知道,这种梦想不会有好的结局。因此,俄国人对于渴盼具体的未来不感兴趣,要知道,梦想可爱之处恰恰在于你无法去估量它。而只要你把它视作具体的物质时,它就即刻变俗了。与美国文化不同,传统上的俄国文化不渴求去建造一个小木屋,但可以梦想拥有一座空中楼阁。因为要建造屋子,必须要知道非常具体的事情:它的面积多大,怎么铺设管道,或者怎么修建房顶等。而空中楼阁就完全是另外一回事:你想拥有成千上万间房屋,你想拥有一切……

谢·罗尔：您经常说，世上的一切都已言说到位了，所有的话语都已说尽了，所有的情感都已有描述，所有的大陆都已在地球仪上标注，但您仍然运用那些早已说尽的话语在写作，究竟是什么促使您从事创作，您对待语言又是一种什么样的态度呢？

塔·托尔斯泰娅：问题在于，虽然一切话都已说过了，所有的百科词典都已编辑完毕，唯一一个经常出现的新事物就是各式各样的人。如果你知道自己有选取并组合词语的能力，会以另外一种方式去阅读辞书，并能建构一个与在地球仪上描述的世界完全不一样的词语世界的话，那么你就会有写作的冲动。何况，写作能给你带来无穷的乐趣。我虽然不想用"创作"这个词来形容我自己，但我现在实指的就是这个字眼，这个词在这里的含义同作家们通常说的不完全一样，它有另外一层含义。当你做一件先前从没有做过的事情时，你就会有这种感觉，就好像是用各种方块搭建小房子的孩子们一样，那时你就会逐渐感受到创作过程本身带给你的无尚快乐。显然，创作行为让上帝感到极大的满足，因为后来他把我们大家都抛弃了，舍弃了。对我来说，这种对创作行为的尝试过程不啻是一种自足的幸福，而且无论它发生在哪个层面。它就像是一件会叫你无比开心的事情一样时刻吸引着你。但在某种程度上，这也是一种痛苦，一种苦役，因为，你知道应该怎样，但不知道具体怎么做；你知道你想要什么东西，但不明白它到底是什么。在意识到这种痛苦感和幸福感并存之后，你就不可能再做其他事情了。

谢·罗尔：而在这个过程中，词语获得了新的含义？

塔·托尔斯泰娅：是的，是一种全新的含义。因为很明显，当词语孤零零地呆在词典里时，它们潜在的搭配能力是"沉睡着"的，它们就好像被断了电一样。结果呢？原来词语的搭配可以无穷尽，一些搭配好，另外一些不好。但大家都明白，每一个从事写作的人自己都有一套独特的方法将一个词同第二个词搭配，第二个词同第三个词连用等。这靠的是某种节律，这样，一些语法结构顺畅了，各个章节以及越来越复杂的文本层面也被逐渐细化了。

谢·罗尔：在当代，很多作家对用词不是非常在意，因为如果词语都用尽了，话都说透了，那么你就可以以一种游戏的态度来对待它，而在您的创作中并没有这种游戏因素，这是为什么呢？

塔·托尔斯泰娅：是的，我从来就没想到过这一点，但你说的又确实是事实。我认为,不存在游戏规则,换句话说,它们可能存在,但只存在于写作技巧的复杂层面。纳博科夫作品中有很多语言游戏,但是,他是在一个俄罗斯作家从来没有进入过的层面上做这些的。而在一些微不足道的层面玩语言游戏,这就好像是你非常清楚世界冠军的水平,但你仍和他在火车包厢里下象棋是一样的,这是很不严肃的。我觉得,在玩弄语言游戏的当代俄罗斯作家当中,没有谁能叫我满意。在很多人那里,只是为了游戏而游戏,如果这种游戏不是无病呻吟,还会有点意思。但要做到这一点不是很容易。

谢·罗尔: 那么,当作家抑或女作家清楚地意识到所有的话语都已用尽,一切都说完了、明确了,在这种情况下,作家的作用又是什么呢?与此同时,作家的作用改变了吗?

塔·托尔斯泰娅: 显然,当前这是一个非常重要的话题,因为一年里这样的问题已经是第三次有人问我了,而且,不只是在私下里交谈,还包括举行学术会议期间,甚至有人还拟请我做一个题为《作家在当下语境下的作用》的报告。这个问题现在看来非常重要,因为我们不仅生活在世纪末,而且生活在一个千年的结束期,该到总结的时刻了,让我们一起坐下来议一议,作家们到底取得了哪些成果。大家都清楚,在全球范围内,作家好像变成了一个只会插科打诨、斗嘴取乐的人了。最近,这一点在我们东欧也似乎得到了确认。我们一直认为作家是预言家,问题的关键并不在于作家是不是预言家,认为自己是未卜先知的人过于愚蠢,甚至简直就是浅薄无知。如果读者将你看做是预言家,那是另外一回事。他常问你一些存在本质的问题,比如说,是否有上帝。不是问我是否相信上帝的问题,而是问我是否存在上帝,因为既然我是作家,那么我就似乎应该知道答案。现在的读者像水蛭一样,肠胃填饱之后就不再搭理作家了,使他处在一种非常自由的状态。那些还把作家当做俄国先知的人是一些最极端的保守派。在新的语境下,作家的作用也发生了相应的变化。以前只要你有能力,你就可以从事创作,而现在你自己必须去竭力赢得读者,同时,还要保持自己的特色。现在,常常有人会为了自己或是为某种理念而雇作家来写作,有时是作家本人希望服务于某个政治党派或某些"新俄罗斯人",这有很多因素决定。今天,有不少作家写书就是为了取悦某些"新俄罗斯人",一些人这样做是认真的,而另外一些人不过是因为根本就瞧不起生活中的一切而这样做。在这种语境下,谁没有把钱置于首位,谁试图为自己写作并且能够做到这一点,这样的人就真的是处在一种非常自由的状态。还有另外一种情况,就是你从来也没有为自己而写作,你写小说就是为了唤醒茫茫人海中的知己。谁是你的读者,写书又为了什么,这些都是十分复杂的问题。但是,先前作家身上被赋予的政治角色,很显然已经不会再有了。那些试图重新享有这种角色的人根本无法理解这一切。而我本人,对这一点从来就不感兴趣,我从来就没有写过政治题材的作品。

谢·罗尔:当一个作家清楚地意识到,文本中的他既不用去扮演先知也不必去思虑历史问题时,那么他还能做什么呢?到底又是什么促使他走上写作这一荆途?

塔·托尔斯泰娅:留给作家的只有看似奇怪的需求了,他会完全遵照自己的内心需求,去选取事物以及各种各样的复杂情况并加以描述。于是,当你沉迷于这种需求,并且从事这种既痛苦又令人异常愉快的工作时,那么你就会突然明白,这不只是简单的语言游戏,你触及的是一种充满魔力并且能自给自足的空间。可以通过各种不同的艺术形式(比如语言、音乐等)或者是简单地处在某种状态下你就能触及到这一空间。但同时,穿越这一时空的感觉有点类似萨满教的宗教仪式或处在某种睡眠状态。这就像人们常说的,你在空中飞翔,可以观察每个国家,从一个空间穿越到另外一个空间。但是,要想长久驻留在这样一个奇幻的状态里是非常困难的。你要不断地承受周围环境的多重挤压,可你归根结底也是一个活人,每天都要站立、吃饭、喝水,你瞧,突然又有人打电话给你。你活在现实生活中,但同时,你很清楚,你能够使自己进入到一种迷醉的状态。而且,在这种状态下,起作用的是另外一种行为。很明显,那些同样想进入这种状态的人就是你的读者。我自己非常喜欢阅读,而且与同时代作家不同,我从来不会嫉妒别人,我根本就没有过这种感觉,因为我不明白,当一个人通过他自己的努力进入到了另外一种时空的时候,其他人为什么要嫉妒他呢?想用别人家的钥匙打开自家的大门是根本不可能的事儿。如果有哪位作家能够精细地将自己是如何进入到另外一种空间的过程描述下来的话,那么,我也能跟他一样,可以进入到这一无形世界里的其他新房间。这就叫做……我不想称之为"充满警示的话语",因为常把对未来的预言同政治混淆在一起,但可以称之为"对另外一些现实的明晰洞察"。文本是一个相对完整的"空间",它就好像是另外一个世界。这并不是一件简单的事情,因此不能只是简单地选取语句。索洛金说过,不应对当代文学指涉到的那些令人羞耻的事物或题材感到气愤,因为文学只是一种语言游戏,当他说这些话的时候,他自己并不相信这一点。这不是语言游戏。擦燃火柴这个动作不是一个面划过另一个面那么简单,这导致了某种第三层面(火或者火灾)的出现。点燃香烟不是一件普通的事情。

谢·罗尔:您对过去的态度迥异于符拉基米尔·索洛金和维克托·叶拉菲耶夫,在他们的作品里,对过去更多的是辛辣的讽刺,不喜欢甚或是对抗,对过往生活的一种赤裸裸的反感,对它持一种强横态度。在您的短篇小说中,对过去,特别是您所熟知的不太久远的过去,流露出来的更多的是一种轻微的调侃、嘲笑。这种态度,不是对抗,也不是强横,而是嘲笑,这是否与您作为女性有一种对过去的独特感受有关呢?

塔·托尔斯泰娅:我不知道这是女性特有的感受,还是我个人的感受。这里有各种因素,你很难讲明白,究竟为什么你会这样对待过去。比如说,刚刚过去的苏联生活,当它现实存在的时候,生活在其中叫人难以忍受,但,普希金诗歌中说的"那过去的一切将变得可爱"确实又是不无道理的。从这个意义上说,苏联时期与别的时代没什么本质区别。而且,现在很多人已经感受到了这一点。上帝保佑,我绝不赞成重新回到过去的苏联。但现在,它远离我们,不会再来,因而成为作家诗人们诗化的客体。于是,过去的一切恐惧、折磨、哀伤、强暴,这谁也摆脱不掉、踯躅不前的千年帝国,现在,则因为它处在历史的过去而使我们觉得有种安全感。我再重复一遍,我不想回归过去,但与此同时,现在我们又可以将这个过去的生活诗意化,这不也很好吗?所以,先前那些持有不同政见的人,内部聚会时会齐声高唱苏联时期的歌曲,这并不是一种偶然现象,可以说,这是一种独特的后现代主义,而从本质上说,这只不过是一种令人愉快的怀旧心理罢了。

谢·罗尔:您在 1989 年、1990 年之际是否已经感到,您在短篇小说《林姆波波》里所描写的那种生活,就像已经历过的某个生活阶段一样,整个地一去不复返了?这是不是一种由于对过往的一切不再恐惧而产生的轻松感呢?

塔·托尔斯泰娅:是的,还是在 1988 年,我就感觉到,这一切已经一去不复返了。我并不十分喜欢这个短篇,因为它是在一种特殊的情况下写成的,这种情况就是过去的危险已解除,但新的时代还不知道会是什么样子。但那时我已对过往的生活抱有一种同情的态度,并且想通过某种方式把它记录下来。我尝试用很少受结构限制的短篇小说这种体裁来表现现实生活中的这种混乱,这种状态就好像是你被时间卡在那了,无处逃匿,谁也做不了自己想做的事情,所有人都过着一种奇怪的生活,在这个空间里被晃得不知所措,无所事事,但最终谁也不会有什么事。这就像是一根由无意义的事件穿起来的链条,它没有什么用处。这种状态我是通过较少受结构限制的短篇小说这种体裁表达出来的。缺少结构就破坏了一些文学规则。可能,这一点别的作家很容易做到,但我更喜欢结构清晰的事物。我认为,无论如何存在着某种文学规律,这就像有东南西北一样自然。

谢·罗尔:您性格中有股坚强的意志,这种性格更像是男性,而不是女性身上所具有的。《雾中梦游人》中的杰尼索夫无力改变自己的生活,他好像被自己的想法、沉重的梦魇折磨得疲惫不堪,获取荣耀、长生不老的想法使他心神不宁。而罗拉却能够坦然面对现实生活,并完全融入其中;在《夜》中,展现在读者面前的是男女两种截然对立的性格。"妈妈"知道,如何安排每一天的生活,也就是说知道如何将庸俗不堪的生活条理化。海姑娘知道如何诱惑男人。但这两人,无疑在不同程度上都对阿列克谢·彼得罗维奇的生活进行了干预,迫使后者按照她们构建的秩序去生活。阿列克谢·彼得罗维奇被与世隔绝了。对于他来说,生活就好像黑夜一样,于是,他只能靠想象生活;在《林姆波波》中表现的也同样是这种截然对立的情况。朱迪象征着大自然,而列涅奇卡则是政治和意识形态的化身。为什么在您的小说中,男性往往象征着理智与文化,而女性则是大地造物的化身,并进而失去了抽象思维的能力,而且,为什么您作品中表现的这两性都像是黑暗与无知的囚徒呢?

塔·托尔斯泰娅:我认为,在俄国社会中,或者不仅仅是在俄国,男人与女人是不同的。女人更倾心从事那些具体的事情,比如,组织或者管理等,而男人更愿意沉迷于对某件事的抽象哲理思索。男人比女人更关心生与死、阳光与黑暗这样的终极问题。当然,也有女性在思考类似的问题,但这样的女人毕竟是少数。很多女权主义者持有这样一种观点,她们认为,从来就没有为女人们提供这样做的机会,是社会把她们推到了厨房里。这种观点只是部分正确。如果就单个的女性来说,这不会成为谈话的话题，但在人类的性别层面，显而易见，在所有社会里，无论这种社会如何变化，男人们都应该去思索，他应该坐在小河边，去思考生与死，而此刻，女人们知道，如果烤饼没做好，那么就没有食物给男人吃了。当男人结束思考人生的时候，他会问："饼在哪里？"无论是在新几内亚，还是在最发达的工业社会，都一样。总而言之，男性更喜欢抽象的思维方式，而女性却尽量不去想这些哲学命题。如果女性或者某些女人想要这么做，那么，她肯定会在哲理思索以及思考各项事情等方面超越男性，但，历史上女性就不曾这样做过，只有一些特例，这些特例不是更好地证明了这一规律的恒定性吗？

我发现，女性的喜好与她是否有时间没有多大关系。在我的交际圈中，女人们的自由时间比想象的要多一些，但我发现，很少有哪个女人内心有一种哲理思考的冲动。可能的话，我们应该研究一下蜜蜂的生活，那时就可以清楚，为什么雄性做这件事情，而雌性做那件事情。我既懂女人也懂男人。总体上说，我本人对"女性文学"这一称谓感到很生气，因为它把女人都推到了厨房里，这令人很不痛快。我认为，如果列夫·托尔斯泰创作出了《安娜·卡列尼娜》，那么，他比任何一个所谓的"女性作家"都更了解女性的内在气质。最好是应该每一个作家既能作男人，也能作女人，既能当小猫，也能当小狗。托尔斯泰不是马，但写出了《霍尔斯托密尔》。这表明，如果作家能够与被描写的事物融为一体并进入其中的话，那么，他就会逐渐理解他人是如何感受的。使我愤怒的是，表面上以妇女解放为名，实际上却把我们赶到了"女性文学"这一狭小的空间，所以，我不愿意自己也被归入"女性作家"之列。

谢·罗尔：刚才您说作家既能懂小猫，也要懂小狗，最好还要懂马，但，为什么您笔下的主人公身上却没有这种多样的性格呢？您作为一位女性，依我看，在您身上女人的直觉同男人的知性和谐共处，为什么您笔下的人物性格同您却相去甚远呢？

塔·托尔斯泰娅：问题在于，把我能兼容的素质充分表达出来只是我个人的事情，但我从来就没想过写自己。我更像是木偶剧的主人，我是卡拉巴斯·巴拉巴斯，我把木偶分发给每一个扮演者。当然，我用绳子牵着它们。它们会时常挣脱绳索的束缚，那是另外一回事。那时，你就得设法把它们抓住，操纵它们，使它们重归原位。当我写作《彼得斯》这部小说时，我怎么也不清楚，当这个彼得斯在某一刻来到大街上，他直觉上会到什么地方去,我把他摁在长椅上,强制他同其他人交谈,但没有什么结果。我一会儿让他呆在这,一会儿让他坐在那,我为他变换了自然天气。他却不想这样做,在那里痴呆呆地发愣,也不想继续遭这分罪。我为他绞尽了脑汁,开始的时候,他是完全在我的掌控之中的。那又为什么要写这一现象呢?无疑,是为了展示一个人的心灵、智力以及某种情感的活动历程。但重要的是一切事情都应顺其自然,按规律去做。因此,应该画一条界线,而在哪画这条线,我并不知道。这好像是一件需要经常使用铅笔和橡皮的简单工作。有些画家用极其简单的手法,有时候就画一条线,就能够准确地描画一个人的性格,我对这种能力表示非常惊讶。当一幅画大部分已画完并被着墨的情况下,我明白这是怎么画成的,简单的一笔即刻就能达到效果,这一点我总是很吃惊。事实上,几乎是为每一部小说中的每一个人物形象我都要找到这一界限。

谢·罗尔:我想再谈一谈您小说中塑造主人公的这种文化学或者哲学视角。与您不同,您笔下的主人公都是一些失败者,他们在生活中找不到自己的位置,没有形成独立的个性,您对他们也是充满了嘲讽的语气,将他们拒之门外,十分冷漠。为什么您感兴趣的都是这样一些与您完全不一样的人呢?

塔·托尔斯泰娅:不,我与他们并没有什么不同,我同他们一样,而且在写这些人的同时,从某个角度来说我也是在写我自己,因为在内心深处我倒觉得自己是一个时运不济的人。第一,我不知道我需要什么,但生活却裹挟着你沿着某种单一又熟悉的轨迹在运转,我唯一擅长的就是写作,但因为我从来就没有想过我会成为作家,所以我根本就不清楚我想要什么。也许,正因为这一点我没有一般作家身上常有的那分功名心,而我的内在精神生活对我来说要重于一切。我内心意识深处有时候很喜欢放任自流,我就用创作来释放这种情绪。矛盾就在这里。但因为我在写作,所以,我似乎应该比我笔下的所有主人公都聪明些,愚钝的人不可能写出智者的独白。但我写的不是智慧,我写的是其他的一些事情。我写的是情感,那么,我就应该控制自己主人公身上的每一种情感。我的任务就是把它们控制在混沌不清的状态,因为我知道,这是怎么回事。就是说,我一方面自己内心混沌又不自信,却又有能力控制这种情感,把它们记下来,并表达给读者。

谢·罗尔:但是,您肯定也会使您笔下的主人公摆脱这种混沌的境界,让他们变成富有个性的人。您总是不让自己的主人公摆脱这种消极无为的状态,不让他们感受到成为自由个体的喜悦,这又是为什么?

塔·托尔斯泰娅:首先,对我来说,生活中不存在某种终极目标,那么,我也就不明白到底应该实现什么目标。这种俄国人特有的生活态度美国人不会完全理解,但这种态度不管怎么说,是我们文化的一个组成部分。"要是做这件事就好了,那又是为什么?""要是能中一个百万美元的大奖该有多好,那以后又怎么办?"俄国人总是这样想问题,就是说,你明白以后可以做什么,但最终的结果是什么也没有改变。因为原则上万事万物都是无止境的。而且,这种无限性在所有可能的方向上绵延不绝,那么,任何的终极改变就都是幻想,可以在尘世的生活中为自己树立一些目标,并努力去实现这些目标。但当你置身于前苏联社会中时,大家都清楚,实现自我是不可能的事情。进一步说,在俄国社会里,这也是不可能实现的,有太多的因素阻碍你去实现自己的理想。个别的人因为拥有实际能力而实现了自己的梦想。比如说,特列基亚科夫开办了特列基亚科夫画廊,但这在前苏联几乎是不可能做到的。在以后有可能会出现更多的像他一样的商业人士。无疑,在美国社会里有不少这样的人,因为美国社会为大家提供了如何做到这一点的游戏规则。需要一点运气,再投入一些精力,再加上规则允许,于是你就做到了自己想做的事情,你可以从一条跑道跑到另外一条跑道上。但如果你自己也不清楚在所有这些都实现之后,到了生命的终点时该怎么办,那就是另外一回事了。因此,美国人的特点是一想到生命快结束了就惊慌失措。生活在佛罗里达就终止了,再往前就是大海,所以,当你已经实现一切愿望的时候你就不知道接下来该怎么办了。在美国,人们在很年轻、很健康的时候就可以为别人做出一些很重要的事情,与此同时,这样就完全避免了到耄耋之年再改变立场和人生目标。俄国人不这样认为,无论是在老年,还是在壮年,他们都认为从某种角度上说生活是没有意义的。至于年轻时的爱恋折磨和垂暮之年饱受病痛的折磨,则是另外一回事了。因此,我认为,实现个人抱负的想法只是一种保护机制。相反,流动性以及向四面八方扩展的模糊状态(况且它们又是无休止的),这种状态更有意思,并且,这种状态就是一种人文的立场。谁要是实现了自己的抱负,并因此而感到心满意足,这样的人更像是一个自大的傻瓜,而且命运也肯定会惩罚他,如果他没有受到命运的惩罚,那么他自己已经惩罚了自己。人可以稍微流露出对某些事物的喜悦之情,但这之后应再次回到正常的生活轨道上来。因此,我对这种流动的并且符合人性的"失败者的命运"更感兴趣。

谢·罗尔:您对待主人公的这种显得俯体下情的态度是因为同他们处在一个与您完全不同的生活环境之中吗?如果您选取的主人公与您类似的话,那么在您的作品中会不会出现更加真诚的声音,而不是嘲讽呢?

塔·托尔斯泰娅:不会的。因为,既然我把所有主人公都看做是自己的一部分,而我对自己又经常会自我嘲讽一番,那么,我对他们就不可能失去嘲弄的基调,失去嘲讽就等于失去了控制。我内心深处的观点和立场就是要让自己明白这一点,不明白这一点会叫人痛苦不堪。我告诫自己要经常参照契诃夫小说《宝贝儿》中我认为非常重要的一处。生活中只剩下她一个人,使得她在某一时刻失去了思考的能力,因为那个能将这种理性之光投射在她身上的男人不在了。她看见,窗台上放着一个瓶子,而窗外,有个男的正坐车前行。但是,你要是给她一千卢布,让她说出这个瓶子和这个男人的用途她什么也说不出来。我的表达不一定很准确。总之,对这种状态我本人非常了解,在这种状态下你去看任何一个物体就会发现,如果你没有将这种口头想说的话与自己的内心世界融为一体的话,那么你就根本不可能理解生活。可能,一个大脑被摘除的人会这样认为,也就是说他只是在观察,却不会控制什么。这是一种令人相当痛苦的状态,因此我内心深处的某个部分会对此感到恐惧,并试图同它进行斗争。在我这里,写作就是这样的斗争。因为我在 32 岁时才开始写作,所以对我而言,口头上暗自说出并为我思索的事物遴选出最合适的定义永远都是非常重要的。这可以通过比喻、或者是隐喻、或者只是色彩的交集、也可以是与某物的相似等手段来实现。把它说出来就等于控制住了它,否则的话,事物便会处于混乱之中,而混乱是极其令人痛苦的。为了能够生存并避免陷入某种原始的混乱状态,控制并予以构建是非常重要的。我非常理解"宝贝儿"的感受,打个比方说,这是女性身上特有的某种极端品性的表现。

谢·罗尔:我现在稍稍明白您说的话了。但是您并不去描写您前面说到的处在爱情中和感受短暂喜悦时的主人公的情感,您描写的是处于逆境中的他们,并且您在描写他们时也只是从表面上轻轻一带而过。为什么您不去描写主人公更加真诚或者是更加坦率的状态呢?

塔·托尔斯泰娅:因为我本人想远离他们。我认为,生活只是一个暂时的阶段,我怀疑,这既不是第一个阶段,至少,也不是最后一个阶段。鉴于此,我不能过于相信生活,这样,我也就不能和它完全融为一体,总应该保持一定的距离。可能,写作的过程就是一种与其融为一体的尝试,但并不是与最核心内容之间的融合,也不是与存在本质之间的融合,而是,比如说,是与次要内容之间的融合。同核心内容之间的融合是不可能的,我同核心内容之间没有联系。

谢·罗尔:我们又谈到了经历的瞬间这一话题上。为什么您的主人公没有体验到这种融于短暂幸福之中的感觉呢?

塔·托尔斯泰娅:因为写幸福是很难的事情,而写不幸则很容易,简言之,不幸是一种处在中间环节的过渡状态。在 20 年代有过类似的论断,因为当时社会提出来的任务就是描写幸福,而这一点在文学上是不可能实现的,那些能够成功地描写幸福状态的作家屈指可数。比如,我的爷爷阿列克谢·托尔斯泰,还有考尔涅伊·丘科夫斯基(我认为他是一个出色的批评家、聪明人)曾经在一篇评论里说,《尼基塔的童年》是俄罗斯文学作品中唯一一本描写无忧无虑的幸福的书。我从来就不这样认为,于是我拿起这本书重新读了一遍,我发现,整本书都洋溢着与无忧无虑的童年相一致的幸福感。要知道,童年在俄罗斯文学中总是被写成像是一个还没有长大的成年人的沉重生活,而突然,书中的男孩是那么的幸福。而我爷爷的童年,从表面上看,并不是很幸运。他先是经历了贫穷的恐惧,随后便是有孕在身的母亲离开了父亲转而投入情人的怀抱。于是,为了能在这样的环境中活下来,他们经常要变更孩子的姓氏。他们伪造了文件,既折磨自己又折磨别人。他改了姓——这一点不同寻常。但在小说中,他却将自己的童年描写成无忧无虑的幸福。他自己改名换姓,当然,富有的程度也发生了变化,于是,在《尼基塔的童年》中,他的家庭要比实际上富有得多。这一切说明,在他的内心深处有一种想描写幸福的迫切需求。至于说我的爷爷善于写什么,不善于写什么,取得了哪些成绩,有哪些不足,这些都是另外的话题了。但我知道,他是一个极其畏惧死亡的人,他畏惧死亡到了神经质的地步,并且极不愿意谈论死亡。这一点体现在文学层面上就是他不会写作品的结尾,他的所有作品不是没有完结,就是他写结尾写了很长时间,最后反而把整部小说给毁了。《两姐妹》是一部出色的小说,第二部要稍差一些,而第三部已经非常平庸。《彼得大帝》最后也没有写完。《小木偶布拉蒂诺遇险记》(又名《金钥匙》）是一本好书，但结局却很糟糕。《尼基塔的童年》是以一种非常单调的口吻结束的，尽管最后一句话像公文一样干巴巴又索然无味："秋天，尼基塔入学考试合格，开始在二年级上课。"可整本书都写得非常好。《伊比库斯》这本书是他的最好作品，但在结尾他却自己打断了自己："作家的良知让我在此不得不停下信手涂鸦的手。"显然，作家已经开始自言自语了。他就不会写小说的结尾。我不知何时注意到了这一点，并且，我的奶奶也曾经证实说他不善于写结尾，写结尾的时候他总是感到非常痛苦而且要反复地改来改去，这同他不敢面对生命的终结以及在面对死亡时流露出来的恐慌是紧密相联的。同样，布宁也是怕死怕得要命，他往往深夜中醒来，由于恐惧死亡而大喊大叫，他喊道：他能看透一切并且是那样狂热地爱着生活中的一切，就是这样也要死去。在侨居期间，他用了八年时间（这时离他最后去世的时候还早）来思索死亡这一命题。在这段时间，他心情沮丧，认为自己是在白白地浪费生命，他千方百计地试图找出各种办法来对抗死亡，不断折磨自己。布宁把所有这一切情形都写到了日记里。对这些事情他始终无法释怀，因为他觉得这些事情同死亡的虚幻性毫无关联。

谢·罗尔：我有这样一种感受：如果一个人要是始终用儿童的眼光去看待生活，那么，世上的一切就会令人愉悦多了。

塔·托尔斯泰娅：不一定。我感觉我自己像是一个始终处在某个特定年龄段的成年人，不知道也不了解很多事情，没有读过什么书，也没有什么见识，但我却感到自己很幸福。我并没有感受到那种童年的喜悦，可能因此我的内心深处总是十分忧郁。尽管我也很清楚，未来还很遥远，但我意识深处的感受却已同成年人一样，这种感受没有得到恰当的机会表达。我的童年有许多快乐的时刻，这样的时刻就像是在感悟喜悦，但总体说，我是一个忧郁的孩子，尽管我认为，这从表面上一点儿也看不出来。从我能记事的时刻起，我便知道自己是一个忧郁的孩子，但是表面上，我有一个非常好的童年。

谢·罗尔：您从成年时才开始写作，这是否影响到您对创作的态度？

塔·托尔斯泰娅：我认为是这样的。因为在我开始写作之前，我对死亡以及死亡之后类似这样的问题思考了很长时间。但是同单纯的沉浸在思考中相比，通过自我表达和语言你能够更好地讲述自己并理解自己。交谈的时候也是这样，你有一些想法，但如果人们不问你，你就不知道这一点,而当有人向你提问时,你听到了也就知道这个具体的想法了。

谢·罗尔:这种口头表达和创作探索过程本身是否就是在逐渐接近那些还没有被认识的事物和彼岸世界?

塔·托尔斯泰娅:是的,因为如果没有透视法和形式,你就可能什么也不知道,什么也说不出来,而表达这一点的方法就是艺术。当你自己想做某件事,或者当你开始对某件已经经历的事有所感悟的时候,这才能够发生。在我自己开始写作之后,我对"别人是怎么写的"这样的问题完全改变了先前的看法。我看到人们如何挥动笔墨、组织词语,而先前,我只喜欢文本,我只是从中选取自认为是精彩的片段。此外,我不仅看到了文本是如何创作出来的,而且还看到了隐藏在文本后面的事物。我看到,有的作家同我一样对同样的事物感兴趣,我们都一样能进入那些不由自主的空间。开始的时候,我只是在一些口头艺术中能够看到这一点,后来,我就可以在其他的艺术种类(比如说,绘画)中看到这一点。先前我看不到,而后来能够看到了,相应地,我对艺术家的态度发生了彻底的改变。

谢·罗尔:由所有文化的衰退而引发的文化学混乱是否引起了您的兴趣?

塔·托尔斯泰娅:是的,但这完全是另外一个话题。首先,存在本质上的混乱总是与人相伴。生活就是一个故事,你可以说,这是一个由白痴讲述的故事……其次,现在描写文化混乱的非常多,如果我们来审视一下俄罗斯文学史,包括19世纪文学在内,就会发现,那里面表现文化混乱的东西也特别多,比如,果戈理就是一个真正的文化混乱。荒诞派艺术家的先驱列斯科夫同样向我们描绘了混乱的表象,尽管可能是通过另外一个层面表达出来的。想使这种混乱理性化的尝试就是布尔加科夫的《大师和玛格丽特》。现在,有很多作者尝试结合当代生活素材力求达到这一点,但结果不是很理想。当改革刚开始的时候,成千上万的人都跑到国外去了,他们开始写,但都没有成功,因此在文学中文化混乱就一直没有得到呈现。

谢·罗尔:哪些作家令您读过后有一种兴奋的感觉并产生浓厚的兴趣?

塔·托尔斯泰娅:很难说。在各个不同的时期,我会对不同的事物产生兴趣。我非常喜欢普希金,而且我对他并不只是普通的尊敬,他会常常使我歇斯底里。我崇拜他的诗,不是小说,而是诗歌。最近一段时间,我开始喜欢上了莱蒙托夫的一些诗歌,但他还没有来得及做什么事情,在年轻的时候就被打死了,这太可惜了,他也许会成为天才。实际上,我喜欢所有的经典作品。一些作品我只是感兴趣。我对陀思妥耶夫斯基很感兴趣,但不喜欢,他的作品我不能连续读下去,因为有时他那充满道德感的尖叫让我有种眩晕的感觉。但即使是这样,我还是会时常翻开他的书,从中间开始阅读。我身上没有一丁点儿陀思妥耶夫斯基的东西。"我很坏,而且我还会更坏",这一点我根本没有。依此来看,我觉得自己与列夫·托尔斯泰更近一些,尽管他的道德训诫常使我感到无奈。但我对他所有的日记回忆录,还有他全部不明智的想法都非常感兴趣。我明白他内心想要表达的东西,也理解他承担了多大的重负,因为这一点我也深有体会。20年代的作家中我非常喜欢布宁。契诃夫的作品有的喜欢,有的不喜欢。一些短篇小说看似才华横溢,但所有作品中都有一定的败笔和缺陷。不知道是由于他的作品中欠缺某种文学性,还是作品中的某些话语表达得不够文雅,读他的作品我会不时有不舒服的感觉,我一点儿也不喜欢他的剧本。但我却非常喜欢布宁,几乎他所有的作品都很喜欢。我喜欢纳博科夫,因此似乎也就喜欢所有二流作家,如瓦吉诺夫、阿列申等。这里我用的是"二流作家"这个词,但可能不是很准确,他们实际上也都很优秀。我当然也喜欢布尔加科夫,但不像一般读者那样狂热。我非常喜欢曼德尔施塔姆的诗,但不喜欢他的小说,因为我发现,他写小说总是应付。在诗歌中他像是在飞翔,而在小说里他却像是在拖着一双沉重的双腿踽踽。我也不喜欢帕斯捷尔纳克的小说,有些部分令人称奇,比如,某个段落,但整体上看,小说在结构上简直就是胡乱堆砌而成的,但每个句子单独拿出来却都很有文彩。众所周知,纳博科夫的诗作总体来说水平不高,虽然他也写了十余首好诗,但在小说中,他却是一个十足的天才。他们这几位作家,正像我们通常所说的,写的都是好几样体裁,但做出成绩的却只有一种体裁。布宁因为自己的诗歌不受重视终生都很伤心和生气,于是,他把自己的诗精雕细刻,以至于没有人去买他的诗歌来读。在他的诗歌里,一切都是如此的光滑,如此的严谨,以至于你会感到很无聊。而在他的小说中却有很多未被打磨的作品。诗人中我最喜欢的是勃洛克。童年和青年时期我曾非常喜欢茨维塔耶娃,但现在她却让我忍受不了。

谢·罗尔:现在,您不能切身体会俄罗斯的现实生活语境,这一事实对您是否会有影响呢？

塔·托尔斯泰娅：我努力消除这种影响。我们在家用俄语交流，而且我也很少同美国人往来。如果能不说英语，我就尽量不讲英语，况且我一直都在尽量读俄文书。我把我能带的书都带来了，但你是不可能带很多书的。每次有人回俄国，回来时都会从家中给我带书，为的是让我身边有书看。我必须要经常思考并且读俄文，于是，我就经常读。一边喝咖啡，一边读书，为的只不过是能够保有这样的语言环境。不然我是无论如何也支持不下去的，而且，这一点无论何时都无法放弃。我对当代文学很感兴趣，而且我会很快就想明白，我需要的是什么，喜欢的是什么。我自己养成了一个快速阅读手稿的习惯，并且满怀希望，希望在那里能够找到好作品。但对于我所处的这个新情景，我没有任何幻想。我将自己看做是滞留在安稳的后苏联时期一代人的代表。那些留在俄罗斯的人经受了饥饿、国内战争、议会的垮台、希望和失望、俄罗斯新贵的出现。他们不仅看到了许多事物不复存在了，还看到了令人高兴的解体，于是，他们对待生活又是另外一种态度。我认为，这种代沟的存在主要是由于我在俄国生活时的那种语境不复存在了。过去，在我的好友圈中或多或少总有一定的相同的评价标准，什么是好的，而什么是不好的。尽管每个人的趣味不同，甚至是截然相反，而标准却相同。现在呢，我看到，我和一些与我一样落后于生活的人至今仍保持着那些准则，但这些准则已经不能再让新一代感到满意了。但是，这些年轻人认为有趣的事情，在我看来却不过是便宜的伪造品和虚幻的泡影。这是一种玩弄流行话语的游戏，是某种解构主义和迈着缓步的小鬼。他们是写给谁的呢？这些文本像戈尔巴乔夫的演讲稿一样，是事先就写好了的。在那里，表面上看好像还遵循着某种语法，但内在却没有任何思想。这一点是瞒不了我的，只要将他们互相比较，就会知道谁掌握的词更多。我在大学读的是古典语文专业，我学过拉丁语和希腊语，此外，我还知道法语和英语，略懂德语。这些毫无意义的词是糊弄不了我的，他们使我感到非常气愤，因为他们是如此放肆无礼地对待像我这样的读者，对此，我当然是既感到难受又感到痛心。

附注

① 本文译自文集«Постмодернисты о посткультуре. Интервью с современными писателями и критиками»一书。莫斯科，1998 出版，第 143 到 168 页. 作者为 Серафим Ролл.

② 这是一部讲述马格尼托格尔斯克的热情建设者们超额完成定额的小说,作者是苏联作家瓦·卡塔耶夫(Валентин Катаев, 1897—1986),写于 1932 年。译者注。

③《霍尔斯托密尔》写于 1863 至 1885 年,在小说中,列夫·托尔斯泰通过一匹马的视角揭示了私有财产对其牺牲者以至私有者本人的毁灭性的危害。译者注。

④ 卡拉巴斯·巴拉巴斯是阿·托尔斯泰 1936 年写的《小木偶布拉蒂诺历险记》(又名《金钥匙》)中的木偶剧院老板的名字。译者注。

⑤ 丘科夫斯基(Чуковский Корней Иванович, 1882—1969)原名为尼古拉·瓦西里耶维奇·考尔涅伊丘科夫(Николай Васильевич Корнейчуков),是著名的俄罗斯诗人、政论家、文艺批评家和翻译。译者注。

⑥ 转引自《尼基塔的童年》. 阿·托尔斯泰著. 曾思艺译. 武汉长江文艺出版社 2007 年出版,第 149 页。译者注。

⑦ 全名为《涅夫佐罗夫的奇遇或伊比库斯》,写于 1924 年。译者注。

⑧ 全名 Константин Константинович Вагинов (1899—1934),俄罗斯苏维埃作家和诗人。译者注。

⑨ 全名 Юрий Карлович Олеша (1899—1960),俄罗斯小说家、戏剧家。译者注。

教学与管理

俄语同声传译教学初探

赵 为

回眸 20 世纪下半叶中国高校俄语专业的翻译课教学,可以看到全国形成了一个以重点院系为核心,其他院系全面开花的格局。北外、上外、川外、北大、山大、黑大等高校为俄语专业翻译课教学贡献了多个版本的翻译教程、各类教参、手册和工具书。教师对翻译理论、翻译方法、翻译技巧的研究和总结从无到有,从少到多,不断细化,不断深入,翻译课教学也从本科阶段延伸到了研究生阶段。

目前,北外、黑大、洛外已经在研究生层次开设了同传课程,其他院系近期也将陆续开设这门课。许多领导都在考虑设备问题、师资问题、教材问题、如何尽快能培养出合格人才的问题。目前,社会对俄汉同传翻译的需求不大,也不需要有太多的人去做同传,但还是需要有人做。不远的将来,一旦能做同传的译员退出这个市场,必然需要新人来满足这个市场需求。笔者个人认为,开设俄语同传课程的学校数量不应该太多,规模更不应太大,否则必然会是一种人力和物力的浪费。

2009 年夏,黑龙江大学俄语学院的俄语口、笔译专业硕士点获批成立。

黑龙江大学俄语学院的专业硕士点之所以能在高校俄语界首先获批,与学院的师资力量和较早开设了同声传译课程密不可分。早在 2006 年 12 月,笔者就曾按王铭玉院长的工作安排,到北京外国语大学俄语学院和高翻学院学习同传教学。2007 年 3 月,黑龙江大学俄语学院开始在选择翻译学方向的研究生中,开设同声传译课。开设初期,我们克服了教学条件简陋、教师缺乏经验等重重困难,坚持不懈,积累了一定的经验。

2009 年 2 月,新的同声传译培训中心通过验收投入使用,这为俄语学院同声传译课教学提供了设备保障和良好的教学条件。同声传译教学取得了初步成效。

目前,各院系俄语同声传译教学中,师资问题是最为棘手的问题。学习过同传或参加过短期同传训练的俄语教师几乎没有,做过真正同传的教师也不多。改革前进的中国研究生教育给我们出了一道难题。培养青年教师、组建结构合理的教师梯队已经是当务之急。

同声传译课开设的初始阶段,我们只能尝试着"摸着石头过河"。要做的工作非常多:教师要明确专业硕士同声传译教学的目标,熟悉教学过程以及教学内容,树立正确的教学理念,理顺各教学环节之间的关系,确定各项规范,卓有成效地传授同声传译的各项技能。

除继续认真研究我国英语同传教学的成功经验外,我们也在思考以下问题:如何高效使用同传设备,如何准备训练材料,如何提高教学质量,如何应对同传实战。这已经成为授课教师面临的课题。

1 如何高效使用同传设备

现阶段我们见到的同传设备可以分为两类:一类是近年国内生产的较新的语音室设备。这类设备的主要用途并非是用来做同传训练的,但在没用专用设备的时候,可以用这样的设备代替,它具备了同传训练设备的部分功能,国内兄弟院校利用这类设备为本科生开始同声传译课程。另一类是训练同声传译员的专用设备。这样的设备功能齐全,可串联的设备多,各种类型的存储媒介均可使用。教室里可以安排 40 人训练,每个同传间里可另安排 1 至 2 名学员训练。

高水平的设备向教师提出了高要求,教师不仅要熟悉自己的业务,还要熟悉训练设备,避免因设备的使用问题耽搁本就不多的授课时间,这就要求教师花费更多的时间做课前准备。教师也要熟悉各类文件的播放方法,熟悉存储方法,帮助学员拷贝练习材料。除训练设备外,教师还要熟悉各类会场中使用的设备,传授给学生一些必要的常识和注意事项。同传训练设备的确可以大大提高训练效率,普通教室里无法完成的教学任务,这里不仅可以完成,而且可以明显提高教学质量。目前,同声传译课的训练时数是制约教学质量的瓶颈之一,通过几十小时的训练是不能培养出合格同传译员的,这仅能小幅提高学员的听力、语速、交传和视译的能力,尚不能达到同声传译的要求,应该考虑增加一定的自主训练时间,安排研究生到同声传译培训中心自主训练。

2 选取训练材料

目前,国内尚没有适合研究生使用的俄语同声传译教材。同声传译课的训练材料必须满足三个要求:一是必须有声音;二是必须达到一定的长度,满足每个训练单元使用;三是内容不宜陈旧。目前,国内能满足这三个条件的有声材料实在是不多,不是没有声音,就是太短太少,或者内容太旧。授课教师只能自己查找材料,自己动手剪辑或制作音频、视频材料。各种材料均要存在不同的媒介上:优盘、光盘、移动硬盘、录音带、录像带上等等。下载、编辑、复制、刻录,这些工作无形中也增加了授课教师的备课时间。但最令教师为难的,还是很难找到足够的、难度适中的、可以用来做同声传译练习的音频或视频材料。

现在老师们使用的材料多是从互联网下载的视频或音频材料,这些未经剪辑的材料并不都适合用来做同传训练的材料,有一些还需要教师配上文字,甚至剪辑。

我们掌握的网上资源尚不够丰富,使用的多是从俄罗斯独立电视台、第一频道电视台、俄罗斯政府网站、中国国际广播电台网站、人民网等网站下载的材料。从个别网站下载视频还要一些专用程序的支持。

黑龙江大学俄语学院招收的本科生中有相当一部分在高中是学习英语的,这些学生考上研究生,开始学习同声传译后,必然涉及到英语—俄语—汉语翻译的问题。今后,"复语同传"必然会成为俄语院系同声传译的方向,其他院校高翻学院的同声传译教学的发展已经证明了这一点。

3 如何提高教学质量

谈到如何提高同传教学的质量,我们应该虚心向英语同行学习,走访经验比较多的高翻学院,学习他们较为先进的,较为成功的教学方法。除此之外,我们自己也要积极探索适合我们的同声传译课的教学方法、训练方法。前一个阶段我们侧重的训练方法主要有:纠音练习、语速训练、听抄训练、记忆力训练、源语训练(亦称"影子训练")、延后复述训练、倒数训练、边数边译训练、数字翻译训练、交传训练、视译训练、听录音同传训练、看视频同传训练、会议常用主持词翻译训练等。为了保证训练质量,这些训练形式穿插进行。这些训练形式都是学习过程中学生必须经历的"磨难",通过这些形式的训练,学生才有可能同时做到耳听、眼看、嘴说。

但要做到译文完美,还要过表述关。

通过近3年的教学实践,我们认为,同声传译教学中教师至少要帮助学生过以下5关:1) 听力关;2) 语速关;3) 知识储备关;4) 翻译关;5) 表述关。

3.1 听力关

硕士研究生学习同声传译要过的第一关便是听力关。目前,我们的本科教学第8学期对听力的要求是:"能听懂俄罗斯国家电台和电视台的新闻报道、采访讲话、新闻节目中有关政治、外交、经济、社会重大消息的报道,能听懂电视文献片。速度为90—120词/分钟。理解准确率以60%为合格。"(详见《高等学校俄语专业教学大纲》)各院系高年级教学均按此标准安排第8学期的教学和8级测试。实践证明,这个标准对本科教学是合适的,8级测试的结果也告诉我们,相当一部分的学生能够达到《高等学校俄语专业教学大纲》规定的要求。

但在研究生层面上,特别是口、笔译方向的研究生,如果要学习同传,就必须突破上述标准。根据我们的测算,俄罗斯电视台播音员的语速通常不低于120词/分钟,最高时可以达到160词/分钟。如果再加上理解准确率至少要提高20%,同传听力教学的任务就可见一斑了。同时这也说明听力训练是同传教学中十分重要的一环。

目前,我们主要通过训练"听抄"的方法训练听力。使用的材料是从国内外各电视台下载的音频或视频材料,材料的长度初期控制在2分钟左右,300词上下,一段时间之后再增加材料的长度。同时,对听抄的文字质量也提出了比较高的要求。

经过一段时间的训练,教师和学生均感到这种方法比较有效,学生的听辨能力和理解能力有了明显地提高。我们准备在学习同声传译的全过程贯穿"听抄"训练。

3.2 语速关

学生的俄语语速也是必须提高的。我们初期的目标是达到120词/分钟,以后逐步提高。为什么要提高俄语语速?每一批学生都要提出这个问题,甚至是质疑。

2002年在山东大学召开的《第三届全国高校俄语翻译理论与翻译教学研讨会》上,笔者就曾撰文指出,俄语词音节多,汉语词音节少,加上语言外因素的影响,常常迫使同传译员不断调整自己的语速,以求缩小时间差。那么汉俄两种语言的平均时间差会是多少呢？我们用 1 篇 1000 字的汉语稿和对应的俄语译稿做测试，分别请 4 名中国大学生用自己习惯的语速读出来，测试的结果是俄语要多耗时 1 分 30 秒。我们以 3000 字的中文发言稿计算，发言约耗时 10 分钟。相应，同传译员（熟悉材料之后）至少要多耗时 3 分钟以上。如果不做同声传译，仅仅读译稿，就有近 1/5 的内容没有时间读出。如果同传译员的俄语语速加快了，就可以减小时间差，就可以节约时间，传译更多的内容。

目前，我们采用训练跟读电视新闻的方法练习提高语速，要求学生复述流畅、吐字清楚、避免口误。通过一个学期的训练，我们感觉学生的进步也是明显的。

3.3 知识储备关

这里的所谓"知识储备关"是指同声传译翻译必备的一些非语言专业知识。实践告诉我们，同传译员除了必须具备俄语、汉语语言知识之外，还要储备一定量的其他学科、其他领域的知识。目前，国内需要同传的会议、论坛，其议题多与宏观经济、区域经济、外交政策、国际关系有关，而我们目前使用的教材与上述主题联系尚少。学生本课阶段学习的大部分积极词汇来自教材中的对话、文学作品，部分来自经贸俄语，这对本科生来讲是合适的，但对于同传翻译来说，这些词汇就远远不够了。如果不掌握经济学词汇、地理学词汇、政治学词汇，没有一定的知识储备，同传时即便听出了词汇的读音，也会因反应时间过长丢失后续信息，或者根本翻译不出来。

鉴于上述原因，我们在同传教学中采取有选择地加入一些经济发达国家的名称、城市名称、关键人物的名字，课堂训练选取的材料尽量与当前的经济、政治、重大事件相联系，及时补充知识，及时补充词汇。

3.4 翻译关

在笔者看来，同传的基础还是笔译，交传是过渡，同传是终极目标，没有笔译和交传经验的译员很难做好同传。我们的研究生在本科 4 年学习期间，很少翻译长篇的文字，也很少用汉语写文章。本科毕业后，当需要准确翻译文字时，许多问题就暴露出来了。大部分研究生的翻译理论、翻译技巧、两种文字的功底都需要不同程度地提高，之后才能谈到同传。

给学习同传的学生安排笔译作业看起来有些离谱，但实践告诉我们，对刚刚本科毕业的一年级研究生来说这是必修课。没有这方面的训练，翻译水平很难达到理想的高度。为了达到我们的既定目标,我们刻意归纳了"翻译十二法",帮助研究生提高笔译和口译水平。

如何提高学员的一种语言表层结构向深层结构转换(трансформация),再从深层结构向另一种语言表层结构转换的速度是同传教学中的重要任务,这项任务决定着同传教学的成败。转换的单位应是承载具体信息的语句。

3.5 表述关

我们认为,一个好的同传译员也应是一个演讲高手。有时同传译员知识储备充足,可转换出来的译文质量往往并不能令人满意,这说明对译员还需要进行俄语和汉语的口头表述练习,我们也应该客观评判学生的中文表达能力。

在同传课上训练即兴演讲是一项有益的尝试。我们注意到,这对一些学生来讲,绝对不是一件轻松的事情。同传虽然与演讲有本质的不同,但在口头表述方面还是有近似之处。

我们认为,同传译员的语音、语调是否标准、语速是否适中、选词是否精准、表述是否连贯、信息传达是否足量、情绪把握是否到位、衔接是否自然应该是评判译员同传水平的一些重要指标。

4 如何应对同传实战

我们必须看到,同传训练与同传实战是存在着差距的,译员的心理素质在很大成度上决定着同传的质量。同传实践表明,同传翻译不可能将发言人的全部话语都译出来,译员只能截取发言中他所感知的部分进行翻译,因此,一些句子必然被漏掉。年轻译员往往会因漏掉一两个句子而变得心态不稳,翻译效果下降。保持平稳心态是保障临场发挥的重要条件。安排学员观摩、参加实践是同传教学必须面对的另一课题,实践中锻炼心理素质是非常有效的。

今天,国内的会议中,可以见到这样 4 种同传形式:1)发言人有原稿,译员有译稿的所谓"同传";2)发言人有原稿,译员有原稿的同传(视译同传);3)发言人有稿,译员无稿的同传;4)发言人无稿,译员无稿的同传(例如,自由发言或发言后的提问等)。

实践中,的确有相当一部分人将第一种形式看做同传,这也是部分人尽管没用受过同传训练,也能担当会议"同传翻译"的原因所在。笔者就曾见到过领导安排刚刚毕业的研究生做这样的"同传翻译",当发言人考虑到会场上的变化,临时改变演讲内容,这位"同传译员"就陷入手足无措、无法应对的窘境之中,出现了"晾场"。

一场会议同传中,的确会有一些可以这样"同传"的情况出现,但至少要有一名能做其他形式同传的译员在场,出现意想不到的情况时,至少有一名译员能应对突发情况。但这种方式并不可取。组织方聘请的同声传译译员应该是能承担这项工作的翻译。一组同传译员的水平最好比较接近,能够相互照应,及时切换传译。

俄语同声传译教学起步晚,底子薄,教学经验不足。目前,学生的选拔范围也还比较小,不是所有的研究生都首选这个方向。所以,每批学员的素质都各有不同,语言水平也有差距。教师必须根据学员的实际情况及时调整教学方法和材料的难度,使其符合学员的接受能力。

俄语同传翻译教学理论、教学实践还需俄语同仁继续探索研究,让起步较晚的俄语同传教学尽快赶上已经硕果累累的英语同传教学。在不久的将来,我们希望看到开设同传课程的院系能召开有关交传和同传的教学研讨会,集思广益,将俄语高层次口译教学搞上去。

参考文献

[1]蔡毅等. 俄汉翻译教程(增修本)(上下)[M]. 北京:外语教学与研究出版社,2006.

[2]丛亚平、张永全. 俄汉口译高级教程[M]. 上海:上海译文出版社,2002.

[3]王育伦. 俄汉翻译教程[M]. 哈尔滨:黑龙江教育出版社,2002.

[4]张永全、丛亚平. 实用俄汉汉俄翻译[M]. 济南:山东大学出版社,2000.

[5]郑泽生等. 俄汉翻译教程[M]. 上海:上海外语教育出版社,1981.

[6]朱达秋等. 实战口译教程[M]. 北京:外语教学与研究出版社,2008.

专业俄语写作中词法错误分析及对策[*]

刘丽芬　吴　娟

引言

　　写作是外语学习者语言输出的重要手段,它的主要任务是使用目的语进行畅通无阻的交流。交流可分为两种:口头交流和书面交流(即写作)。"写作是一种综合性的言语活动,它不仅检验学生对词汇、语法的掌握,而且检验学生的分析能力、逻辑思维能力、对语体体裁的掌握运用及各种修辞能力"(安利红 2003:2),还可以促进口语表达。可见写作在外语教学中具有举足轻重的作用。

　　写作对该语言的基本要求就是准确,即遣词造句都要符合语言的表达方式,符合语法。学生在俄语写作中常犯的错误主要表现在词法方面。"词法学研究的对象是词,包括词的变化、词的结构和词的语法类型。"(王超尘等 1984:117)

1 专业俄语写作中的词法错误调查与分析

　　本文对俄语专业三年级(上)180 篇作文中的词法错误进行了统计与分析。

1.1 调查对象

　　以华中师.范大学俄语系 2001 级三年级学生的 20 本共 180 篇作文作为调查材料。作文均由外教批改。

1.2 调查目的

　　调查学生俄语写作中词法错误并分析其错误形成的原因,寻求减少并防范这些错误的对策,以期为今后的俄语教学提供一定的实际指导。

---

　　* 本论文是教育部人文社科研究 2006 年规划项目(06JA740025)成果之一。

1.3 调查内容及方法

本文采用统计分类法以及量化法,对俄语系三年级(上)20 本计 180 篇作文中的词法错误进行了统计与分析。

1.4 调查结果与分析

通过对 180 篇作文中词法错误的统计与分析表明,学生写作中词法错误几乎涉及所有词类,如动词、名词、前置词、形容词、代词、数词和副词等。其中错误率最高的是动词的运用,其次是名词的性、数、格,再次为前置词误用、少用或多用,形容词长、短尾形式,比较级和最高级的构成以及形容词的性、数、格的不一致等,最少的是代词和反身代词误用以及代词指代错误、数词和副词。词法错误类型调查如下表:

词法错误调查表

错误类型	错 误	
	数量	比例,%
动词	314	40.2
名词	233	29.8
前置词	119	15.2
形容词	58	7.4
代词	31	4.0
数词和副词	26	3.3
总计	781	100

从上表可知,学生俄语写作词法错误中,动词的错误运用所占比例最大,为 40.2%,其次为名词,占总数的 29.8%,再次为前置词、形容词,其比例分别为 15.2% 和 7.4%,最少的是代词、数词和副词,分别为 4.0%、3.3%。具体分析如下:

1.4.1 动词错误

动词是俄语中最难掌握的词汇语法类别。动词错误主要表现为错用及物与不及物动词、动词体、动词接格关系(即动词搭配错误)、动词的态、动词变位等方面。

1.4.1.1 错用及物与不及物动词

①Сегодня, хотя возможность мировой войны уменьшает, но всё-таки мы не чувствуем , что мы находимся в безопасности.

②Мы уже два года не виделись друг друга.

例①уменьшать 为及物动词,意为"使……减少",уменьшаться 为带-ся 的非及物动词,意为"……减少",此处 возможность 为主语,应用非及物动词,即 уменьшает 应改为 уменьшается;例②混淆及物动词与带-ся 非及物动词的意义,及物动词要求不带前置词的第四格,但学生却在非及物反身动词 видеться 后用了不带前置词第四格补语 друг друга;反身动词本身表示相互行为,若加上 друг друга 犹如画蛇添足,因此该句有两种改法:一是直接删除 друг друга,二是把 виделись 改为 видели。学生犯这样的错误,主要是受汉语负迁移的影响。汉语及物动词和不及物动词在形态上没有差异,有的同一动词既可为及物动词也可为不及物动词,而大多数俄语的及物和不及物动词在形态上是不同的(不及物动词常带-ся)。

1.4.1.2 错用动词体

体是俄语动词特有的一类范畴,其用法较为复杂。俄语动词体的学习对本族语和外语学习者都是一大难点,根据调查,学生写作中动词体的错误主要表现在三个方面:

A.动词体语义区分不清。有的动词完成体与未完成体词义不同。如:

③ …Я также сдавал экзамен по технике ЭВМ.

④ Когда он приехал домой, дедушка почти умер.

⑤ Раненый понемногу пришёл в себя.

以上几例均为错用动词体。例③为动词体语义错误,例④与例⑤误用表结果意义动词体。例③应用完成体,因为上文中含有"参加计算机考试"的信息,这里应是通过了计算机考试,сдавать — сдать 为一对未完成体与完成体动词,其语义不同,сдать 表示"参加考试并通过"之意,сдавать 只表示"参加考试,不强调是否通过"。因此此处应用完成体 сдать,把 сдавал 改为 сдал;例④有副词 почти(几乎),句意应为"快要死了"。俄语未完成体 умирать 表示此意,而完成体过去时 умер 则表示"已死",因此应将 умер 改为 умирал;同理,例⑤也有副词 понемногу(渐渐地),句意应为"渐渐地恢复知觉",只有未完成体表示该义,此处应将 пришёл в себя 改为 приходил в себя。该类错误是由于汉语中"死"、"苏醒"等是结果性动词,尽管俄语中有相当于汉语结果性动词的对偶体动词,如

умереть — умирать, прийти в себя — приходить в себя 等（吴晓斌 1995），但学生受母语的影响，认为有结果就应使用动词完成体。

B. 混淆动词体意义。

a. 对表一次性行为和多次行为动词体区分不清。如：

⑥ Если бы я была мальчиком, я бы провела каждый день весело.

上例应用未完成体，因为句中有常用未完成体的标志时间词 каждый день（每天）表示多次行为，此处应把 провела 改为 проводила。

b. 对未完成体概括事实这一用法掌握不牢。如：

⑦ Там я провела своё детство и юность, никогда не уехала из неё.

⑧ Конечно, я обратила мало внимания на мою специальность.

例⑦⑧均应用未完成体。根据上文，例⑦概括根本没发生过"离开家乡"这一事实，因而应用未完成体，将 уехала 改为 уезжала；例⑧只指出"不重视专业"这一事实，不指明它是否达到某种结果。将 обратила 改为 обращала。未完成体动词概括事实这一用法是动词体用法中较难掌握的语法范畴。

C. 对表持续时间意义动词体误用。俄语中带前缀 по-和 про-的动词也表示持续的时间。前缀 по-指出在有限时间内进行的某种有限行为状态，表示行为曾在某一段时间内持续过（杨雷英等 1988:67），其中有表示持续一段时间的词，如 недолго, немного 等；前缀 про-表示"经过一段时间"意义。如：

⑨ Я стоял три часа за этими билетами.

⑩ Вчера у меня было немного свободного времени. До обеда я недолго сидел в библиотеке, немного читал газеты.

例⑨⑩中分别有表时间词 три часа, немного, недолго, 表示持续一段时间已经结束了的动作，因此应用完成体，即将例⑨中的 стоял 改为 простоял, 例⑩中的 сидел, читал 改为 посидел, почитал。

1.4.1.3 动词支配关系错误

A. 忽略动词应有的支配关系

⑪ Китайская кухня — это очень сложная вещь, в двух словах рассказать невозможно.

⑫ Я очень завидую того, кто может говорить по-русски прекрасно.

例⑪в двух словах рассказать невозможно 中缺少补语,学生受汉语思维影响,汉语中可说"这是很复杂的东西,三言两语讲不清",可以无宾语(相当于俄语中的补语),而俄语 рассказать 必须带补语,其支配关系为 рассказать кого-что или о ком-чём,根据句意,应在 рассказать 后加上 о ней;例⑫的 завидовать 的接格关系为 кому-чему,而学生却误用为 завидовать кого-что,应将 того 改为复数第三格 тем。

B. 混淆同义、近义动词的支配关系

⑬ Сергей обладает исключительные способности.

⑭ Все мы стараемся, чтобы хорошо овладеть математике.

例⑬、⑭中 обладать 和 овладеть 均接第五格名词,而学生分别用了第四格和第三格。可能是学生混淆了近义词,误认为 обладать 和 иметь、овладеть 和 научиться 的支配关系相同。因此这两例分别有两种改法:例⑬将 обладает 改为 имеет 或将 исключительные способности 改为 исключительными способностями;例⑭将 овладеть 改为 научиться 或将 математике 改为 математикой。

C. 混淆同一动词不同语义的支配关系

⑮ Если бы я была мальчиком, люди бы не удивились, что я играла такие неподходящие девочке игрушки, как феникс.

⑯ В прошлом году, у нас были уроки, которые требовали нас давать задания по компьютеру и посещать доску объявлений и выступить своё мнение.

例⑮、⑯的错误为没掌握俄语动词 играть 和 требовать 不同语义的用法。俄语中,当 играть 表示"玩"之意时,为不及物动词,应带前置词 в 或 с,此处应改为 с кем-чем,即为 играла с такими неподходящими девочке игрушками(玩不适合女孩玩的玩具),играть 只在表示"演奏、表演"等义时才为及物动词。学生犯这样的错误,是因为受到了汉语的影响,在汉语中,"玩"是及物动词,后面直接跟宾语;例⑯требовать 表示"要求"之意时,其接格关系为 требовать чего-либо от кого-либо,而学生将其接格误用为 требовать кого-что,当 требовать 表示"叫、找、召唤、传唤"之意时,才接 кого-что。因此该句中的 требовали нас давать задания. 应改为 требовали от нас заданий。

D. 混淆静态动词和动态动词的支配关系

⑰ Стало быть, ты собираешься поехать в отпуск у Чёрного моря.

⑱ Хотя старый мастер вышел на пенсию, но он по средам появляется в цех.

例⑰中的 поехать 是运动动词,其后名词表方向时为 в (на) + 第四格或 к + 第三格,句中 у Чёрного моря 受静态动词支配,如 быть у Чёрного моря,此处应改为 к Чёрному морю 或将 поехать в отпуск 改为 провести отпуск;例⑱中的 появляться 是静态动词,接表地点名词时为 в чём。此处有两种改法:将 в цех 改为 в цехе 或将 появляется 改为 является。

1.4.1.4 动词态的使用错误

调查发现,较之主动态,学生更易在被动态的使用上犯错,尤其表现在混淆表被动态的带-ся 动词。如:

⑲ Тогда в семье у женщины не было положения. Если гости пришли, женщинам не разрешали присутствовать за столом во время еды.

⑳ Обладая ценными свойствами, такой материал широко использованы в технике.

以上两例都为动词态用错,根据句意应用被动态。例⑲应将 разрешали 改为 разрешалось;例⑳应将 использованы 改为 используется。

此外,动词变位错误也是常见的错误之一,学生出错抑或马虎,抑或对动词变位掌握不牢,对此本文不作探讨。

1.4.2 名词错误

调查发现,学生在名词的使用上错误最多的是名词的数、格以及动名词的接格关系。

1.4.2.1 名词单复数、变格错误

㉑ Родители стараются создать хорошее условие, чтобы дети получили хорошее образование.

㉒ И поэтому нам надо категорически выступать против всех форм террористических деятельностей.

㉓ Ведь у девочек есть свои привилегии, к примеру, они могут надеть платье, носить длинные косы, а у мальчек есть свои тоски и слабости.

俄语名词具有"数"的语法范畴,而汉语表复数时借助虚词"们"等来表示。例㉑условие 是可数名词,照常理,不可能只创造"一个好条件",因此此处最好用复数形式 хорошие условия;例㉒和例㉓中的 деятель-ность 和 тоска 分别为集合名词和抽象名词,只有单数形式,而学生却用了复数形式,因此均应改为单数形式;例㉓还有名词变格错误,мальчик 的复数第二格应为 мальчиков,而学生却变为 мальчек,这可能是学生没掌握阳性名词复数第二格的变格规则,或误把名词 девочка 的复数第二格 девочек 当成了 мальчик 的复数第二格。

1.4.2.2 动名词搭配错误

㉔ В каждой семье существует разное представление к поездке и путешествии.

㉕ Он выразил своё отношение о жизни.

例㉔错用动名词的接格关系,动名词 представление 的接格关系应为 о ком-чём,句中却用了前置词 к,此处应改为 представление о поезд-ке;例㉕отношение 的接格关系为 к чему,句中却误用为 о чём,应改为 отношение к жизни。

1.4.3 前置词错误

前置词错误主要表现为误用前置词,有时少用或多用。更易混淆的是表示同一语义的不同前置词。如:

㉖ В третьем курсе передо мной появилась куча новых вопросов: много новых слов в текстах, чтение статей на русском языке.

㉗ Он мне сказал, что он был местах, которые он уже осмотрел.

㉘ В каждую зиму мы сздили в горы кататься на лыжах.

例㉖为错用前置词。в 和 на 都可表示"在……时间",但和 курс 搭配的前置词应为 на,因此例㉖应改为 На третьем курсе;例㉗为少用前置词 в,其原因可能有二:一是没掌握 места 表地点时所搭配的前置词,二是可能漏写了 в,从文中第六格 местах 可知;例㉘为前置词 в 冗余,由动词 ездили 看出,该句表示过去经常性的行为,那么表示持续的时间要用不带前置词的第四格,因此将 В каждую зиму 去掉前置词 В。

1.4.4 形容词错误

形容词使用上的错误主要表现为长、短尾形式的误用,比较级和最高级的构成错误,以及与名词的性、数、格的不一致等。如:

㉙ Тогда погода хороша, учители уже прекрасно устраивали действия: линию, место для отдыха и игры художественной самостоятельности.

㉚ Из-за того, что мой русский язык слабый, особенно диктант и устная речь, я решила стараться учиться хорошо.

㉛ Эффект звуков по компьютеру гораздо лучше по приёму, потому что сигнал наиболее устойчивый.

㉜ Пять лет назад, когда я учился в среднем школе, я начал играть в компьютере.

例㉙中,从语法上看,当形容词说明天气时,多用长尾形式。从语义上看,хороший 的短尾形式表示"美丽"、"漂亮"之意,所以应将 хороша 改为 хорошая。此外,该例还有名词复数形式错误,将 учители 改为 учителя;例㉚"俄语差"只是暂时性的特征,应用短尾形式 слаб。此外,该例还有概念不清(особенно диктант и устная речь)、词汇冗余(стараться)错误,其正确形式为"Из-за того, что мой русский язык слаб(особенно написание диктантов и разговорная речь), я решила учиться усерднее."错用形容词长、短尾形式,究其原因,一是汉语无形容词长、短尾之分,二是学生对俄语形容词长、短尾意义区分不清;例㉛为形容词比较级的用法错误。根据语法规则,在形容词单一式比较级中,该句被比对象为作状语的前置词 + 名词(по приёму),因此只能用 чем 连接,改为"Эффект звуков по компьютеру гораздо лучше, чем по приёму..."例㉜有两处错误,形容词变格错误与前置词名词搭配错误,(此处只讨论形容词变格错误)形容词 средний 与第六格阴性名词连用,其正确形式应为 в средней школе。

1.4.5 代词错误

代词错误表现为代词和反身代词混用以及代词指代错误等。

㉝ Сейчас, без него мы совсем не будем знать, что случилось и в своей стране, и в мире.

㉞ Если кто из нас находится в беде, то наша группа в первое время даёт ему поддержку, чтобы он успешно преодолел трудности.

据调查结果得知,代词使用错误频率不太高,最主要的错误如例㉝、㉞所示。例㉝是学生直接用汉语思维成句后译成俄语,汉语说"自己的国家",而在该句中,"自己的国家"表示 наша страна(我们的国家)之意,应把 в своей стране 改为 в нашей стране;例㉞为代词错误,该处应用不定代词 кто-то,而学生却用了疑问代词 кто。此外例㉝还有一个错误,即逗号冗余,应删除 сейчас 后的逗号。

1.4.6 数词和副词错误

学生在数词和副词的使用上也有一些错误。如:

㉟ В городе Маньчжурии мы делились на две группы: одна группа, это шесть девочек, они работали в ресторане «Порт», и другая группа, это мы трое мальчики, работали в зоне русско-китайской свободной торговли.

㊱ Но они более заботятся о другой проблеме.

例㉟错误表现在集合数词所要求格上。集合数词 трое 与名词连用时,名词应用复数第二格,因此 трое мальчики 应改为 трое мальчиков;例㊱为副词比较级运用错误,более 和 больше 表示"比……还多"时可互换,более 表示"较、比较、更加"之意时,只能与形容词或副词连用,больше 表示"比较多,更多"之意时是副词比较级,与动词连用,根据句意,此处应把 более 改为 больше。

2 原因分析及对策

2.1 原因分析

以上对学生俄语写作中的词法错误进行了分析。我们认为,学生在写作中的错误是不可避免的,出错可以看做学习的手段,用以检验正在学习的语言规则的假设,但并不是空穴来风,而是有因可寻的。主要表现在以下几方面:

第一,学习者的因素。大部分俄语学生为零起点,且已成年。学习外语的成年人大脑灵活性减退,而认知能力与抽象思维能力却相当发达,可对外语规则进行不正确的归纳总结。此外,成人的母语水平基本定型,在俄语输入和输出时更易受汉语暗示,因此学生在俄语写作中所犯错误是不可避免的。

第二,俄语本身的特点。俄语不同于汉语,属形态发达语言,有丰富的形态变化,如动词有体、时、式、态的用法,名词、形容词等有性、数、格之分,词序虽说灵活多变却又有规律可循等等。对任何俄语学习者而言,俄语词法是俄语学习中遇到的最大的挑战。

第三,语际、语内负迁移。母语对语际错误的影响表现为认知的过度概括,影响是直接的。俄语属于运用形态变化来表示语法关系的综合语,而汉语则是用词序和虚词来表达语法关系的分析语。在俄语学习中,学生常常依赖母语进行思维、写作,如例⑮中 играть 用错即属于此类。对语内错误的影响表现为母语中缺乏相应的知识结构作为凭借,影响是间接的。语内负迁移也是词法错误的原因之一。语内负迁移是指学习者根据已经获得的、有限的、不完整的外语知识和经验,对该语言做出不正确的假设,从而类推出偏离规则的结构(司联合 2004:25),主要表现为:(1)概括过度,即学生根据自己已掌握的俄语结构做出概括而创造出错误的结构。过度概括的使用与俄语水平成正比,如例㉓中,学生掌握了 девочка 的复数第二格为 девочек,故而推及 мальчик 的复数第二格为 мальчек。(2)规则运用不全或概括不够。学生了解了某种规则,却不清楚该项规则有何限制,从而在使用中出现错误,如㉒㉓中 деятельность 和 тоска 用错是由于学生掌握了名词复数的构成,却不知集合名词和抽象名词只有单数形式;再如例㉙㉚中的形容词错误是因为学生对形容词长短尾的用法区分不清。

第四,简化策略的干扰。简化策略也涉及部分的概括和母语转移,因为语言中有许多"多余信息",造成对意思的表达重复、累赘。外语学习者常使用简化策略,体现在"减少羡余",学习者面对大量的目的语输入,一时不能完全消化吸收,便将其简化为一种简单的系统,以达到交际的目的,如例⑪中动词 рассказать 缺少补语。此外该类错误还表现在动词不变位、名词不变格等方面。

2.2 对策

鉴于此,我们认为:

第一,重视词法学习,打好词法基础。在平时的俄语语言运用中,应留心动词的时、体、态以及支配关系,名词数、格,形容词的比较级、长短尾等使用的正确与否,讲解每一个变化规则时都要活用到语言中,熟能生巧。

第二,教授俄语语法知识时,适当地与汉语语法进行对比,尽量减少母语的负迁移作用,积极运用正迁移。

第三,修改作文时,不妨让学生自己修改语法错误,修改是一个再认识、再发现、再创造的过程。同时对学生作文中的词法错误及时纠正并分析原因,进行有针对性的训练。

第四,培养学生良好的俄语写作习惯,减少粗心引起的语法错误。

参考文献

[1]安利红.俄语写作理论与教学[D].黑龙江大学博士学位论文,2003.

[2]司联合.过渡语理论与语言教学[M].南京:河海大学出版社,2004.

[3]王超尘、黄树南、信德麟.现代俄语通论(上)[M].北京:商务出版社,1984.

[4]吴晓斌.中国学生使用俄语动词体的一些问题[J].外语学刊,1995(2).

[5]杨雷英等.俄语常见错误分析[M].上海:上海译文出版社,1988.

俄语基础阶段教材的编写与使用*

何文丽

《俄语》(全新版)教材是普通高等教育"十一五"国家级规划教材,全书共 8 册,适用于俄语专业零起点本科生的俄语教学。众所周知,黑龙江大学俄语学院已经走过了 60 余年的历程,在长期的俄语教学实践中,形成了自己独具特色的教学原则和教学传统,我们在总结教学经验的基础上,正在编写完成专业俄语基础阶段教材,本教材共四册。目前,这套教材的第一、二、三册在编者们的共同努力下,在北京大学出版社的精心设计下已经出版(第四册也即将编写完成),供第一学年第一、二学期使用。

1 教材的结构

《俄语》(全新版)教材力求从俄语的特点出发,注重在基础阶段打好扎实而系统的语法基础,同时突出听说读写译的基本技能,以语法为主线,把学生基础阶段应该掌握的语法、词汇知识由浅入深、从易到难铺叙开来,形成一个比较完整的体系。众所周知,目前,高等学校俄语专业招收的绝大多数都是零起点的学生,对于他们来说,复杂多样的俄语词形变化较之英语,势必成为他们学习道路上的拦路虎、绊脚石,考虑到这一点,教材的编写严格遵循"语法为纲"的原则。俄语基础阶段的主要教学任务是:通过听和说等言语实践环节使学生逐步掌握俄语单词的形态变化和句法结构,同时通过掌握这些语法、词汇基本知识来促进听和说等言语能力的培养和提高。

第一册由语音导论课和基础课两部分组成。语音导论课共有 12 课,其教学目的是:通过系统的学习和训练,使学生掌握正确的俄语语音、语调,并能灵活地在日常的实际交际中正确运用。在对语音导论课进行编

---

  * 本文为黑龙江省教育厅人文一般项目(编号 10532098)阶段性成果。

写时,编者结合教学实际,把现代俄语语音学发展的一些新观点、新思想融入到教材中,使之更加体系化,提高了它的科学性和权威性。为了巩固语音导论课上学习者已经掌握了的正确语音和语调,突出交际理念,在学生进入基础课的学习阶段后,教材还在每课书的最后增加了言语礼节方面的常用短句,便于学生记忆、背诵,为日常交际所用。

基础课是语音导论课结束之后语法和词汇的综合训练课,涉及基础阶段必须掌握的语法项目和常用的积极词汇,共有9课。其教学目的是:使学生通过教师的讲解和大量的言语训练,积极掌握并正确运用基础语法、积极词汇和句型。每一课书的内容包括:语法项目的讲解、范句、问答、对话、课文、生词表和练习。语法部分旨在向学习者简明扼要地介绍每课应该学习和掌握的语法项目的意义、用法及词的变化规则。范句主要用来完成每课语法的单项训练和某些词汇的训练任务;括号中所给的替换词和词组,用来初步巩固语法规则。这样,语法内容"醒目、好记,便于举一反三"(林宝煊 1978:189)。问答提供运用语法规则或词汇的具体上下文,既用于训练和巩固语法知识,也用于记忆、活用词汇,加强简单对话能力的训练。根据交际的需要,每课配有几组对话,为学习者提供日常交际中常见的、贴近生活的、典型的常用句式和特定的交际情景,帮助学习者在熟读问答后,通过言语实践进一步活用语法和词汇,便于在交际需要时灵活地套用现成的对话模式。对话中一些反映俄罗斯现实的新词汇和典型常用句式,可以使学生深深感受到俄语词汇发展的新气息,激发学生学习俄语的兴趣,有利于发展口语,便于记忆。书中选取的课文可以进一步扩大交际情景,是学习新词、句型、扩大词语使用范围的材料,对培养学生的连贯话语能力、俄语语感、学会地道的俄语大有益处。书后的练习部分针对语法、词汇、句型等方面进行系统训练,便于学习者对每课内容进行全面的自检自查。第一、二册书中每四、五课分为一个单元,每个单元后面都设计了一些有针对性的综合练习题,帮助学习者对本单元所学的知识进行系统的梳理,便于巩固语法、词汇知识,提高言语技能。除此之外,每课书的最后,还选编了两个常用的熟语,以便提高学生的俄语学习兴趣,进一步开阔他们的视野,丰富语言、词汇和国情知识。

第二册全书共有14课,基本结构与第一册相同。不同之处在于:随着学生语法和词汇知识的逐渐增加,本册书中的对话和课文,采用了情景教学的原则,围绕着同一个交际主题展开,其目的是在掌握语法、词汇的基础上,培养学习者对话、独白方面的技巧,提高连贯话语能力。

基础阶段俄语教材中每一课的语法知识与相应的范句、问答、对话、课文有机地结合起来,相互补充,在听说的基础上帮助学习者逐步掌握相当数量的词汇,以接近自然的词汇为材料来巩固语法知识,丰富词汇,发展言语能力。

2 教材的编写原则

(1)本教材编写遵循的最根本的原则就是交际性原则。教材中选取了丰富的语言材料,用来发展言语,进行交际。

(2)坚持教材中的内容和语言现代化的原则。在保证教材交际性原则的前提下,力争使内容和语言尽量贴近现实生活,散发时代的气息。

(3)注重语法和词汇综合教学的原则。考虑到是基础阶段"零起点"的教材,第一、二册以语法为主线,每课抓住两到三个语法项目进行语言知识的教学,同时,把一些积极的词汇融入其中,因为语法规则的讲解和训练离不开词汇。同时,突出实用性原则。语法项目的内容、用法及词形变化规则的阐述简明扼要,浅显易懂,所选择的相关的语法例句既常见又实用,使学习者容易上口,便于理解、记忆和灵活运用。

(4)在词汇的选择上遵循"五常"原则:即常用词、常用词义、常用词形、常用词组、常用句的原则,恰到好处地把握积极词汇量,为学生实际运用语言奠定坚实的基础。

(5)注重情景交际的原则。在选取语言材料时,注重实用性和交际性,贴近实际生活,使学习者在掌握必需的语法知识的同时,加强积极词汇知识的学习,扩大词汇量,学习语法和运用积极词汇两者并重,相得益彰,在大量的语法训练和连贯言语中发展学习者的听、说、读、写、译等言语实践能力。

(6)体现知识性和趣味性相结合的原则。将俄语知识与现实生活紧密地联系在一起,力争做到"三突出",即:突出专题、突出口语实践、突出实用性。在第一册、第二册的每课练习中分别增加了与本课内容相关的常用词组,这样不仅可以提高学习者的学习兴趣,还可以开阔他们的视野,丰富词汇量。

(7)教材更重要的是体现了实践性原则。这是俄语学院无论在教材编写上,还是在实践课课堂上都一直遵循的教学原则。在教材中这一原则像一条红线,贯穿于始终。而俄语学院独具特色的"三小"——小问题、小对话、小短文的训练体系,使这一原则得以有效的贯彻,在培养学生的言语实践能力方面起到了非常重要的作用。

除此之外,在教材编写过程中,也充分考虑到了温故知新的原则。注重第一册和第二册积极词汇的有机结合,有计划地尽量达到相应的复现率,帮助学习者在记住新单词的同时不忘学过的旧单词。

3 教材的使用

俄语教学有其自身的特点和应该遵循的教学规律。教学中应该坚持交际性原则,这是俄语教学的主导原则。列宁曾经说过:"语言是人类最重要的交际工具。"交际功能是语言的基本特性,交际是俄语教学的首要目的,也是教学的主要手段。贯彻交际性原则就是要全面地进行言语能力训练,不但要教会学生听懂别人用俄语表达的思想,而且还应当教会他们能用俄语正确地表达自己的思想。为了达到这一目的,教师应当引导、鼓励学生多用俄语交流,尽量为他们多张口、勤实践创造接近生活的情景、机会,以保证师生经常在轻松、愉快的交际环境和气氛下进行言语交流。

掌握俄语不仅要学习语音、语法、词汇知识,重要的是综合运用这些知识,打好听说读写译的基础。言语能力是经过反复训练获得的,因此,使用本套教材应该坚持精讲多练、精讲善练、注重实践的教学原则。

实践性原则这是俄语专业课必须贯彻的根本性原则。因此,课堂上正确处理好教师的讲解和学生的练习、讲好和练好的关系至关重要,这是实践课的核心问题。课堂上应该"精讲多练"。精讲就是要用精炼、精确的语言讲重点、难点和精华。这对教师要求比较高,需要认真备课,分析、预测、抓住重点、难点问题,利用精炼的语言尽量做到一语道破天机,不要不分主次、填鸭式地"满堂灌",更不能"蜻蜓点水",一带而过,没有重点。为了达到课堂上师生配合有力,提高课堂教学质量,教师应该督促学生课前做好充分的预习,将不懂的知识难点记下来,带着问题去听课。教师对重点、要点和难点简明扼要的讲解,可以节约出大量的时间用以组织学生多练。众所周知,外语习惯是通过反复实践、强化训练形成的。"多练"注重的是练的数量。光有这一点还不够,还应该注重"善练"。"善练"强调的是练的质量和练的目的,要有科学性、目的性和针对性,分清不同阶段和不同层次,运用情景—功能法培养和提高学生的言语交际能力。同时,还应该注意使练习的综合性和语法、词汇知识的复现率有机地结合起来。通过多种多样的练习形式,激发学生的学习兴趣和积极性,培养学生快速反应、随机应变的灵活性和言语的创造性。

在上述两大教学原则的指导下,应该加强语音、语法、词汇语言三要素的教学。语音、语调是学习语言的基础。众所周知,语音、语调正确与否直接影响人们的交际效果,纯正的语音、语调有助于听说读写译等言语技能的培养和提高。因此,基础阶段必须重视语音、语调的教学。过去,由于招收来的绝大多数都是学过俄语的学生,他们的语音、语调在中学时已经基本定型,入大学后纠正起来极为困难。而现在对于零起点的学生来说,语音、语调从头开始。因此,在俄语学习的起步阶段,教师要在语音导论课上,对学生的语音、语调进行严格、系统、大量的训练,让他们多听、多模仿,使他们的语音、语调纯正,为以后的俄语学习奠定坚实的基础。

过去俄语专业的学生上大学之前在中学都学了六年(有的是三年)的俄语,主要的语法知识都已经学过,对他们来讲,语法的学习不是什么大问题。但是,现在的学生几乎都是零起点的,从未接触过俄语,加上俄语是屈折语,语法复杂,词形变化繁杂,因此,对他们而言,语法学起来很费劲,困难重重。教学实践证明,基础阶段打牢语法基础,无论对以后的扩大词汇量,还是提高听说读写译等言语技能都是大有益处的。否则,语法基本功不过关,即使有丰富的词汇量,也无济于事。过去很多用人单位都说黑龙江大学俄语专业的毕业生有"后劲儿",其原因就在于语法功底牢,很快就能胜任工作,这已经是不争的事实了。

正因为俄语语法比较复杂,要想很好地掌握它,必须通过大量的单项练习来完成。围绕教材中每课的语法项目和范句及问答,建议加强下列练习形式的训练:

(1)模仿性练习,又称之为机械性练习。教师主要应该充分利用范句,围绕一两个语法项目,通过一些"短平快"的小问题,集中力量,帮助学生了解、掌握和巩固语法知识及词形变化特点,使学生在每个语言练习项目中都达到自动化的熟练程度,做到不假思索,脱口而出,准确无误。现在学生张口出错的现象比较普遍,究其原因在于这方面的训练不到位。通过简单的、典型的句子模式来记忆、巩固、掌握语法规则,这是行之有效的方法。

(2)替换性练习,这是一种机械性与活用性相结合的练习形式,也是进行语法单项训练的有效方法。教材每课的范句中都有一些放在括号里的单词和词组,它们主要是用于替换需要练习的某个语法项目,再配上必要的句型,一方面增加了学过单词的复现率,另一方面也为引入必要的生词创造了机会。教师要按照教学需要,引导学生把范句中的词汇、句型模式(现成的语言材料)做少量或部分替换,把以前所学过的词语,在还没有完全遗忘前,替换套用到句型之中,再把新词有意识地运用到替换练习中来。这样一来,学生既掌握了约定俗成的语言材料,又可以举一反三,将学到的语言项目灵活地运用于各种交际场合。这是学习俄语一举多得的练习形式,应该加以提倡和运用。

教材中的问答练习形式,在基础阶段对反复训练变化复杂的俄语语法形式和词汇搭配具有非常的意义。通过师生多次反复的问答,学生可以很好地掌握语法变化形式,达到语言高度的自动化程度。然而,由于目前招生人数过多,授课班额过大,加上这种练习形式需要教师付出很多时间,做好充分的语料准备,所以,课堂上这种形式的训练力度不够,导致了学生张口说俄语时频频出错。因此,应该在基础阶段的教学中对此加以重视。教学实践证明:问答形式是"练习俄语基本功的近台快攻"的有效手段。通过一问一答的机械操练,帮助学生掌握复杂多样的俄语语法规则和词形变化。

教材里的对话,经过编者精挑细选,符合教学要求,寓知识性和趣味性为一体,旨在培养和提高学生的连贯话语能力。为了达到这一目的,应该采用灵活机动的综合性练习。教师可以根据教学需要,精选细编难易程度活中的练习材料,将每课所学的新的语法、词汇知识和典型的句子形式插入练习中组织学生训练。利用小问题、小对话、小短文等"近台快攻"的形式,在教师营造的接近现实的交际情景中,师生积极参与课堂的言语交际活动,充分调动学生实际运用俄语进行交际的积极性,有效地训练学生快速反应、瞬间记忆能力。当然,为了避免"三小"中教师问、学生答(学生处于被动状态)的不足,教师还应该创造、设计出一些能发挥学生主观能动性、积极性、创造性的训练方法,让学生多动脑筋、勤开口,积极参与到教学活动中来。

为了更好地训练和培养学生的听力、记忆力、概括能力,应该贯彻话语教学原则,提倡连贯性的问答。当几个同学分别回答完一系列的连贯性问题后,再请几名同学针对上述的回答,用不同的人称把这些问题内容叙述一遍。这样,学生就可以发挥想象力,自己加工创造,畅所欲言,这种训练形式对提高学生的记忆力,培养连贯话语能力极为有效。当然,既可以让学生转述师生之间的对话内容,也可以让学生提出一些问题,由教师来回答,进行角色对换,让学生体验、掌握教师回答问题的技巧,还可以就对话内容展开讨论等等。由此看来,简单的问答可以引出许多话题,升华为多形式、多角度、多内容的连贯言语实践,这会大大调动学生的参与意识和学习积极性。除此之外,教师还应该通过选词造句、续句子、汉译俄、俄译汉等言语训练形式,鼓励学生创造性学习,发挥语言正迁移作用,把学过的对话、短文作为仿照的模式,在日常交际中创造性地运用并且达到应用时流利、自如的程度。这种创造性学习,对掌握俄语知识和言语技巧大有益处。

针对教材中的课文,教师可以采用问题性教学原则,利用角色转换的方法,挖掘课文中深层次的东西,小题大做,培养学生的总结、概括能力,力争获得满意的教学效果。

为了很好地配合教材的使用,提高教学效果,本套教材同时配有教师用书。第一、二册教师用书包括语法要点、积极词汇、重点句型、言语练习(模仿结构编对话)、课文难点、课文译文、练习的参考答案等几个部分。第二册与第一册教师用书有所不同的是,除上述的具体内容外,每课增加了词义辨析的内容,把教材中遇到的近义词、同义词、易混词进行分析、讲解,配有相应的例句,帮助学生很好地区分它们的意义和用法,以便正确地掌握。教师用书内容丰富,使用方便,可以大大减轻教师备课的负担。教师用书也适合学生使用,有助于他们了解每课的重点和难点,便于自学。

目前,第一册和第二册教材已经在教学实践中得到了检验,第三册也使用了一部分。使用单位的教师和学生普遍反响还不错,认为教材里的材料新,信息量大,实用性强,具有时代气息。但是,由于时间紧,任务重,加上经验有限,教材中的缺点、不足在所难免,恳请专家、同行们多提宝贵意见,以便不断修改完善,使之更好地服务于俄语教学和广大的俄语学习者。

参考文献

[1]高等学校外语专业教学指导委员会俄语组. 高等学校俄语专业教学大纲[M]. 北京:外语教学与研究出版社, 2003.

[2]何文丽. 俄语(2)(教师用书)[M]. 北京:北京大学出版社,2008.

[3]何文丽. 俄语(2)(学生用书)[M]. 北京:北京大学出版社,2008.

[4]林宝煊. 基础阶段俄语实践课教材的几个关系问题[A]. 林宝煊论文选[C]. 哈尔滨:黑龙江人民出版社,1991.

[5]林宝煊. 试谈以语法为纲的基础俄语教材[A]. 林宝煊论文选[C]. 哈尔滨:黑龙江人民出版社,1991.

[6]马继芳. 俄语实践课的讲和练[A]. 俄语教学与研究论丛(第四辑)[C]. 哈尔滨(内部发行),1985.

[7]荣　洁. 俄语(1)(学生用书)[M]. 北京:北京大学出版社,2008.

[8]于永年. 俄语教学法[M]. 上海:上海外语教育出版社,1985.

言语理解过程中心理词汇的特点

贾旭杰

引言

心理词汇（ментальный лексикон）是言语组织中的词汇成素。研究词在记忆中的存储和提取，是言语理解过程中的关键因素。西方心理语言学界从上世纪50—60年代已提出并着手研究该术语，而苏联—俄罗斯心理语言学流派（以下简称俄罗斯流派）的系统研究起步较晚，始于70年代后期。随着心理语言学以及与"人"相关的其他学科，如认知科学、神经科学的发展，对心理词汇的研究转向多学科、多视角。

在俄罗斯学派的研究中，除了使用"心理词汇"这一术语外，还使用"人的内部词汇"（внутренний лексикон человека），"言语能力的词汇成素"（лексический компонент речевой способности）等术语，而西方心理语言学界中则经常使用"mental lexicon"或"internal lexicon"两个术语。

在心理语言学中，言语理解是复杂的、多层级的过程，结构和词汇、思维、记忆和存储、词汇提取和组织在此过程中相互作用，相互关联。其中，一个人所具有的心理词汇总量、提取的方式和过程会直接影响言语理解的速度和质量。本文旨在通过对俄罗斯流派关于心理词汇研究的追溯和分析，探讨在言语理解过程中心理词汇的作用和特点。

1 言语理解和词汇提取

言语理解是心理语言学研究的重要问题之一，它从总体上研究话语句之外的意义提取过程（В. П. Белянин 2001:51），其最终目的是通过语言形式来建立意义。事实上，一个句子的意义不是组成该句子的每个单词的意义的简单相加，而一个文本的意义也不是组成该文本的句子意义的简单相加。在正常的交际中，文本的理解更多依赖于语境，因为人们关注的是句子的"意义",而不是"形式"。

上世纪 60 年代，心理语言学的研究基本都是以句法为中心，并主要受乔姆斯基的巨大影响。围绕他提出的转换生成语法，学界展开论争并不断验证，以确定交际中的"心理现实性"。乔姆斯基所代表的结构派所进行的相关研究试图从结构化、形式化的角度出发，强调操作性结构重于内容，对每个句子都进行结构描写，并通过一系列"深层结构"的转换规则来解释句子的结构。根据这种模型，言语生成就可以看做是：一个句子从它的深层结构中"派生"出来的，并把这种用以"派生"的形式化语言运作看成是心理运作，因此一个句子的产生就反映出语义关系在深层结构上的一系列转换，最终产生句子的表层结构。那么，言语理解就是一个反向行为过程：把上述转换还原，以显示深层结构，然后从语义上理解。乔姆斯基本人和他的追随者不断补充、完善这种模型理论体系，但是仍然无法解决真正意义上的言语生成和言语理解问题。这是因为结构化的模式不能诠释现实的交际。从 70 年代起，人们逐渐把心理语言学的研究重点转向语言学与心理学的结合、形式和意义的结合，即开始更加重视言语生成和言语理解中的语义问题。

单从言语理解来看，这一过程事实上是思维和记忆的相互作用，是信息的提取、识别和选择。为达到正确、全面的理解，需要使用一定的知识基础，包括语言知识和世界知识，既涉及语法结构，也涉及词汇，同时还需要有效的处理方式。根据信息论和认知理论的观点，人们将其看做是一个代码转换的过程，并假设了很多言语理解的模型，通常是三阶段论：报道$_1$转换为信号（编码），该信号再转换为报道$_2$（解码）。但很多学者提出疑问：是结构优先还是词汇优先？

就此展开的大量实验研究发现：在言语理解过程中，尤其是文本的理解时，首先需要辨认和识别的是词，句子的意义取决于词的意义以及词之间的结构关系。为做到对词的正确辨认和识别，必须将词形与意义结合、联系起来，因为词义不是孤立存在的，通过它可以探究人的文化心理。同时，词形和意义的结合是理解过程中非常复杂的环节。除了词的识别和辨认外，理解和选择词的意义更为重要。

文本理解能否实现在很大程度上取决于能否有选择的提取词义。在言语理解的过程中，人们对有些词的反映速度快一些，有些慢一些，这说明人们的词汇提取和组织的速度不同。总的说来，这与词汇的使用频率、词汇、语义和语境密切相关。同时,词是通向人的信息基地的手段,在理解文本时起决定性的作用。此时的词不是语言系统中抽象的词,而是人的财富和产品,也是知觉、认知和情感评价过程相互作用的发起者。

当然,在决定词的提取和组织时,所有原则都可能起作用,但是有些原则可能更加重要,也有可能人是按具体任务来决定其词的提取策略的,例如,在写诗歌时,按照语音、音节或重音结构来提取;在演讲时,按意义来提取。

很多学者在研究词汇在言语理解中的提取时,关注词的认同(理解含义)问题,并通过关键词联想实验验证。例如,Э. Е. Каминская 以英文诗歌原作和三个不同俄译本为材料,把专家从上述四种文本中挑选出来的关键词提供给受试者(大学生),要求他们自由联想。实验数据显示,不同译者对于原文文本关键词的认同存在差异,而这种差异对译本文本重点的排序产生重要的影响。通过分析译本文本的关键词,发现这些认同的特点又使得感知译文和原文的文本结果产生较大出入。(许高渝等 2008:150)

А. А. Залевская 在研究中得出结论:词在使用过程中发挥着激光全息图的作用。词在内部语境(感知、认知、情感方面)中呈多向性,并与外部语境(词语、情境)相互作用,词作为文本成素的认同是通过参与多方面先前经验的内部语境进行的,制约着理解的情感评价。词在文本中发挥的是认同的功能、双重中介功能、综合功能、双重调节功能和预测功能。

根据上述理论观点,我们看到,词的形式与意义的结合在言语理解中至关重要。那么人类所具备的掌握词汇的能力、即一个正常人在头脑中能够储存多少词、这些词又是如何被记忆和提取的呢? 这些正是"心理词汇"所探究的核心。

人类能够在现实交际中理解文本,是由于其具备掌握词汇的能力,表现在兼容数量多、提取快这样两个最基本的现象中,这说明在人头脑中保存了一个高度组织起来的心理词汇。但是存储容量大和提取速度快之间却存在较大差别,这本身既要考虑词汇信息的输入,也要考虑词汇信息的输出。通过听觉输入的词的基本单位是音素,而通过视觉输入的词的基本单位是字母或笔画。词汇提取既受到诸如词的语义、发音和正字法等词的内部因素的影响,也受到诸如词的使用频率和语境等词的外部因素的影响。(В. П. Белянин 2001:62)

2 心理词汇的作用和特点

俄罗斯语言学界和心理语言学界近二三十年来对心理词汇的研究逐渐丰富,涉猎此方面研究的学者众多,如 А. А. Залевская, Н. О. Золотова, Т. В. Соколова, Е. С. Кубрякова, Т. Н. Ушакова 等。其中, А. А. Залевская 是研究心理词汇最早的学者之一,她的研究始于上世纪 70 年代后半期,,其中 1977 年出版的《人的内部词汇的组织问题》(Проблемы организации внутреннего лексикона человека)是俄罗斯学派最早研究心理词汇的学术专著。这本专著主要是依据俄罗斯语言学家 Л. В. Щерба 院士的经典著作《论语言现象的三重性及语言学中的实验》中有关言语组织的概念而展开的。Л. В. Щерба 院士指出,言语活动受到人复杂的言语机制或个体的心理生理言语组织的制约。同时,言语组织不等于言语经验,它仅仅可能是心理生理现象。根据 Л. В. Щерба 的观点, А. А. Залевская 指出:所谓心理词汇,就是言语组织中的词汇成素。此外,她认为,言语组织不是被动储存语言信息的地方,它是一个动态的功能系统;言语组织中对言语经验加工和整理的过程和该过程的产品之间会产生经常的相互作用,因而它应当是一个自我组织的系统(самоорганизующая система)。(А. А. Залевская 2005:34)

А. А. Залевская 通过对国内外有关心理词汇的研究成果归纳和大量实验得出结论:心理词汇是一个多等级、多次交叉的复杂的场系统。人正是通过"词"获取前人经验,并形成个性的。她据此提出了一个新术语"信息基地"(информационная база),她把词看做是通达此基地的手段,因此,心理词汇必然要反映出人对周围世界、其特有的规律、联系的知识系统性。在这一言语组织中存在各种语言参数,保障随着经验的积累和加工对心理词汇进行不断重组。20 世纪 80 年代到 90 年代, А. А. Залевская 又有多部著述继续对心理词汇的进行探索和挖掘。她补充了自身以及其他学者的思想,如:言语经验不是独立存在的,也不是为自身而存在的,而是个体和周围世界相互作用的手段。与此同时,她对言语组织进行了进一步的研究,但这些研究主要是从言语生成的角度进行的。她认为,在含义编码阶段,结果映象的扩展在低层次组合的一些单位里进行,而在含义大纲向其外部言语码实现的阶段里,语义特征的作用是决定性的。这样,在不同的言语思维活动阶段里就有不同的单位在活动,它们既是词以及与其相应的感性群多个方面、多次加工的产物,同时又制约着词的活动。正由于在言语过程的不同阶段中有整合和分级不同程度的单位参加,所以有理由把心理词汇界定为"保证含义形成和表达过程实现的代码和代码转换系统"。

如果简单按照言语理解模型分析,上述代码的转换是"从思想到词"的运动。在此过程中人脑中存在一个选择机制,它控制语法层面的选择和意义层面的选择。Н. И. Жинкин 认为这种选择机制包括选择元素和选择操作。他强调,词在记忆中是以不完全的形式存在的,完整的词只有通过某些句法规则的运用在合成信息的过程中才能形成。这一观点在某种程度上回答了言语理解过程中语法优先还是词汇优先的问题。事实上二者无法通过线性运动达到代码的转换,词的提取和意义选择的确非常重要,但是和语法层面是交互作用,呈螺旋式前行的。Н. И. Жинкин 将这种交互作用及过程命名为"内部言语"。他认为,内部言语中没有标准的语法规则,这只是一种主体的语言,起中介作用,人的意念通过内部言语转变成外部言语。

为了解心理词汇的组织原则,揭示心理词汇整序时最重要特征之间的联系,А. А. Залевская 运用了自由联想实验和定向联想实验等多种实验手段来进行考察和验证,主要包括:1)自由联想试验和定向联想实验。所谓的自由联想试验是向受试者(含操单语者和双语者)提供一个孤立的词,这个词既无上下文的联系,也无交际环境的制约,要求受试者迅速做出联想反映,将头脑中第一个与该词相关的词说出来。所以,第一个说出的词就具有识别特征。而与之存在区别的是定向联想实验,这个实验要求受试者说出或者写出与给出的起始词具有某种联系的词,这种联系是定向的,即由实验者事先规定好,这个规定等于缩小了联想范围,有利于进一步揭示对起始词有目标定向的识别特点。上述两种实验都要求受试者达到一定数量,以便得出更具有代表性的量化数据。2)自由复现实验。要求受试者自由复现在联想试验中出现的外语词或母语词。复现的时间可以是即时的,也可以是延时的,所以可以了解并确定实验进行后写出这些词所产生的替代(подмена)、加写(приписка)等情况的原因。她通过自由复现词的实验发现受试者在识别词方面具有差异。受试有时复现的是词形式层的单位之间的联系,而未进入意义深层,由此也可说明,心理词汇是一个多层次的结构。

最终,A. A. Залевская 通过实验得出的结论是:心理词汇中的词间联系有各种各样的依据,在记忆中词在检索时所使用的不同策略是平行实现的;对实验数据的分析不仅可以揭示心理词汇的多层面性,而且可以揭示表层层面和深层层面词汇的组织原则。

除 A. A. Залевская 外, Н. О. Золотова 从上世纪80年代初即侧重于心理词汇核心问题的研究。她认为,心理词汇核心的形成过程早在(儿童)前词语时期就已开始,心理词汇的核心是个体发育中的一个新的构成物。她通过俄英心理词汇核心异同对比发现,共性特点是进入心理词汇核心的词按照词类划分主要是名词,其次是形容词。Т. В. Соколова 几乎在同一个时期提出了类似的观点。她通过记录观察及实验结果认为,核心词可以分为静态和动态两类。静态的核心词是频率最高的语义单位,动态的核心词由功能最积极的单位构成。

从总体上来看,俄罗斯心理语言学派认为,心理词汇是一个为进行具体科学研究而提出来的约定概念,实际上它是众多心理过程运作的产物之一,它同各类心理过程处于不断的交互作用之中。所以,心理词汇本身并不具有独立性,应当把它同语言/言语机制特点结合起来加以综合考察。

结束语

在言语理解过程中词与词之间的语义联系是最主要的联系,语义是心理词汇的中心组织原则,可以帮助我们决定词语之间的联系。语义可以按照类似网络的方式组织起来。每种语言都有不少多义词,在言语理解过程中,多义词在没有获得自己确定的上下文意思之前,其各个意思之间存在词义竞争。在俄语中,句法(接格和支配关系)也会造成语义不明确,因此,也需要借助语境才能消除歧义。

俄罗斯心理学派认为,心理词汇主要是人们对词、词的意义和词间关系的知识总和,心理词汇是依照词的语音、拼写(正字法)和语义特点并按照一定的规则而建构起来的,在心理词汇中提取单词不仅取决于词的内部特点,而且也取决于词的使用频率和上下文语境等外部因素。

需要指出的是,词汇的辨认和提取应该是统一认知系统中的有机组成部分,这个系统和学习、记忆、范畴化和其他活动都具有紧密联系。

参考文献

［1］Белянин В. П. Введение в психолигвистику［M］. M., 2001.

［2］Жинкин Н. И. Речь как проводник информации［M］. M., 1982.

［3］Залевская А. А., Каминская Э. Е., Медведева И. Л., Рафикова Н. В. Психо-лингвистические аспекты взаимодействия слова и текста［M］. Тверь. 1998.

［4］Залевская А. А. Введение в психолингвистику［M］. M., 1999.

［5］Залевская А. А. Психолингвистические исследования. Слово. Текст：Избран-ные труды［M］. M., 2005.

［6］桂诗春. 新编心理语言学［M］.上海：上海外语教育出版社, 2000.

［7］许高渝、赵秋野、贾旭杰等. 俄罗斯心理语言学和外语教学［M］.北京：北京大学出版社,2008.

大学俄语教学中存在的问题及对策[*]

王 钢

大学阶段的俄语教学包括两部分:专业俄语教学和非专业俄语教学,后者习惯上被称之为"大学俄语教学"。大学俄语教学是俄语教学的重要组成部分,然而近年来,与蓬勃发展的大学英语教学和专业俄语教学相比,大学俄语教学陷入了困境,存在诸多亟待解决的问题。本文对大学俄语教学中存在的问题进行梳理,探讨其解决的办法,以便进一步完善大学俄语教学。

1 大学俄语教学中存在的问题

1.1 教师队伍现状不容乐观,生源短缺

在我国大学俄语教师队伍中,高学历和高职称的教师比重偏低,梯队不合理。《面向 21 世纪中国大学俄语教学发展战略》项目组的数据显示,"调查的 444 名大学俄语教师,副高职称以上的 159 人,占 35.8%,其中正高职 23 人,仅占 5.2%,教授、副教授、中级以下职称的比例为 1:6.9:11.4"(马步宁、武晓霞 2007:17)。很多教师的科研能力欠缺,重教学、轻科研的现象普遍存在。很多学校没有形成科学的教学质量评价体系,缺乏按质取薪的制度保障,单纯地以学生人数来确定教师的讲课费或奖金,严重挫伤了俄语教师的工作积极性。此外,由于学校的经费不足或重视不够,俄语教师几乎没有进修的机会,在某种程度上成为教育教学质量提高的制度瓶颈。

大学俄语教学的对象是外语为俄语的学生,然而随着中学俄语生人数的急剧减少,大学俄语教学即将面临无学生可教的尴尬局面。黑龙江

---

[*] 本文是黑龙江省"十一五"规划课题"适应大众教育,建构大学外语'合作互动'教学模式"(编号:115C－1016)的阶段性成果之一。

省历来是开展大学俄语教学最好的省份,但近年来学生数量严重萎缩。根据黑龙江省大学俄语教学情况调研报告显示,该省 42 所大学中俄语生的数量由 2004 级的 2917 人,降到了 2008 级的 2213 人(张艳杰等 2009:92)。大学俄语四级考试报名情况的有关资料也显示,"与 2002 年相比,2006 年虽然报考的省、市、自治区从 25 个增加到了 26 个,报考学校也从 305 个增加到 378 个,但报名人数却从 23 927 减少到了 14 044,降幅高达 42%"(马步宁 2007:58)。总之,进入新世纪,大学俄语教学对象的数量呈逐年下降的趋势。"如果再不采取果断措施遏制大学俄语学生人数迅猛下滑的趋势,再过 5 至 10 年,大学俄语将面临学生断档的危机。"(马步宁、武晓霞 2007:17)

1.2 各种限制影响了俄语生的学习兴趣

兴趣是推动学习的内在动力,只有产生浓厚的学习兴趣,学生的学习才会收到事半功倍的效果。然而,种种主客观因素减弱了学生学习俄语的兴趣。第一,高考受到限制。目前我国有很多高校不招收俄语考生,即便招收的院校也只限于某些专业,从根本上打击了中学生学习俄语的积极性。第二,考研受到限制。许多高校由于专业特点和导师的原因,拒收外语为俄语的考生。这使得许多优秀的俄语考生无法报考自己满意的学校和专业,甚至无法继续深造。第三,就业受到限制。除了航天、石油等行业需要外语为俄语的学生以外,其他行业需求很少或者只招聘俄语专业的毕业生,这给学生造成了很大的心理负担和压力。甚至有的学生在大学期间放弃了俄语学习,开始学习英语。第四,语言环境受到限制。英语生可以接触到大量的英文报刊、杂志、广播和电视节目,而俄语生却没有那么幸运,很多学生甚至从来没有见过俄文报刊、杂志和电影。第五,图书资料受到限制。目前图书市场上大学俄语类图书还很匮乏,而且多是应试类的辅导材料和练习题集,偶见一些贴近当代俄罗斯生活气息的书籍和音像资料也主要面向俄语专业的学生。第六,课外活动受到限制。由于俄语学生人数过少,全国性、区域性的大学俄语竞赛、各种活动几乎没有。各个学校普遍不重视大学俄语教学,学生缺乏必要的活动资金和场所。

1.3 教材编撰有待于进一步改进和提高

大学俄语教材种类不多,2004 年以前大多数学校使用应云天主编的《新编大学俄语基础教程》。该教材内容陈旧,缺乏俄罗斯现代生活气息,难以适应时代发展的需要。2004 年高等教育出版社出版了《新大学俄语综合教程》系列教材,现在已被多所院校使用,极具代表性和普遍性。通过调研,使用过该教材的许多教师和学生普遍认为,这套系列教材选材新、体例新,且版面生动、色彩丰富,但是仍然存在一些缺点和不足,例如:(1)与高中教材衔接不好、难度偏大。主要体现在生词量大,词汇再现率低,难以记忆。例如高三教材的词汇表中只有 47 个单词,而《新大学俄语综合教程1》общий словарь 中的单词却多达 354 个。(2)某些课文选材不当,晦涩难懂。例如《新大学俄语综合教程2》中的 Мастер и Маргарита(отрывок)一文,虽为经典作品的节选,但其思想内容与文化内涵远远超出了学生的理解能力,因此学习起来非常吃力。(3)语法解释不够详尽,例句偏少,难以掌握。例如对前置词用法的讲解,"常用的表示原因关系的前置词是:благодаря, ввиду, в связи с, в силу, вследствие, за, из, из-за, от, по, по поводу, по причине, по случаю 等。如:1)Благодаря вашей помощи мы отлично выполнили задачу. 2)Алёша не пришёл на урок по болезни."(何红梅、马步宁 2004:149)对这些前置词意义和用法上的区别没有任何解释,而这一点恰恰是使用中的难点,也是各种考试中的重点。(4)对"说"和"译"的训练相对薄弱。综合教程里听说部分中"听"的训练占据了大量篇幅,对学生听力水平的提高起到了极大的促进作用。但是"说"的训练不够,只给出了两三道题,且操作性不强。翻译操练是外语学习中的重要环节之一,而综合教程中却没有针对"译"的专门训练,只是在每篇课文的课后配有大约两道翻译方面的作业,无法满足学生的实际需求。(5)四册书之间难易程度差别不大。学生普遍感觉,四册书之间并没有体现由易到难、由浅入深、循序渐进的原则,无论是词汇还是课文内容,其难度没有太大的差别。

1.4 教学方法陈旧,教学媒体落后

大学俄语教学一直以语法翻译法为主要的教学方法,课堂教学基本上是按"单词—语法—课文翻译"的顺序讲授,且大多用汉语授课。诚然,语法翻译法是国外诞生的第一个教学法,也是我国引进的第一个教学法,该教学法在国内外曾经长期居于主导地位,对外语教学产生过极大的影响,它有助于掌握外语知识的结构,培养学生的阅读能力。然而,其缺点也是显而易见的。首先,由于过分重视语法规则,在某种程度上忽视了其他方面的教学,特别是妨碍了学生听力和口语能力的发展。其次,过分强调教师的讲解,忽视学生课堂交际的实践训练,不利于语言习惯的形

成。再次,容易使学生完全依赖课堂教学,缺乏独立思考和创新的能力。

课堂上教师主要依靠讲解教材中的内容来传递信息,教学媒体是典型的"一块黑板、一支粉笔、一张嘴巴"。这种缺乏互动的讲授法、传统落后的教学媒体不利于培养学生的创造性思维,并使得学生缺乏学习的热情和动力,久而久之极可能产生厌学的情绪。遗憾的是,这种情况在很多高校的大学俄语教学中还普遍存在,甚至有人认为,大学俄语教学主要应该为学生通过四级考试服务,应该训练学生多做模拟试题,使用先进的教学媒体并无实际意义。因此,有限的多媒体教室大多被专业外语教学和大学英语教学所占据。同时大学俄语多媒体教学所需的网络资源也极其有限,使用多媒体机会有限,且需独立完成课件制作。

1.5 大学俄语测试体系还不完善

大学俄语四级考试已成为大学俄语中规模最大、影响最广、最具权威的全国性统一考试,在贯彻教学大纲、推动教学改革、提高教学质量、规范测试体系等方面起到了积极的作用。但是也存在一些问题,例如我国的实际状况和学生的水平与考试的要求还有一定的差距,全国的平均通过率一直很低。2004年进行了一次改革,对题型和分值进行了调整。题型变化主要体现在完形填空由原来的主观性试题变成了现在的客观性试题。这种变化虽然降低了考试难度,提高了评分标准的客观性和准确性,但是客观性试题比重的加大难以体现俄语作为屈折语的特点,某种程度上会降低测试的内容效度。此外,大学俄语四级考试没有口语测试的内容,因此容易造成课堂教学轻视"说"的训练,进而导致学生语言运用能力的普遍偏低。大学英语有六级考试,大学日语也于2009年增加了六级考试,而大学俄语目前仍然只有四级考试,某种程度上限制了学生进一步学习俄语的积极性。

2 解决大学俄语教学中存在问题的对策

2.1 提高教师素质和教学技能,动员各种力量支持中学俄语教学

大学俄语教师要努力提高学历层次,完善知识结构,提高自身素质。除了强化专业知识和技能外,还要重视科学研究,形成教学、科研互相促进的良性循环。要不断充实自己,提高教育教学水平。各个学校应该形成科学的教学质量评价体系,不能单纯地以学生人数来确定教师的课时费或奖金,应努力调动俄语教师的工作热情。此外,还应根据本校的实际

情况,强化教师队伍建设,支持俄语教师校际之间的交流与合作。如有可能,要积极创造条件,使教师获得出国学习、深造和进修的机会。

只有中学俄语生生源充足,大学俄语教学才能蓬勃发展。我国是一个发展中的大国,需要多种通用语种,因此中学外语语种设置除了以英语为主,还应兼设俄语等其他语种。随着中俄战略协作伙伴关系的深入发展,两国之间的交流日益密切,俄语的作用进一步凸显。因此,各地教育行政部门应充分认识开设俄语的必要性和重要性,以长远的、发展的眼光做出合理的安排和规划。例如,针对中学俄语教学情况的严峻形势,黑龙江省出台了一系列扶持俄语教育的政策(杨家胜 2009:96),在教育部为迎接"2009 中国俄语年"而制订的工作计划中,扶持中学俄语教学也位列其中。希望以此为契机,动员各种力量支持中学俄语教学。

2.2 消除对俄语生的各种限制,提高学生学习俄语的兴趣

希望有关部门能改革招生考试制度和规定,不剥夺非英语考生在各级入学考试中报考某个学校、专业的权利,只有这样,才能从根本上提高学生学习俄语的积极性。有关部门应该考虑在全国范围内组织大学俄语课外活动和各种竞赛,或尝试几个学校进行联合运作,在本省、本地区内组织大学俄语课外活动和各种竞赛,以扩大大学俄语教学的影响,激发学生学习俄语的热情。除了必要的教学参考资料和备考习题集外,广大俄语工作者还应编撰一些适合大学俄语学生使用的介绍俄罗斯语言、国情、文学、民俗等方面的书籍和影音资料,进而营造出俄语学习的新氛围。

努力提高学生的学习兴趣,首先教师应该精心组织课堂教学,唤起学生的求知欲。例如每节课抽出几分钟时间讲一些通俗易懂的俄语小故事、小幽默,介绍一些俄语谚语、成语或与课文内容有关的国情知识,以此在丰富俄语知识的同时培养学生学习的积极性。《俄语学习》杂志为我们提供了许多实用的素材,值得借鉴和参考。其次还应该充分发挥学生的积极性和创造性,组织丰富多彩的课外活动。可以进行朗读比赛、演讲比赛等来激发学习热情;还可以组织各种俄语游戏,如猜谜语、按照课文内容编演话剧等等,寓教于乐。

2.3 进一步改进和完善现有的教材

教材是教学活动进行的依据,是教学内容的集中反映,教材要随着社会的发展、科技的进步以及国际交流的深入而得到及时的补充和修订。教材应该体现大学俄语教学大纲的要求,既能培养学生的语言运用能力,

信息交流能力,又能提高文化素养,以适应社会发展和经济建设的需要。编撰或修订大学俄语教材,要考虑如下几点要求:首先,注意衔接,循序渐进。中学教材和大学教材是个体系,大学教材内部是个小体系,必须考虑学生的实际情况,注意各个体系之间的衔接问题,使学生感觉难度逐渐加深,学起来不觉得过分吃力。其次,要为"交际"目标服务,注重素质教育。要摆脱一些固定模式,在选材、练习设计、配套教材等方面,围绕着交际、实用的原则。要在常用的语言知识和言语技能上下工夫,使其转化为交际能力。最后,根据教学大纲的要求,处理好听、说、读、写、译的关系。现行的教材对"听"和"读"的训练很有针对性,而对"写"和"译"的训练稍显不足,应该适当给出一些写作和翻译的方法,并配有适当的练习或范文。对"说"的训练太少,应该加大这方面的力度,如可以设计一些常用的口语句型等。

2.4 综合利用各种教学方法,使用现代化的教学手段

人们对各种教学流派和方法的认识经历了一个从盲目仿效到冷静反思,再到批判继承的过程。毋庸置疑,每种教学方法都有自己的优点和缺点,在教学实践中也是各有所长。对此,"应当以积极的态度来接受教学法的不同思潮,采取包容、明智的折中立场,这已成为当前外语教学的显著特点和主要发展趋势"。(李建 2003:73)对大学俄语教学而言,在发扬语法翻译法优点的同时,教师还要自觉学习和运用视听法、交际教学法、认知法等其他教学方法,根据教学内容和学生的实际情况博采众家之长,综合运用,取长补短。

大学俄语教学大纲指出:"有条件的院校应大力推广、充分利用各种现代化的教学手段。"(大学俄语教学大纲 2001:14)多媒体和网络技术是现代化教学手段的典型代表,在大学俄语教学中应用多媒体和网络技术是必然的发展趋势。多媒体和网络技术可以同时将声音、图像、文字、动画等展示出来,既能充分调动学生多种感官同时工作,又能使学习内容变得易于理解和掌握。实践证明,多媒体教学具有形象性、多样性、趣味性、直观性等特点,能将抽象的逻辑思维与具体的形象思维融为一体,使教学活动更加符合学生的思维规律,从而获得最佳的学习效果。对待大学俄语教学和大学英语教学应该一视同仁,让俄语生也有机会使用多媒体教室。使用相同教材的学校可以联合起来,分工协作,共同研制多媒体教学课件,以期达到资源共享的目的。

2.5 根据俄语的特点和学生的实际情况完善大学俄语测试体系

首先,应根据俄语的特点设置考试题型。俄语是典型的屈折语,形态变化丰富是它最大的特点,这就决定俄语测试题型的选择要考虑到俄语自身的特点。其次,可以尝试增加口语测试。尽管大学俄语教学大纲中已强调了"说"的重要性,但无论是老师还是学生,对口语都没有给予应有的重视。虽然各级教育主管部门都强调要防止应试教学,但客观地说,只要存在考试就无法完全摆脱学生应试的倾向。为了解决这个矛盾,我们建议增加口语测试,这样既可以加强学生对口语的重视,也可以在就业时增强竞争力。再次,有必要增加六级考试。一方面,考研的难度要求比四级高出许多,而大多数学校在二年级学生参加完大学俄语四级考试后就不再设置俄语课程,学生缺乏进一步提高俄语水平的机会,仅仅依靠自学往往很难达到考研的要求,这无疑增加了俄语学生考研的难度。另一方面,因为俄语生只具有四级考试的成绩,无法与拥有六级测试成绩的英语学生、日语学生竞争,进一步加大了就业的难度。

结束语

大学俄语教学中存在的问题还有很多,限于篇幅、笔者的经验、知识和能力水平无法全部列举,只能说个大概;提出的解决办法也是一孔之见,不乏片面。希望能抛砖引玉,引起广大同行的重视和讨论。只要大家集思广益,齐心协力,一定能解决目前存在的各种问题,探索出适合大学俄语教学发展的有效途径。

参考文献

[1]大学俄语教学大纲修订组. 大学俄语教学大纲(第二版)[M]. 北京:高等教育出版社, 2001.

[2]何红梅、马步宁. 新大学俄语综合教程(1)[M]. 北京:高等教学出版社,2004.

[3]李 健. 外语教学法的最新发展[J]. 北京林业大学学报(社会科学版),2003(1).

[4]马步宁. 全国大学俄语四级考试的回顾与展望[J]. 解放军外国语学院学报,2007(1).

[5]马步宁、武晓霞. 全国大学俄语教学情况调查[J]. 外语与外语教学,2007(6).

[6]杨家胜. 黑龙江省中学俄语教育状况调研报告[J]. 中国俄语教学,2009(3).

[7]张艳杰、黄蕊、乐莉. 黑龙江省大学俄语教学情况调研报告[J]. 中国俄语教学,2009(3).

关于俄语本科人才培养模式与对策的思考

李　石

进入 21 世纪后,高等教育顺利实现了由精英教育向大众化教育的转变,高等教育的理念也由一元质量观向多元质量观转变,高等教育发展的主流已是"以人的内在素质的普遍提高为目标的文化启蒙式的素质教育"(衣俊卿 2007:159)。大众化教育的实现,意味着人才标准的提高,更意味着教育改革与创新的深化。因此,建立与社会相适应的人才培养模式就显得尤为重要。俄语作为国际的官方语言之一,在世界的经济、政治、文化等领域越来越发挥重大的作用,特别是在 2009 年的中国"俄语年"、2010 年的俄罗斯"汉语年"的国际背景下,促使俄语需求一再升温。但在传统单一体制下培养的俄语人才已不适应现实社会发展的需要,必须从内涵、质量、方法等方面加以改革,才能培养出高质量、复合型的实用人才。

1 社会需求与现状分析

大学生就业问题目前已是全社会关注的难点问题之一,特别是在金融危机的影响下,显得尤为突出与严峻。据报道,2009 年全国大学毕业生人数达到 611 万,而根据社科院《2009 年社会蓝皮书》的统计,2008 年未实现就业大学生至少 100 万。毫无疑问,大学生就业难是诸多因素共同作用的结果。在政府方面,存在着人事、户籍等管理制度和社会保障制度不完善的地方;在企业方面,存在着买方市场苛求人才、性别歧视、学校歧视等现象;在高校方面,存在着需要更新教育手段、创新教育理念等问题;在家庭方面,存在着大机关、铁饭碗等传统观念的束缚;在学生自身方面,存在着自我定位不清、就业观念淡薄等现象。然而,不论是国家宏观政策与体制的限制,还是就业市场的用人导向,核心因素还是在于大学生自身的专业水平和综合素养。

在如此严峻的形势下,俄语人才面临着巨大的冲击与挑战。从国际国内的环境看,语言年活动、奥运会和上海世博会推动了俄语教育的发展;从省内形势看,"哈洽会"、"冰雪节"以及"第24届世界大学生冬季运动会"等国际活动进一步促使俄语人才出现供不应求的局面。虽然从市场需求方面看,对俄语人才的需求是乐观的,但在用人标准、质量方面都提出了更高的要求,呈现出多元化、多学科的知识结构要求。特别是通过近三年黑龙江大学俄语专业就业数据显示,尽管每年保持在90%以上的就业率,但在用人单位的规模、层次以及对俄语人才的复合型要求等方面都提出了更高的标准。面对如此复杂的社会形势,作为从事俄语人才培养的高校来说,却陷入了俄语人才培养的尴尬境地。从黑龙江省来看,目前很多高校仍在沿用传统的教育体制和教学方法,俄语人才的培养模式过于单一,并没有从现实社会需求的角度进行改革与创新,难以满足社会发展的实际需要。相反,目前社会需要的是既要精通俄语知识、具备良好的语言功底,还要求掌握其他方面的知识和技能,如精通经济管理、贸易、法律、计算机等领域的复合型人才。由于学校和社会需求之间存在体制和目标上的矛盾,造成了俄语人才培养质量的缩水,使就业鸿沟不断加大,进而导致了俄语专业的劣势凸现出来。因此,必须从教育体制、目标培养、教学方法、课程设置等方面加以改革与创新,才能增强俄语人才的市场竞争力。

2 构建多元质量观为核心的人才培养目标

"俄语是专业还是工具?"(钱晓蕙 2008:12)21 世纪的高等教育主题是以质量求生存,以特色求发展,以突出个性化人才培养和多元质量观为核心的教育理念,而俄语人才的培养也已由单一的语言向多元化的方向发展。"外语与其他有关学科,如外交、经贸、法律、新闻等结合的复合型人才,培养这种复合型的外语专业人才是社会主义市场经济对外语专业教育提出的要求,也是新时代的要求。"(英语教学大纲 2000:37—38)俄语人才的软肋在于知识结构。在教育国际化的趋势下,传统单一语言培养方式下的人才标准不断受到冲击,已经无法满足社会发展的需要。多元需求的实用性人才成为了社会发展的主流,而一元质量观向多元质量观的转变则要求用一种开放式的、灵活的教育教学体系培养和发展学生的差异与个性。黑龙江大学的俄语专业起步较早,现已有68年的教学实践经验,拥有博士后流动站,具有博士和硕士学位授予权,在人才培养方面形成了自己独到的培养体系,其中,最为核心的是确立了"1+2"型的质量观和人才培养目标,即"一门专业知识+英语+俄语"。在专业俄语学习方面,要具有扎实的基本功,要体现出专业的个性与特色,是核心要素;在英语学习方面,要对俄语专业作有力的结构支撑,是现实社会对俄语人才提出的新要求,是必要因素;相关专业知识是为了拓宽知识面,增强其适应社会竞争力的有效途径,是内在标准的体现,是辅助因素。三方面的相互补充,势必会形成强大的专业合力,成为俄语人才适应社会的最有力的"武器"(李石2009:127)。实践证明,黑龙江大学在俄语人才培养方面的经验是成功的,值得借鉴的。

3 引领俄语人才培养模式的对策分析

作为日益走向"买方市场"的高等院校,必须采取积极主动的教育举措,来应对社会对俄语人才的多元需求态势,突出以质量求生存、以特色求发展、以突出个性化人才培养和多元质量观为核心的教育观,并围绕"1+2"型的培养目标,进行全方位、科学、辩证的分析,才能有的放矢地满足从单一向多元化发展的人才观,才能切实有效地提高俄语人才的竞争力。

3.1 深化教育教学改革,努力建构以学生为主体的自主学习机制

"要把课堂教学改革纳入文化创新的组成部分,为学生创造发挥个性、自主学习的空间。"(衣俊卿2007:3)深化教育教学改革,创新教学方法,优化课程体系,应立足"1+2"型人才培养目标。"要满足社会的需要,但不要迎合社会的欲望,更何况有的所谓需要其实是假象。"(郑体武2008:8)在课程设置方面,要"把提升大学生的综合人文素质列入教学计划中"(曹德明2007:2),在保证专业语言学习的基础上,科学调整专业基础课程设置,强化学生基础知识和能力的培养,将专业、知识面、课程体系有机的结合起来,努力提高学生对语言的适应能力。同时,强化第二外语的教学与实践,采用"双语"教学,把第二外语作为俄语专业的有力支撑。本科第二专业的开设,大大激发了俄语学生的学习热情,极大拓宽了学生的文化知识和专业背景,促使学生更好地掌握语言的基本规律和提高驾驭语言的能力。

更新教学方法,突出以"教师为主导,学生为主体"(王铭玉2006: 15)的教学模式上来,最大限度地让学生参与教学的全过程,充分发挥学生的主观能动性和创造性,既注重培养学生的语言基本功,又要不断提高他们的交际能力和创新能力。在教学方法中,要引入现代化的多媒体教学手段,图文并茂,给学生营造一个全新的、多元化的语言学习环境。同时,要改革教材和教学内容,要积极引入反映本专业最新发展的新理念、新方法,充分利用外籍教师的语言优势,注重教学的实用性、交际性和多样性,才能把学生培养成新时期复合型的、实用性的俄语人才。

3.2 积极构建复合型师资队伍与指导体系

教师是教育工作的主体,在整个教育教学活动中处于领导地位(李玮2004:8)。培养"1+2"型的俄语人才,师资队伍是关键。目前,普通高校的俄语教师多数是俄语专业毕业的,虽然精通俄语,但往往对其他专业知识涉猎不够,在教学上很难胜任复合型人才培养的任务。因此,要想改变教师知识结构单一化的现状,必须建立一支语言水平高、专业知识扎实、能力素质过硬的师资队伍。为了优化教师队伍,可以积极聘请具有其他专业知识的俄语专业人才承担教学工作,邀请著名专家、学者作专题讲座,拓宽教师的知识领域;也聘请一些具有非语言专业学位的外籍教师,利用其语言上的优势和所学的专业特长授课。同时,要积极为教师提供出国、进修和培训的机会,多举办和参加国内外的学术会议和研讨会,努力提高教师的知识层次,积极鼓励教师攻读学位,改善自己的知识结构,实现教师自身的复合型建设,才能真正培养出以俄语为中心的多学科专业的复合型师资队伍。

3.3 强化社会实践环节,积极培养具有创新意识和创新能力的俄语人才

人才培养模式改革必须以一定区域内经济社会发展需求为根本动因,以提高学生应用能力、创新能力、社会适应能力为终极目标(姚书志2009:54)。课堂是学生获取知识的主要场所,而要把所学的知识灵活的运用、提升,必须通过社会实践来实现。在以往的教学中,课堂教学的学时数有限,教学只是起到示范、指导、引领的作用,完全通过课堂教学的形式传授复合型俄语人才所掌握的知识与能力是不可能的,必须要强化社会实践活动在专业学习中的作用,因此,学校应尽可能为学生创造课内教学与课外实践相结合的机会。实践教学不仅拓宽了学生的专业知识面,

培养学生创业精神和创新能力,还能使学生缩小专业学习与社会需求之间的差距,为学生认识社会、走向社会提供有效的帮助。首先,在教学上要合理安排实践教学环节,建立稳定的专业教学实习基地,如旅游公司、外贸洽谈、外事接待等,力求做到有计划、有指导、有总结。其次,要鼓励学生积极参加社会实践,充分利用假期和课余时间,通过"三下乡"、"哈洽会"、"博览会"等形式参加到青年志愿者活动中。再次,经常带领和组织学生参与第二课堂活动,一方面在校园内开辟俄语沙龙,充分利用外籍教师和专业指导教师的人力资源,为学生提供一个固定的、有组织和指导的交流场所;另一方面,通过组织演讲赛、辩论赛等学生活动,来激发学生的专业学习兴趣,让学生在活动中锻炼和展示自己。

结束语

世界经济已经进入全球化时代,教育的"国际化"和文化发展的"世界化"也已成为必然。作为培养俄语人才的高校,必须把俄语人才的培养作为总体性的、根本性的、系统性的教育教学改革工程,视作培养应对全球化和信息化时代的创新人才的根本工程,在内涵和质量上真正构建以市场需求为导向的人才培养模式,才能培养出高质量的俄语人才,才能真正实现俄语人才的可持续发展。

参考文献

[1]曹德明. 以科学发展观为指导培养创新型国际化外语人才[J]. 外国语,2007(4).

[2]高等学校外语专业教组. 高等学校英语专业英语教学大纲[Z]. 北京:外语教学与研究出版社,2001.

[3]李 石. 论区域性俄语人才培养的可持续发展[J]. 外语学刊,2009(4).

[4]李 玮. 综合大学俄语专业的发展方向[J].中国俄语教学,2004(4).

[5]钱晓蕙. 跨学科复合型俄语人才培养模式的可行性分析[J]. 中国俄语教学,2008(1).

[6]王铭玉. 刍议中国俄语教学的发展[J].中国俄语教学,2006(1).

[7]姚书志. 积极探索划转院校"三位一体"的大学生就业新机制[J].中国高等教育,2009(3,4).

[8]衣俊卿. 大学使命与文化启蒙[M]. 哈尔滨:黑龙江大学出版社,2007.

[9]郑体武. 关于俄语专业本科教学改革的宏观思考[J].中国俄语教学,2007(2).

黑大俄语学科研究生教育历史回顾

刘 伟

中国俄语教育三百年来从无到有,从小到大,尤其是全国解放以后转入正常的发展轨道,成绩辉煌。在众多的俄语教育单位中,成绩最为突出的,据笔者个人的调研和考察,首推黑龙江大学俄语学科。它是新中国成立以后俄语教育的生动写照和真实的缩影,在不同的历史阶段培养了大量俄语人才,满足了国家和社会各个方面各个领域对俄语人才的需求,并为此后的中国俄语教育奠定了坚实的基础,应当为我国俄语教育界关注、重视和研究。本文将对其特色的研究生教育历史和丰富经验加以总结和探讨。

1 "哈外专—外院"时期

研究生教育是高等教育的最高层次,只有学科建设达到国家认可的标准,方可获准开展研究生教育。实际上早在 1950 年 11 月,老外专时期即已开始研究生培养。当时,从本科毕业生中抽调 24 人组成研究生一班,张天恩任主任,由副教务主任舍利波娃讲课,这是新中国外语院系最早的研究生教育,也为新中国培养了第一批俄语研究生。经过近两年的艰苦学习,该班学员于 1952 年 8 月毕业后,大部分留校充实到教师队伍,王超尘、信德麟、高静、钟鼎,余养才等都是其中的杰出代表。1952 年夏,又开设两年制研究生班 3 个(2—4 班),随后又先后增加了两个班(5—6 班),学员共计 125 名。根据需要,学校成立了研究生室,曲程任主任,并从苏侨教师中选择经验丰富的教师任教,后来苏联专家到校,改由专家任教。我国俄语界早期的一些知名学者、专家、教授大多毕业于这一时期的研究生班。当时,研究生班开设的课程包括政治经济学、俄苏文学作品选读、现代俄语(包括语言学、形态学、结构学)、语言学引论、教育学及俄语教学法等。第二批研究生 1954 年毕业后,大部分也留校任教师。50 年代中期,苏侨教师先后离开中国,哈外专的俄语教学由自己培养的年轻教师接任,研究生班的毕业生成为俄语教学的骨干。类似的研究生班,从外专、到外院并持续到黑大,一直没有中断过。需要特别指出的是:1956 年,外院开始按苏联学制和模式培养副博士研究生,由苏联专家讲课并担任指导教师,研究生教学更为正规。第一期招收了 5 人,后因全国性的政治运动的冲击,他们只修完必修课程,考试通过,就提前毕业,并未经过论文答辩,也未授予学位。由此可见,俄语专业的研究生教育在黑大成立以前,在外专、外院时期即已开始,并奠定了良好基础。

2 黑大建校初期

黑大建校后,除了继承和续办并完成外院时期研究生班教学外,还分别于 1959 年、1960 年招收了两期研究生,并于 1961 年、1962 年毕业。这两期研究生层次的教育,较外专外院时期更为正规,除不授学位外,已十分接近现代意义上的硕士研究生教育。只要比较前后两个时期的研究生教育,便可发现以下两大进步:第一,黑大时期的研究生教育实行分研究方向撰写毕业论文,并配备指导教师(由学有专长的教师担任指导),而在外专外院时期则只是"通才"教育,不分研究方向,也不要求撰写毕业论文。第二,从实践课到理论课所有课程以及指导教师均由外专外院时期培养的中国教师独立承担,而在外专外院时期,主干课程前期由苏侨教师或苏联专家担任,后期才逐步由中国教师独立承担。

黑大建校初期的俄语研究生教育,是在十分艰难的条件下前进的。受当时国内政治气候的影响,培养研究生层次的人才被许多人误解为"培养精神贵族"。但时任校长王季愚先生以其人民教育家的远见,坚持并争取在外语系继续办了两期俄语专业研究生教育。她一贯认为"办教育只能前进,不能倒退"。黑大时期("文革"以前)的俄语专业研究生层次教学因无人坚持以及其他诸多客观原因而中止,直到"十年动乱"结束,才恢复研究生层次的教育。而且这一期研究生教育能很自然地同当时开始实施的学位制——硕士研究生培养顺利接轨,是我国最早的硕士。这与外专、外院和黑大建校初期所打下的基础有直接关系。

3 改革开放初期

1978 年黑大俄语系在全国外语院系中率先恢复研究生培养工作,并面向全国招生。当年,报名者多达 128 人,后经严格筛选,最后录取 6 名学员——张家骅、李战国、武学善、刘兆祺、徐永毅、秦成禄。此后不久,我国研究生学位制正式建立,以上 6 人转为硕士研究生,他们成为我国第一批俄语语言文学专业硕士。黑大俄语系的前身哈外专—外院以及黑大外语系俄语专业在"文革"前曾先后培养多期俄语研究生,具有开办俄语研究生教育的师资实力和办学经验,但"文革"期间受"左"倾思潮的冲击而暂时停办。"文革"后形势好转,系领导不失时机地抓住机遇,恢复研究生教育,又不失时机地同刚建立的正规学位制接上了轨,建立起全国首家俄语硕士点,这也是黑龙江大学建校以来的第一个硕士点,最早招生的硕士点。黑大俄语系硕士点的建立,为以后俄语系的学科建设、巩固和充实奠定了应有的基础,为学科建设的下一步发展创造了十分有利的条件,同时也充分发挥了黑大俄语系教师的群体力量,使他们有更多的用武之地,为国家为学校作出更多的贡献。

4 跨越式发展时期

1981 年俄语学科在研究生教育方面做了大量扎扎实实的工作,取得了突破性的进展:

获得了硕士学位授予权,并在此基础上扩大研究领域,增加研究方向,由单一的俄语语言理论扩增包括文学、翻译、教学法、语言国情学、苏联学等方向,"俄语语言文学"这个二级学科所含的研究方向,此时俄语系都已具备,并选拔各研究方向的学术带头人和高水平的骨干教师担任指导教师。

1987 年,取得了俄语语言文学学科的博士点。经过长期的准备和硕士生教育工作所打下的坚实基础,俄语系向国家学位委员会申报俄语语言文学博士点,申报李锡胤教授等为首批博士生导师。由于黑大俄语系整体学术实力雄厚,许多老教授都毕业于当年的研究班,有悠久的历史积淀,有一流的学者群,有一批在国内外享有盛誉的老专家,于 1987 年正式批准黑大俄语系的博士点。黑大俄语系是黑大最早取得博士点的单位,在此以前黑大没有博士点。完全没有博士点的学校,要取得博士点有一系列苛刻条件的限制,难度非常大。但几十年来,俄语学科注重发挥历史优势,发挥自身优势,发挥群体优势,发挥师资优势,发挥地缘优势,一举登上学科建设的制高点,实非易事。俄语学科取得博士点以后,为黑龙江大学其他学科申请博士点创造了十分有利的条件。俄语学科的博士点不仅是黑大的第一个博士点,而且是黑龙江省的第一个文科博士点,这是俄语学科对黑大和黑龙江省的贡献。

俄语学科获得博士学位授予权之后,至今已培养近 70 名博士,240 名硕士。在培养的博士生中有 3 人获得双博士学位,即除在黑龙江大学取得博士学位外,还攻读了俄罗斯文学博士学位,这是中国学生第一批在俄罗斯获得俄语语文博士学位的前三人,这是黑大俄语学科的光荣。

1999 年经劳动人事部批准设立以俄语学科为主体的外国语言文学博士后流动站。在我校设立博士后流动站是我校 60 余年历史中尚属首次,也可以说是俄语学科对黑大学科建设的一大贡献。博士后科研流动站并不是学位授予体系中的一个组成部分,它是一项吸引和使用取得博士学位的高层次优秀人才制度。黑大所取得到的博士后流动站,是一级学科(外国语言文学)的博士后流动站,但这个一级学科博士后流动站却是完全建立在黑大俄语二级学科博士点(俄语语言文学)的基础上取得的。博士后流动站的取得使黑龙江大学的学术地位发生了质的变化,提高了一个等级。至此,黑龙江大学是全省文科诸学科中第一个博士后流动站的高校,使黑龙江大学跻于全国高校的前例。

目前,俄语学科成为在全国有较大影响的龙头学科,拥有完整的人才培养体系、学科梯队体系、研究体系和学位授予体系。人才是事业的基础。多年来,在研究生培养方面俄语学科坚持以人为本的原则,加强对学生政治品格的熏陶,强化对学生行为能力的培养,夯实专业基础,注重对学生思想方法的引导,让思维融入知识传授过程之中,"使学生不仅成为一个知识人,还要成为一个思想人,学会开拓创新"。(王铭玉 2007:17)把培养高质量研究生作为建设一流学科的中心环节,把培养适应社会需要的高级俄语人才作为学科办学的出发点和归宿,有目的、有计划、有步骤地通过各种方式和手段保持俄语学科多年形成的学科优势和人才优势。在博士和硕士生培养方面主要从六大研究方向入手:俄语语言学、俄罗斯文学、词典学、俄罗斯问题研究、俄语教学理论与实践、翻译学。在语言学研究方向涉及语言学领域的各分学科,有俄语语法、词汇语义学、语用学、俄语语言学、俄汉语言对比、计算语言学等方面的理论课题,范围广泛,反映出较明显的前沿性,涉及的理论具有相当的深度,是俄语学科的强项。俄罗斯文学研究方向涉及俄罗斯文学史、原苏联文学史、主要文学流派、文学创作思想、创作手法、风格等,具有自己的研究特色,在文学界具有较大影响。词典学研究方向涉及词典编纂、术语学以及相关理论的研究。俄罗斯问题研究主要涉及俄罗斯政治、经济、文化、贸易等方面的课题,该方向承担过国家及省市有关科研课题,各项研究成果在国内有一定的影响,有些成果,成为制定对俄罗斯政治、经济、文化、贸易等政策的理论依据。俄语教学理论与实践研究方向主要涉及俄语教学法理论、俄语教学法主要流派、应用语言学、心理语言学等领域的研究。翻译学方向主要涉及翻译理论、翻译实践、口译、笔译、同声传译等。基本上形成了较为完整的学科门类,建立了颇具特色的人才培养体系。

结束语

回顾我国的学位制度的建立和发展,可谓几起几落,时断时续,几经波折。正是在这种形势下,黑龙江大学俄语语言文学学科在 1981 年获得了俄语语言文学硕士学位授予权,又于 1987 年获得了俄语语言文学博士学位授予权,1999 年经国家劳动人事部批准在我校建立了以俄语为主体的外国语言文学博士后流动站,从而形成了完整的人才培养及学位授予体系。几十年来,俄语学科研究生教育注重坚实宽广的理论基础,注重创新精神和创造能力的培养,承担具有挑战性的研究课题。研究生既是受教育者,又是研究者,是知识创新的有生力量,充分发挥了研究生在学科建设中的作用。以整个俄语学科为背景,有组织、有计划地设计研究生培养方案。硕士研究生的培养强调专业基础理论和专业知识的学习,重视综合素质、创新和创业精神,注重提高分析与解决问题的能力。博士研究生则以科研、教学方面的高层次创造型人才为主,确立"以教学促科研,以研究带教学"(孙淑芳 2001:25)的指导思想,大力提倡学术探索,不仅要掌握坚实的基础理论和系统的专门知识,还能够独立地、创造性地从事科学研究工作,使他们的理论基础、专业水平、教学科研能力都达到一个更高的水平,为他们担负起跨世纪的重任创造条件。经过几代人的努力奋斗,俄语学科在研究生的培养方面已是历史优势明显,特色突出,在国内外具有广泛影响,取得了瞩目的成绩。从培养的质量上,现已毕业的学生大多成为俄语方面的专家、学者、教授,国家各级部门的领导,大部分成为中俄两国文化交流的使者和桥梁。俄罗斯普希金俄语学院院长科斯托马罗夫说:"黑龙江大学俄语学科培养的俄语人才无论是在中国还是在世界范围内都是一流的,我们也为此感到骄傲。"

成绩的取得归功于俄语学科悠久的历史积淀了一流的学者群,一批在国内外享有盛誉的老专家、老教授依然保持了旺盛的创造力,活跃在教学、科研的第一线。同时,中青年教师迅速成长,成为俄语学科的骨干力量。俄语学科现有博士生导师14人,硕士生导师25人,教授23人,副教授17人,他们是既能胜任教学工作,又具有较强科研能力的高素质教师队伍,在不同的学科领域,为国家培养了大批优秀专门人才,为俄语事业的发展作出了卓越贡献。回首过去,放眼未来,俄语学科经过几代人不懈的努力,执着的追求,把培养更多更高层次俄语人才作为义不容辞的使命。

参考文献

[1]付　克.中国外语教育史[M].上海:上海外语教育出版社,1986.

[2]黑龙江大学校史编写组.黑龙江大学校史[M].哈尔滨:黑龙江人民出版社,2001.

[3]孙淑芳.教养高素质的师资队伍建设面向21世纪的一流俄语专业[A].俄语教学与研究(第十五辑)[C].哈尔滨(内部发行),2001.

[4]王铭玉.中国俄语教学的历史、现状与发展方略[A].俄语教学与研究(第十七辑)[C].哈尔滨:黑龙江人民出版社,2007.

[5]于永年.教学教学法[M].上海:上海外语教育出版社,1985.

[6]俞约法.王季愚外语教育思想研究(第六辑)[C].哈尔滨:黑龙江大学俄语系,1988.

[7]章兼中.国外外语教学法主要流派[M].上海:上海华东师范大学出版社,1982.

俄语专业硕士研究生课程设置:现状与思考
——基于对 4 所高校研究生课程的比较与分析

叶其松

引言

1980 年颁布的《中国人民共和国学位条例》(以下简称为"条例")第五条明确规定:"高等学校和科学研究机构的研究生,或具有研究生毕业同等学力的人员,通过硕士学位的课程考试和论文答辩,成绩合格,达到下述学术水平者,授予硕士学位:(一)在本门学科上掌握坚实的基础理论和系统的专门知识。(二)具有从事科学研究工作或独立担负专门技术工作的能力。"可见,课程学习是我国硕士研究生培养体系的重要内容,也是决定研究生培养质量的重要因素。

为了达到"条例"对硕士学位授予者的基本要求,研究生课程不仅要科学、合理,还要不断创新。这既有内在原因,也有外在原因。内在原因体现为每个学科的理论和知识总是不断变化的,研究生的课程设置要与时俱进,站在学科发展的前沿,反映学科发展趋势。外在原因体现为社会对研究型人才的要求发生了变化,课程设置必须保证培养出符合社会需要的人才。正因为如此,硕上研究生培养方案的课程设置总是不断更新的。拿俄语专业来说,自从 1981 年国家批准首批俄语硕士学位授予权以来,国内各高校同类专业的课程设置都几经修善,无论内容还是形式都有很大的变化。尤其是进入 21 世纪,构建与现代教育观念相适应、符合社会发展变化的硕士研究生课程体系更是成为一项重要的研究课题。

1 课程设置的现状分析

为了解我国俄语专业硕士研究生课程设置的总体状况,作者对北京外国语大学(以下简称"北外")、上海外国语大学(以下简称"上外")、解放军外国语学院(以下简称"洛外")、黑龙江大学(以下简称"黑大")4 所院校俄语专业硕士研究生的课程体系进行了比较,并从研究方向、课程类型、课程配备、学分要求4个方面分别进行了分析,其结果见表1—表4。

需要指出的是,以上4所高校是我国较早获得俄语硕士学位授予权的单位,在研究生培养方面积累了相对丰富的经验,且地域分布具有一定代表性。因此,对4所高校俄语专业硕士研究生课程体系的分析,能反映国内同类专业研究生课程设置的总体状况。

1.1 研究方向

4个学位点的培养方案都是以二级学科为基础进行制定的,课程则是按照三级学科,即研究方向来设定的。从研究方向的数量来看,4个学位点相差不大,其中3个学位点的研究方向为4个,另有学位点开设了5个研究方向。从研究方向的具体内容来看,各学位点都设有语言和文学两个研究方向。也有一些研究方向,语言与文化、翻译等在几个学位点均有开设。但我们也注意到,每个学位点都开设特有的研究方向。研究方向的设置情况请见表1:

表1

学校名称	研究方向				
北外	现代俄语	文学	社会与文化	笔译	口译
上外	俄语语言学	俄罗斯文学	俄罗斯社会与文化	翻译理论与实践	
洛外	俄语语言学	俄罗斯文学	语言文化学	俄语语言与情报	
黑大	俄语语言学	俄罗斯文学	应用语言学	俄罗斯问题	

1.2 课程类型

目前,我国研究生课程体系中共有4类课程:第一类是公共必修课,一般面向全校各个学科,主要包括外语、政治等;第二类是专业基础课,一般面向整个学科;第三类是专业必修课,一般面向某一研究方向;第四类是选修课,包括专业选修课和公共选修课两部分。我们可以把专业基础课、专业必修课和专业选修课统称为专业课。

所调查的4个学位点中,与上文提到的4种课程类型一致的有3个,另有1个学位点将专业基础课、专业必修课合并为专业课,课型从4种减至3种。不过,4个学位点各类课程的名称并不相同,且覆盖的范围也有差异。有些学位点的学位基础课面向整个二级学科,有些学位点则是按照研究方向设置学位基础课。专业选修课的设置情况亦是如此。4 个学位点的课程类型及开设范围情况请见表 2：

表 2

学校名称	课程类型及开设范围							
	名称	开设范围	名称	开设范围	名称	开设范围	名称	开设范围
北外	学位公共课	全校开设	通开必修课	按学科开设	专业必修课	按方向开设	选修课	按学科开设
上外	公共课	全校开设	专业课	按学科/方向开设	选修课	按方向开设		
洛外	公共学位课	全校开设	专业基础学位课	按学科开设	专业必修课	按方向开设	专业选修课	按学科开设
黑大	学位公共课	全校开设	学位基础课	按方向开设	学位专业课	按方向开设	选修课	按方向开设

1.3 课程配备

4 个学位点中,学制最短的为两年,学制最长的为三年,开设课程的学期数从 2—4 个不等。但总体而言,课程学习所占时间在研究生培养整个阶段中所占的比例都达到,甚至超过了 50%。

4 个学位点各个研究方向开设的专业课总门数有很大差距,专业课最少的一个研究方向只有 12 门课程,而最多的一个研究方向可达 27 门。其中,学位基础课一般是 3—4 门,相差无几;学位必修课课相差不大,最少为 3 门,最多为 5 门;相差最大的是专业选修课,有的研究方向只有 5—6 门,而最多为 20 门。课程配备的具体情况请见表 3：

表 3

课程配备 / 学校名称	开课学期数/学期总数	专业课程门数			
		学位基础课	专业必修课	专业选修课	专业课总门数
北外	4/5	4	3 - 6	7	14 - 17
上外	2/4	7 - 8		3 - 6	10 - 14
洛外	3/6	4	3 - 5	9 - 10	16 - 19
黑大	3/6	3	3	6 - 21	12 - 27

1.4 学分要求

从要求完成的总学分看,4 个学位点各不相同,从 32—37 学分不等。对各类课程学分的具体要求,各学位点之间区别较大,这在选修学分的要求上体现最为明显,最低为6学分,最高为16学分。此外,对学生参加社会实践和学术活动方面的学分,只有1个学位点作了明确要求,为1学分,其余学位点皆未做要求。学分要求的具体情况请见表4:

表4

学分要求 学校名称	学位公共课学分	基础课学分	必修课学分	选修课学分	其他学分	总学分
北外	7	4	6	16	1	34
上外	10	16		6		32
洛外	10	12	9	6		37
黑大	9	9	12	6		36

通过比较与分析,我们发现:各学位点在课程设置上既有相通相同之处,也有相差相异之处。并且,在一些宏观层面看,比如研究方向数量、课程类型数量等,共性更强一些,这是国家对同类学科硕士研究生培养的总体要求决定的;而在很多微观层面上,如选修课学分、课程名称上,差异性更大一些,这是不同院校的研究传统和优势、师资队伍状况等方面的差异决定的。

2 课程设置中存在的问题

用长远的观点看,从培养高质量、高素质研究型人才的目标看,俄语专业的硕士研究生课程体系还存在一定问题,有待不断改进和完善。

众所周知,国务院学位委员会1997年颁布的《授予博士、硕士学位和培养研究生的学科、专业目录》中只规定了一级学科和二级学科的名称,对三级学科未做明确规定,这使得不同院校相同二级学科下的三级学科往往差别很大,这也直接造成了同类学科研究方向设置的不一致。近年来,国内很多学科尝试按照一级学科制订培养方案,学位基础课按照一级学科设置,学位专业课按照二级学科设置,使这一问题有所改进。但俄语专业所在的外语专业由于受历史传统、行政建制等诸多因素的影响,目前很难要求所有高校均按一级学科制定培养方案。因此,如何统一不同院校相同学科的研究方向是课程设置面临的一个基本问题。

课程之间缺乏衔接是课程设置面临的一个核心问题。这主要体现在以下两个方面:一是同一方向不同类型课程之间的衔接不够,不同类型的课程经常名称和内容重复,造成了课程资源的极大浪费。二是硕士与本科、博士课程之间的衔接不够,课程设置缺乏层级性。教育部《关于加强和改进研究生培养工作的几点意见中》(教研[2000]第1号)指出:研究生课程"要在本科教育的基础上,充分体现研究层次的特点。课程体现要有足够的宽广度和纵深度,并具有前沿性和前瞻性"。但由于各高校的本科教育和研究生教育分属不同部门管理,本科教学计划和研究生培养方案之间缺少协调,从而导致"研究生教育的部分课程的高深层级性只是体现在对本科课程内容在横向层面上做平面式的扩展,没有凸显研究生教育在课程内容上的要求和特色。特别是博士研究生教育的部分课程,没有凸显其高于硕士研究生课程内容的水平,同时,体现在高级课程的门数也较少"。(谢安邦,2003:72)

硕士研究生课程设置中的一个突出问题是实践课程与理论课程、方法型课程和知识型课程的比例失调,实践课程和方法性课程在硕士生研究生课程体系中所占的比例很低。在我国,研究生教育一直被看成是精英教育,重在培养研究型人才。从培养定位和目标上说,这无疑是正确的。但如果把这一问题绝对化,把科研能力的高低作为衡量研究生水平高低、评价研究生培养质量的唯一标准的话,就有失偏颇了。因为,研究生首先是"人",应该具备多方面的综合能力,而科研能力只是其中一项基本能力而已。并且,科研能力与其他实践能力,比如信息获取能力、表达能力、创新能力,甚至是交际能力不仅不矛盾,恰恰是相辅相成的。此外,开展科研工作,不仅要求研究生具有"坚实的基础理论和系统的专门知识",还要掌握科学研究的方法。对这些方面,国外高校比国内要重视得多,美国很多理工科大学把学科研究方法方面的课程作为一门专业的必修课,规定学生必须修读。

选修课的设置不合理是研究生课程设置面临的普遍问题。选修课不是可选可不选的课程,而是可以让学生自由选择的课程。既然如此,选修课应该有足够的数量和开放度,为学生提供选课空间和自由度。通过比较不难发现,国内高校俄语专业的选修课门数偏低,绝大多数方向的选修课都在10门左右,只有个别方向的选修课达到了20门,这与国外高校相去甚远。美国布兰迪斯大学的心理学专业供高年级和研究生共同修习的选修课程有36门,此外专供研究生选修的课程达到58门。另外,选修课的开设范围也是非常狭窄的,虽然很多专业的培养方案鼓励修读公共选修课,但这类选修课的质量不高,且公共选修课学分往往又是"软指标",这使得硕士研究生把精力都投向专业选修课,且是跟自己研究方向和题目相关的专业选修课,这极大缩小了选修课的受众范围。此外,选修课设置的灵活程度不够。如果为了保持研究生课程体系的稳定性和连续性,可以使学位基础课和学位专业课的设置相对固定一些的话,那么选修课则可以设置得更灵活一些,学科发展的最新动态和前沿知识就应及时通过选修课让学生了解。

3 几点思考

从上文外语专业的硕士研究生课程设置所存在的问题中,我们得出以下几点思考。

第一,树立以学生为主导的课程设置理念。教师和学生是教学中的基本要素,分别充当主体和客体的角色。但主体不等于"主导"。以往的研究生教学中,教师一直被置于主导的地位,无论是课程设置,还是课堂组织都是围绕教师展开的,学生则完全被置于被动接受的位置,其结果就是"教"与"学"脱节,教学效果不佳。以学生为主导就是要把学生视为富有主动性和创造性的个体,围绕"学生需要什么"、"学生如何学"开展教学,课程设置要充分考虑硕士研究生群体的年龄结构特点、身心特点、思维特点、学习特点等。

第二,在课程设置中实现学科体系和知识体系的有机结合。众所周知,我国目前的研究生培养方案都是按照学科制定的,学科确定的依据就是1997年颁布的《授予博士、硕士学位和培养研究生的学科、专业目录》,其中包括一级学科88个,二级学科382个,它们在一起构成了学科体系。知识体系是学科知识的总和。每个学科的知识体系都是在概念及概念间相互关系的基础上建立起来的,具有系统性、客观性、普适性等特点。学科体系和知识体系之间既有关联,又有差别。在硕士研究生课程设置中,可以将两者结合起来,这可以在很大程度上解决外语学科按照二级学科制订培养方案带来诸多问题,比如研究方向不吻合、课程重复等。

第三,要协调好几组关系。首先,协调好硕士课程与本科、博士课程之间的关系。在我国现有的高等教育体制中,硕士起着中间桥梁的作用,它既是本科教育的出口,又是博士教育的入口。三者构成了一个有机整体,同时也是从低到高的三个阶段。这就要求硕士研究生的课程设置不仅要体现连续性,做好知识的衔接和连贯,还要体现层次性,拉开档次。其次,协调好本学科、本专业和相关学科、专业的关系。现代科技的发展,各个学科原有的界限已被逐渐打破,学科之间的交叉和渗透不断增强,这就要求学生在掌握本学科、本专业知识的同时,具有宽广的学术视野和多学科的知识储备。研究生课程设置要顺应学科发展的方向,同类专业、相关专业,甚至不同学科门类的课程资源都应该共享。现阶段,可以优先考虑打通选修课资源,扩宽学生的选课空间和自由度。当然,这样还可以大大提高课程的利用效率。最后,协调好不同院校同类专业课程体系的关系。我们处于知识爆炸的时代,一个学科的课程体系无论多么完备,也不可能囊括学科知识的全部。况且,每个院校都有自己的研究研究优势和长处。因此,协调不同院校同类专业的课程体系,取长补短,可以集全国之力为单个学科、专业之事,这对于提高我国研究生培养的总体质量必然大有益处。

结束语

我们可以把课程设置与研究生培养看成部分与整体之间的关系。一方面,各部分的状况及相互关系直接影响着整体。因此,在强化课程建设的同时,还要处理好课程设置与学位论文撰写之间的关系。另一方面,部分受整体的制约。研究生培养在我国不过 20 几年的时间,很多方面还不成熟,这也决定了课程体系的状况和发展水平。随着研究生培养体系的完善,课程设置中的不足都会得以改进。

(北京外国语大学、上海外国语大学和解放军外国语学院三所院校俄语学科的同仁提供了研究生培养方面的相关材料,谨此致谢。)

参考文献

[1]罗尧成. 对我国研究生教育课程体系改革的思考——基于调查问卷统计结果分析的建议[J]. 高等教育研究,2005(5).

[2]王秀卿. 研究生教育概论[M]. 北京:北京理工大学出版社,2001.

[3]谢安邦. 构建合理的研究生教育课程体系[J]. 高等教育研究,2003(5).

[4]薛天祥. 研究生教育学[M]. 广西:广西师范大学出版社,2001.

[5]张喜梅. 美国理工大学研究生教育课程体系特点与启示[J]. 外国教育研究,2005(1).

俄罗斯学

俄罗斯科技安全状况
及防范威胁的措施分析[*]

姜振军　吕金琳

科技是第一生产力,是人类社会进步的助推器。科技是人类社会不断进步的重要推动力,与此同时,它在增强综合国力、维护国家安全方面,发挥着关键性的作用,是维护国家安全的重要手段之一。随着科学技术在社会发展中的作用日益增强,科技安全(Научно-техническая безопас-ность)延伸到国家安全领域,从而形成国家科技安全。国家科技安全在整个国家安全中的地位开始不断上升,最终在现代社会中成为国家安全的基本内容之一。(刘跃进 2004:157—158)

在历史上,俄罗斯科学为本国和全人类的发展作出了不可估量的贡献。原苏联创造了许多个世界第一:第一颗氢弹爆炸、第一颗人造卫星、第一座核电站、加加林首次太空飞行等等。按照俄罗斯自己的估计,在50 项对世界发展前途或者经济社会发展有重大影响的技术方面,俄罗斯有 12—17 项处于领先或者先进地位。原苏联曾是世界顶级科技大国,拥有雄厚的科技基础和实力,俄罗斯继承了原苏联的主要科技成果,在某些领域依然保持着世界领先水平。但在叶利钦时期,由于俄罗斯社会经济状况动荡,国家对科技发展的关注不够,导致科技水平下降,科研人员外流严重,国家科技安全状况极度恶化。维护国家科技安全成为俄罗斯保护整个国家安全的一个重要组成部分。

1 科技安全的基本内涵

科技安全是指科学技术研究、发展及其成果免受危害,其基础是科技研究与科技发展的保障,核心是特有科技秘密的不被窃取、不被泄露,也

---

* 本文为黑龙江省哲学社会科学规划一般项目:"俄罗斯远东地区经济开发与中国东北老工业基地振兴产业互动研究"(批准号:08B024)的阶段性成果。

就是特有科技秘密的独占。科技安全的实质是科学技术知识的保密,也就是知识安全。(刘跃进 2004:156—157)

国家科技安全是一般科技安全在国家安全领域的延伸,因而它与个人科技安全、企业科技安全、科技机构的科技安全等具有密切的关系。国家科技安全是与国家安全和利益具有不同程度密切关系的科学技术安全,因而它不同于一般情况下的个人科技安全、企业科技安全、机构科技安全,它是关系到国家安全与利益的科学技术安全。国家科技安全的主要内容包括科技人才安全、科技研究安全、科技设施安全和科技成果安全等。

2 俄罗斯科技安全状况

人才是人类社会进步最重要的资源。"国以人兴,功无幸成",只要励精图治,重视人才,就没有不富国强兵的道理。所以,一个国家的贫弱,并不是看它的财用充足与否,而是看它有无人才,"财用不足国非贫,人才不竞之谓贫"。(郑大华 2006 年 2 月 14 日)人才是世界上流动性最大的资源,而且其流动性还在日益增长。美国的成功主要来自它对创新人才的吸引力。20 世纪,美国的大学吸引了像爱因斯坦和费米这样的著名科学家。大量的创新人才在 20 世纪 60 年代和 90 年代加速流入美国,成为美国高科技经济的主要推动力。(参考消息 2006 年 2 月 2 日)

从 20 世纪 90 年代初至 90 年代末,俄罗斯的科技人才数量快速缩减,科研素质退化,导致俄罗斯科技安全"危机四伏"。

2.1 科技人才队伍

据有关资料统计,从 1990—1998 年,俄罗斯科技人才流失 100 多万人(大多为科研骨干),占其科技人员总量的 54%。另外,俄罗斯科技人员队伍年龄结构不合理,46% 的研究人员年龄在 50 岁以上,55 岁以上的占俄罗斯科技人员的 32%,57% 的副博士和 83% 的博士年龄接近 50 岁。1994 年—1998 年,俄罗斯 40 岁以下的研究人员在全俄科研人员总数中所占的比例从 33% 下降至 26%,35 岁以下的仅占 17%。与此同时,50 岁以上的科研人员则从 35% 上升至 46%。(http://dlib.cnki.net.2007/11/12.2—3)俄"大乌拉尔"协会发展计划经济委员会主席谢尔盖·瓦兹特维仁斯基评论说,近 10 年(1991—2000)内人才流失给俄罗斯造成了巨大的经济损失,数额高达 500 亿美元。根据这位著名经济学家所掌握的资料,苏联解体后,俄罗斯科技界近 3/4 的物理学家和一半多的数学家离开了自己的祖国。到海外谋生的科学家大都来自于科学院系统以及一些大的研究所。俄内务部护照发放部门的数据显示,俄罗斯每年大约有6000名科学家移居国外。不过,按这位经济学家的说法,俄罗斯国防综合体的专家几乎没有"流失"。(科技日报2000年7月24日)

俄罗斯科研人员的流失,一方面是科研人员移居国外造成的向外流失,另一方面在俄罗斯还存在本土流失现象。在俄罗斯境内投资的外国公司雇佣了大批俄罗斯科技人才和高等学校教师,如有关调查资料显示,韩国三星电子在莫斯科的研究与开发中心雇佣了80名俄罗斯工程师和科学家,仅2003年就为该公司获得了50项国际专利。

瓦兹特维仁斯基说,俄罗斯科学发展面临着一个非常严重的问题,即留下来坚守岗位的科学家年龄老化,他们还能奋斗5年—7年。俄罗斯科技人才年龄断层的状况将影响到俄科技安全。他认为,留下来的科学家是俄罗斯的宝贵财富,俄罗斯不能再失去他们。如果失去他们,俄罗斯在21世纪将失去发展机会,没有科技,没有产品,只能沦为世界经济发展的原料基地。

1990年—2002年,俄罗斯从事科学研究的人员总数减少了一半多(http://plan. moc. gov. cn:8085/model/page. aspx? pid =1324)。俄罗斯科学与统计研究中心的资料显示,人才流失的另一个现象是,从1990年开始移民出国的科技人员年轻化。很多年轻的博士、副博士研究生和本科毕业生纷纷出国,而他们所学的往往是高科技含量的专业学科,比如数学、信息技术、物理、生物物理、病毒学、生物化学等,正是这些学科决定着社会和技术的进步。(刘向东、于俊2004:11)青年科技骨干的流失是俄罗斯科技人才年龄结构不合理、老龄化的一个重要原因。据推测,俄罗斯外流的科研人员中,60%是40岁以下的年轻人,12%为博士。世界科学界的多年实践表明,27岁—40岁的科研人员恰好处于科研的黄金时段,是从事科学研究的最佳时期,而俄罗斯这个年龄段的科研人员仅占20%。(http://dlib. cnki. net. 2007/11/12)

从2000年起,俄罗斯政治、经济和社会等各个方面趋于稳定,尤其是经济摆脱低谷徘徊状态,实现了增长并逐步稳定,快速增长。俄罗斯政府重视科研工作,着力改善科研人员的工作和生活条件,提高科研人员的待遇和社会地位,增加科技投入,保护知识产权,促进科研成果的市场转化,加快国家科技创新步伐,明确国家的科学发展方向。在这种情况下,愿意从事科研工作的年轻人开始增多,国家有关机构和大专院校培养了一大批高层次的科技后备人才。据统计,目前俄罗斯每年毕业的理工科学生大约20万人。目前俄罗斯有3万人从事计算机软件设计,2006年,俄罗斯软件出口额达18亿美元,是世界第三大软件外包国。有关专家指出,如果俄罗斯能有效利用自己的IT技术人才,2010年的软件出口额可达40亿美元。届时,全球7%的软件市场将被俄罗斯占领。在国外学业有成的俄罗斯年轻学者开始"回流",立志回国创业,大展宏图。

普京指出:"在科学研究方面出现了接班人流失的现实危险,特别是年轻的、处于有发展前途年龄段的学者和专家所占的比重急剧下降。人才首先是人,哪里具备相应的物质条件、有个人的发展前景,他们就去哪里,我们都很清楚,这也都是明摆着的。所以没有科技人才,科学研究就成了无源之水、无本之木。"(刘向东、于俊 2004:11)

据统计,到2005年底,俄罗斯有85.8万名科研人员,其中63.6万在国家科研机构工作,科学院有11万名研究人员。(科技日报2006年2月28日)目前俄罗斯有约87万名科研人员,科学研究机构需要补充17.5万名科研人员。(http://www.rosbalt.ru/2006/11/07/273956.html.)

2.2 科研机构

尽管数量不一定完全反映质量,但科研机构数量的多少在一定程度上是一个国家科技实力强弱的一个重要参数。在叶利钦时代,全俄分布在科学院、工业设计研究院、高等院校科研院和工程院"四大系统"的科研机构从1992年的4555家减少到1999年的4089家。俄罗斯的科研生产企业、试验工厂等科研单位也大量减少。2002年,俄罗斯科研开发单位总计为4010家,其中:科研院所(政府各部与科学院)为2649家(66.06%)、高校科研院所为388家(9.68%)、工业企业科研院所为280家(1.99%)、其他(设计院和试验厂等)为693家。(http://www.cast.org.cn/n 35081/n3566.html)

俄罗斯科研机构的减少造成的直接后果就是俄罗斯科研成果大量减少。由于科研人员的积极性没能很好地调动起来,现有科研机构的科技成果也在逐年下降,严重动摇了俄罗斯科技强国的地位。(赵立新 2002:3)

2.3 科研经费

转轨之初,俄罗斯经济陷入危机之中,对科技的投入逐年减少。1991年,俄罗斯的科技预算经费占国内生产总值的1.03%,1992年为0.72%,

1996 年减至 0.6%（为 233 亿美元），相当于 1991 年的 15.4%。由于经费短缺，许多项目被迫中断，实验室关门，急需的仪器、设备、试验材料难以得到及时供应，对外科技信息交流无法进行。

从 1998 年起，俄罗斯政府强调增加科研经费，规定对民用科研和试验开发工作的拨款不应低于预算开支的 4%，科研经费占国内生产总值的比重必须达到发达国家水平，比重一般为 2%—3%。另外，多渠道筹集科技经费，打破国家对科研工作的垄断，密切科技与市场的联系，促进科技成果的市场化和产业化。

2001 年俄罗斯的科技投入为 220.94 亿卢布，比 2000 年增加 22%，占该年度联邦预算的 1.72%；2002 年俄罗斯的科技拨款为 328.96 亿卢布，占联邦预算的 1.70%；2003 年增长到 355.00 亿卢布，占联邦预算的 1.72%。这一指标远未达到 1996 年颁布的《俄罗斯联邦科学与国家科技政策法》中规定的不应低于 4% 的最低标准。

从俄罗斯科学院系统来看，2005 年—2008 年，该院科研机构的基础性研究投入呈现出不断增长的态势，总投入从 2005 年的 344.27 亿卢布增加到 2008 年的 650.31 亿卢布。

表1　俄罗斯科学院系统基础性研究投入情况（单位：亿卢布）

		2005 年	2006 年	2007 年	2008 年
总投入	总计	344.27	414.45	556.77	650.31
	预算	193.95	257.34	331.77	441.51
	%	56.3	62.1	59.6	67.8
其中，工资额	总计	125.93	176.22	226.68	337.18
	预算	80.84	119.47	165.83	254.57
	%	64.19	67.8	73.2	75
工资额占总投入的%	总计	37.7	42.5	40.7	51.9
	预算	44.2	46.4	41.4	57.7

资料来源：Об итогах реализации в учреждениях РАН пилотного проекта совершенствования оплаты труда научных работников и руководителей（постановление Правительства РФ от 22 апреля 2006 г. № 236）. http://www. ras. ru/presidium/documents/directions. aspx? ID = 3f1884c2 – 581a – 492c – abb7 – 6cc6b9431abc.

表 2　俄罗斯科学院系统从联邦预算获得购买进口设备的资金情况
（单位：万卢布）

年份	俄罗斯科学院本部	俄罗斯科学院乌拉尔分院	俄罗斯科学院西伯利亚分院	俄罗斯科学院远东分院
2006 年	121.7	15.0	18.24	16.14
2007 年	148.86	13.704	35.29	28.181
2008 年	116.264	20.87	35.145	18.342

资料来源：Об итогах реализации в учреждениях РАН пилотного проекта совершенствования оплаты труда научных работников и руководителей（постановление Правительства РФ от 22 апреля 2006 г. № 236）. http://www. ras. ru/presidium/documents/directions. aspx？ID = 3f1884c2 – 581a – 492c – abb7 – 6cc6b9431abc.

2.4 科技成果

科技是保障经济持续发展的一个关键因素,科研成果能使经济快速发展,促进所生产的商品和所提供的服务竞争能力提高,因而科技成果安全处于国家科技安全的核心地位。

俄罗斯的科技成果安全,一方面表现为科技成果总量锐减,另一方面表现为科技成果的外流。由于经费短缺,有些科研机构不得不与国外合作,接受国外的资助从事科学研究,这样就导致相当一部分科研成果外流。

申请专利和颁发专利证书的数量是科技水平的重要指标。1993 年俄罗斯共收到专利申请 32 216 份,1995 年为 22 202 份,1997 年为 19 992份,1998 年为 21 362 份,1993 年颁发专利证书 7 757 份,1995 年增加到31 556 份,1997 年为 45 975 份,1998 年下降到 23 762 份,而 2007 年已经骤减至 507 份。

在经历了科技成果锐减之后,普京政府对科技领域进行一系列改革和调整,俄罗斯取得了一些重大科技成果。俄罗斯杜布纳核联合研究所1999 年 1 月发现了第 114 号元素,2000 年 7 月发现了第 166 号元素;在航天技术方面,如通信、遥感、导航、载人航天、运载火箭空间基础研究和测控等领域取得了长足进展;俄罗斯计算机技术水平获得整体提高,在雄厚的数论研究实力和引进国外的先进技术基础上,俄罗斯在高速芯片和巨型计算机的自主研制和开发,以及计算机的应用水平等方面有了大幅度的提升;2002 年,俄罗斯政府批准了《2002—2010 年电子俄罗斯联邦专项计划》,投资 760 亿卢布发展信息技术,极大地推动了俄罗斯信息技术基础设施的更新和服务市场规模的扩大。

为了保护知识产权,保护科技成果,1992 年—2003 年,俄罗斯政府出台了一系列知识产权保护法律、法规和条例,主要用于调整知识产权的建立、法律保护、登记、使用之间的相互关系。例如,2003 年 2 月 7 日颁布的俄罗斯联邦《专利法》规定,根据国家合同执行的项目,获得的专利权应属国家所有,发明人有权在规定的时间内申请专利,其发明、模型和工业样品受法律保护。对于研发经费来自其他形式资助获得的发明,国家无权进行调整,专利权属于发明者所有。有关知识产权所得收入的分配方法和比例,一种是由资助科研的部门确定分配的比例,另一种则是确立一个原则框架,由相关部门自己确定具体的分配比例和支付数量。有关人士指出,政府出台的大量保护知识产权的法律和法规,刺激了发明商业化的进程,保护了发明者的知识产权,对俄罗斯发展创新经济、增加科学研究的活力和开拓技术创新市场起到了巨大推动作用。(科技日报 2006 年 2 月 28 日)

3 俄罗斯科技安全的影响因素

转轨之初,俄罗斯的科技发展未受到应有的重视,国家科技安全状况不断恶化,面临着诸多内外部威胁。

《俄罗斯的国家科技安全》一文中列举了俄罗斯国家科技安全面临的内外部威胁。(http://www. nasled. ru/pressa/obozrev /N03 _00/03_ 25. HTM.)

3.1 内部威胁因素

俄罗斯国家科技安全面临的内部威胁主要有:

1. 丧失科技政策的优先方向;

2. 俄罗斯的科技潜力遭到破坏,尤其是基础科学和军事科学研究领域的潜力;

3. 用于发挥俄罗斯经济、政治、社会和国防潜力的科技成果使用效率降低;

4. 俄罗斯在一系列科技的优先发展方面丧失先进地位;

5. 俄罗斯先进科技成果和科研人员的流失;

6. 人浮于事,横向协作不够,缺乏创新精神;

7. 科研经费严重不足,设备陈旧,更新缓慢;

8. 俄罗斯科学界与国际科学界的接触和交流不充分,信息闭塞;

9. 一些科研机构的科研人员年龄过高,数量减少。目前俄罗斯科研人员的平均年龄为49岁左右,这对俄罗斯来说是一个重大的威胁。一方面,到2010年—2012年"苏联时期的一代"科研人员将退休。另一方面,俄罗斯只有14%的副博士和博士的年龄在50岁以下,副博士的平均年龄为53岁,博士的平均年龄在60岁以上。(http:// www. rosbalt. ru/ 2006/11/07/273956. html)

俄罗斯一些科研机构的科研人员数量在不断减少,仅以俄罗斯科学院为例,2005年该院的科研人员为5.5281万名,到2008年已降至4.3958万名,减少了1.1323万名。

表3　俄罗斯科学院科研机构领取联邦预算工资的科研人员数量（单位:万名）

2005 年	2006 年	2007 年	2008 年
5. 5281	5. 2156	4. 8033	4. 3958

资料来源:Об итогах реализации в учреждениях РАН пилотного проекта совершенствования оплаты труда научных работников и руководителей（постановление Правительства РФ от 22 апреля 2006 г. № 236）. http://www. ras. ru/ presidium/documents/directions. aspx? ID = 3f1884c2 – 581a – 492c – abb7 – 6cc6b9431abc

3.2 外部威胁因素

俄罗斯国家科技安全面临的外部威胁主要有:

1. 破坏俄罗斯与独联体国家的科技联系、科技协会和科技综合体;

2. 鼓动俄罗斯科学技术优先领域的科技人员外流;

3. 外国机构及组织对俄罗斯进行大规模的科技侦察活动。

4 俄罗斯维护科技安全的措施

科技安全是国家安全的一个重要方面,关乎国家综合实力能否不断增强。虽然自普京执政以来,俄罗斯社会经济等各个方面逐步走上正轨,科技安全状况有所改观,但是仍然需要下大力气采取多种有效的措施加以维护。

4.1 从战略高度认识国家科技安全

俄罗斯联邦从1996年出台了《关于科学和国家科学技术政策联邦

法》,是俄罗斯的第一部有关科技政策的联邦法律,也是国家科技政策的总纲领。而 2002 年 3 月 30 日由普京总统批准的《2010 年前及未来俄罗斯联邦科技发展政策原则》内容更现实、深入,措施也更具体,代表了俄罗斯科技政策的新理念,从战略高度审视国家科技安全问题。

4.2 明确国家科技政策的目标和任务

叶利钦时期,俄罗斯先后制定了《俄罗斯联邦科学和国家科学技术政策法》、《有关国家支持科技发展和科技开发的决定》、《俄罗斯推动发展基础科学和加强俄罗斯科学院地位的总统令》等指导本国科技发展的文件。普京执政以后,在继承的基础上,先后出台《2010 年前俄罗斯科技发展预测》、《2002—2006 年俄罗斯科技优先发展方向研究与发展专项纲要》、《2002—2006 年俄罗斯国家技术库联邦专项纲要》等中长期科技规划和科技政策,引导本国科技向前发展。

4.2.1 调整国家科技政策

4.2.1.1 推进科技体制改革

俄罗斯政府认为,必须继续进行国家科研体制改革,并且加强科技体制改革力度。改革的范围涉及科研主管部门,包括俄罗斯科学院在内的研究机构等。2004 年年初,俄罗斯教育部与科技部合并成立了教育和科学部。同年,俄罗斯科学院撤销了 45 个研究单位的法人地位,对一大批科研院所进行了重组,合并了一些研究方向相近的科研院所。

2007 年 11 月 20 日,俄罗斯政府公布了新的《俄罗斯科学院章程》,该章程规定,科学院院长将由科学院全体会议以无记名投票方式产生,并提交总统批准。章程还取消了担任科学院领导职务的年龄限制,科学院成员在年满 70 岁后可继续担任科学院院长、副院长和各科研院所领导等职务。新《章程》在资金使用、研究课题选择等方面赋予了科学院更大的自主权,从而使科学院能够更加顺畅地履行科研职责。

(1)不断完善科技立法,重视保护知识产权。在体制改革实践中,完成由原有计划体制下对科技活动的集中管理模式向以适应市场因素调节的行政管理模式的过渡,还要考虑到科研活动的特殊性和市场条件的不确定性和多变性。因此,建立和健全国家在科技领域的现代立法基础就成为俄罗斯科技体制改革的一项重要内容。随着《1998—2000 年俄罗斯科学改革构想》、《2002—2006 年俄罗斯联邦科学与高教一体化专项纲要》、《2002—2006 年俄罗斯联邦优先发展方向研发专项纲要》等科技发展有关的法律和法规的相继出台,逐步形成了较为完善的科技立法体系,对规范科技活动发挥着重要作用。

通过立法将智力活动的"果实"作为非物质商品纳入到经济循环之中,保证了国家投资的知识产权顺利进入流通领域,而对在国外申请专利给予资金支持,有助于促进科技成果在国外的传播和国家对知识产权的保护。

(2)深化科研机构改革,重建科研基础架构。俄罗斯科研机构改革的深化伴随着科研架构的重建,重大的结构性调整势在必行,而政府拨款方式的变化,又从另一个侧面加快了科研机构重建的进程。目前,在从事技术研发的4099家研究机构中,国家研究机构的比例已降为30.4%,而企业型研究机构上升到55.6%。如果按照所有制划分,国有研究机构占71.7%,私有制和股份制机构分别占9.5%和15.5%。(李力2003:3)

俄罗斯科学院将学部数量从18个减少到11个,这是其在机构设置上与市场经济接轨所采取的重大步骤。此外,"国家科学中心"体系的建立和完善是俄罗斯重建科研机构的重大举措。现有的57家国家级科学中心已成为基础研究和优先发展领域研究的"国家队",承担着国家重点项目和前沿技术的研发任务。

4.2.1.2 增强自主创新能力

一些有远见卓识的俄罗斯人意识到,依靠出口原材料支撑维持俄罗斯经济发展的时间不可能太长,国家经济的发展需要新的思路,要走知识经济和技术创新之路。

俄罗斯比较大的创新促进项目是国家创新系统基础体系建设。在这个体系中,到2001年,俄罗斯国家科学中心已经建立,并且正在建立一系列联邦科学和高技术中心。相关的组织还有60所高等学校建立的技术联营组织,18个由国家财政支持的和16个地方财政支持的创新技术中心。(张寅生、鲍欧2005:3)

(1)出台创新政策法规。从1998年开始,俄罗斯出台了一系列科技创新政策和法规,如《1998—2000年俄罗斯联邦创新政策构想》、《1998—2000年俄罗斯联邦创新政策概要和实施计划》、《国家创新活动和创新政策法》、《联邦科学城地位法》、《关于建立联邦科学技术中心条例》、《2002—2006年国家创新政策基本原则》和《2010年前及未来俄罗斯联邦科技发展基本政策》等。2002年3月20日颁布的《2010年前及未来俄罗斯联邦科技发展基本政策》是其中最重要的一项科技创新政策。该基本政策将信息通讯技术与电子、航天与航空技术、新材料与化学工艺、新型运输技术、新型武器及军用和特种技术、制造技术与工艺、生命系统技术、生态与自然资源利用、节能技术等 9 大技术领域确定为科技优先发展方向。同时，还在此基础上确定了 50 多项国家级关键技术清单（科技日报 2006 年 2 月 28 日）。2006 年初俄罗斯联邦跨部门科技和创新政策委员会通过了《俄罗斯联邦 2015 年前发展科技和创新战略》，这是俄罗斯政府出台的指导俄罗斯科技和创新领域发展的最重要的纲领性政策文件之一，对俄罗斯今后近 10 年的科技发展具有深远影响。

俄罗斯的国家科技创新政策明确了国家科技创新的总目标、总任务、创新领域的发展战略和实施创新政策的执行机制。

在开展创新活动中，各种类型的创新基金会在制订创新目标、提供财力支持方面起到了不容忽视的作用。仅俄罗斯小型企业科技创新基金会就资助了 30 多个技术创新中心，为上百个小型企业提供了廉价的生产场所。为了实现创新政策，优先发展高技术、高附加值工业企业，俄罗斯政府还制定了财政贷款机制和税法机制等。

（2）创新目标。俄罗斯政府创新活动的目标是：提高技术水平和生产竞争能力；保证创新产品进入国内和国际市场；取代国内市场上的进口产品；保证工业生产的稳定增长。为了实现上述目标，还详细规定了具体任务，譬如：选择国家创新战略和优先发展的创新领域；指导联邦权力执行机构和其他政权机构解决创新发展、创新系统有效职能问题；集中优先发展创新领域的组织措施和资源，保障国家创新政策实施的一致性；保存和发展技术生产潜力，用以支持现代技术水平和完成向高科技过渡；建立创新企业干部的培训和再培训系统；建立发达的标准和认证系统；在适宜的经济领域采用创新工艺和生产科技产品；充分利用现有的科技和经济资源；加大对创新活动的投入等。（李力 2003:3）

4.2.1.3 强化三大创新战略

在开展创新活动的实践中，俄罗斯采取了三大创新战略：一是"接长"战略。旨在吸收国外经验的同时，充分利用自身的科技和工艺生产优势，在统一国家基础科学、应用科学和生产潜力的基础上，稳步增加新的、有竞争力的产品。二是"借用"战略。旨在利用国内创新潜力的同时，开发工业发达国家的科技产品，进而根据整个创新周期（从制造到使用)独立地完成吸收、消化和应用过程。三是"转移"战略。利用现有国外科技和生产工艺潜力,通过购买最新、高效技术专利的方式开发新一代产品,然后在国际市场上销售。(李力 2003:3)

目前,俄罗斯的科技创新体系已经形成,科技创新机制已具规模。由于市场机制和经济、法律条件的滞后,使得财力支持不够充足,不同程度地影响了科技创新的快速发展。

俄罗斯前任总统普京提出了对国家科学管理体制进行大刀阔斧改革的设想,2005 年着手实施改革,其最终目的是建立完善、具有创新机制的科学研究体系。关、停、并、转了一部分效率低的科研机构,从组织结构和产业化方面上对国家科学体系进行优化,包括优化单位资产,提高单位资本化程度;优化单位规模,对效率低下和重复过剩的单位实行股份制和私有化等。

为推动科技创新事业的可持续发展,俄罗斯 2006 年通过了《俄联邦 2015 年前科学与创新发展战略》。这一战略包括 3 个方面的重要内容:一是稳步提高研发投入;二是吸引年轻人才加入创新队伍;三是扩大创新产品的比重。(http://www.enorth.com.cn 2008/01/01)

4.2.1.4 实施科教一体化战略

2001 年 9 月,俄罗斯联邦政府签署了第 660 号政府令,批准实施《2002—2006 年俄罗斯科学与高等教育一体化联邦专项纲要》,其基本方针是,确保科研单位与高校开展互助合作;使大批有才华的年轻人安心在科学、教育和创新活动领域工作;开展新型的科研与教学活动;大力发展科技、教育和创新领域的信息技术,构建统一的信息网络;改善科技、教育和创新领域的物质技术条件。2002 年,俄罗斯政府制定了《2010 年前及未来俄罗斯联邦科学发展基本政策》,进一步提出了 2010 年前实行科学与教育一体化方面的重点,主要包括:建立并支持科学与教育一体化机构,包括大学之间的研究中心、科学教育生产中心,为达到培养科技和创新领域高素质人才的目的而集中力量和资源,开展国内合作和国际合作;发展现代化信息通信技术和其他知识密集型技术,并将其应用于科技与教学工作中;在研究与教学工作中共同使用科研机构、高校和部门的科学实验与仪器设备基地。

4.2.1.5 改革拨款方式,加大科技投入

在俄罗斯的科技体制改革中,科技拨款渠道和方式的改革力度最大。

具体做法是与转轨的经济体制相协调,考虑到国家财力的现实与可能,采取紧缩战线、首先面向重大基础研究和开发研究并将应用研究逐步推向市场的方针。由于科技研发的多渠道竞争性资金支持体系的初步形成,打破了国家对科研的垄断,强化了科技与市场的联系,促进了科技项目的产业化。2001年俄罗斯的科技投入比2000年增加了22%,在此基础上,2002年科技拨款占了国家预算总支出的1.61%。(李力2003:3)

普京指出:"依靠近年来已经增长了的经济实力,我们已真正增加了国家对科学研究和干部培训的投入。从2000年开始联邦预算中科学的支出增长了2.5倍多,对教育支出增长多于3倍。"(刘向东、于俊2004:11)

《俄联邦2015年前科学与创新发展战略》规定:稳步提高研发投入,到2010年使研发投入占到国内生产总值的2%,到2015年占到2.5%。(http://www.enorth.com.cn 2008/01/01)同时将大幅度提高预算外研发投入,到2010年,投入研发的预算外资金要占研发总投入的60%,2015年达到70%,届时研发总投资将达40 535亿卢布。(http://www.cast.org.cn/n 35081/n 3566. html)

4.2.1.5 大力兴建高科技园区

为了提高科技产品竞争力,将科研、生产和销售有机结合起来,俄罗斯积极借鉴国外经验,于2006年正式通过了建设高科技园区的计划。按此计划,未来几年,俄罗斯将在莫斯科州、新西伯利亚州、卡卢加州、秋明州、鞑靼斯坦共和国和圣彼得堡市等多个地区建立高科技园区。高科技园区的研发工作将涉及纳米技术、核物理、新能源、生物技术和医学等领域,高科技园区投入正式运转后便不再享受政府财政拨款,实行自负盈亏。(http://news.sohu.com/20080101/n 254402408. shtml)

俄第一副总理伊万诺夫曾表示,高科技园区的兴建将创造近8万个工作岗位,从而有效扭转俄科技人才外流的局面。

4.2.2 国家科技政策的目标和任务

相比较而言,在叶利钦时期,俄罗斯的科技政策目标着眼于谋求生存,努力保存俄罗斯的已有科技实力,确定优先发展领域,建立多渠道筹集科技经费的新机制,摆脱科技危机。1996年7月,俄罗斯政府通过了"7+1"计划,确定国家科技优先发展的7个领域为生命科学、新材料和化工产品、生产工艺、交通、燃料及能源、信息技术和电子、生态和自然资源合理利用;而"1"是指基础研究,包括数学分析和艺术学等18个领域。

而普京时期,俄罗斯的科技政策目标着眼于发展,立足长远,可谓"高瞻远瞩":2001年8月,俄罗斯政府批准了《2002—2006年俄罗斯联邦科技优先发展方向研发专项纲要》,这是一项发展创新经济的跨部门重大规划,其目标是:至2010年完成能够在市场经济条件下有效行使职能的国家创新体系构建,以及完成整体科技综合体结构的建设;确保俄罗斯联邦在科学与高技术领域的牢固地位。2010年后必须保证作为国家社会经济、国防和文化潜力不可分割部分的科技综合体继续发展,采取措施提高其在开拓国内外高技术产品市场中的作用,为形成先进的工业技术结构(此结构是经济增长、技术独立、军事安全和有竞争力的国产产品的基础)创造良好条件。(http://www.nasled.ru/pressa/obozrev/ N03_00/03_25.HTM)

俄罗斯国家工业科学技术领域政策的战略目标和任务主要有:促进经济稳步发展;确保国家科技独立与军事安全必需的科技储备;科技产品走向国际市场。(http://www.nasled.ru/pressa/obozrev/ N03_00/03_25.HTM.)

4.3 明确俄罗斯科技领域的国家利益

俄罗斯科技领域的国家利益主要有以下几个方面:

(1)克服科技方面的危机,遏止领先科学流派和科技综合体的衰落,尤其是处于世界水平的基础科学及军事科学研究的衰落;

(2)保持科技业已达到的世界水平和科学优势,尤其是那些对于确保经济发展和科技进步,以及保障国家军事安全最为重要的领域;

(3)保持国家科研的人才潜力,防止科研人员外流,循序渐进地培养科研方面的人才(首先是基础科学和实用科学的优先方向科研人才的培养),为其创造适合从事科研活动的生活条件,提高科研工作的地位;

(4)发展符合当代世界标准的本国物质技术基础;

(5)在国家专项科研经费支出的基础上,创造性地利用符合现代科研拨款机制的私人资金,从事应用科学研究;

(6)为了挖掘本国的科技和经济潜力,解决全球性的生态和其他问题,使俄罗斯的科学技术融入到世界科技进程中去;

(7)恢复与独联体国家的科学技术联系。(http://www.nasled.ru/ pressa/obozrev/ N03_00/03_25.HTM.)

4.4 采取措施保持科技人才队伍的稳定

在 2004 年 2 月 9 日召开的俄罗斯总统科学与高技术委员会例会上，就如何保护科技界的人才问题，以莫斯科大学校长 B. A. 萨道夫尼奇为首的工作组在会议上提出了《关于保持科研单位人才队伍的措施构想》，就解决俄罗斯科技界的人才问题提出了以下具体对策：

（1）要为科学、高新技术和职业教育制定明确的人才政策，确定其战略和战术任务，提高科学对经济增长的贡献率。为此，应制定实施人才政策的基本原则和步骤并予以落实。

（2）为保护、发展和有效地使用现有的人才队伍，需要完善所有的相关法律法规，改变投资机制并鼓励吸引预算外资金的投入。（刘向东、于俊 2004：11）

具体做法包括：

一是在政策保障方面。明确保护和吸引国家科研单位的人才队伍是国家在科学、高新技术和职业教育政策的优先发展方向之一；在总统科学与高新技术委员会框架下设立跨部门科技、高新技术与职业教育领域人才问题分委会；制定国家在科学、高新技术和职业教育领域人才政策的优先方向，并对 2010 年前后的人才发展趋势进行预测；充分发挥国际合作的能力，在与外国政府和国际组织签订双边协议中，对俄罗斯专家从事科研开发活动的互利性问题给予充分关注，强化对专家学者国际交流合同实施的监督；制订并采取措施完善吸引年轻人，包括来自独联体国家的优秀人才，参与到科研活动中来的机制；

二是在经济保障方面。制定并实施包括提高工资、增加退休金等在内的一系列措施，提高科学界的威望并吸引年轻人积极投入到国家的科学、高技术和职业教育活动中来；从 2005 年开始，5 年内每年大幅增加对科学、高新技术和职业教育领域人才队伍的预算投入；制定并落实为科学、高新技术和职业教育领域的科研人员提供 10—15 年期的住房优惠贷款政策；拥有知识产权的单位有权转让使用国家预算资金获得的科研成果；为优秀大学生、研究生和博士生增加助学金名额并提高月助学金数额；在税收和海关政策方面采取措施鼓励科技与教育服务出口。

推进基础科学领域的改革，其方向是提高预算保障水平和人员工资，优化基础研究预算拨款系统，设立《优先支持世界水平基础研究专项计划》，建立科学院系统的"创新纽带"。到 2008 年科学院系统工作人员的联邦预算工资将提高到年薪 70 万—75 万卢布(2.35 万—2.55 万美元)的水平,届时平均月工资将不低于 3 万卢布(1000 多美元),而青年科学工作者的月工资将不低于 1.5 万—2 万卢布(500—700 美元)。(http://most.gov.cn/ 20051109.htm)

表 4　俄罗斯科学院系统工作人员联邦预算平均工资增长情况
(单位:卢布)

	2006 年 1 月 1 日工资额	2008 年工资额	增长倍数
科研人员	6000	33900	5.65
其他工作人员	4400	16000	3.64

资料来源:Об итогах реализации в учреждениях РАН пилотного проекта совершенствования оплаты труда научных работников и руководителей (постановление Правительства РФ от 22 апреля 2006 г. № 236). http://www.ras.ru/presidium/documents/directions.aspx? ID=3f1884c2-581a-492c-abb7-6cc6b9431abc.

《俄联邦 2015 年前科学与创新发展战略》规定,吸引年轻人才加入创新队伍,2016 年前 39 岁以下的中青年科研人员要占到科研人员总数的 36%。(http://www.enorth.com.cn2008/01/01)

为了防止人才流失、优化科研队伍年龄和提高科研人员素质,俄罗斯确定了近期目标(2003 年—2005 年)、中期目标(2008 年—2010 年)和长远战略目标(2013 年—2015 年),有计划、有目的地培养年轻人对科学研究工作的浓厚兴趣,致力于科研工作。

4.5 不断加强国际科技合作

广泛开展国际科技合作是俄罗斯国家科技政策的长期战略目标的一部分,无论是与工业发达国家,还是与发展中国家进行科技合作,均与形成 21 世纪经济新模式的知识经济、创新经济相融合,从而为实现科技优先发展领域的新突破和经济发展的新跨越注入活力。

4.5.1 俄罗斯国际科技合作的长期战略目标

开展国际科技合作政策是俄罗斯国家科技政策的一个重要组成部分。在兼顾国家安全利益、对外政策和对外经济方针的同时,俄罗斯可以在市场经济条件下,通过国际科技合作发展和变革自己的科学体系。

俄罗斯国际科技合作政策确定了以下战略目标:促进俄罗斯转向创新发展的道路,建立多极化世界中的俄罗斯技术创新体系;使俄罗斯的科学、技术和生产领域参与全球一体化进程；提高本国科学技术水平，促进俄罗斯的智力产品、科技产品和服务走向国际市场；发展新型国际合作，加强国际科技合作中技术创新的作用；使俄罗斯的国际科技合作组织机构面向世界；保障俄罗斯的国家科学技术安全。（http://www.globaledu.com.cn/detail/russia/13350.shtml）

4.5.2 俄罗斯国际科技合作的基本方向和任务

国际科技合作将是支撑俄罗斯科学发展的一个重要因素。鼓励俄罗斯科学家以个人和组织的形式，参与国际竞争，接受国际资助，制定政策保障资金及其有效使用。俄罗斯对外科技政策的基本发展方向是制订有关基础研究和应用科学方面的国际合作计划，组建由独联体国家参与的国际科学中心，特别注重恢复原苏联原有的科技地位和实力，保存和发展高等文化教育，充分利用现有的科技资源等。

在基础研究方面，积极促进在俄罗斯境内，以国家重点科研机构为基地建立基础科学国际一体化中心（如合资、合作研究所、中心、实验室等）。着力加强同工业发达国家的国际合作，挖掘现有的基础科学潜力，在国际一体化、基础科学劳动分工与协作方面巩固地位，参与解决人类共同课题的项目研究，执行全球性的项目和计划等等。

俄罗斯的国际科技合作定位，是通过应用俄罗斯的科技成果，来解决带有全球化特点的和能使现代文明稳步发展的课题（如生态环境、能源、21世纪的交通、全球气候的改变、艾滋病、全球性信息网络建设等，包括全球安全问题，如国际恐怖、贩毒、信息战）。

在应用科学研究方面，俄罗斯注重在重点发展的科技领域，同西欧国家、美国、日本、中国、韩国、东南亚国家的国际和国家重点科学中心的合作，涉及的领域主要有高能物理、材料学、激光技术、计算机和软件产品、生物技术、海洋等。

俄罗斯利用联合国和其他国际组织，建立适应本国政治和经济利益的国际科技和创新合作体系。在《俄罗斯与欧盟协作伙伴协议》和《俄联邦与欧盟科学技术合作协议》的总体框架下，积极促进与欧盟的合作。扩大与亚太地区国际组织、亚太经济合作论坛、东南亚国家联合会在促进发展高技术、科技产品和服务产业化的合作。利用官方和非官方国际组织渠道，吸引外国对俄罗斯科学和技术创新领域的投资。

依靠俄罗斯的科技潜力，建立自由经济区或技术产业化区，其中包括吸引外资建设技术园区、技术孵化机构、科技产业区(科学城),参与国际技术创新合作。国家将鼓励利用外资,包括私人投资在俄境内建立技术创新机构,并支持俄罗斯科技创新企业在境外建立分支机构。在本国工业领域,积极应用发达国家的先进技术,发展生产,提高俄经济在世界上的竞争能力。

吸引外国对俄罗斯高技术领域的直接和间接投资,发展趋近国际标准的俄罗斯创新体系,培养创新企业管理人才和建立技术产业化的有效机制。

加强和发展与独联体的互利创新合作,与独联体国家建立总体科技合作空间,积极促进与独联体国家的双边科技合作,加强与独联体各成员国的科技信息交流,大力支持俄罗斯和白俄罗斯建立统一的科技发展空间。

4.5.3 完善国家调节国际科技合作的机制

4.5.3.1 加强俄罗斯联邦政府与各地方政府开展国际科技合作的协调统一

在联邦政府创新科学协调委员会的领导下,建立跨部委和跨地区的国际科技合作组织管理机构。明确国际科技合作的任务和工作目标,定期开展国家和地方一级的工作成果评价。

4.5.3.2 使双边和多边国际科技合作的法律符合国际惯例

特别注重建立技术产业化的法律规范,编制标准规范的对外合作协议、合同文本;明确在国外的俄罗斯知识产权和国际科技合作中未申报专利技术的许可证法律保护制度和机制;统计和监督有国家财政投入开发的项目向国外的技术转让情况。

4.5.3.3 加强对国际科技合作工作的监管

借鉴外国的成熟经验,制定国家财政资助国际科技合作项目的管理程序和办法,完善与外国共同投资项目的管理办法。对国家和私人所开展的国际合作项目,只有在符合国家产业政策和由国外在俄罗斯境内从事技术的产业化时,国家财政才能给予资助。建立各项法律机制,吸引俄罗斯和外国资本,投资国际创新项目,提供国家担保,为投资人设立保险等。建立与国外非商业机构的信息咨询机制。建立机制吸引外资注入科技领域。完善税法,促进国际产业化进程和高技术及其产品的出口,为俄罗斯和国外投资机构提供优惠政策。

4.5.3.4 提高科技产品和技术服务出口的比重

使俄罗斯技术产品和服务进口合理化。为俄罗斯科技机构、工业企业以及科技小企业提供招标服务,编辑出口项目集等。国家对高技术和科技产品实行监管和发放许可。对进口影响和破坏生态环境的高技术项目实行许可证制度。出口通过国际科技合作获得技术产品和服务,在签订合同时须进行专业评估。质量和标准认证体系要符合国际做法。国家支持本国技术在境外的申请专利。

《俄联邦2015年前科学与创新发展战略》规定,扩大创新产品的比重,2011年前将创新产品在国内生产总值中的份额提高到15%,2016年前提高到18%,创新产品在出口产品总额中的比例相应分别提高到12%和15%。(http://www.enorth.com.cn2008/01/01)

4.5.3.5 重视保障国家科技安全

俄罗斯开展国际科技合作交流的宗旨是提高本国工业技术水平,加强原苏联国家科学技术联系,确保俄罗斯科学技术成果在世界市场的竞争力。俄罗斯协调技术交流遵循以下原则:不从事使俄罗斯丧失本国加工技术权利的业务;严格遵守互利原则,限制俄罗斯权利的任何合同均被视为无效;应按照许可证签署与转移具有全俄经济意义有关的合同等等。(http://www.nasled.ru/ pressa/obozrev/ N03 _00/03_25. HTM.)

为使国家利益损失降低到最小限度,俄罗斯在全力支持与移居国外的俄罗斯科学家进行学术交流活动,让其参与执行国内科学项目工作。重视知识产权的保护,避免在俄罗斯境外的技术流失和非法盗用。对于国外资助的曾在俄罗斯国防部门工作以及从事军转民科技产品的科学家和科研单位的项目,俄罗斯将实行严格的国家监管。科技和教育领域加入国际信息网络,要求建立信息安全保障解决方案以及国家对国际科技信息交流的监控措施。发展出口监管方面的国际合作,加强国际安全和稳定。为维护民族利益,保障科技安全,通过制定俄罗斯联邦面向21世纪全球安全的国际科技战略,在多边、双边科技合作例会的实际工作中加强有关安全保障方面的法律基础等措施,建立对外政策和国际法律环境。

科学技术是人类社会不断进步的重要推动力,在增强综合国力和维护国家安全方面发挥着关键性的作用,并且是维护国家安全的重要手段之一。尽管受到从20世纪90年代初以来科研人员流失、科技投入不高等不利因素的影响,但是俄罗斯的总体科研实力仍然不可低估,发展潜力巨大。

　　为维护科技安全,俄罗斯从战略高度出发,明确国家的科技发展政策和目标,不断完善科技立法,保持科技人才队伍的稳定,努力加强国际科技合作。

参考文献

[1] Научно-техническая безопасность России[Z]. http://www. nasled. ru/pressa/ obozrev /N03 _00/03_25. HTM.

[2] Российская наука может рухнуть, когда из нее уйдет советское поколение[Z]. http://www. rosbalt. ru/2006/11/07/273956. html.

[3] 创新是科技改革的关键:俄罗斯大刀阔斧调整科技政策[N]. 科技日报,2006 年 2 月 28 日.

[4] 俄罗斯的科技人才状况及对策[N]. http://plan. moc. gov. cn:8085/model/page. aspx? pid = 1324.

[5] 俄罗斯对外科技合作[N]. http://www. globaledu. com. cn/detail/russia/13350. shtml.

[6] 俄罗斯坚持走科技创新之路[N]. http://www. enorth. com. cn2008/01/01.

[7] 俄罗斯科技发展问题[N]. http://dlib. cnki. net. 2007/11/12. 2 – 3.

[8] 俄罗斯科技界人才流失造成损失巨大[N]. 科技日报,2000 年 7 月 24 日.

[9] 俄罗斯科技人力资源的现状和发展趋势[N]. http://www. cast. org. cn/n 35081/ n3566. html.

[10] 俄罗斯科技体制改革:科技要成为国家经济发展的后盾[N]. http://most. gov. cn/ 20051109. htm.

[11] 解析创造力[N]. 参考消息,2006 年 2 月 2 日.

[12] 李　力. 2002 年俄罗斯科技发展综述[J]. 全球科技经济瞭望,2003(3).

[13] 刘向东、于　俊. 俄罗斯的科技人才状况及对策[J]. 全球科技经济瞭望,2004 (11).

[14] 刘跃进. 国家安全学[M]. 北京:中国政法大学出版社,2004.

[15] 张寅生、鲍欧. 俄罗斯科技创新体系改革进展[J]. 经济社会体制比较,2005 (3).

[16] 赵立新. 浅析俄罗斯科技体制改革[J]. 科学对社会的影响,2002(3).

[17] 郑大华. 魏源的"师夷长技以制夷"[N]. 光明日报,2006 年 2 月 14 日.

结合俄罗斯经验谈我国"影子经济"的治理

时映梅

经济转轨以来,以腐败和经济犯罪为主体的俄罗斯影子经济迅速滋长,给俄罗斯经济与社会生活带来了严重影响,直接威胁到了俄罗斯国家经济安全。(В. П. Воротников 2004: 38—48)21 世纪初,以普京为首的俄罗斯政府已经意识到上述问题的严重性,普京明确表示要解决影子经济问题。他主张"取缔影子经济,打击经营和金融信贷领域的有组织犯罪现象……为解决这一问题,在提高执法机构工作效率的同时,还应加强许可证、税收、外汇及出口监督"。

要建立市场运行的合理机制,仅仅依靠经济杠杆是不够的,还必须运用行政手段,采取必要的行政措施。俄罗斯政府采取的行政措施包括改组强力部门、推行廉政措施等。2003 年 3 月 11 日,俄罗斯总统普京颁布总统令,撤销俄罗斯联邦税务警察局。该局原有的 4 万名税警人员被分为两部分,其中 1.2 万人划归内务部反经济犯罪调查局,承担打击逃税犯罪的职责;另外 2.8 万人划归新成立的反毒品和麻醉剂委员会。这是因为,此前税警和民警的工作内容重复,针对同一种犯罪,税警依据《税法》的有关条款来审理,而民警依据《刑法》的有关条款来审理,这就导致双方经常发生矛盾和摩擦。取消重复的机构更加有利于税务工作。此外,税警贪污腐败严重,索要贿赂的事件时有发生,严重影响了俄罗斯强力部门的形象。

目前我国市场经济体制尚不完善,市场运行监督不力,这些都是造成腐败和经济犯罪滋长的因素。因此,采取合理的行政手段治理腐败,对推动市场经济的健康发展、完善国家管理体制会起着重要作用。下面结合俄罗斯治理影子经济的经验教训谈谈我国治理腐败的有关措施。

1 加大反腐败工作力度

腐败是一个全球性问题,我国目前的腐败现象也相当严重。改革开放以来,中国在世界腐败状况评估排位中的名次逐年上升。"权力导致腐败,绝对的权力导致绝对的腐败"。在我国,绝对的权力主要表现为权力过分集中,迄今尚未找到从根本上解决这一问题的途径。为打击腐败,俄罗斯政府做出了一些努力,采取了许多措施,但效果并不显著。这说明规章制度、条例对惩治腐败的约束力是有限的。要治理腐败,首先要确定反腐败的总体原则,明确腐败的概念和范围,同时要建立中央直属的反腐败机构,加强执法力度,严厉处罚执法不力人员和地下不法行为,集中力量,重点打击一些严重的违法犯罪活动,严肃查处国家机关人员中的腐败分子。

1.1 确立反腐败工作的总体原则

为加速国家政治生活中的民主、协商和监督进程,要解决以下问题:建立阻止收买公职人员的法律机制,防止官商勾结;对腐败违法行为的惩治应做到有法可依;加强可能导致腐败的因素的监督;形成反腐败的社会意识;促进法律改革,降低法律规章的模糊性,防止执法人员滥用权力;加强大众媒体对腐败事实的曝光率,以便公众得到腐败事实和腐败行为的信息,加强国家机关公职人员的廉政建设。为加强公民对政府的信任,应通过一部反腐败法,降低腐败发生的可能性。2008 年 12 月 25 日俄罗斯总统梅德韦杰夫正式签署了《反腐败法》,其中明确了"腐败"的定义,确立了预防和打击腐败的主要原则,指明了国家机关提高反腐工作效率的主要方向,规定了公务员及其配偶、子女提交收入和财产信息的义务等。(http://www.cass.net.cn/file/20081226211437.html)

1.2 明确界定腐败的标准

"腐败"一词在俄罗斯法律中尚且没有明确的定义和条文解释,这就造成了对该词的多种诠释,也就难以统计并认定哪些犯罪是腐败,而哪些不是。如圣彼得堡检察院只把《俄罗斯联邦刑法》中第 285 条、286 条、290 条、291 条、292 条中规定的内容都看做腐败。(М. П. Ушивый 2004:128)

我国学者对腐败的定义是:"腐败是指国家公务人员借职务之便获取个人利益,从而使国家政治生活发生病态变化的过程。目前,腐败问题是各国都存在的通病,而我国腐败现象发展迅猛的势头,既危及和破坏法律的权威性和有效实施,又破坏我国社会主义的经济基础,动摇着我国社会的政治基础。腐败问题已经对党、对国家和社会构成了潜在的威胁。法制监督不力是导致腐败的主要原因之一。"(刘再国、陈良 2007:1)

护法机关反腐败能否取得成效不能由刑事案件结案的数量来判定,腐败的标准也不在于是否侵犯国家机构利益,而在于是否产生其他具体消极影响或带来隐性威胁。

1.3 建立中央直属的反腐败机构

预防腐败的关键在于对国家管理机构的进行改革,防止政府官员以权谋私。为此,首先要裁减那些商业化较严重的政府部门,其部门功能可以转到经济部和其他部的相关司局;其次,成立专门机构和地区性的代表机构对干部进行监督,这些机构应具有对国家权力机关腐败的监督功能和协调功能,其活动应该与国家安全问题紧密相关。这些机构的活动必须遵循一个统一原则,否则反腐败就会变成一个集团与另一个集团的利益争夺。它们的所有决定尽可能以表决和公开的法律程序通过,并借助大众媒体予以公布,以便所查清的舞弊行为为广大政府官员和民众所知晓。

2007 年 9 月,我国也成立了国家级预防腐败的专门机构——预防腐败局,这一方面说明我国的反腐败已由惩处为主走向预防为主,另一方面也说明中共中央要整合反腐败力量,使之形成具有中国特色的"反腐败的中纪委模式"。目前中纪委和监察部合署办公,国家预防腐败局的实际领导者仍为中纪委。

反腐败机构应该具备以下功能:查明某些法律未被执行或未被很好执行的原因,查明具体腐败事实。根据其严重程度,上述情况可以通过国家级的、部级的、地区级的、市级等不同层次的委员会进行考察。这些机构不负责对违法行为提起诉讼和刑事案件的立案侦察,这项工作由护法机关利用委员会提供的信息资料来进行,如俄罗斯反腐败委员会对所有特别机构的活动发挥监督功能,其中包括联邦安全局和内务部。(Э. И. Петров 1995 152)

上述原则的实施很大程度上取决于地区权力机关,但这些机关的干部多年来依靠官僚制度得以发财致富,让他们拒绝这种额外的非法收入并非易事。俄罗斯国家权力机关某些腐败关系网势力非常强大,甚至牵涉俄罗斯联邦国家杜马,在俄罗斯联邦国家杜马中已经形成了影子服务市场。(А. Ю. Сунгурова 2000:41)某些俄罗斯国家杜马代表每一次投票都明码标价,且常常要求美金支付,而且他们也不介意将此向某些群体公开,因此,要摧毁这个暗中存在的市场是十分困难的。如果国家国有资产私有化、获取国家定货和征税等各方面不对个人商务和金融机构提供优惠,良性的竞争是完全可能的。个人商务和金融机构应严格遵守信息公开、公开竞争、公开招标的原则。要降低国家的腐败必须对自然人和法人实行简洁明了的税收体系,国家机构和官员没有机会决定该纳什么税,纳多少税,这些应由法律和章程来规定。

1.4 增加办公透明度

要打击腐败,保证国家经济的健康发展,必须提高财产和资金流动等方面的透明度,严防暗箱操作,使政务工作更加透明、公正,应加强这些部门的信息发布覆盖面。在当今的信息社会,各种信息发布手段比比皆是,但某些政府部门仍沿用过去的旧传统,这与经济发展的速度不成正比。俄前任总统普京认为,遵守法律和宪法是全体公民和国家机关所应遵循的复杂而公认的游戏规则,而违法的主要危险来自权力执行机关,"如果权力机关名声扫地,明天国家就会没有面包吃"。"很显然,要有效发展经济,必须提高国家行政效率,因此,保障政权机关及其决策过程更为透明、公开是一项极为重要的改革。整顿法律结构和打击贪污腐化具有同等重要的意义,这实际上是要在世人面前为俄罗斯树立一个崭新的面貌。"(http://www.chinaelections.org/ NewsInfo. asp? NewsID = 119376)在普京政府的努力下,俄罗斯政府的形象及工作效率得到一定改善。

除了增加办公透明度,反腐败的另一个关键是改善公务人员的工作待遇,"高新养廉",使受贿无利可图。同时,应把政府官员的收入状况与工作的业绩联系起来,应建立政府公务人员的奖惩机制。一些腐败行为利用法律空白,尚未达到触犯刑法的程度,不能被认定为犯罪,所以应采取有效措施对有腐败行为的人进行非刑事处罚,这些措施一方面不应限制人的权利和自由,另一方面应起到预警的作用,使其中止或放弃刑事犯罪。

要反对腐败,惩治经济犯罪,还必须加强护法机关的改革。俄罗斯内务机关的改革对于反对经济犯罪具有重大意义。俄罗斯内务部设立了安全局,其任务是检查内务机关的工作人员。在反对经济犯罪和腐败现象过程中,俄罗斯联邦内务部与其他护法机关的合作形式更加多样化。1999—2000 进行的全俄罗斯整顿不良执法环境的综合行动是部门间合作的成功范例。(С. К. Оринич 2001:23)

2 加大监督的力度

事后惩治是治理腐败的手段之一,但不是最优方式,治理腐败应事先预防,应在日常工作中及时堵塞漏洞,防微杜渐,尽力将贪污受贿遏制在萌芽之中。现在领导干部的腐败问题不能得到很好解决的主要原因在于对领导干部特别是高级领导干部的监督不力。经济的健康发展,资本的流通,企业的运行,政府的工作和财政的收支离不开各级的监督,要治理影子经济,必须加大各项监督的力度。必须实行制度化、法制化的监督和制裁措施,采取行政手段约束并规范公务员的权力范围,因此,应加强对海关、出入境检验检疫、工商行政管理、税务、质量技术监督、价格检查和项目稽察的管理,严格取缔一些不具备从事经济活动的经营单位。完善法律监督体系,充分保障公众舆论对执法者和违法者的监督。我国《宪法》规定:"国家行政机关、审判机关、检察机关都由人民代表大会产生,对其负责,受其监督。全国人大应逐步建立并完善修改、监督宪法制度;检查监督法律实施情况制度;听取、审议'一府两院'工作报告制度;审查和批准政府计划、预算制度;受理申诉、控告、检举制度;询问和质询制度;特定问题调查制度;罢免和撤职等八个具体监督制度,以约束权力、保护人民群众的根本利益,全面落实以人为本的执政理念。"目前,我国监督体制还存在着明显的缺陷,因此要逐步改革监督体制上的缺陷,不断扩大监督的范围和力度,杜绝权力运行过程中的腐败行为。

2.1 提高监督措施的针对性

提高监督措施的针对性可以避免对企业产生过多的行政压力,降低监督机关的费用。要提高检查的效率,必须完善分析工作。应使用现代信息技术手段,克服各部门资料分散、不一致的困难,广泛建立决策通过的支持体系。这个体系应该有两项主要任务:查清不纳税的大企业;查清典型的逃税渠道。推广电子结算系统是降低监督机关成本花费的主要手段之一。

2.2 严格规定监督检查机构的监督范围

目前,我国行政执法体制还存在部门间职责不清,权力交叉、重复现象;在行政执法机制方面还没有完全做到权力与责任挂钩、与利益脱钩;执法监督还没有形成合力,责任追究难以落实等。所以应详细规定监督检查机构的职权范围。为此应梳理行政机关所执行的法律、法规、规章,对执法依据分类排序、列明目录,并以适当的方式向社会公布。

在俄罗斯各监督检查机构的监督范围如下:

俄罗斯联邦安全局:与国外有固定经济联系和其他关系的国家机构和经营主体;军事工业综合体的主要部门;司法机关(法院、检察院);俄罗斯联邦安全局各机关。

俄罗斯联邦内务部(主要是内务部反经济犯罪调查局):其他调查机构管辖权限之外的所有社会生活和经济生活领域;俄罗斯联邦权力执行机关,以及俄罗斯联邦主体、地方管理机关、仲裁法院;内务机关。

俄罗斯联邦税务警察局(1993年6月—2003年3月):有纳税义务的所有经济主体;税务局。

俄罗斯联邦边境检查和海关:负责人员和货物过境的所有机构、各地方海关。

俄罗斯联邦警察总局:联邦立法机关和总统机构及联邦主体。

2.3 赋予护法机关足够的权限

在俄罗斯,由于现行宪法的修订,联邦安全局对侵害国家利益犯罪活动进行协同调查的功能在1997年—1998年间在很大程度上被剥夺了,导致上述工作在本世纪初效果不够显著。联邦安全局在1999年初对政府机关内部纲领性文件进行了修订。1999年—2000年及2001年俄罗斯联邦安全局一直在启动对现行法律补充和修订机制,2007年4月,俄总统普京签署了加重处罚侵犯版权行为的《刑法典》修正案,将非法翻印和剽窃行为列入重罪范围。该法律还扩大了刑侦工作的权限,例如,护法机关可在追捕盗版者的行动中使用窃听器、手机窃听器跟踪装置等特种装备。

为了提高反腐败的工作效率,我国也应在法律上规定护法机关的一些权力,如对于活动可能会最终导致受刑事处罚犯罪的人,预先提出正式警告。

2.4 加强部委的监督检查活动

在调查财政资金使用过程中的违法和舞弊行为时,部委的监督检查活动具有重大意义。其对象是按照护法机关要求调查以津贴、补助、贷款等形式划拨的资金以及划拨给国家企业和组织或任何所有制形式的组织和企业资金的使用。监督检查机构负责的经济犯罪技术复杂,要求较高的职业水平,并不是护法机关的所有工作者都具备的。

在地区和大型城市对国家财政支出应进行社会监督,这方面条件已经足够成熟。这种检查应每半年定期进行一次,同时通过竞争录用一些专业会计、专业经济师和机关工作人员。他们将根据合同同时对财政资金的不当使用进行分析,只对中纪委负责工作汇报。这样才有可能对城市和地方的财政收支进行一致监督,制止腐败关系,控制过高的花费和以高价接受国家定货为目的而虚假注册的公司。

2.5 放开舆论监督

加强法律制度的宣传和加大腐败行为的曝光,放开舆论监督,可以起到告诫和警示作用,自觉树立法律意识。舆论监督是一种"普遍的、无形的强制力量",但却常常成为"少数人的专利",在过去很长的时间内,我国舆论监督一直处于严重滞后、软弱无力的状态。要改变这种状况,将人治变为法治,就应尽快制定一部符合中国国情的《舆论监督法》,明确规定舆论的权利、责任和义务,给新闻工作者更多的舆论监督权力。只有新闻立法,才能充分发挥被称为"第四种权力"的新闻监督作用和力量。2004年深圳市人民检察院出台的《深圳市预防职务犯罪条例》就规定了"新闻记者在预防职务犯罪采访工作过程中享有知情权、无过错合理怀疑权、批评建议权和人身安全保障权,任何单位和履行职务的人员应当配合、支持,自觉接受新闻媒体的监督"。此条例将新闻监督权写入地方法规,不仅在深圳,在全国尚数首次。此外,还应建立保护见证人体系,保护重大刑事案件见证人和掌握上述犯罪证据的人员,同时充分发挥新闻宣传教育的基础作用,加强社会公德、职业道德和家庭美德教育,树立良好的社会道德观念,使公民自觉反对收受贿赂的人员,将有关贪污腐败的信息及时准确地通报给法院。

3 完善国家公务人员行为道德规范

由于经济行为是由人来进行的,人类的精神道德成分与经济利益本身一起对经济行为动机产生巨大的影响,所以离开人类的精神道德,经济行为是没有任何意义的。在解决影子经济问题时,一定要避免将国家法制力量的作用绝对化。法律总是可以绕着走的,就好比逃避国家监督的眼睛,许多人在这方面也非常有办法。如果在政府机关和企业中没有形成良好的道德基础,现有的法律和制度也达不到良好的效果。一些经济行为虽然没有破坏法律章程,但并不"干净",不能被纳入到健康经济的范畴。许多活动虽没有触犯法律,但却违反了商业行为道德标准和一般的社会道德原则,例如:钻法律的空子,法律对许多企业行为不可调节,包括金融舞弊、虚拟交易、破坏生态环境;经常不执行或不确切执行合同义务,从中谋取利益;恶意竞争,市场上相互勾结损害他人利益;商业与政府的不正当关系,但不一定与收受贿赂有关,如权力机关与犯罪团伙相勾结,征收各种税费,作为交换承诺不触动对某些项目的拨款,如道路、供热、医疗等。要解决上述问题,国家应该担负起教育的责任,在企业和公务人员中树立良好的道德规范,并与民间社会机构如工会、企业家组织、创作协会、新闻媒体紧密合作。企业家联合会应该有系统的行为规范、行为法典或专门的道德标准,其章程中应该明确规定对违法行为和恶意商业行为的态度。

我国领导干部腐败的一个重要原因是公务人员的从政道德规范不完善,在公务人员中还没有形成良好的价值观,所以必须制定专门《国家公务人员道德规范法》,用法律解决调节国家公务人员的道德规范问题:通过《国家公务员道德规范法》将社会有益行为具体化并引入"利益冲突"机制,如严禁官员退休后转入退休前有业务联系的商务机构和金融机构去谋取利益。对于公务人员的基本行为准则,我国国务院 1993 年 8 月14 日颁布的《国家公务员暂行条例》第一章中有极其简要的阐述,个别省份(如四川省)据此制定了公务员道德规范,但要在全国范围内达到反腐败的目的,必须制定行之有效的《国家公务员道德规范法》。

俄罗斯的立法者都还没找到规范国家和公务人员道德行为的方法,原因在于有关惩戒法和公法暂时还没能形成完整的理论体系。1998 年世界合作和发展组织曾经颁布了完善国家公务人员道德行为的建议。美国的国家机构设立了专门的公务道德部,其工作人员帮助解决工作中出现的道德问题。

为树立良好的道德规范,还可以采取多种多样的措施,如建立学习班、设立专项奖金等。

4 完善立法

完善立法的根据是合理要求、合理标准,不以某些官员的利益,也不以不法商人的利益,而以守法商人的利益为出发点,使合法商业摆脱阴影,并创造条件使影子经济无利可图。

为企业创造良好的生存环境是经济转轨国家面临的一项重要任务,而完善立法是改善企业生存环境的前提条件。近几年俄罗斯通过了一系列支持小企业的法案,对抑制影子经济的发展起到了一定作用。我国也采取了多项措施支持民营企业发展,解决民营企业中普遍存在的不规范现象,但相关立法并不完善。此外,在抑制影子经济方面,如某些民营企业的地下生产、地下融资等问题,还缺乏相关立法。

除了前面提到的《舆论监督法》、《国家公务员道德规范法》外,我国反对影子经济的刑事立法也不够完善。这主要表现在:1)公司经济的刑事保护力度不够。2)罪状的规定不够具体、明确、完备,不利于司法实践中对犯罪的认定和有效治理行贿受贿行为。如《刑法》第164条规定:"为谋取不正当利益,给予公司、企业的工作人员以财物,数额较大的,处3年以下有期徒刑或者拘役;数额巨大的,3年以上10年以下有期徒刑,并处罚金。"该条从立法上存在三个缺陷:一是何为"不正当利益"?是否指"非法利益"?尽管后来有相关司法解释对此含义进行了阐述,但是,由于立法上将其确定为目的要件,在司法实践中堆砌的认定显得十分困难。二是该条规定向公司、企业的工作人员给予"财物"的,方称行贿,那么对于实践中给予其他利益的则显然不能构成贿赂。这既不利于我国对行贿受贿行为的打击,不符合我国所参加的一些国际反贿赂法律文件中对"贿赂"的界定。三是依据该条,"数额较大"的行贿才构成犯罪,这种单一考虑数额的立法方式不能充分涵盖我国贿赂行为的状况,对于其他虽然数额不大但是情节严重的行为也应当予以入罪。3)未将向一些私营公司、企业行贿的行为入罪。4)当前我国刑法中尚未对商业贿赂犯罪配置资格刑。资格刑的设置,可以剥夺其一定的市场主体资格或降低其交易能力,能够减小或消除其再犯的危险。此外,我国的洗钱犯罪立法没有将商业贿赂作为上游犯罪,反商业贿赂犯罪体系中还缺乏会计犯罪立法的有力支持(马兆瑞,穆伯祥 2007:284)。没有完善的立法,治理腐败就成了无源之水,因此,加强立法势在必行。

此外,我们还应强化信用意识,牢固树立诚实守信和依法经营观念,形成抵制和打击敲诈勒索、行贿受贿等各类违法犯罪活动的社会氛围。我们相信,通过实行持续不断的治理措施,可以改善我国的行政执法环境,促进经济的腾飞。

参考文献

[1]Воротников В. П. Преодоление теневизации российского общества: проблема
и решения[M]. М., 2004.

[2]Петров Э. И., Марченко Р. Н., Баринова Л. В. Криминологическая характе-
ристика и предупреждение экономических преступлений[M]. М., 1995.

[3]Оринич С. К. Оценка угроз экономической безопасности России со стороны
теневой экономики и меры их предотвращения[M]. Спб., 2001.

[4]Сунгурова А. Ю. Гражданские инициативы и предотвращение коррупции
[M]. СПб., 2000.

[5]Ушивый М. П. Государственное воздействие на сокращение объёмов теневого
сектора в экономике（региональный аспект）[M]. Спб., 2004.

[6]刘再国、陈 良. 透视腐败[M]. 北京:中央党校出版社,2007.

[7]马兆瑞、穆伯祥. 商业贿赂治理研究[M]. 北京:知识产权出版社,2007.

俄罗斯人眼中的在俄华人
—— 俄罗斯社会对华舆情的最新调查结果[*]

于晓丽

在后苏联时代,俄罗斯有关学术力量(主要是研究中俄关系的学者)通常借助问卷调查跟踪研究在俄华人①的生存状况及俄罗斯民众的对华舆情。

2007 年下半年,以俄罗斯科学院远东所资深研究员亚历山大·拉林为首的学术团队,在蒋经国学术交流基金的支持下,借助全俄社会舆论中心组织了一次社会调查。调查结果已由亚历山大·拉林整理并公开发表②,其有些结论印证了之前此类调查取得的结果,有些则颇具独到之处。

——

此次调查的背景是,"在将中国作为俄罗斯最重要的伙伴加以尊重的情况下,在赞同俄中合作的情况下,相当多的一部分俄罗斯人对于中国人在俄罗斯的存在持谨慎的有时则是不友好的态度",对"中国人口扩张"怀有恐慌心理。调查设定的目的是,"弄清当前俄罗斯民众感染恐慌情绪的程度,更仔细地弄清其根源,更准确地确定俄罗斯民众对来自庞大邻国的客人的态度"。调查地点为俄罗斯境内中国人最密集的地区:莫斯科市和远东的三大城市符拉迪沃斯托克、哈巴罗夫斯克和布拉戈维申斯克。在调查过程中,共有 900 名受访者接受问询,其中 450 名选自莫斯科,另外 450 名选自远东的三个城市,每个城市 150 人。这样分配受访者的目的在于,可对在首都和远东取得的调查结果进行对比。受访者中 47% 为男性,53% 为女性。从年龄结构看,18—24 岁占 32%,25—34 岁

---

* 本文是 2008 年度省哲学社会科学研究规划项目"从俄外来移民问题看黑龙江省对俄劳务合作前景"(批准号:08D043)的阶段性成果之一。

占 19%,35—44 岁占 18%,45—59 岁占 22%,60 岁以上占 9%。从受访者的教育水平看,高等教育占 32%,大专教育占 12%,中等教育占 14%,中专教育占 41%,初中教育占 1%。

二

关于俄罗斯民众感染恐慌情绪的程度,调查结果为:

其一,俄远东民众对"中国人口扩张"的恐慌程度比莫斯科居民高得多。 受访者对于问题"中国现在发展比俄罗斯快,其人口庞大。据此,关于华人和中国在俄罗斯远东的影响在将来占优势的可能性,您如何看待?"(回答的情况如表 1 所示),选择"可能但并非必然发生"这一回答的受访者数量最多。莫斯科和远东之间的差别看上去是惊人的:莫斯科认为中国必然占优势(已经开始了或必然会发生)的占 27%,而远东占 46%;认为可能或必然的累计起来:莫斯科占 53%,远东占 75%。那些未感到任何忧虑的人("这不会发生"),莫斯科占 39%,远东占 18%。

表 1 中国的发展比俄罗斯快,其人口庞大。据此,关于华人和中国在俄罗斯远东的影响在将来占优势的可能性,您如何看待?

(左端一栏为备选答案,回答结果按百分比计算)③

	全俄	莫斯科市	远东	符拉迪沃斯托克市	哈巴罗夫斯克市	布拉戈维申斯克市
这一进程已经开始	23	16	30	19	25	46
迟早必然会发生	13	11	16	20	17	11
可能但并非必然发生	28	26	29	38	33	16
不会发生,因为俄方不能允许其发生	16	20	13	11	11	17
不会发生,因为这不符合中国的政治方针	7	11	3	3	3	3
基于上述原因,不能发生	5	8	2	0	3	2
难以回答	8	8	8	9	9	6

调查还发现,关于惊慌预期的具体体现形式,无论在莫斯科还是在远东,中国最有可能的扩张形式被认为是人口扩张,持这种看法的分别占48%和41%。

其二,俄民众对于中国的疑虑仍处于理性范围内。这体现在受访者对于问题"俄罗斯的主要威胁来自哪里?"的回答情况如表2所示。对这一问题的回答情况是:中国处于最后一位,而俄罗斯的内部因素排名靠前。

表2　俄罗斯的主要威胁来自哪里?

（回答结果按百分比计算,括号中为回答者的人数）

	全俄(1797)	莫斯科市(872)	远东(925)	符拉迪沃斯托克市(324)	哈巴罗夫斯克市(318)	布拉戈维申斯克市(283)
国际恐怖主义	20	21	19	17	19	20
核武器扩散	13	16	11	12	12	8
俄罗斯领导人的软弱和失策	21	21	22	22	17	26
俄罗斯政治、经济体制的总体薄弱	23	19	26	26	23	30
美国	15	18	12	13	16	6
中国	8	5	11	10	12	10
难以回答	0	0	0	0	1	0

三

关于恐慌情绪的根源,根据调查结果和拉林的论述,可概括为以下两点:

其一,媒体的影响并非俄民众对华疑虑产生的主要因素。拉林指出,俄罗斯人对中国赴俄人流持不信任态度,通常这首先被解释为乐于炒作负面新闻和敏感话题的媒体对社会观念的影响。但他认为,这种解释根据不足。在调查中,问卷试图以科学实验的方式更准确地说明媒体对居民思维能力的影响,具体做法是建议受访者回答两个问题:一是"您是否相信电视、报纸和电台中关于中国和华人的材料?"二是"您是否同意媒

体和专家针对在俄华人数量做出的论断?"作为答案的选项既列入了公
认的专家的估计,也列入了明显被神话了的观点。根据专家的见解,在俄
华人准确的数量是30万—40万人,根据联邦边防局公布的资料,每年净
增量微不足道:2000年为2900人,2006年最多,为3.65万人。

　　调查结果显示,对于第二个问题的回答情况(如表3所示),只有少
部分回答者同意专家的估计和官方的统计资料。在莫斯科几乎四分之一
的回答者认为在俄罗斯已经居住几百万华人。几乎三分之一的回答者相
信来自中国的人流在快速增长,还有三分之一认为非法移民会促成这
一点。

表3　　您认为媒体和专家的以下论断中那种是正确的?

(回答结果按百分比计算,括号中是回答者的人数)

	全 俄 (1285)	莫 斯 科 市(652)	远 东 (633)	符拉迪沃斯 托克市(209)	哈巴罗夫斯 克市(238)	布拉戈维申 斯克市(186)
在俄华人数量 不超过30万— 40万	3	4	2	5	2	1
在俄华人数量 为几百万	19	23	15	25	14	7
在俄华人数量 每年增加很多	32	32	31	25	35	32
每年大量华人 非法留俄	35	31	38	27	38	52
每年离俄华人 的数量与入俄 华人的数量实 际上持平	6	6	7	11	5	3
难以回答	5	4	7	7	6	7

　　表4表明,受访者是如何选择关于华人数量问题的答案的。如表所
示,在对报刊的信任与关于华人数量的错误认识之间没有多少清晰显现
的直接依存性。那些担心"人口扩张"的人,在相信报刊的人中占79%,

在基本相信的人中占87%,在基本不相信的人中同样占87%,最后,在不相信的人中占90%。如果说在这里存在依存性,则多半是逆向的:那些现实估计华人数量的人正是在报刊的读者中最多的。

表4　您相信不相信专家和媒体的以下论断?

(回答结果按百分比计算,括号中是回答者的人数)

	是的,相信 (124)	基本相信 (539)	基本不相信 (309)	完全不相信 (147)	难以回答 (166)	总人数 (1285)
在俄华人的数量 不超过 30 万— 40 万	10	2	3	4	2	3
在俄华人的数量 是几百万	23	21	16	15	22	19
在俄华人的数量 每年增加很多	31	32	34	30	28	32
每年有大量华人 非法留俄	25	34	37	45	28	35
每年离俄华人的 数量与入俄华人 的数量实际上 持平	9	7	5	3	5	6
难以回答	2	4	5	13	15	5

拉林据此认为,在不否定媒体具有一定作用的情况下,还是不能认为它是在社会意识中普遍存在的对"中国人口扩张"恐慌的主要原因。

其二,地缘政治和地缘经济因素是恐慌情绪的根源。在拉林看来,促使俄民众对"中国人口扩张"形成恐慌心理的主要因素是最近几十年形成的地缘政治和地缘经济现实。他所阐述的这一现实可概括为以下两点:一是中国与俄罗斯远东之间的人口落差,即"中国在自然资源(水、可耕地、森林、能源)不足的条件下存在的庞大人口与人口稀少且正在经历人口下降的俄罗斯远东之间的落差";二是中国与俄远东之间的实力落差,即中国最近几十年综合国力在不断增长,而俄罗斯远东处于危机状况,且该状况已具有长期性。

四

关于俄罗斯民众对于在俄华人的态度,调查主要是针对以下方面进行的。

4.1 俄民众对于华人在俄定居的态度

如表5所示,调查结果表明,对于"您如何看待华人在俄罗斯长住?"大多数受访者(在莫斯科近一半,在远东更多)的回答是否定的。这种情况与俄罗斯科学院远东分院远东各民族历史、考古与民族志学研究所1994年—2003年在远东的调查结果吻合。

表5 您如何看待华人在俄罗斯长住?

(回答结果按百分比计算)

	全俄	莫斯科市	远东	符拉迪沃斯托克市	哈巴罗夫斯克市	布拉戈维申斯克市
难以回答	3	4	3	4	2	3
反对	56	47	64	69	57	66
可以容忍	23	24	22	18	29	19
中立,无所谓	14	21	8	7	7	10
同意	3	4	3	3	5	1

4.2 俄民众对于华人在俄临时居留的态度

调查结果表明,与定居相比,俄民众对于华人在俄临时居留的态度要宽容得多。这一方面表现为,对于"您如何看待中国人作为工人、商人、留学生等在俄罗斯的临时居留?"持肯定答案的票数最多,而且远东比莫斯科高1倍;否定的答案远东比首都少三分之二(如表6所示)。这意味着,俄社会相当多的人承认华人的活动有益。另一方面,与外高加索各国的劳务移民相比,俄民众对中国劳务移民更有好感,对于"您如何看待来自高加索的外国劳务移民在俄罗斯的居留?"受访者的回答情况(如表7所示),持肯定回答的数量,中国人比高加索人多4倍,持否定回答的数量少一半以上。拉林认为,俄民众"如此不友好地看待来自外高加索的外来移民,根源看来在于车臣恐怖分子的活动,对他们的态度通过大众意识所固有的肤浅粗糙的总结很容易推及到高加索的所有民族"。

表6 您如何看待华人作为工人、商人、留学生等在俄罗斯的临时居留?

（回答结果按百分比计算）

	全俄	莫斯科市	远东	符拉迪沃斯托克市	哈巴罗夫斯克市	布拉戈维申斯克市
难以回答	5	5	5	5	6	5
其居留的不良方面超过了其正面作用	27	33	22	27	24	14
无所谓	8	12	4	1	4	6
中立态度:其居留与其他人的相平衡	28	30	26	17	36	26
肯定态度:其居留给我们带来明显的好处	32	20	43	49	30	49

表7 您如何看待来自高加索的外国劳务移民在俄罗斯的居留?

（回答结果按百分比计算）

	全俄	莫斯科市	远东	符拉迪沃斯托克市	哈巴罗夫斯克市	布拉戈维申斯克市
难以回答	5	6	5	5	5	5
其居留的不良方面超过了其正面作用	61	63	60	65	52	63
无所谓	6	5	6	5	8	6
中立态度:其居留与其他人的相平衡	22	22	21	18	25	19
肯定态度:其居留给我们带来明显的好处	6	4	8	6	10	7

4.3 俄民众对于俄政府针对华人赴俄应采取什么政策的态度

在调查中,受访者对于"您认为俄罗斯政府对待华人赴俄的态度应是什么样的?"的回答情况表明,俄民众多赞成政府对华人采取在原则上具有实用态度的各个方案,即在国家机关相应的监督和管理下允许进入。不加任何限制地自由进入和完全禁止进入只是极少数人的主张。如表8所示,赞成实用态度("只允许临时进入,通过配额限制其数量和职业构成";"只在极端必须的条件下允许进入,越少越好")的回答者在全俄占83%;在莫斯科占81%,在远东占84%。

表8   您认为俄罗斯政府对待中国移民到来的态度应是什么样的?

(回答结果按百分比计算)

	全俄	莫斯科市	远东	符拉迪沃斯托克市	哈巴罗夫斯克市	布拉戈维申斯克市
需要不加任何限制地允许其进入	2	2	2	2	3	4
需要允许其入俄,但只是临时的且通过配额限制其数量和职业构成	50	43	56	61	55	54
只在极端必须的情况下允许其进入;他们越少越好	33	38	28	24	27	31
无所谓	6	9	3	2	1	5
不应允许其进入	6	5	7	7	7	6
难以回答						

4.4 俄民众对在俄华人都有哪些不满

调查表明,俄民众对在俄华人的不满主要带有经济性质,对于"如果您不喜欢中国人在俄罗斯的存在,那么到底不喜欢什么?"的问题,受访者的回答情况如表9所示。

表9 如果您不喜欢中国人在俄罗斯的存在,那么到底不喜欢什么?

（回答结果以百分比计算）

他们按便宜价格收购我们的原料(金属、木材等)	18
他们把残次品偷偷塞给我们	13
他们把在我们这儿挣的钱拿回国内	11
他们以自己的廉价商品妨碍我们的生产者	11
他们逃税	10
他们会在将来占据我们的工作岗位	10
他们正在抢夺我们的工作岗位	9
不喜欢他们的人品和作派	5
我喜欢他们,他们的表现不比我们的商人差	4
他们在街上和交通工具等场所占据我们的空间	3
就是不喜欢,包括所有在这儿的人	2
其他	1
难以回答	4

拉林在分析这项调查结果时认为,"关于收购原料和避税的不满是不容争辩的:中国移民[④]在积极利用俄罗斯广泛流行的腐败模式和法律上的漏洞。关于对销售残次品的不满,看来,也是毫无疑义的,如果这残次品所指的不单纯是因为质量低而寿命明显不长但并不贵的商品,而是有暗藏的瑕疵,刚买完就不能用的商品";"而指责中国人,说他们在抢夺我国公民的工作岗位并妨碍国内生产者发展的根据并不完全清楚";"来俄华人的其他经济和日常行为特征无论如何不应使其受到责备。"

4.5 俄民众关于华人对自己的影子经济活动应负何责所持态度

调查结果表明,在以某种形式表达对在俄华人的影子经济活动不满的同时,俄国人中有相当多的一部分对于违法的人与应当守法但由于不难猜想的原因犯了法的人之间的差别是理解的,而且也知道谁应当负什么样的责任。如表10所示,对于"关于人们有时说中国人给我国的经济带来了危害:欠缴税收、廉价收购木材和金属等。谁应当为此负责?"受访者中有近三分之一的人认为主要责任应由俄罗斯政府承担,第二位和第三位的是由中国人与俄罗斯国内的经营者和官员分担,近五分之一认为双方责任等同。

表10　人们有时说中国人给我国的经济带来了危害:
欠缴税收、廉价收购木材和金属等。谁应当为此负责?

(回答结果以百分比计算,括号中是回答者的人数)

	全俄 (1280)	莫斯科市(572)	远东 (708)	符拉迪沃斯托克市(259)	哈巴罗夫斯克市(265)	布拉戈维申斯克市(184)
中国人:他们应当遵守我们的法律	24	27	21	17	25	20
俄罗斯经营者和官员:他们是事情的主导者,为了私利与中国人进行非法交易	24	21	27	32	27	21
俄罗斯政府:其对我国经济中的影子交易打击不力	31	33	30	32	32	23
双方责任等同	18	17	20	15	14	33
其他						

　　此外,三分之二俄罗斯人准备支持华人对俄罗斯当局腐败和专横的抱怨,并认为,整顿秩序是当局的责任。如表11所示,在远东这一要求比首都更强烈(分别为76%和61%)。同时,在远东那些将消除腐败和专横看做小事以及那些在其中看出某些优点的人要少些。

表 11　中国人经常抱怨俄罗斯官员和警察的索贿和勒索行为。
您认为需要对这些抱怨做出反应吗?

	全俄	莫斯科市	远东	符拉迪沃斯托克市	哈巴罗夫斯克市	布拉戈维申斯克市
这当然不好,但在这里也有自己的优点:将会有较少的移民到我们这儿来	16	17	14	8	8	25
这不严重,可以不采取专门措施	13	19	7	5	4	12
当局应当整顿秩序:这既是为了中国人的利益,也首先是为了我们自身的利益	69	61	76	84	83	61
难以回答	3	2	3	3	5	1

4.6 俄民众对在俄华人国民素质的评价

在表 9 中已经可以看到,俄民众对在俄华人的行为特征和人品经常给出负面评价。对于这一点,拉林的态度是中肯的。一方面,他认为,不能否认在俄华人多来自中国民众的底层,在现实中经常表现出很低的行为素养;另一方面,他也认为,俄罗斯民众对中国人人品的评价显然不可能是客观的。他以表 12 为例来说明俄国人在评价在俄华人的国民素质时,所持态度是不公正的。表 12 的制作方法是,并排两行轮流说出实质上同一种人的品质,但以相反的感情色彩:积极的(偶数行)和消极的(奇数行)。结果,俄国人只在第一对里把偏爱给了具有积极色彩的评价。在所有其他对中,对比关系是相反的(在远东第五和第六行数量一样)。拉林指出,这种情况不仅决定于在俄国人的社会意识中移民恐惧症的根深蒂固,而且决定于俄罗斯沙文主义的传播,后者是异己恐怖症的反面,并与之相伴相生。

表 12 在下面引用的说法中,哪些在您看来是正确描述中国人的?

	全俄 (2219)	莫斯科 市(897)	远东 (1322)	符拉迪沃斯 托克市(487)	哈巴罗夫斯 克市(453)	布拉戈维申 斯克市(382)
他们的勤劳令 人羡慕	21	18	22	20	20	27
像中国人那样 拼命地干 活——不是正 常人所为(不是 白种人所为)	5	5	5	6	5	3
中国人很有进 取心	9	9	9	9	8	9
中国人善于钻 营,总能发现自 己的利益所在	13	13	12	11	12	14
中国人很有互 助精神	11	11	11	11	12	9
中国人一旦安 顿下来,就开始 把自己人都 招来	13	15	11	10	14	10
中国人行为无 拘无束,自由, 但尊重周围 的人	4	5	4	6	3	1
中国人在俄罗 斯表现放肆,不 尊敬我们	8	5	9	8	9	11

中国人是平静和善的人	3	3	3	5	1	2
中国人外表和善,但在其和善下藏着算计和狡猾	13	10	14	13	16	13
难以回答	3	5	1	1	1	1
总计	100	100	100	100	100	100

虽然如此,调查结果也表明,一半以上的回答者完全宽容地对待华人,并认为他们是"普通人"(如表13所示)。五分之一的回答者给中国人"一般"的评价,且这一结果莫斯科要比远东多得多。中性评价按照所收集的票数大大超过无论是具有一定正面的,还是明确负面的评价的分量。正面评价与负面评价的数量对比莫斯科比远东高。

表 13 对中国人您持什么态度?您喜欢中国人吗?这是些什么人?

(回答以百分比计)

	全俄	莫斯科市	远东	符拉迪沃斯托克市	哈巴罗夫斯克市	布拉戈维申斯克市
难以回答	3	4	2	1	3	1
一般	20	20	20	17	15	27
正常	53	56	49	57	50	39
讨厌	13	8	19	11	23	21
好	10	10	10	14	6	11
很好	4	4	4	0	3	4

4.7 俄民众对在俄华人的态度与对待中国的态度之间的相互关系

调查结果表明,俄民众对在俄华人的态度与其对中国的看法之间存在明显的直接依存性,即对人的态度越好,对其国家的态度也越好,反之亦然。亚历山大·拉林因此认为,俄民众对在俄华人的态度应被合理地看做其对中国的态度的根源和结果。

五

    基于上述调查结果,拉林作了一个小结:在俄罗斯社会,针对中国移民的态度是在排外情绪,尤其反移民情绪在所有社会阶层空前高涨的情况下形成的,而且是全国移民恐怖症现象的组成部分。对远东命运的担心对于形成针对来自邻国的人所持观点起到了特殊的作用。该地区由于生产下降和人口加快减少,从国家安全的角度看被公认为是危险的。这可以解释为什么在远东恐慌程度比首都高。

    虽然如此,但在俄国人对来自中国的人流的态度中存在着非常重要的建设性潜力,其暂时尚未彻底展开。这就是对移民劳动的效用的认识不断增长;对在明确管控其活动的理性条件下对其加以接纳的准备性;对将其活动纳入法律框架首先是俄方自身任务的认识。

附注

① 本文使用的"华人"概念与"中国人"等同。

② 参见 Ларин А. Г. Китайские мигранты глазами россиян[J]. Электронная версия бюллетеня Население и общество. 19 мая — 1 июня 2008,333—334.

③ 本文的大部分表格在原文中为柱状图,笔者为行文方便而将其改作表格形式。

④ 中俄两国对"移民"这一概念的认识有所不同。在中国通常认为"中国移民"是指定居外国的华人,而在俄罗斯,"中国移民"通常是指所有在俄华人。